本專著獲西南民族大學中國語言文學博士一級學科培育經費資助

四川省社會科學規劃項目“基於數據庫方法的《文始》研究”（編號：SC14B111）階段性成果

章太炎《文始》研究

許良越 著

中国社会科学出版社

圖書在版編目(CIP)數據

章太炎《文始》研究/許良越著. —北京：中國社會科學出版社，2015.6

ISBN 978－7－5161－6379－5

Ⅰ.①章… Ⅱ.①許… Ⅲ.①《文始》—研究 Ⅳ.①H139

中國版本圖書館 CIP 數據核字(2015)第 146997 號

出 版 人 趙劍英
責任編輯 陳肖静
責任校對 劉 娟
責任印製 戴 寬

出　　版 中国社会科学出版社
社　　址 北京鼓樓西大街甲 158 號
郵　　編 100720
網　　址 http://www.csspw.cn
發 行 部 010－84083685
門 市 部 010－84029450
經　　銷 新華書店及其他書店

印　　刷 北京君昇印刷有限公司
裝　　訂 廊坊市廣陽區廣增裝訂廠
版　　次 2015 年 6 月第 1 版
印　　次 2015 年 6 月第 1 次印刷

開　　本 710×1000 1/16
印　　張 28.75
插　　頁 2
字　　數 456 千字
定　　價 90.00 元

民族文學與文化研究文庫
編委會

目　錄

序

人們對歷史的好奇，尤其是與自身有關的歷史的好奇，加上歷史經驗本身對於當前和將來生活富有的教益和借鑒作用，推動著各方面的歷史研究不斷發展。

在自然界中，人與其他動物的最大區別之一，就是人類有語言作爲思維和交際的工具。人類的發展演進，伴隨著語言的發展和變化，換言之，語言的發展和變化也是人類發展變化的一個方面。因此，語言變化的各個方面，引起了關注，包括詞彙中各成分的歷史，詞源學因此成爲語言研究的一個重要方面。

詞源學的研究，以考察詞的來源爲目的。通常人們是基於現有的語言經驗和語言事實來展開對語言成分歷史的追溯，從這個角度看，不同的語言成分可追溯的歷史長度是不相同的，其中有些成分可供追溯的歷史非常悠久，但也有一些成分的歷史卻十分有限。此外，語言成分的來源也不盡相同，其中有的語言成分由本語成分轉相承襲，但也有的語言成分是受語言接觸的影響，根子在外語之中。對於漢語來說，作語言成分的歷史考察，有著得天獨厚的優勢，這就是數千年累積下來的豐富的書面文獻。由於歷代語言文字的密切承襲關係，我們可以根據字形演變的歷史，用現代漢字逐一轉寫甲骨文字，甚至用現代的語音直接讀出甲骨時代文獻記錄的話語。用語一脈相承的文獻，保存了豐富的歷史語言資料，可以讓我們通過更爲可靠的歷史文獻，上溯數千年來考察漢語的歷史。

更爲可貴的是，漢語的語源研究歷史悠久。早在先秦時期，已經出現了“聲訓”的方法，它通過同音關係探求字的意義，從而揭示了不同字形之間共同的意義來源。漢代劉熙《釋名》一書，專致於從語音相關的角度，分析各詞之間的意義聯繫，開創了漢語詞源研究的先河。此後，關於詞源的研究時起時伏，綿延不斷。

兩千多年前許慎的《說文解字》，從文字構造的角度，對當時漢字系統作了全面的描述。但《說文》的價值並不限於文字學，它的540分部也是對漢字字義的歸類，從一個方面反映了當時的詞彙系統。因此，在漢語詞源的歷史研究中，我們可以借助古人的研究，向更早的歷史展開追溯工作。

百年前章太炎先生所著的《文始》，以《說文》爲基礎，選擇其中六千多字爲主幹，兼取其他材料，從語音文字分化的角度，對上古漢語中的單音詞展開了系統的考察，通過對“初文”“準初文”的考察，分層次地勾勒原始漢語的詞彙內部存在的源流關係，代表了傳統字源研究的最高水準，也是他在語言文字研究方面最重要的著作，對於漢語語源學的研究，有著至關重要的作用。多年來，對於這部巨著，雖然不乏關注、評論和研究，成果甚夥，但要深入讀懂讀透，還須付出更多的努力。

許良越博士長期鑽研《文始》一書，並以此作爲選題完成了他的博士論文。通過反復研讀《文始》文本，體會領悟其中體現的學術思想，瞭解作者的寫作思路，並藉助於現代數據庫技術，準確掌握書中的各類信息，梳理書中所陳述的詞源關係，全面總結並客觀評價章太炎的字源學理論體系，窮盡性地展示了章太炎繫聯《說文》字族的具體情況，以全方位、多角度地展現出了《文始》一書的體例特點、內容主旨及價值意義。不僅對《文始》一書的學術價值作出準確的評價，更爲漢語語源的研究提供可資借鑒的思路和方法，也爲漢語詞彙史和中國語言學史的研究提供可靠的基本信息。總之，這是一項富有建設意義的工作，值得肯定，在本書出版之際，撰此小序志慶。

俞理明，2014年12月

緒　論

本書的研究屬於漢語語源學（字源學）的研究。研究對象選取的是章太炎的《文始》，研究方法採用的是全面性與窮盡性的數據分析，研究目的是對《文始》一書全面系統的梳理與説明。

一　選題的原因與意義

漢語語源的研究在我國語言學史上起步很早，先秦時代出現在文獻典籍中的"聲訓"就是古人樸素的字源觀念在字義訓釋中的反映。

東漢末年，劉熙的《釋名》一書，集先秦兩漢聲訓之大成，書中雖有不少牽強附會之處，但劉熙用聲訓的方式解釋事物得名之由，揭示了詞語之間的語源關係，成爲自覺研究漢語語源的第一人，對後世詞族、字族的研究影響很大。

晉代楊泉著《物理論》，已經注意到形聲字聲旁表意的現象。宋代王聖美推演其意而創"右文説"，以爲同聲符的字大都音近義通。宋末戴侗又著《六書故》，以一字的本義爲起點，用以闡釋同聲符的一系列形聲字的字義，指出各字間的音義聯繫。右文説雖然存在以偏概全和拘泥字形的弊端，但畢竟成爲漢語系統詞族研究的濫觴。

有清一代，清儒們在右文説的基礎之上，充分利用同諧聲者往往音近義通的特點，衝破漢字形體的局限，從語音和語義兩相結合的角度出發，提出了"聲近義通"、"義存乎聲"、"因聲求義"等重要觀點，開擴了語源研究的視角。戴震的《轉語》、段玉裁的《説文解字注》、王念孫的《廣雅疏證》、《釋大》、程瑶田的《果羸轉語記》等，在會通文字、音韻、訓詁的同時，作了大量的同源詞考證工作，切實地開展了漢語同源詞的研究，取得了超越前代的巨大成就。

清代末年，國學大師章太炎“總集字學、音學之大成”撰作《文始》一書，以“初文”與“準初文”爲字根起點，以“形體聲類，更相扶胥”爲研究方法，以“成均圖”與“紐表”爲音轉規律，以“變易”與“孳乳”爲義轉條例，以《說文》爲繫聯對象，將看似無關的單個漢字類聚爲音義語源上皆有聯繫的漢語字族，成爲我國第一部漢語同源字典，爲漢語字源學的創立奠定了基礎。

20世紀上半葉，瑞典漢學家高本漢先後著《漢語詞類》、《漢文典》兩部漢語詞族字典，按其所構擬的上古漢語音節結構把意義相近相同的詞語分爲一組組詞族，試圖從歷史比較語言學的角度來確定漢語詞族的親屬關係，雖在具體結論上不無可議，但在研究方法上則創新頗多。

20世紀80年代，王力先生著《同源字典》，以韻部爲綱，以聲紐爲目，以古代訓釋爲證，嚴格判定同源關係，類聚了1029組，共3342個漢語同源字詞，在理論和實踐上批判地繼承了前人研究的成果而又有所突破，爲漢語詞源的研究作出了繼往開來的卓越貢獻。

回顧漢語語源的研究歷史，可以看出，出現在20世紀初的《文始》是漢語語源研究史上的一部重要著作。它撰成於我國的語言文字研究正處於由舊的“小學”轉到新的“語言文字之學”的過渡時期，是傳統字源學到現代語源學的過渡之作，代表了傳統字源研究的最高水平。作爲漢語語源研究中第一部具有同源字典性質的著作，也作爲章黄學派《說文》字族研究的最重要成果，《文始》以其諸多獨特的價值，在許多方面都具有開創性的意義。可以說，自《文始》以來的漢語同源字典，無論是在編排體例上還是在繫聯原則上，都直接或間接地受到《文始》的顯著影響。

然而，由於多方面的原因，百年以來，對《文始》一書的評價常常有失公允；迄今爲止，更沒有對《文始》進行過全面系統的研究。由於缺乏對《文始》一書全面系統的梳理，導致長期以來學界對《文始》的評價大都是概念性的、印象性的和舉例性的，因而都具有一定程度的片面性。這種多主觀看法而無系統全面材料考察的研究現狀，不僅無利於對《文始》本身的客觀評價，也無助於對章黄學派字源研究成果的正確理解，更無益於對漢語語源問題的深入研究。

我們認爲，全面而客觀地繼承前人在漢語字源詞源問題上的研究成果，是今後漢語語源研究的基礎和起點。這既是對前代學者應有的負責態度，也有當下實際的現實意義。有鑒於此，本書遂將《文始》作爲研究對象。

二　研究的目的與任務

本書以章太炎的字源學體系學説爲基楚研究理論，以數據庫技術爲基本研究方法，以全面性和窮盡性爲具體任務要求，首次對《文始》一書進行了全面系統的細緻梳理，將《文始》中的各類内容材料以數據表的形式作了全面性與窮盡性的系統展現，以期在精確的數據統計與分析説明的基礎之上，如實地表現《文始》的組織結構框架，客觀地評價《文始》的實際價值意義，全面地總結章太炎的字源學理論體系，爲漢語字源、詞源研究及中國語言學史提供便於查閲的同源字族數據資源和實證過的音義繫聯方法原則。

本書要完成的主要任務可以概括爲以下 9 個方面：

1. 全面梳理《文始》的寫作年代與創作緣由

對《文始》一書的寫作年代、成書經過、發表和出版時間及撰作目的等問題進行分析説明，以作爲瞭解《文始》内容體例的先行條件。

2. 全面梳理《文始》的整理與研究情況

對《文始》的版本、整理及校勘等問題進行梳理説明，盡可能搜集前修時賢對《文始》的研究和評價，並就其中的合理與不足之處進行分析論證，以作爲本書研究《文始》的出發基點。

3. 全面梳理《文始》成書的理論基礎

分析章太炎提出的“語言緣起説”、“轉注假借説”、“成均圖及紐目表”與《文始》中的“初文準初文”、“變易孳乳”、“聲轉韻轉”之間的相互關係，以説明章氏撰作《文始》的形音義理論基礎。

4. 全面梳理《文始》各卷的條目與收字

對《文始》條目和收字的數量、表現、組成、來源等問題進行分析説明，構建“《文始》條目收字一覽表”，以全面系統地展現《文始》一書的組織結構與條目收字情況。

5. 全面梳理《文始》各條目的初文與準初文

對《文始》各條目中的初文與準初文的數量、表現、類別、來源等問題進行分析說明，構建"《文始》初文準初文一覽表"，以全面系統地展現《文始》一書初文與準初文情況。

6. 全面梳理《文始》各條目的聲轉與韻轉

對《文始》聲轉與韻轉的基礎、依據、條例、特點等問題進行分析說明，構建"《文始》聲類韻類一覽表"，以全面系統地展現《文始》一書的韻轉與聲轉情況。

7. 全面梳理《文始》各條目的變易與孳乳

對《文始》變易與孳乳的基礎、依據、條例、特點等問題進行分析說明，構建"《文始》變易孳乳一覽表"，以全面系統地展現《文始》一書的變易與孳乳情況。

8. 客觀評價《文始》一書的實際意義價值

在對《文始》各部分逐一梳理分析的基礎之上，就《文始》一書總的特點和在我國語言研究史，尤其是語源研究史上的成就及影響提出看法與評價。

9. 創建《文始》全書字頭的漢語拼音音序索引

將《文始》全書所收的全部字頭，按照現代漢語普通話的漢語拼音字母順序重新排列，注出其所在的本書條目目次和其所在《章太炎全集七》（上海人民出版社 1999 年版）中的頁碼，以方便讀者查閱本書中對《文始》字頭形音義情況的分析說明或核檢比對章氏原文的相關敘述。

三　採用的基礎研究理論

與前代學者零星分散或連類而及的詞源研究不同，章太炎的字源學理論，是一個完整的漢語同源字族學說體系。這一學說體系，以"語言緣起說"爲同源字族總體架構的理論設想，以"轉注假借說"爲同源字族孳生衍化的規律說明，以"成均圖及紐目表"爲同源字族語音關係的判定標準。除此以外，在《文始·敍例》中章氏還集中說明了《文始》的繫聯對象、材料依據、初文準初文的確定原則、變易孳乳的方式條例以及聲轉韻轉的通則變例等重要問題。《文始》正是以章氏自己在《國故論衡·小學篇》

中提出的理論學說和在《文始·敍例》中相關論述的基礎上創作出來的，是章氏字源學說在《說文》字族繫聯中的具體實踐。由此可見，章太炎的字源學說是一個完整的系統，既有理論綱領，也有實際應用。二者緊密結合，共同構成了其字源學說在體系上的完整性。

任何一種學說體系，從系統性的觀點來看，無論是在構建時還是在解釋時都必須滿足完整性和一致性這兩個基本要求。因此，既然章氏的字源學說是一個完整的體系，那麼在觀察審視這個體系時，就必須首先從系統本身出發對其中的要素作出解釋說明，這樣後繼研究纔可能有一個正確合理的切入點。所以，要全面客觀地梳理《文始》，首先需要梳理的是章氏創作《文始》的字源學說，然後再從章氏的字源學說出發去看待在此種學說指導下的字族繫聯；反過來，又可以從章氏具體的字族繫聯中驗證其字源學說的合理性與正確性。這樣的梳理與研究，既能保證系統內部的完整性和一致性，又能避免論證中的“循環論證”，從而能夠客觀地評價《文始》真正的價值意義和章氏字源學說的實際解釋效力。

由於以上原因，本書對章太炎《文始》的研究，並不以其他學者的理論體系來審視判斷章氏的理論體系，而是從章氏理論體系本身出發，用章氏自己的理論學說來說明看待章氏實際的字族繫聯。這種“以章釋章”而不是“以某釋章”的做法，避免了由於不同學說體系的不相容性而導致的解釋說明上的片面性，合於系統本身的完整性和一致性要求，因而可以最大限度地看出《文始》中章氏所構建的漢語同源字族在形音義組織繫聯上的原理與依據。

四 採用的基本研究方法

在對《文始》展開全面研究前，必須先對《文始》進行全面梳理，而要全面梳理《文始》，則需理清《文始》的組織結構關係，再根據其組織結構關係的特點，選取一種能完整展現《文始》全部內容的研究方式，這樣纔能合理科學地實現對《文始》的全面性與窮盡性分析。此外，由於《文始》是以《說文》爲同源字族的繫聯對象，所以對《文始》的梳理研究還必須與對《說文》的查閱比對同時進行。

《文始》一書，就其組織關係而言，是一種層級分類結構。這一層級分類結構，先是以古韻二十三部的陰陽對轉關係分爲九卷，各卷之中再是以初文準初文分立字族條目，各條目之中又是以聲轉韻轉和變易孳乳關係繫聯同族字詞。從對數據的組織結構來看，《文始》所收的各個同族字間的關係，實質上不是一種平面綫性的數據羅列，而是一種多層面結構化的數據集合。對於結構化的數據集合，最合適的一種表現方式就是採用數據庫技術來予以系統全面的展現。

由於《文始》的結構關係具有層級分類的特性，本身又是一個封閉的系統，因此利用數據庫技術，不僅能展現《文始》固有的組織結構特點，而且還能對其中的各項信息進行窮盡性的統計分析。同時，對《文始》全書的內容進行數據庫處理，製成"《文始》全文檢索系統"，可以使檢索與查閱《文始》信息化、電子化、便利化。這樣既合於傳統文獻典籍數字化的發展趨勢，又能與已經數字化了的《說文》查詢系統相結合，實現《文始》與《說文》的聯合查詢，從而極大提高對《文始》梳理與分析的研究效率。出於這樣的認識和考慮，本書決定採用數據庫技術作爲對《文始》梳理與研究的基本工具手段。

本書以ACCESS（2003）數據庫管理系統爲運行平臺，按照關係型數據庫的要求，創建有"《文始》-《說文》全文數據庫"。本書對《文始》一書的所有數據統計與分析說明，都以該數據庫爲數據基礎和語料來源。

"《文始》-《說文》全文數據庫"包含兩個數據表："《文始》全文數據表"和"《說文》全文數據表"，兩個數據表通過相同的"ID"字段實現數據關聯，能對《文始》和《說文》數據表的各項字段信息進行綜合或單獨的檢索提取與比對統計。現將這兩個數據表的有關字段信息說明如下：

（一）《文始》全文數據表

以殷孟倫先生點校的《文始》（收入《章太炎全集七》，上海人民出版社 1999 年版）爲底本，同時參考木刻校勘本《文始》（浙江圖書館 1919 年版），將《文始》全文按關係型數據表要求製成數據表，包含以下10個字段信息：

《文始》全文數據表

ID	目次	條目	字頭	釋義	聲紐	韻部	字源	正文	卷數

1."ID"字段：唯一標識每條信息的數字編號（以與《說文》全文數

據表關聯)。

2.“目次”字段:《文始》各條目的順序編號。

3.“條目”字段:《文始》各條目的標目。

4.“字頭”字段:《文始》所收的全部字頭(含章氏自注)。

5.“釋義”字段:據《漢語大字典》對《文始》所收字頭的釋義。

6.“聲紐”字段:《文始》所收字頭的上古音聲紐(據章氏古聲二十一紐)。①

7.“韻部”字段:《文始》所收字頭的上古音韻部(據章氏古韻二十三部)。②

8.“字源”字段:《文始》中章氏對字頭字源關係的說明(初文、準初文、變易、孳乳等)。

9.“正文”字段:《文始》全文(含章氏自注)。

10.“卷數”字段:《文始》各字頭所在卷數。

(二)《說文》全文數據表

以臧克和、王平、劉志基開發的“《說文解字》全文檢索系統”(南方日報社 2004 年版)爲基礎,該系統所據《說文》版本爲孫星衍所刻大徐本《說文》,包含以下 9 個字段信息:

《說文》全文數據表

ID	部首	字頭	字形	類別	正文	反切	新附	卷數

1.“ID”字段:唯一標識每條信息的數字編號(以與《文始》全文數據表關聯)。

2.“部首”字段:《說文》所收字頭的部首。

3.“字頭”字段:《說文》所收的全部字頭(含新附字)。

4.“字形”字段:《說文》所收字頭的字形(小篆、重文等)。

5.“類別”字段:《說文》字形的類別歸屬(篆文、古文、籀文、或體等)。

① 章太炎在《文始》中一般情況下都未明確指出字頭所屬的聲紐。本書對《文始》字頭聲紐的確定,採取的是從《廣韻》反切出發,根據章氏古聲二十一紐學說進行歸併後推定。

② 章太炎在《文始》中一般情況下都明確指出了字頭所屬的韻部,本書對《文始》字頭韻部的確定即據此。個別字頭章氏未作說明的,則參照權少文《說文古韻二十八部聲系》所分韻部進行推定。

6.“正文”字段：《說文》全文（含徐鉉及徐鍇注釋）。

7.“反切”字段：徐鉉所加孫愐《唐韻》反切。

8.“新附”字段：徐鉉所增新附字。

9.“卷數”字段：《說文》各字頭所在卷數。

第一章 《文始》的寫作年代與創作緣由

《文始》一書的確切寫作年代和具體創作緣由，關係到《文始》的成書經過和撰作目的，是瞭解《文始》內在體系的外部條件。

第一節 《文始》的寫作年代

《文始》最初發表於1910年，但其寫作時間則可追溯至1908年前後。1906年，章太炎東渡日本，擔任《民報》總編。在旅日期間，章太炎曾多次舉辦國學講習班，爲留日的中國學生開設國學講座。1908 年 4 月起至 1909年初，章太炎又在日本東京爲朱希祖、錢玄同、周樹人、周作人、龔寶銓、許壽裳、朱宗萊、錢家治等人專門講授《說文》。據《朱希祖日記》及許壽裳等人回憶，章太炎連續三遍“始一終亥”講授《說文》，地點先在大成中學，後在《民報》章太炎寓所。[①]

許壽裳《紀念先師章太炎先生》一文中追憶道：“民元前四年，我始偕朱蓬仙、龔未生、朱逷先、錢中季、周豫才、啟明昆仲、錢均夫前往受業。每星期日清晨，步至牛込區新小川町二丁日八番地先師寓所，在一間陋室之內，師生席地而坐，環一小几。先師講段氏《說文解字注》，郝氏《爾雅義疏》等，精力過人，逐字講解，滔滔不絕，或則闡明語原，或則推見本字，或則旁證以各處方言，以故新誼䚷見，層出不窮。即有時隨便談天，亦復談諧間作，妙語解頤；自八時至正午歷四小時毫無休息，真所謂‘默而識之，學而不厭，誨人不倦’。其《新方言》及《小學答問》二

① 萬獻初：《章太炎的〈說文〉講授筆記及其文化闡釋》，載《中國典籍與文化》2001 年第 1 期。

書，皆於此時著成，卽其體大思精之《文始》，初稿亦權輿於此。”[①]

章太炎在《葑漢微言》中也自謂：“時諸生適請講說許書，余於段、桂、嚴、王未能滿志，因繙閱大徐本十數過，一旦解悟，的然見語言文字之本原，於是初爲《文始》。”[②]在《太炎先生自定年譜》中亦謂：“余學雖有師友講習，然得於憂患者多。自三十九歲亡命日本，提獎光復，未嘗廢學。東國佛藏易致，購得讀之，其思益深。始治小學音韻，遍覽清世大師著撰，猶謂未至。久乃專讀大徐原本，日繙數葉，至十餘周。以《說解》正文比較，疑義冰釋，先後成《小學答問》、《新方言》、《文始》三書。”[③]

由上引材料可見，《文始》始作於1908年，是章太炎在十數次批閱和三次系統講授《說文》的基礎上撰作而成的。章氏反復研讀和講授《說文》，是爲全面繫聯《說文》字族而做的材料準備和理論探索工作。對此，章氏曾回憶道：“歸國後，葉奐彬見而善之，問如何想得出來？畣曰：‘讀《說文》，比較會合，遂竟體完成耳。’”[④]

至於《文始》的最後修訂成書時間，則當在1913年。章氏有云“民國二年，幽於京師，舍讀書無可事者。《小學答問》、《文始》初稿所未及，於此時足之。”[⑤]正是此年，《文始》手寫稿石印本出版行世。

鍾敬華先生《論章太炎的古音學》一文，以爲《文始》的撰作要早於《國故論衡》：“這三本書的寫作次序是：《新方言》最先，其後《文始》，《國故論衡》最後（《二十三部音準》是《國故論衡》中的一篇）。”[⑥]此與一般說法不同。查《國故論衡》出版年代，1910年日本秀光舍本爲此書之初版本，1915年上海右文社《章氏叢書》中的《國故論衡》爲此書之增訂本。就所收文章篇目而言，增訂本删去初版本中《古今音損益說》一篇，新增《音理論》和《二十三部音準》二篇。如此，則《國故論衡》中所收文章除《音理論》和《二十三部音準》外，其餘文章寫作年代皆早於《文始》一書。章太炎三部小學名著的成書年代應該是：《新方言》最早（1908

① 許壽裳：《紀念先師章太炎先生》，載《制言》1936年第25期。
② 章太炎：《章氏叢書》下册，世界書局1982年版，第961頁。
③ 章太炎：《太炎先生自定年譜》，龍門書店1965年版，第14頁。
④ 諸祖耿：《記本師章公自述治學之功夫及志向》，載《制言》1936年第25期。
⑤ 同上。
⑥《研究生論文選集·語言文字分册》，江蘇古籍出版社1985年版，第20頁。

年),《國故論衡》其次(1910年),《文始》最後(1913年)。

第二節 《文始》的創作緣由

《文始》的創作緣由，章太炎在《國故論衡·小學略說》中解釋說："余以寡昧，屬茲衰亂，悼古義之淪喪，愍民言之未理，故作《文始》以明語原，次《小學荅問》以見本字，述《新方言》以一萌俗。"①由此可見，章氏寫作《文始》的目的是爲了"明語原"。

關於"明語原"的由來，章氏後來對此有更爲詳細的解釋："及亡命東瀛，行篋惟《古經解彙函》、《小學彙函》二書。客居寥寂，日批大徐本《說文》。久之，覺段、桂、王、朱俱未諦。適錢夏、黄侃、汪東輩相聚問學，遂成《小學荅問》一卷。又以爲學問之道，不當但求文字，文字用表語言，當進而求之語言。語言有所起，人仁天顛，義率有緣，由此尋索，覺語言統系秩然。因謂倉頡依類象形以作書，今獨體象形見《說文》者，止三四百數，意當時語不止此。蓋一字包數義，故三四百數已足，後則聲意相邇者孳乳別生，文字乃廣也。於是以聲爲部次，造《文始》九卷。"②由此可見，"明語原"的提出，是章太炎在遍覽清代小學大師著述的基礎上，由前代學者對文字的研究，進而上升爲對語言本身的考究，再進而爲對"語必有根"的探究。其目的是想通過文字的孳乳別生以瞭解語詞的孳衍流變，從而達到探明語源的目的，而《文始》的撰作即出於章氏對"語言有所起"理論的實踐。

在《自述學術次第》中，章太炎對創作《文始》的緣由，作了最爲清楚的說明："余治小學，不欲爲王菉友輩滯於形體，將流爲'字學舉隅'之陋也。顧、江、戴、段、王、孔音韻之學，好之其深，終以戴、孔爲主。明本字，辨雙聲，則取諸錢曉徵。既通其理，亦猶有所歉然，在東閒暇，嘗取二徐原本讀十餘過，乃知戴、段所言轉注，猶有汜濫，由專取同訓，不顧聲音之異，於是類其音訓，凡說解大同而又同韻，或雙聲得轉者，則歸之於轉注。假借亦非同音通用，正小徐所謂引伸之義也。同音通用，治訓

① 章太炎：《國故論衡》，商務印書館2010年版，第7頁。

② 諸祖耿：《記本師章公自述治學之功夫及志向》，載《制言》1936年第25期。

故者所宜知，然不得以爲六書之一。轉復審念，古字至少，而後代孳乳爲九千，唐、宋以來，字至二三萬矣。自非域外之語，如伽佉僧塔等字，皆因域外語言聲音而造。字雖轉繁，其語必有所根本。蓋義相引伸者，由其近似之聲，轉成一語，轉造一字，此語言文字自然之則也，於是始作《文始》。分別爲編，則孳乳浸多之理自見，亦使人知中夏語言，不可貿然變革。又編次《新方言》，以見古今語言，雖遞相嬗代，未有不歸其宗，故今語猶古語也。凡在心在物之學，體自周圓，無間方國，獨於言文歷史，其體則方，自以己國爲典型，而不能取之域外，斯理易明，今人猶多惑亂，斯可怪矣。"[①]由此可見，章太炎不滿於僅從字形或字義上研究文字的做法，而主張應從音義兩個方面入手，從後代孳生繁多的漢字出發，以音近義通，遞相引申爲綫索，去追尋其所由出之"根本"，以期證明表面上紛繁複雜的漢字，都是由上古爲數至少之"語根"孳乳變易而出，亦卽漢語文言詞彙之本宗當在中夏，由來已久，不可猝然改革，並以此反駁時人所鼓吹之"廢漢文，而用萬國新語"的主張。

章太炎的"求語原"、"明語根"不僅是其創作《文始》語言學方面的緣由所在，更是與其愛國的民族精神相爲表裏的。王寧先生在《論章太炎、黄季剛的〈説文〉學》一文中寫到："《文始》以聲音爲綫索來追尋同源派生的軌迹，既符合歷史語言學科學原理，又體現反對'數典忘祖'的愛國主義思想。"[②]正確地指出了這一點。

① 章太炎：《自述學術次第》，載《制言》1936年第25期。

② 陸宗達、王寧：《訓詁與訓詁學》，山西教育出版社1994年版，第349頁。

第二章　《文始》的整理與研究概況

對《文始》的研究包括兩個方面：版本的整理校勘與其內容體例的相關研究。版本的整理校勘是《文始》研究的基礎，而前人對《文始》的相關研究及評價，又是對《文始》後繼研究的出發點。

第一節　《文始》版本的整理與校勘

1910 年，《文始》最初連載於在日本出版的《敩林》雜志上，但《敩林》衹出了二冊，沒有刊完，後匯編爲一冊，於 1913 年由浙江圖書館用章氏手寫稿石印，此爲《文始》之最早版本。

1914 年，上海右文社出版章氏手寫稿石印本《文始》，一冊。

1915 年，上海右文社出版鉛字排印本《章氏叢書》，收《文始》九卷，共四冊，但此本錯訛較多。

1919 年，浙江圖書館木刻校刊版《章氏叢書》問世，收《文始》九卷，共三冊。此本爲公認的精校精刊本，後世所出《章氏叢書》大多以此本爲底本。

1924 年，上海古書流通處據浙江圖書館校刊本《章氏叢書》，石印出版了《章太炎先生所著書》，其中收有《文始》，共三冊。

1982 年，臺北世界書局據浙江圖書館校刊本《章氏叢書》，出版了《章氏叢書》上下冊，上冊中收有《文始》。

1999 年，上海人民出版社，出版了殷孟倫先生以浙江圖書館校刊本爲底本的標點本《文始》，收入《章太炎全集七》。

第二節 《文始》相關的研究及評價

自1910年《文始》首次發表以來，對《文始》的研究及評價，或是散見於各家著作的有關論述當中，或是以單篇論文的形式出現，還未見相關專著問世。現以著作或論文的初版或初刊時間爲序，對百年來《文始》一書的主要研究及評價情況作一概括性的述要，以作爲本書研究的出發基點。

章太炎本人對《文始》的評價很高。他在寫給長婿龔寶銓的書信中自謂："所著數種，獨《齊物論釋》、《文始》，千六百年未有等匹。《國故論衡》、《新方言》、《小學答問》三種，先正復生，非不能爲也"。[①]在《自述學術次第》中亦謂："中年以後，著纂漸成，雖兼綜故籍，得諸精思者多，精要之言，不過四十萬字，而皆持之有故，言之成理，不好與儒先立異，亦不欲爲苟同。若《齊物論釋》、《文始》諸書，可謂一字千金矣。"又謂："余所撰著，若《文始》、《新方言》、《齊物論釋》，及《國故論衡》中《明見》、《原名》、《辨性》諸篇，皆積年討論，以補前人所未舉。"[②]

章太炎的弟子黃侃，對《文始》一書極爲推崇。他在爲其師所作的《〈國故論衡〉贊》中說道："曾因侍論，有所陳獻，既見稱許，規爲《文始》。夫其比合殊文，徵之故老，和理內發，符采外章，則必度越數子矣。"[③]在《聲韻略說》中則說："聲義同條之理，清儒多能明之，而未有應用以完全解說造字之理者。侃以愚陋，蓋嘗陳說於我本師；本師采焉以造《文始》，於是轉注、假借之義大明；令諸夏之文，少則九千，多或數萬，皆可繩穿條貫，得其統紀"，[④]且以此爲音韻學的一大進步。又說："《文始》總集字學、音學之大成，譬之梵教，所謂最後了義。或者以爲小學入門之書，斯失之矣"，[⑤]並以《文始》第一條爲例，從訓詁音韻兩方面出發，對章氏所立條目，條分縷析，爲作圖示，以明"音義相因之故"。其後，黃侃據《文始》所列，批注《說文》而成的《〈說文〉同文》，與《文始》相同者

① 章太炎著，馬勇編：《章太炎書信集》，河北人民出版社2003年版，第586頁。

② 章太炎：《自述學術次第》，載《制言》1936年第25期。

③ 章太炎：《國故論衡》，商務印書館2010年版，第v頁。

④ 黃侃：《黃侃論學雜著》，上海古籍出版社1980年版，第94頁。

⑤ 同上書，第164頁。

“十之七八”。[①]由此可見，《文始》和《說文同文》具有直接的繼承關係，是在同樣理論和方法指導下的字源學著作。這表明章黄的《說文》字族研究是一脈相承的。

1936 年，許壽裳在《紀念先師章太炎先生》一文中，稱《文始》爲“體大思精”之作，以爲“凡所詮釋，‘形音義三，皆得俞脈’，豁然貫通，此先師語言文字學之成就，所以超軼清代諸儒。”[②]

1937 年，胡樸安《中國文字學史》一書，在“從聲讀到《文始》”一節中，從方法論的角度，指出了章太炎《文始》在研究方法上與前人的不同之處：“章氏之書，不據形聲之字以求聲，而以音之近轉、遠轉、對展旁轉，以此字之音，孳乳而爲彼字，此則章氏之《文始》所用之法，而與清代學者本聲讀之法以求聲母，則不相同也。”[③]進而認爲《文始》以音轉繫聯同源字族的做法是語言學的方法而非文字學的方法：“此屬於言語之相生，而非屬於文字之相生。文字雖由言語而製造，而中國爲演形文字，其文字之相生，不能離形，而以均之近轉、遠轉、旁轉對以求之，故章氏之《文始》，乃言學而非文字學也。求文字學之《文始》，仍當本聲讀法以求之。”[④]

1943 年，齊佩瑢《訓詁學概論》（北平國立華北編譯館初版）一書，在“語音和語義”一節中，認爲《文始》一書“惟囿於形體本義，及《廿三部成均圖》之假定，似乎尚不能夠縱橫旁達，以求語文流衍之勢。”[⑤]在“音訓”一節中，又以爲“文字的形體孳分和語言音義的孳分並不能完全相諧而密合無間呢。所以我們求語根，非和文字的形體隔離而不以字形爲主不可。”[⑥]此外，作者還對章氏《文始》以初文、準初文爲最古文字，死守《說文》部首及其說解，以及《成均圖》未必合於古音實際等方面提出了批評。

1947 年，王力先生《新訓詁學》（原載《開明書店二十周年紀念文集》，

---

① 陳建初：《黄侃先生所批“〈說文〉同文”初探》，載《古漢語研究》1990 年第 2 期。
② 許壽裳：《紀念先師章太炎先生》，載《制言》1936 年第 25 期。
③ 胡樸安：《中國文字學史》，商務印書館 1937 年版，第 502 頁。
④ 同上書，第 505 頁。
⑤ 齊佩瑢：《訓詁學概論》，中華書局 1984 年版，第 55 頁。
⑥ 同上書，第 115 頁。

後收入《龍蟲並雕齋文集》第一册）一文，將章太炎歸之於“舊訓詁學”中的“發明派”，肯定了章氏“擺脱了字形的束縛，從聲韻的通轉去考證字義的通轉”，並認爲“章炳麟一部《文始》，其成功的部分就是突破了字形的束縛，從音義聯繫的觀點上得到了成功。”①

1981年，王力先生《中國語言學史》（山西人民出版社初版）一書，在“訓詁學”一節，專論章太炎。其中，既肯定了《文始》“令人看見了詞彙不是一盤散沙，詞與詞之間往往有某種聯繫，詞彙也是有條理的。章氏這種做法，在原則上是詞源的研究或詞族的研究”，②同時又批評了章氏過度崇信《説文》，排斥甲骨金文的守舊態度。

1981年，鍾敬華先生《論章太炎的古音學》（此文爲作者1981年復旦大學碩士學位論文，後收入《研究生論文選集·語言文字分册》）一文，討論了章太炎的古韻研究，指出了章氏在古韻研究上的貢獻與不足，認爲“章太炎的《成均圖》和韻轉理論是和他的訓詁學緊密地結合在一起的，在章太炎的小學體系中，主要是用來説明同源詞的孳乳、方言的差異、歷史音變以及文字假借的語音轉變規律的。這種理論具有一定的科學性，而在基本理論和具體結論上又存在一些缺陷和錯誤。”③作者以爲，這種“缺陷和錯誤”主要是由於章氏同源字繫聯時音義標準過寬以及由於迷信《説文》而致虚增韻轉條例造成的。

1981年，劉曉東先生《〈文始〉初探》（此文爲作者1981年山東大學碩士學位論文，後收入《研究生論文選集·語言文字分册》）一文，以《文始》爲研究對象，就《文始》的創作主旨及理論來源、初文的種類、變易及孳乳在音和形上的具體表現、《文始》中存在的問題等方面作了初步的分析和探索，説明並總結了《文始》在方法和體例上的諸多條例，認爲《文始》“第一次全面系統地闡明了漢語語言文字發展變化的形式和規律，揭示了漢語語詞孳衍分化的關係和文字孳乳浸多的原因。由於這部書的出現，標誌著漢語研究進入了語源學研究的階段。”④

① 王力：《王力文集》，第十九卷，山東教育出版社1990年版，第176頁。
② 王力：《中國語言學史》，復旦大學出版社2006年版，第138頁。
③ 《研究生論文選集·語言文字分册》，江蘇古籍出版社1985年版，第13頁。
④ 同上書，第168頁。

1982 年，王力先生在《同源字典》一書的“同源字論”中，雖然肯定了章太炎在同源字研究上的開創之功，但對章氏所立初文的可靠性與迷信《說文》的做法則提出了質疑和批評，並以爲“除了上述的原則性錯誤之外，章氏還有兩個方法上的錯誤：第一，聲音並不相近，勉強認爲同源；第二，意義相差很遠，勉強加以牽合。”[①]最後得出結論：“《文始》所論，自然也有可採之處，但是，其中錯誤的東西比正確的東西多得多”，[②]從而基本上否定了《文始》一書的實際價值。

1983 年，元鴻仁《“初文”與“準初文”關係初探》一文，從字形孳乳、字義延伸、語音關係三個方面，就《文始》中“同體複重”類型的準初文作了討論，對此類準初文在組合方式、表義趨向及語音聯繫等方面的特點進行了分析歸納，最後認爲初文孳演爲準初文是“兼象形、指事、會意之長，由大致單純表名物、動作之詞衍演爲表情狀、數量等義之詞。這在漢字的發展過程中表明其日臻完善的趨向。其次，還可以看到，此種字之產生絕非太古，擬當在秦漢間。”[③]

1984 年，楊潤陸、馮勝利、李建國、伊黎雲合作編寫的《〈文始〉〈說文〉對照索引》（北京師範大學中文系古代漢語教研室油印），是一部《文始》和《說文》收字的對照索引工具書。該書“凡《文始》論及的變易、孳乳字皆收之”，按《康熙字典》部首排列，每字都標明了其在中華書局 1963 年版大徐本《說文》中的卷數、部首、頁碼、上下欄，以及在《章氏叢書》大字石印本及手寫單行本《文始》中的卷數、條目和頁碼。此書雖未對《文始》收字作任何注釋與說明，但對查檢《文始》所收各字及與《說文》原文對照提供了很大方便。

1984 年，陸宗達、王寧先生《淺論傳統字源學》（原載《中國語文》第 5 期，後收入《訓詁學原理》）一文，從傳統字源學的角度充分肯定了《文始》所具有的重要意義和對後世的巨大影響：“《文始》從理論上提出了音轉義通的規律，確定了孳乳、變易的條例，在實踐上突破了兩兩繫源的簡單作法，進入了由一個起點出發、多方繫聯、歸納詞族的系統作法，

---

① 王力：《同源字典》，商務印書館 1982 年版，第 40 頁。

② 同上書，第 41 頁。

③ 元鴻仁：《“初文”與“準初文”關係初探》，載《西北民族學院學報》1983 年第 1 期。

把字源研究推向新的高度。此後出現的‘音轉字源學’‘語根字源學’，多半是在《文始》影響下產生的。《文始》是傳統字源學到現代字源學的過渡之作。”[①]同時，兩先生也對《文始》中存在的混淆平面繫源和歷史推源的錯誤以及判定同源詞時標準不嚴、繫聯過寬的缺點提出了批評。

1986 年，王寧先生《論〈說文〉字族研究的意義——讀章炳麟〈文始〉與黃侃〈說文同文〉》（原載《南京師範大學學報》第 1 期，後收入《訓詁與訓詁學》）一文，指明了《文始》在傳統字源學上承前啟後的突出成就，肯定了《文始》以講本字本義的《說文》爲同源字繫聯對象及其在整體設計方案上的成功：“《文始》用孳乳和變易兩大條例來統帥漢字之間的同源關係，用《成均圖》把音韻學的研究成果運用到字源的研究中，以對轉和旁轉來描寫同源字之間聲音變化的軌迹 用荀子提出的“同狀異所”和“異狀同所”來囊括同源字之間的意義關係，這些方法，都在後來被採用。”[②]

1988 年，汪啟明《章太炎的轉注假借理論和他的字源學》（此文爲作者 1988 年西南師範大學碩士學位論文，後分上、中、下三篇發表於《楚雄師專學報》）一文，全面系統地闡述了章太炎的轉注假借理論，分析了轉注假借的實質起因、類別方式、特點規律，證明了章氏轉注假借說在其字源學中的基礎和核心地位。文章不僅指出“章太炎的轉注假借理論是我國最早的成體系、有系統的同源字論”，[③]並且充分肯定了《文始》的總體成就和對後世的重要影響：“章太炎《文始》以轉注假借爲基本理論，以變易孳乳兩大規律研究《說文》，在前人零星研究同源字的基礎上，系統地從理論上進行了總結。他以韻轉爲依據，以《說文》爲基礎，以初文、準初文爲字根，繫同源、列詞序、明孳乳……章太炎從語言學的角度研究轉注假借，又從古代文獻的淵海中吸取大量的語言材料，在同源字研究上，昇華到清代諸儒所不能達到的高度，即使今天的同源字研究，在整體設計和理論框架上，也還沒有超出他所規定的範圍。”[④]

---

① 王寧：《訓詁學原理》，中國國際廣播出版社 1996 年版，第 127 頁。

② 陸宗達、王寧：《訓詁與訓詁學》，山西教育出版社 1994 年版，第 404 頁。

③ 汪啓明：《章太炎的轉注假借理論和他的字源學（下）》，載《楚雄師專學報》1990 年第 1 期。

④ 汪啓明：《章太炎的轉注假借理論和他的字源學（中）》，載《楚雄師專學報》1989 年第 4 期。

1988年，楊劍橋《同源詞研究和同源詞典》一文，回顧了漢語同源詞的研究歷史，著重比較了《文始》、《漢語詞類》、《同源字典》的優缺點，認爲"《文始》把初文和準初文作爲語根，並按變易孳乳的先後次序排列同源詞，這樣就十分清晰地反映出詞彙的發展演變過程和發展演變方式……比較起來，《漢語詞類》和《同源字典》均未能揭示這種有機聯繫。"[①] 此外，文章還認爲《文始》存在主要以韻母轉換作爲同源詞孳乳分化的語音規律、以初文爲語源、不注重諧聲體系、訓詁例證少且常以私意摻雜其間等缺點。

1989年，汪啟明《試論章太炎的右文觀》一文，結合轉注假借理論和字源學，論述了章太炎對傳統右文說的繼承和革新，指出了章氏右文說的特點："運用右文來繫聯同源字，是章太炎《文始》中的平面繫源重要方法……但章太炎的右文，是漢字形聲字的標音記號，與完全從漢字形體出發探求漢語詞的親屬關係有本質區別，在字源學中，既注意形體，又不拘牽形體，是他右文觀的核心。"[②]

1989年，楊潤陸先生《〈文始〉說略》一文，對《文始》進行了專門研究，就《文始》一書的撰作年代、寫作緣由、語根數目、孳乳變易的實質特點、《成均圖》的音理基礎、繫聯所用的書證訓詁材料及詞義引申的發展方式等問題作了分析討論。文章首先指出了《文始》所用研究方法在我國訓詁學史上的獨特地位："太炎先生開闢的是一條新路，這就是從聲韻的通轉來考證字義的通轉，它以聲音爲綫索展示了詞彙的系統性，指出了訓詁學發展的一個重要的歷史方向。可以說，《文始》的問世，標誌著新訓詁學的開始。"[③]其次指明了《文始》因其創作目的的獨到而呈現出的特有價值："《文始》專講語源，但並不是同源字典，而是一部講語言發展的理論性著作……《文始》的寫作就是試圖以《說文》的材料證明一個理論，卽用音義結合的辦法可以推出語源，而轉注和假借則是漢字發展的主要方式與規律。"[④]最後對《文始》一書的特點作了總結："《文始》

① 楊劍橋：《同源詞研究和同源詞典》，載《辭書研究》1988年第5期。

② 汪啓明：《試論章太炎的右文觀》，載《楚雄師專學報》1989年第1期。

③ 楊潤陸：《〈文始〉說略》，載《北京師範大學學報》1989年第4期。

④ 同上。

以轉注理論闡述語言的孳乳，通過分析詞義的引申方式展示了詞彙的系統性。這是其他語源學著作所不能替代的。”①

1990 年，王寧先生《論章太炎、黄季剛的〈說文〉學》（原載《漢字文化》第 4 期，後收入《訓詁與訓詁學》）一文，論述了章黄《說文》學的體系特點，指出了《說文》研究在章黄學說中的核心地位，從章黄《說文》學的角度對“轉注假借說”在同源字繫聯中的理論意義，變易孳乳兩大條例在說明漢字歷史演變類型中的功用價值，以初文爲形位的小篆“二度造字”特點及“以義證音”的實證古音學等問題作了探討分析，肯定了《文始》的獨特之處：“章太炎初創的《文始》，是一部把《說文》學由平面形義關係的研究發展爲縱向歷史研究的首始工作，由此而奠定了漢語字源學的基礎。”②

1990 年，劉又辛、李茂康《漢語詞族（字族）研究的沿革》一文，回顧了漢語詞族的研究歷史，把章太炎《文始》歸入“聲轉說”一派，認爲《文始》雖有“不少精闢的見解和可信的材料”，但在方法上則有“嚴重的缺點”，從四個方面對《文始》予以批駁：“首先，他以《說文》的獨體爲初文、準初文，認爲這五百多字是最原始的文字，其餘的字都是演變的結果。這種看法，一是不符合漢字發展的客觀事實，抹煞了《說文》以前兩三千年古文字的發展史；二是把漢語詞族的研究完全視爲文字的孳生問題，錯誤地把五百多個“初文”當成漢語詞彙的“詞根”來對待。第三，他對文字的解釋完全依據《說文》，《說文》講錯了的，他據以推斷的字詞當然也就不可靠……第四，章氏的音轉，多數屬於主觀想象，一是缺乏證據，二是沒有明確的音變規律，衹要從字形或字義上認爲兩者有聯繫，就利用《成均圖》中的對轉、旁轉、旁對轉等辦法強通其所不通，這樣一來，幾乎所有的音都可通轉了。所以，章氏的《文始》，就其研究漢語詞族的理論基礎和研究方法來說，確實存在著一些嚴重的缺點。”③

1990 年，劉又辛、李茂康《章太炎的語言文字學研究》一文，論述了

① 楊潤陸：《〈文始〉說略》，載《北京師範大學學報》1989 年第 4 期。

② 陸宗達、王寧：《訓詁與訓詁學》，山西教育出版社 1994 年版，第 348 頁。

③ 劉又辛、李茂康：《漢語詞族（字族）研究的沿革》，載《古漢語研究》1990 年第 1 期。

章太炎在語言文字學上的成就和局限。肯定了章太炎能從語言的歷史發展角度研究漢語同族詞的貢獻："他以孳乳、變易兩大條例總結漢字之間的同源關係，欲以古音爲樞紐，溝通漢字的形、音、義，推求漢字滋生繁衍的來龍去脈，從而立語根，建詞族，較爲系統地闡發了五、六千字派生、分化、演變的程序。"[①]同時，也對《文始》音義繫聯的範圍過大、混淆字根和語根、迷信《說文》及《成均圖》音轉過寬等缺點提出了批評，最後認爲"該書所繫聯的同族詞真正可靠的並不太多"。[②]

1992年，任繼昉《漢語語源學》一書，在"語源的研究方法"一章中，將《文始》的研究方法歸結爲"以同族詞的語音爲綫索進行沿流"的"音沿法"，"他是以形（初文、準初文）設其源，而據音（比其聲韻）沿其流，由'字根'之源往下梳理音義相關的同族詞的"，[③]認爲從系統整體的觀點來看全書，《文始》存在因囿於以初文爲字源，而在繫聯詞族時未能"縱橫旁達"的缺點。

1995年，宋永培《〈文始〉"京"字條評注》一文，以《文始》"京"字條爲例，給出了章氏繫聯"京"字條的形、音、義依據，並就"京"字條在同源字繫聯上的得失作了分析，得出三點結論："①章太炎闡說字詞的相互聯繫時有時注重了字詞的表同意義而忽視了詞義特點，從而導致把一些表面意義相似而詞義特點有別的字詞也當作同源詞。②章太炎提出某字與某字有孳乳同源關係，但有時缺乏可作爲證明的文獻語言材料。③章太炎沒有意識到自己的工作在大多數情況下是平面繫源，而不時用歷史推源的術語來闡說詞義，導致主觀編排某些字孳乳的順序。"[④]

1995年，萬獻初《論章太炎轉注假借理論的實質》一文，論述了章太炎轉注假借理論的由來、目的和作用，以轉注假借理論爲章氏詞義源流研究、同源詞族研究、詞義體系研究的基石，指出了轉注假借理論的實質："它以詞義引申爲前提，以音同音轉爲綫索，重點在解釋漢語的音變造詞規律，以明詞彙發展的軌迹；當它表現在漢字上時，則互相調節，使漢字

① 劉又辛、李茂康：《章太炎的語言文字學研究》，載《西南師範大學學報》1990年第3期。
② 同上。
③ 任繼昉：《漢語語源學》，重慶出版社1992年版，第239頁。
④ 宋永培：《〈文始〉"京"字條評注》，載《古籍整理研究學刊》1995年Z1期。

的字量發展達到相對平衡，即兼顧其區别力和表達力，由此尋索則能明瞭漢字孳乳繁生的内在規律。”①

1995 年，何九盈先生《中國現代語言學史》（廣東教育出版社初版）一書，在“詞源研究”一節中，對《文始》進行了專門論述，就《文始》的語音系統、音轉關係、繫聯原則、理論來源、初文準初文數目及變易孳乳的實質等問題作了説明闡釋，匯集了諸家對《文始》的評説看法。認爲《文始》一書，雖在研究方法上有所創新，但存在混淆“字根”與“語根”、音轉規律過寬、迷信《説文》、反對甲金及同源繫聯過濫等局限，最後得出的結論是：“《文始》既有‘失之於拘’的缺點，也有‘失之於過’的缺點。這部書的實用價值不高，原因就在於此。”②

1996 年，萬獻初《章太炎在普通語言學理論上的探索》一文，論述了章太炎在西方普通語言學理論及方法啟迪下的漢語言文字學研究，就章氏在語言源起理論、文字起源理論和新的語言研究方法上的諸多探索作了分析，指出了章太炎《文始》一書在研究方法上的創新：“章太炎從西方學術方法中得到啟發，敢想敢幹敢於實踐，把西方語言學的一些研究方法靈活地用於漢語言文字學的研究之中：他寫成《文始》，就用了追根尋源、普遍繫聯、窮盡材料、詳盡分類、建立系統等方法，注重詞義的歷史動態分析和綜合，試圖求語根、繫詞族、建立漢語詞的歷史源流大系統。故黄侃評《文始》道：‘段、王音義互求在横，太炎在縱’。説明他在方法上、理論出發點上比乾嘉學人大大進步了。”③

2000 年，趙振鐸先生《中國語言學史》一書，在“章炳麟和黄侃”一節中，對《文始》的創作緣由、結構體例、依據材料等問題作了分析論述，著重指出了章氏在傳統語言學向現代語言學過渡時期所起的溝通承接作用及《文始》在我國語言學史上的獨特價值地位：“章炳麟關於語根的理論不僅有傳統語言學的成分，同時還參考了西方普通語言學裏某些成果。在章炳麟之前，我國有些學者也曾接觸到語根的問題，而且也作了一些有意義的探索。但是全面而系統的研究語根問題，則應該是章炳麟。章炳麟

① 萬獻初：《論章太炎轉注假借理論的實質》，載《咸寧師專學報》1995 年第 2 期。

② 何九盈：《中國現代語言學史》，廣東教育出版社 2000 年版，第 522 頁。

③ 萬獻初：《章太炎在普通語言學理論上的探索》，載《咸寧師專學報》1996 年第 1 期。

從音、義兩個方面研究語根，與現代語音學研究詞源運用語音學原則和語義學原則已經非常接近。此後，沈兼士、楊樹達、魏建功、王力諸先生在這方面的研究，另闢蹊徑，後出轉精，取得了不少成績，但《文始》的價值並未因此減色。”①

2000 年，殷寄明《語源學概論》一書，在“晚近時期的語源學”一節中，從審察詞彙歷史發展、努力推尋訓詁語源、重釋六書轉注三個方面肯定了章太炎在漢語語源研究上的貢獻，對王力先生在《同源字典·同源字論》中針對《文始》所作“其中錯誤的東西比正確的東西多得多”的結論，提出了自己的看法：“我們認爲這個說法恐怕是不公道的。《文始》的上述各種建樹、發明是舉世矚目的，至於微觀上的問題，在逐一進行檢驗、證明之前，也沒有理由下這樣的結論。”②

2002 年，張標《章黄學派與 20 世紀的〈說文〉學》一文，分析了章黄學派在《說文》學上的貢獻，尤其強調了《文始》在《說文》研究方法上的突破：“章氏在《說文》研究中，首次進行了字族繫聯，並且有綱領、有條例、有方法，可以說構建了一個《說文》語源學體系，這是前代《說文》研究不可比擬的，也使章氏登上了本世紀《說文》學的峰巔。”③

2002 年，王立軍《論章黄學派的漢字系統觀念》一文，從章黄學派對漢字體系的系統性研究出發，指出了章太炎所提出的“語根”、“孳乳”、“變易”等概念和《文始》繫聯同源字的具體實踐開創了其後章黄學派的漢字系統研究：“太炎先生在漢字研究方面的最大貢獻，就是從發生學的角度闡釋了漢字系統形成的基本原理，構擬了漢字系統形成的歷史過程和總體框架。”④

2003 年，張博《漢語同族詞的系統性與驗證方法》一書，在“漢語同族詞研究方法概說”一節中，將章太炎《文始》的研究方法概括爲“語根沿流法”，既肯定了“章氏這種‘語根源流法’的發明對於漢語同族詞、詞族研究方法的改進至少有兩大建樹：1）確立了語根的概念。2）展示了

① 趙振鐸：《中國語言學史》，河北教育出版社 2000 年版，第 454 頁。
② 殷寄明：《語源學概論》，上海教育出版社 2000 年版，第 82 頁。
③ 張標：《章黄學派與 20 世紀的〈說文〉學》，載《河北師範大學學報》2002 年第 6 期。
④ 王立軍：《論章黄學派的漢字系統觀念》，載《聊城大學學報》2002 年第 3 期。

漢語詞族多支系、多層次的複雜構成”，同時又指出“與語根沿流法的方法論意義相比，章氏的具體繫聯則顯得不甚理想。主要是因爲章氏《成均圖》擬定的韻部轉變條例過於寬泛，意義上的聯繫又過於主觀隨意而缺乏證據。”①

2003年，宋永培《論章太炎黄侃學術研究的根本觀念》一文，從學術與志行兩相統一的角度，論述了章黄的學術研究特點，指出了章太炎在學術研究中尤其重視系統性與創新性，認爲“與乾嘉《説文》學相比，章黄的成就實現兩個重大轉變，一是由形義系統的探討轉變爲音義系統的探討，二是由共時平面的研究轉變爲歷史源流的研究。他們論證的‘語言緣起説’、‘轉注假借説’的理論，涵蓋了漢語文字與詞彙相因而增多的總規律。”②

2004年，李運富《章太炎黄侃先生的文字學研究》一文，分析了章黄在文字學研究上的貢獻。文章以趙誠先生提出的重視語言現象之間相互關係研究的“關係論”出發，具體考察了章黄在同源字派生關係上的研究，認爲孳乳分化前後的字反映的是同源詞關係，變易分化前後的字反映的則是同源字的關係，而“章黄主觀上想把同源詞和同源字這兩種性質不同的現象區分清楚，但在實際繫聯中常常混淆，而且跟上述同功能字也有糾葛，所以遭到後人非難。真正把字和詞區别開來，並把各種字詞關係描寫清楚的，是繼承和發展了章黄學説的王寧先生。但章黄的開創之功不可磨滅，他們對‘關係論’方法的自覺運用，大大增强了文字學和詞源學研究的系統性。”③

2006年，萬獻初《章太炎在漢字理論上的貢獻》一文，分析了章太炎在《説文》研究中形成的漢字學理論，從漢字形義學的角度肯定了章太炎的《説文》研究：“太炎先生一部《説文》講授筆記，以及後來在此基礎上寫成的《文始》，既注重詞的音義關係而繫聯漢語的詞義源流系統，又兼顧了《説文》字系中各字的形義統一關係。他的實踐是在所框定的封閉系統中作窮盡式的繫聯，具有明顯的理論和方法上的探索性，富於普遍性

① 張博：《漢語同族詞的系統性與驗證方法》，商務印書館2003年版，第82頁。

② 宋永培：《論章太炎黄侃學術研究的根本觀念》，載《學術研究》2003年第10期。

③ 李運富：《章太炎黄侃先生的文字學研究》，載《古漢語研究》2004年第2期。

意義，把漢字形義學研究向更加系統化、理論化的方向大力推進。”①

2006年，田野《〈文始〉初文考》（北京語言大學碩士學位論文）一文，從對外漢語教學中現代漢字教學的實際需要出發，對《文始》一書的初文進行了系統考察，建立了初文數據庫，刊正了部分初文的本義，分析了初文和準初文的性質，歸納了準初文的種類以及初文所反映出的社會文化，並對初文在現代漢字中的保留情況作了分析比較。

2007年，黄易青《上古漢語同源詞意義系統研究》一書，在緒論中，就前人的同源詞研究作了綜述總結，分析了章太炎的“語根説”理論，指出了章氏在漢語詞源研究上的特點和貢獻：“20世紀上半葉，章太炎的《文始》標誌著漢語詞源學脱離於傳統訓詁學而獨立爲一門有系統理論、有全面實踐的新學科。與他以前的詞源研究相比，章太炎的詞源研究有鮮明突出的特點：是求語原，浚抒流别，而非平面繫聯；是全面系統的，而非隨意零散的；是從文字變化的角度談‘孳乳變易’，而非僅是文獻整理的需要的‘因聲求義’。歷史的溯源理流，系統全面的詞族研究，語言學的理論和目的，這三個要素標誌著漢語詞源學的建立。”②

2008年，楊光榮《詞源觀念史》一書，在“皖派同源詞理論的初步成型及進一步發展”一章中，分析了章太炎的詞源研究理論，以“語根説”爲章氏詞源理論的“總命題”，而“轉注假借説”和“成均圖”都是其“語根説”的組成部分，《文始》則是該理論的具體實踐，最後從詞源研究史的角度對章太炎及《文始》作了總結：“章太炎是使皖派詞源學初步成型的第一人，他考辨同源詞的框架至今仍在發揮著重要作用。同時，他也是我國歷史比較語言學的先驅，他所著力的以初文、準初文爲語根表徵形式的歷史比較探究，是一項開創性的工作。我們認爲，語根可以拼音字母表徵，亦可以表意文字表徵；表徵形式本身無所謂對與錯，關鍵在於觀念及所表徵的内容。章太炎的《文始》，是以‘明語原’、求語根爲歸宿的；儘管他在具體考辨中有時也難免拘泥於字形，但這並不影響他在總體上所獲得的成就。”③

① 萬獻初：《章太炎在漢字理論上的貢獻》，載《長江學術》2006年第4期。

② 黄易青：《上古漢語同源詞意義系統研究》，商務印書館2007年版，第15頁。

③ 楊光榮：《詞源觀念史》，巴蜀書社2008年版，第155頁。

2010年，劉智峰《〈文始·一〉同族詞詞源意義系統研究》（湖南師範大學碩士學位論文）一文，以《文始·卷一》中的八組同源字爲例，歸納分析了各組同源字的繫聯依據及其詞源意義，並嘗試以認知語言學的角度來解釋漢語同源詞的派生孳乳規律。

2010年，王寧先生主持整理的《章太炎〈說文解字〉授課筆記》一書，在前言中，對章太炎《說文》學的特點進行了概括總結，並就《文始》的價值意義作了分析評述，認爲在“語言有所起”理念的指引下章氏“設計了‘語根’的概念，訂立了‘孳乳’、‘變易’兩大條例，以聲音爲綫索，撰成了《文始》一書，其目的是想尋求積聚在表層平面上的由漢字負載的詞語深層的歷史發展脈絡。《文始》是漢語詞源學的初創之作，雖從微觀的字詞關係考察，頗多疑義。顯然不很成熟，但太炎先生旨在將《說文》平面的形義系統重組爲歷史的音義系統的理念，實在是難得的創新，他爲傳統‘小學’向現代科學的歷史語言學發展，開拓出一條嶄新的道路，也爲《說文》學走向現代邁出了極有意義的一步。”[①]

2011年，黃娟娟《章太炎〈文始〉研究》（華中科技大學碩士學位論文）一文，以王寧先生提出的同源詞義素分析法和鄭張尚芳先生構建的上古音系爲依據，從《文始》中選取了一百六十四組同源字作爲分析對象，試圖以此勾勒出章氏同源字族的理論體系並總結評述《文始》一書的價值意義。

第三節 《文始》評價的異同及問題

綜觀百年以來對《文始》的研究及評價，可以根據其觀點的不同大致分爲兩派：

一派可以王力先生爲代表，雖然對《文始》有所肯定，但更多以批評爲主。比較王力先生在不同時代不同著作中對《文始》的相關評價，不難看出其態度的明顯轉變：由先前的“肯定多於否定”到後來的“否定多於肯定”。由於在我國當代語言學界的泰斗地位，王力先生的這些評價，一

① 章太炎著，王寧主持整理：《章太炎〈說文解字〉授課筆記》，中華書局2010年版，前言第7頁。

直以來影響著學界對《文始》的認識。

一派可以陸宗達、王寧先生爲代表，雖然對《文始》有所批評，但更多以肯定爲主。陸、王二先生作爲章黄學派的傳人，長期以來致力於對章黄學説的繼承和發展，對《文始》一書的理論基礎、撰作體例、成就價值等等問題作了大量的引證發明，彌補了章氏因草創初作而未及説明的諸多問題，對正確瞭解和客觀評價《文始》一書，進行了大量正本清源的工作。

以上兩派雖對《文始》的態度不同，但對《文始》都有一些共識：

1. 肯定了章太炎在漢語同源字詞研究上的開創之功。

2. 肯定了《文始》"形體聲類、更相扶胥"的研究方法，卽突破字形束縛，從音義兩個方面繫聯詞族的做法。

以上兩派的不同之處，亦卽對《文始》的爭議之處表現在：

1. 語源與字源的關係問題。

2. 歷史推源和平面繫源的區别問題。

3. 以初文爲"語根"的價值問題。

4. 對待古文字材料的態度問題。

5. 音轉過寬的問題。

6. 意義牽合的問題。

對上述問題的不同看法，兩派都有自己的理由，並從各自的角度作了分析論證。但是，兩派都未能對《文始》作全面系統的考察，因此不少關於《文始》的評價都是概念型的、印象型的和舉例型的。卽便是少有的專門研究，也多是對《文始》内容體例大致的評説，或是對《文始》某方面局部問題的闡述，而都缺乏對全書的全面與窮盡的梳理分析。這就導致在具體論述中，往往在未給出令人信服的足夠證據支持時，就匆匆給《文始》下了結論性的評語，從而造成長期以來對《文始》一書實際價值的不斷爭議。

科學研究的客觀性不僅要求定性結論，更要求定量分析。任何真正有價值的研究結果一定是在定量考察基礎之上作出的定性判斷，除此以外的任何所謂"結論"都是難以讓人信服的。因此，《文始》研究中這種多理論性、概要性評價而無全面性、系統性考察的研究現狀，不僅不利於對《文始》本身的説明，也將無助於對章黄學派的全面總結和漢語語源學的深入研究。

要對《文始》作出真正有意義的說明與評價，必須建立在對其全面性與窮盡性的系統梳理與分析之上。這是科學研究和正確看待《文始》的唯一方法。

第三章　《文始》的理論基礎

《文始》一書的理論基礎涵蓋了章太炎語言文字學的三大理論：語言緣起理論、轉注假借理論、《成均圖》及“紐目表”之音轉理論。這三種理論的學說內涵是章氏創作《文始》的前提條件。

第一節　語言緣起理論

章太炎的語言緣起理論主要在《國故論衡·語言緣起說》、《論語言文字之學》、《訄書·訂文》及所附《正名雜義》等文章中。

1900 年，《訄書》原刊本問世，其中《訂文》一篇，談及語言與文字，可視爲章太炎對語言文字起源及相互關係問題的最早思考。在《訂文》中，章太炎認爲文字是因區別語詞之需要而產生的，並隨語言的發展而發展：“昔之以書契代結繩者，非好其繁也，萬事之簉萌，皆伏於蠱，名實眩惑，將爲之別異，而假蹄迒以爲文字。然則自大上以至今日，解垢益甚，則文以益繁，亦勢自然也。”①受當時西方語言學理論的影響，章氏認識到先有語言，後有文字：“吾聞斯賓塞爾之言曰：有語言，然後有文字。”②文字隨語言的引申發展而孳乳增多，音近義通的字詞，往往有著共同的來源：“人之有語言也，固不能遍包衆有，其形色志念之相近者，則引申緣傅以爲稱。俄而聆其言者，眩惑如占覆矣，乃不得不爲之分其塗畛，而文字以之孳乳，故數字之義，祖禰一名，久而莫蹤迹之也。”③文字爲語言之記錄：“有其文

① 章太炎：《章太炎全集》第三冊，上海人民出版社 1984 年版，第 44 頁。
② 同上書，第 45 頁。
③ 同上。

者必有其諺言。”[①]文字和語言相互影響：“且夫文因於言，其末則言擎迫而因於文。”[②]

1902年，章太炎在《新民叢報》第五、九、十五號上連載《文學說例》一文，講解文字訓詁之學。同年，章太炎修訂《訄書》，將此文序次重訂、增刪修潤後更名爲《正名雜義》，作爲《訂文》的附錄。在《正名雜義》中，章太炎對語言文字的發展演變問題作了進一步的討論。章氏認爲語言的發展變化，受社會發展變化的影響和制約：“夫語言文字之繁簡，從於社會質文。”[③]因此，上古質樸，故語詞寡而文字少；後世事繁，則語詞豐而文字多：“上世語言簡寡，故文字少而足以達恉。及其分析，非孳乳則辭不卧。若彼上世者，與未開化之國相類，本無其事，固不必有其言矣。”[④]在語言的發展演進中，詞類的產生有先有後：“草昧未開之世，語言必先名詞，次及動詞，又次及助動詞。”[⑤]

1902年，章太炎在《與吳君遂書》中，接受了西方語言學思想，明確提出了“語根”的概念，並肯定了“尋審語根”在“推尋故言”中的顯著效用：“頃斯賓薩爲社會學，往往探考異言，尋其語根，造端至小，而所證明者至大。何者？上世草昧，中古帝王之行事，存於傳記者已寡，惟文字語言間留其痕迹，此與地中僵石爲無形之二種大史。中國尋審語根，誠不能繁博如歐洲，然卽以禹域一隅言，所得固已多矣。”[⑥]

1906年，章太炎以章絳之名在《國粹學報》第二十四、二十五期上連載《論語言文字之學》一文，文中後半部分以較多篇幅專論語言起源問題，後經章氏修改，獨立成篇，收入《國故論衡》中，題名爲《語言緣起說》。

1910年，《國故論衡》出版，其中《語言緣起說》一文，是章太炎關於語言起源理論的最集中表述。在此文中，章氏首先表明了他對語言起源問題的基本觀點，亦卽他所提出的語根理論的總綱領：“語言者，不馮虚

① 章太炎：《章太炎全集》第三冊，上海人民出版社1984年版，第46頁。
② 同上。
③ 同上書，第213頁。
④ 同上書，第211頁。
⑤ 同上書，第222頁。
⑥ 章太炎著，馬勇編：《章太炎書信集》，河北人民出版社2003年版，第64頁。

起。呼馬而馬，呼牛而牛，此必非恣意妄稱也。諸言語皆有根。”[①]章氏認爲事物得名的方式，主要有“以音爲表”和“以德爲表”兩種途徑，其中又以後者更爲普遍：“以音爲表，惟鳥爲衆；以德爲表者，則萬物大抵皆是。”[②]借用印度哲學勝論派的觀點，章氏以爲事物之本體、屬性、效用三者相互作用，於是產生了由此及彼的聯想造詞法，因而事物的名稱必與事物的特點有某種內在聯繫：“以印度勝論之說儀之，實、德、業三，各不相離。人云、馬云，是其實也；仁云、武云，是其德也；金云、火云，是其實也；禁云、毀云，是其業也。一實之名，必與其德若與其業相麗，故物名必有由起。”[③]事物之得名，是人類感官對外部世界反應的結果，且根據感受者的好惡而獲得相應的名稱：“物之得名，大都由於觸受。觸受之噩異者，動盪視聽，眩惑熒魄，則必與之特異之名。其無所噩異者，不與特名，以發聲之語命之。”[④]在不同的歷史發展階段，語言中各類詞語產生的先後順序有所不同，但因同類詞語都是同一現象之“實、德、業”三者相互作用的結果，所以語音相近的詞其意義往往相通：“語言之初，當先緣天官，然則表德之名最夙矣。然文字可見者，上世先有表實之名，以次桄充，而表德、表業之名因之。後世先有表德、表業之名，以次桄充，而表實之名因之。是故同一聲類，其義往往相似，如阮元說，從古聲者，有枯槀、苦窳、沽薄諸義，此已發其端矣。”[⑤]在前說的基礎上，章氏又舉“爲、禺、乍、羊、辡”諸字爲根，輾轉考求，多方緊聯，以明“一字遞衍，變爲數名”之理，最後就此種“尋審語根”的方法與傳統轉注、假借的區別作了說明，認爲此法既以轉注之“語根”爲孳乳起點，又以假借之“引申”爲孳乳方法，故兼有二者之功用：“《說文》句部有拘、鉤，臤部有緊、堅，已發斯例，此其塗則在轉注、假借之閒。‘轉注者，建類一首，同意相受。’今所言類，則與戴、段諸君小異：考、老聲類皆在幽部，故曰‘建類’。若夫‘同意相受’，兩字之訓，不異豪釐，今以數字之意，成於遞衍，固與轉注少殊矣。又亦近於假借，何者？冣初聲首，未有遞衍之文，則以聲

① 章太炎：《國故論衡》，商務印書館 2010 年版，第 48 頁。
② 同上。
③ 同上。
④ 同上書，第 49 頁。
⑤ 同上書，第 51 頁。

首兼該餘義。自今日言，既有遞衍者，還觀古人之用聲首，則謂之‘本無其字，依聲託事’，故曰在轉注假借閒也。”[①]

根據普通語言學理論中語言的符號性特點，在語言發展的初始階段，詞語產生時，其音義之間並無必然的聯繫。但是，隨著語言的不斷發展，新產生的詞語利用原有的詞形或略加變形，以表示與源詞相關的新興的詞義，這卻是普遍常見的情況。於是，同從一源詞孳生分化而出的新詞，彼此之間往往聲近義通。派生詞和源詞之間雖在語音上有變化，但存在對應規律；雖在意義上有發展，但存在引申關係；這就是同源詞的形成方式。章氏認爲“同一聲類，其義往往相似”，正是對這種同源造詞方式的概括表述，無疑是正確的，合於同源詞的發展實際。然而，章氏又進而以爲“物名必有由起”，認爲一切事物的得名都有其意義可講，從而否定了詞語最先音義結合時的任意性。不可否認，有小部分語言詞彙，比如擬聲詞等，其音義的結合是據有理據性的，並非任意爲之；但就構成語言基礎的絕大多數其他詞語而言，其最先造詞之時，則是“約定俗成”使然，音義之間是講不出個道理來的。章氏因“以音爲表”的擬聲詞有造詞理據，進而以爲“諸言語皆有根”，混淆了原生詞語音義結合的任意性與同源派生詞語引申關係的理據性，犯了以偏概全的錯誤，一定程度上影響了其學說的理論價值。

章太炎的語言緣起說，其理論的由來不僅繼承了《荀子·正名》篇中“緣天官而以同異”的觀點及清儒“義存乎聲，聲近義通”的學說，更有近代以來西方語言學理論的顯著影響。俞敏先生在《論古韻合怗屑沒曷五部之通轉》一文中已指出：“章氏造《文始》，自言讀大徐所得，夷考其淵源所自，實出於德人牟拉（Max Müeller）之《言語學講義》。持《國故論衡·語言緣起說》後半以與牟書第二編中論語根之言相較，承沿之迹宛然。其《檢論·訂文》篇附錄《正名雜義》云‘馬格斯牟拉以神話爲語言之瘿疣’，亦即牟書中語也。牟氏常取印歐語之根，歷數其各語系中之變形。章氏取之，其說轉注云‘類謂聲類，首謂語基’是也。”[②]周法高先生在《論中國語言學的過去、現在和未來》一文中也指出：“清末民初的國學大師

① 章太炎：《國故論衡》，商務印書館2010年版，第52頁。
② 俞敏：《論古韻合怗屑沒曷五部之通轉》，載《燕京學報》1948年第34期。

章炳麟，其語言學方面的研究更接受了外來的影響，他解釋六書中轉注說：‘類謂聲類……首者今所謂語基’，他所謂‘語基’，現在叫做‘語根’，相當於英文的 root。他又著了一部《文始》，更發揮‘語根’的學說，他所著的《語言緣起說》更利用‘語根’的說法來推測語言的緣起。這種學說分明是接受了十九世紀西洋語言學的影響。”①由此可見，章氏的“語言緣起說”，正是在西方普通語言學理論的影響和啓發下提出的。

章太炎在對我國傳統小學“因聲求義”方法精深掌握的基礎之上，又借鑒了近代以來西方語言學的“詞根”學說，並加以適當改造以適合漢語字詞的體系特點，從而提出了語言緣起理論。其目的是想要通過對漢字字族的繫聯，以探究漢語語言的流變。這一理論的出現，突破了傳統字源研究中單個孤立探求語源的做法，而代之以“語根”爲遞衍起點，以相似引申爲孳乳條件，以聲近義通爲判定標準，系統地繫聯同源字詞，使漢語字族的構建在理論上成爲可能。《文始》一書，正是在此理論的指導之下，系統地繫聯漢語字族的創始之作。所以沈兼士先生《右文說在訓詁學上之沿革及其推闡》一文，在分析章氏“語言緣起說”時評論道：“章先生之論更有進於前人者：（一）自來訓詁家尠注意及語根者，章氏首先標舉語根以爲研究之出發點，由此而得中國語言分化之形式，可謂獨具隻眼。（二）根據引伸之說，系統的臚舉形聲字孳乳之次第，亦屬創舉。章先生以後作《文始》，殆動機於此。”②

第二節　轉注假借理論

章太炎的轉注假借理論主要在《國故論衡·轉注假借說》、《論語言文字之學》、《訄書·訂文》所附《正名略例》、《正名雜義》等文章中。

在原刊本《訄書·訂文》所附《正名略例》中，章太炎雖然認爲假借是引申，但依舊沿襲傳統看法，以假借爲用字法而非造字法：“其在六書，本有叚借一例，然爲用字法，非爲造字法。如以來牟爲行來，以韋束次弟

① 周法高：《論中國語言學》，香港中文大學出版社 1980 年版，第 5 頁。

② 沈兼士：《沈兼士學術論文集》，中華書局 1986 年版，第 111 頁。

爲兄弟。然皆一字引申之義，非造二字而同行也。”[①]

在修訂本《訄書·訂文》所附《正名雜義》中，章太炎討論了假借的實質、起因及與轉注、通假的關係。此文中，章氏承襲徐鍇假借卽引申的觀點，對假借和通假作了區別：“六書初造，形、事、意、聲，皆以組成本義，惟言語筆札之用，則叚借爲多。小徐繫《說文》，始有引伸一例。然鄦君以令長爲叚借，令者發號，長者久遠，而以爲司命令位夐高者之稱。是則叚借卽引伸，與夫意義絕異，而徒以同聲通用者，其趣殊矣。”[②]章氏認爲，假借產生的原因是由於抽象的事物無形可象以及詞語概括指稱的需要：“夫號物之數曰萬，動植、金石、器械之屬，已不能盡爲其名。至於人事之端，心理之微，本無體象，則不得不叚用他名以表之。若動靜形容之字，諸有形者已不能物爲其號，而多以一言概括；諸無形者則益不得不叚借以爲表象，是亦勢也。”[③]假借形成的基礎是由於事物之間特徵的相似性所引起的人們對不同事物間彼此的聯想：“抑言語者本不能與外物泯合，則表象固不得已。若言雨降，案：降，下也。本謂人自陵阜而下。風吹，案，吹，噓也。本謂人口出氣息。皆略以人事表象。繇是進而爲抽象思想之言，則其特徵愈箸。”[④]詞語意義在引申發展後各自孳乳造文，從而產生新字，轉注因此而生：“惟夫庶事繁興，文字亦日孳乳，則漸離表象之義而爲正文。如能、如豪、如羣、如朋，其始表以猛獸羊雀。此猶埃及古文，以雌蜂表至尊，以牡牛表有力，以馬爵之羽表性行愷直者。敨利亞《英文學史》。久之能則有態，豪則有勢，羣則有宭，朋則有倗，皆特製正文矣。”[⑤]與先前觀點相同，章氏認爲六書中之假借卽引申，屬於用字法而不是造字法：“其在六書，誠有叚借一科，然爲用字法，非爲造字法。至於同聲通用，益不可與造字並論矣。”[⑥]

在《論語言文字學》一文中，章太炎討論了轉注的實質、假借和通借的類別、轉注假借的異同及與其他四書的關係。此文中，章氏依舊認爲轉

① 章太炎：《章太炎全集》第三冊，上海人民出版社 1984 年版，第 48 頁。
② 同上書，第 213 頁。
③ 同上。
④ 同上。
⑤ 同上書，第 214 頁。
⑥ 同上書，第 217 頁。

注、假借爲用字之法，並且認爲轉注也是引申："然則轉注之義，許實誤解。實則所謂轉注者，卽是引伸之義。如發號爲令，引伸爲縣令，久遠爲長，引伸爲長者。許氏以此爲假借，不知此乃轉注也……如水流注輾轉不絕，故得轉注之名。"[①]至於假借，章氏首先將其分爲兩類："若夫假借之例，則所謂'依聲託事'是已。然有'本無其字，依聲託事'者，亦有'本有其字，依聲託事'者。"[②]其中，"本無其字"的假借，又可再分爲兩類："本無其字者，畧有一種。一與轉注相近，一與轉注相遠。其相近者，如古祇有人字，東夷之人蹲踞，下體詰詘，於是又作儿字；人類相愛，名曰人偶，於是又作仁字；或作𡰥形，亦卽仁字；東夷性仁，由此𡰥形用作夷字，其後復造从大从弓之夷字。凡諸仁者，性皆平均，夷轉訓平，於是又作俤字。若據古初諸義，皆已萌芽，諸形猶未造作，則惟一人字兼該諸無數訓義，此卽所謂轉注也。其後漸制諸字，各有定形則稱古之專用人字者，名爲'本無其字，依聲託事'。如云'仁者，人也。'其下人字，亦卽仁字，屬於假借矣。又如夷字造後，未造俤字，則以夷字兼該平義，此卽所謂轉注也。其後，晚製俤字，則稱古之專用夷字者，名爲'本無其字，依聲託事'，如云'我心則夷'，夷訓爲平，卽今俤字，屬於假借矣。其相遠者則爲形容語，形容語有三：一曰疊韻形容語，一曰雙聲形容語，一曰連字形容語。大都本無其字，依聲託事者。……此與轉注無涉。自古未嘗製字，但由觸口成聲，用相比況而以。"[③]章氏將"本有其字"的假借也分兩類："'本有其字'者，如近世仍用之字，多借同音、同部、同紐者，以代正文……亦有後人爲之，則稱別字，古人爲之，則稱假借者。"[④]從章氏對假借的分類中可以看出："本無其字"假借中的"與轉注相遠"和"形容語"類假借以及"本有其字"類假借都與詞義引申無關，是由同音替代造成的通借字或古今異體字；"本無其字"假借中"與轉注相近"的假借則與詞義引申有關，是從後代已爲引申義分別造字後的觀點出發，看待前人用一字兼賅數個引申義的用字情況。章氏此處想要說明，轉注和假

① 章太炎：《國故論衡》，商務印書館 2010 年版，第 214 頁。
② 同上。
③ 同上。
④ 同上書，第 215 頁。

借都是由於詞義引申造成的，因此引申卽是轉注也是假借。二者的區别在於：詞義引申後一字兼賅數義，是爲轉注；詞義引申後各義孳乳成文，返觀前人用一字兼包數字，此爲假借。至於“本無其字”類假借的產生原因，章氏認爲是由於人類思維認識的結果無法爲之逐一造字，而衹能通過引申概括的方式來“依聲託事”：“萬物之現象有窮，而人心之比擬無盡。若一一爲製字，則繁於創造，是故依聲託事，而止此二者，皆‘本無其字’者也。”[①]章氏不僅注意到了轉注和假借的相似性，而且還將轉注假借與其他四書作了區别，以爲轉注假借不應屬文字問題，而是屬訓詁範疇：“六書皆屬形體，而轉注、假借二者，實軼出形體之外，因循舊論，姑以形體概之。此後專明引伸、假借之事，則屬於訓詁者。”[②]

《國故論衡·轉注假借說》一文，是章太炎轉注假借理論最集中的表現。文章首先比較了戴震、段玉裁關於轉注的“互訓”說以及許瀚關於轉注的“同部互訓”說，批評了許瀚在解釋轉注時拘泥於字形部首的錯誤。在梳理前人意見的基礎上，章氏一改先前以轉注假借爲用字之法而非造字之則的觀點，認爲轉注和假借與其他四書一樣，也是造字法：“余以轉注、假借，悉爲造字之則。汎稱同訓者，後人亦得名轉注，非六書之轉注也。同聲通用者，後人雖通號假借，非六書之假借也。”[③]章氏認爲，轉注的產生主要是由於方言中的同詞異字，假借的產生主要是由於詞義的引申發展：“蓋字者，孳乳而寖多，字之未造，語言先之矣。以文字代語言，各循其聲，方語有殊，名義一也。其音或雙聲相轉，疊韻相迆，則爲更制一字，此所謂轉注也。孳乳日緐，卽又爲之節制。故有意相引伸，音相切合者，義雖少變，則不爲更制一字，此所謂假借也。”[④]除此以外，秦漢以來文字形體的改易或語音形式的變化，也是轉注產生的重要原因：“卽紐、韻皆同者，於古宜爲一字。漸及秦漢以降，字體乖分，音讀或小與古異。《凡將》、《訓纂》，相承别爲二文，故雖同義同音，不竟說爲同字，此轉注之可見者。”[⑤]章氏對許慎所定之“建類一首”作了新的解釋，認爲

① 章太炎：《國故論衡》，商務印書館 2010 年版，第 215 頁。
② 同上。
③ 同上書，第 54 頁。
④ 同上書，第 55 頁。
⑤ 同上書，第 58 頁。

“類”是“聲類”，“首”是“語基”：“類謂聲類，不謂五百四十部也；首謂聲首，不謂‘凡某之屬皆從某’也。”[①]從此觀點出發，則許氏所謂“建類一首，同義相受”的轉注就成了因“語基”相同，故音近義通的同源字了：“考、老同在幽類，其義相互容受，其音小變。按形體，成枝別；審語言，同本株。雖制殊文，其實公族也。”章氏非常注重以聲音爲綫索考求轉注字的孳乳變遷，認爲語音是明瞭轉注造字的關鍵所在：“夫形者，七十二家改易殊體，音者，自上古以逮李斯無變，後代雖有遷譌，其大閾固不移。是故明轉注者，經以同訓，緯以聲音，而不緯以部居形體。”[②]其所以如此，是因爲章氏看到了語言發展中詞語的孳衍、新詞的產生，往往以音變爲具體表現形式：“語言之始，義相同者，多從一聲而變；義相近者，多從一聲而變；義相對、相反者，亦多從一聲而變。”[③]與在《論語言文字學》中對轉注的看法不同，章氏批評了朱駿聲引申即轉注的做法，認爲引申即假借：“引申之義，正許君所謂假借。”[④]雖然轉注和假借各有其區別，但在漢字的發展演變中，轉注和假借又相互作用，互爲影響，兼顧漢字的表達力和區別性，共同實現漢字總量的相對平衡：“轉注者，緐而不殺，恣文字之孳乳者也；假借者，志而如晦，節文字之孳乳者也。二者消息相殊，正負相待，造字者以爲緐省大例。”[⑤]

根據章太炎的轉注假借理論，詞義引申後，沿用舊形以兼包新義，是爲假借；創造新形以表示新義，是爲轉注。在詞義引申中，假借是引申發展的過程，轉注是引申發展的結果，二者都是由詞義引申造成的；這是它們的共同之處。假借的結果是一字表多義，其功用在於節制漢字的數量；轉注的結果是數字表數義，其功用在於增加漢字的數量；這是它們的不同之點。但是，無論轉注還是假借都有一個共同的孳衍起點，是爲“語基”或“聲首”，亦卽《語言緣起說》中所謂之“語根”。由此可見，章氏的《轉注假借說》和《語言緣起說》是相互聯繫的，轉注假借理論是其語根理論的有機組成部分，轉注假借可視作“語根”引申分化的兩種具體表現

① 章太炎：《國故論衡》，商務印書館 2010 年版，第 59 頁。
② 同上書，第 56 頁。
③ 同上書，第 60 頁。
④ 同上。
⑤ 同上。

形式。漢字的“孳乳浸多”即以“語根”爲發展起點，以轉注假借爲基本規律，從遠古的幾百初文衍化爲後來的數萬漢字，這就是“語言文字自然之則”。《文始》一書中，章氏對《說文》同源字族的繫聯，正是此種理論的具體實踐：通過轉注假借這兩大漢字孳衍理論，以考求漢語的語根由來。所以黄侃先生在《聲韻通例》中說道：“《文始》之爲書也，所以說明叚借、轉注之理”，①明確指出了轉注假借理論在《文始》中的首要地位。汪啟明在《章太炎的轉注假借理論和他的字源學（下）》一文中也指出：“轉注、假借是漢字發展繁衍的必由之路。孳乳以字根爲起點，以假借爲條件，以轉注爲歸宿，以同源字族共有的中心意義爲核心，形成具有親屬關係的同源字群。《文始》正是以轉注假借理論貫穿全書的。”②

章太炎的轉注假借說，由早期認爲轉注、假借皆爲“用字之法”到後來認爲轉注、假借悉爲“造字之則”，由承襲戴震、段玉裁的“互訓說”到他自己所提出的“同源說”，由重視“義轉”到重視“音轉”，章氏在繼承前人的基礎上，對轉注假借作了全新的解釋，把先前認爲無關造字的轉注假借改造爲漢字孳衍發展的兩大準則，其目的是想用轉注假借說來解釋字義引申發展及漢字孳乳增多的總規律，從而爲漢語字源學的創建做了理論和方法上的準備。萬獻初在《論章太炎轉注假借理論的實質》一文中指出：章太炎的轉注假借理論包括“‘義變音轉、音轉造詞、詞分造字或借字’一整套詞義運動的軌迹和結果展示，它是整體的動態的立體的詞義繁生系統理論。有了這套理論，他的詞義源流研究，同源詞的詞族、詞義體系的宏觀研究纔成爲可能。”③

章太炎是在研習《說文》的基礎上提煉出他的轉注假借理論的，而這一理論又反過來指導其對《說文》字族的繫聯。轉注假借理論的提出，在《說文》學和字源學兩個方面都具有開創性的貢獻，誠如陸宗達先生在《說文解字通論》一書中所總結的那樣：“歷來治《說文》者對轉注、假借的解釋，歧說紛紜，均未得其要旨。戴震、段玉裁以互訓爲轉注，其說雖有

① 黄侃：《黄侃論學雜著》，上海古籍出版社 1980 年版，第 164 頁。

② 汪啓明：《章太炎的轉注假借理論和他的字源學（下）》，載《楚雄師專學報》1990 年第 1 期。

③ 萬獻初：《論章太炎轉注假借理論的實質》，載《咸寧師專學報》1995 年第 2 期。

助於同義詞、字的研究，簡捷易曉，但與造字的‘六書’無關；朱駿聲以引申爲轉注，雖有功於詞義發展的考察，但已遠離許氏本意，更與漢字發展無涉。直至晚近，章炳麟先生從語言學理論上提高了對轉注、假借的認識，指出這是漢字發展的總則，從而闡明了漢語詞彙發展變化的一些規律，打破了建首分部的框框，把漢人‘六書’理論發展了一大步，開闢了漢字研究的新途徑，其功績是不可磨滅的。”[①]

第三節　《成均圖》及“紐目表”之音轉理論

章太炎的音轉理論表現在韻轉理論和聲轉理論兩個方面，主要在《新方言・音表》及《國故論衡》中的《成均圖》、《古雙聲說》等文章中。

一　《成均圖》及韻轉理論

章太炎韻轉理論的基礎是他的古韻二十三部。章氏的古韻分部，早期定爲二十二部，自言以王念孫二十一部爲主，而參以孔廣森的東、冬之分。1906 年，他在《丙午與劉光漢書》中說：“古韵分部，僕意取高郵王氏，其外復采東、冬分部之義。王故有二十一部，增冬部則二十二，清濁斂侈，不外是矣。”[②]章氏後又發現《詩經》裏脂部去入聲字，往往不與平上聲字相押，提出了應該從脂部中分出一個灰部。他在《新方言・音表》中說：“脂、灰昔本合爲一部，今驗自、回、靁、夔等聲與脂部鴻纖有異，三百篇韻亦有分別。別有辯說，不暇悉錄。或依舊義通言脂微齊皆灰，或以脂部稱灰，或云脂、諄相轉，不悉改也。”[③]這是古音學史上首次提出脂灰分部的問題，但章氏此處並未對脂、灰二部的劃分作出具體的規定。章氏後在《成均圖》中將“灰”部改稱“隊”部，並謂：“脂、隊二部，同居而旁轉，舊不別出，今尋隊與術、物諸韻，視脂、微、齊平、入不同，其相轉者，如豙從豖聲；渠魁之字，借爲顝；突出之字借爲自、傎，是也。”[④]如此，

① 陸宗達：《說文解字通論》，北京出版社 1981 年版，第 56 頁。

② 章太炎：《章太炎全集》第四冊，上海人民出版社 1985 年版，第 156 頁。

③ 章太炎：《章太炎全集》第七冊，上海人民出版社 1999 年版，第 131 頁。

④ 章太炎：《國故論衡》，商務印書館 2010 年版，第 15 頁。

則脂、隊的不同，就是平上韻與去入韻的不同。章太炎從脂部中分出隊部，不僅在前人的基礎上進一步完善了古韻分部，使上古漢語韻部之間的系統性關係更爲清楚，而且直接啓發了後來王力先生從章氏所分的隊部中再分出一個微部。以王念孫的二十一部爲基礎，加上孔廣森的東、冬分部，再加上章氏自己所分出的隊（灰）部，遂成爲章太炎的古韻二十三部。

1908 年，章太炎在《新方言・音表》中，以古韻二十三部爲基礎，首次提出了自己的韻轉理論：

之	幽	宵	侯	魚	歌	灰	脂	支
蒸	冬侵	談	東	陽	元	諄	真	耕
	緝	盇				月	質	

“右二十三部古韻凡目。橫迆則爲旁轉，縱貫則爲對轉。惟冬部與侵部同對轉。緝、盇近於侵、談，月近灰、諄，質近脂、真，然皆非其入聲，有時亦得相轉。此四部爲奇觚韻。今世方音流轉，亦依是爲準則。”①

這個韻部表的特點是，以灰、諄、月相承，以脂、真、質相承，與後來《成均圖》以脂、隊（灰）承諄，以歌、泰（月）承寒（元），以至（質）承真有所不同。對比章氏前後對韻部相承關係的改動，鍾敬華先生在《論章太炎的古音學》一文中指出：“從韻部系統的角度看，以歌泰同居以承寒，比月承灰諄要合理得多。但是，脂隊諄和至真兩對關係顯得不夠整齊，而且不能表現出脂灰二部大致分用的事實。這是反而不如《新方言》的地方。”②

《國故論衡・成均圖》一文，是章太炎韻轉理論的最集中體現。在《成均圖》中，章氏首先指出陰聲和陽聲的區別，其實就是非鼻音收尾和鼻音收尾的區別，並進一步根據梵文拼音字母，區別了三種不同種類的鼻音：“孔氏《詩聲類》列上下兩行，爲陽聲、陰聲；其陽聲卽收鼻音，陰聲非收鼻音也。然鼻音有三孔道，其一侈音，印度以西皆以半摩字收之，今爲談、蒸、侵、冬、東諸部，名曰撮脣鼻音；其一弇音，印度以西皆以半那

① 章太炎：《章太炎全集》第七冊，上海人民出版社 1999 年版，第 131 頁。
②《研究生論文選集・語言文字分冊》，江蘇古籍出版社 1985 年版，第 4 頁。

字收之，今爲青、真、諄、寒諸部，名曰上舌鼻音；其一軸音，印度以姎字收之，不待撮脣上舌，張口氣悟，其息自從鼻出，名曰獨發鼻音。”[①]因爲陰聲和陽聲的區别是鼻音和非鼻音的區别，而陰聲和陽聲又兩兩相對，正可以根據三類陽聲韻區分出對應的三類陰聲韻：“夫陽聲弇者，陰聲亦弇；陽聲侈者，陰聲亦侈；陽聲軸者，陰聲亦軸。是故陰、陽各有弇、侈而分爲四，又有中軸而分爲六矣。”[②]章氏不滿於孔廣森《詩聲類》中的陰陽對轉説，認爲孔氏的陰陽對轉理論衹能表示對轉而無法表示旁轉，並對孔氏不知“軸音”、誤以緝盍二部爲陰聲、拘守音理必使陰陽兩類一一對應等缺失提出了批評。鑒於孔氏在處理對轉關係時存在的問題，章氏把《成均圖》設計成爲一個圓形，以使韻部間的對轉和旁轉關係都能得以明白展現：“孔氏所表，以審對轉則優，以審旁轉則疐。辰、陽鱗次，脂、魚櫛比，由不知有軸音，故使經界華離，首尾横決，其失一也。緝、盍二部，雖與侵、談有别，然交廣人呼之，同是撮脣，不得以入聲相格。孔氏以緝、盍爲陰聲，其失二也。對轉之理，有二陰聲同對一陽聲者，有三陽聲同對一陰聲者；復有假道旁轉以得對轉者；非若人之處室，妃匹相當而已。孔氏所表，欲以十八部相對，伉叡不踦，有若魚貫，真、諄二部，埶不得不合爲一。拘守一理，遂令部曲掍淆，其失三也。今爲圜則正之，命曰‘成均圖’。成均圖者，大司樂掌成均之法，鄭司農以均爲調。古之言韻曰均，如陶均之圓也。”[③]

《成均圖》先以“分界”縱分韻部爲陰陽兩大類，再以魚、陽二部作旋轉之軸，横分陰陽兩類各爲弇侈，將古韻二十三部放入十八個格子中，讓關係密切的韻部同居一格，以構成九大類對轉格局，避免了孔氏强求劃一的弊端。陰陽相同的韻部，又同爲弇聲或侈聲的，則可旁轉；陰陽相對的韻部，弇侈又相同的，則可對轉。旁轉和對轉之中，再進一步分正次遠近，以表示各韻部之間的親疏關係，例有近旁轉、次旁轉、正對轉、次對轉，此四轉爲“正聲”；毗鄰分界的韻部相轉爲“交紐轉”，横跨軸聲又隔五而轉的韻部爲“隔越轉”，此二轉爲“變聲”。

① 章太炎：《國故論衡》，商務印書館 2010 年版，第 10 頁。
② 同上書，第 11 頁。
③ 同上書，第 12 頁。

除此以外，還有“幸而合會”的韻轉，則屬於偶然情況。“正聲”是韻轉中的一般情況，“變聲”是韻轉中的特殊情況。章氏認爲，所以會有“變聲”，是因爲“此皆奇恉錯出，不別弇侈，不入旁轉、對轉之條。而亦成條貫，有分理。蓋餘分閏位，聲音之閒氣也，不爲常率，又非可泯絕其文，故謂之變聲爾。”①

章氏《成均圖》及所定韻轉條例如下：

成均圖

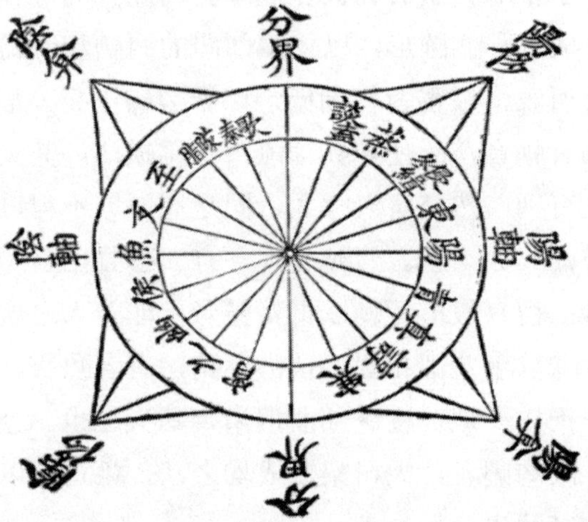

“陰弇與陰弇爲同列。陽弇與陽弇爲同列。陰侈與陰侈爲同列。陽侈與陽侈爲同列。凡同列相比爲近旁轉。凡同列相遠爲次旁轉。凡陰陽相對爲正對轉。凡自旁轉而成對轉爲次對轉。凡陰聲陽聲雖非對轉，而以比鄰相出入者，爲交紐轉。凡隔軸聲者不得轉。然有閒以軸聲隔五相轉者，爲隔越轉。凡近旁轉、次旁轉、正對轉、次對轉爲正聲。凡交紐轉、隔越轉爲變聲。”②

綜合章太炎在《成均圖》中所列韻轉條例，共計六大類 110 條：

（一）軸聲音轉

1. 陽部旁轉

① 章太炎：《國故論衡》，商務印書館 2010 年版，第 21 頁。

② 同上書，第 9 頁。

①陽部侈聲旁轉

陽東旁轉、陽侵旁轉、陽冬旁轉、陽蒸旁轉、陽談旁轉

②陽部弇聲旁轉

陽青旁轉、陽真旁轉、陽諄旁轉、陽寒旁轉

2. 魚部旁轉

①魚部侈聲旁轉

魚侯旁轉、魚幽旁轉、魚之旁轉、魚宵旁轉

②魚部弇聲旁轉

魚支旁轉、魚至旁轉、魚脂旁轉、魚隊旁轉、魚泰旁轉、魚歌旁轉

3. 陽魚對轉

陽魚對轉

4. 陽魚次對轉

①陽部次對轉

陽泰次對轉、陽宵次對轉

②魚部次對轉

魚寒次對轉、魚談次對轉

（二）旁轉

1. 陽聲旁轉

①陽侈聲近旁轉

東冬近旁轉、東侵近旁轉、冬侵近旁轉、侵緝近旁轉、冬蒸近旁轉、侵蒸近旁轉、蒸談近旁轉、談盍近旁轉

②陽侈聲次旁轉

東蒸次旁轉、東談次旁轉、冬談次旁轉、侵談次旁轉

③陽弇聲近旁轉

青真近旁轉、真諄近旁轉、諄寒近旁轉

④陽弇聲次旁轉

青寒次旁轉、真寒次旁轉、青諄次旁轉

2. 陰聲旁轉

①陰侈聲近旁轉

侯幽近旁轉、幽之近旁轉、之宵近旁轉

②陰侈聲次旁轉

侯宵次旁轉、侯之次旁轉、幽宵次旁轉

③陰弇聲近旁轉

支至近旁轉、至脂近旁轉、脂隊近旁轉、脂歌近旁轉、隊泰近旁轉、泰歌近旁轉

④陰弇聲次旁轉

支脂次旁轉、支泰次旁轉、支歌次旁轉、至泰次旁轉

（三）對轉

1. 侈聲對轉

①侈聲正對轉

東侯正對轉、冬幽正對轉、侵幽正對轉、緝幽正對轉、蒸之正對轉、談宵正對轉、盍宵正對轉

②侈聲次對轉

東幽次對轉、緝之次對轉、侵之次對轉、冬之次對轉、東之次對轉

2. 弇聲對轉

①弇聲正對轉

青支正對轉、真至正對轉、諄脂正對轉、諄隊正對轉、寒泰正對轉、寒歌正對轉

②弇聲次對轉

青至次對轉、真支次對轉、真脂次對轉、寒支次對轉、寒脂次對轉、寒隊次對轉

（四）交紐轉

寒宵交紐轉、歌談交紐轉、盍泰交紐轉

（五）隔越轉

1. 陰聲隔越轉

支宵隔越轉、至之隔越轉、至宵隔越轉、至幽隔越轉、脂幽隔越轉、隊幽隔越轉、泰侯隔越轉、泰幽隔越轉、泰宵隔越轉、隊侯隔越轉

2. 陽聲隔越轉

青談隔越轉、真蒸隔越轉、諄侵隔越轉、真侵隔越轉、真冬隔越轉、東諄隔越轉、寒東隔越轉

（六）幸而合會

宵青相轉、之真相轉、幽諄相轉、侯寒相轉、支談相轉、至蒸相轉、隊緝相轉、泰東相轉

以上音轉條例中，魚、陽二部因爲位處中軸，所以既可以與弇聲相轉，又可以與侈聲相轉，其餘各部韻轉則不得跨越軸聲。此章氏所謂："夫惟當軸處中，故兼擥弇侈之聲，與之交捷，其弇侈者爲軸所隔，則交捷之塗絕矣。"①魚、陽二部所以如此特殊，是因章氏認爲"魚者閉口之極，陽者開口之極。故陽部與陽侈聲、陽弇聲皆旁轉。魚部與陰侈聲，陰弇聲皆旁轉。"②

《成均圖》及其韻轉理論是在綜合前人研究成果的基礎上提出的。羅常培先生在《周秦古音研究述略》一文中曾指出："戴氏雖未確定陰韻、陽韻之名，實已闡明陰、陽相轉之理。其後孔廣森作《詩聲類》，遂定爲'陰聲'、'陽聲'各九類，並謂：'此九部者各以陰、陽相配而可以對轉。'於是'陰、陽對轉'之名乃定。嚴可均作《說文聲類》，'分爲十六類，合爲八類，又大合爲四類。衆類聯比，各循其次。上下關通，陰陽混一，順逆互轉，首尾循環。'於音轉條理，又復推闡加詳，厥後章炳麟、黃侃之說，實奠基於此。"③由此可見，章氏《成均圖》韻轉理論的提出，是集前人韻轉學說之大成。

《成均圖》以古韻二十三部爲韻轉基礎，其所示韻轉條例衹是表明古韻之間的遠近關係，並未因此而混淆韻部之間的界限。王力先生在《漢語音韻學》一書中說道："人們往往不滿意於章氏的《成均圖》，因爲他無所不通，無所不轉，近於取巧的辦法。但我們須知，章氏的通轉說與孔氏的通轉說很不相同。孔氏根據通轉說以分古韻，於是古韻由旁轉而並爲十二部，更由對轉而並爲六大類，似密而實疏，章氏衹根據通轉說以談文字之轉注假借及孳乳之理，並未因此而完全泯滅古韻二十三部的疆界。所以我們可以說《成均圖》與他的古韻分部的理論沒有很大的關係，衹表示某

① 章太炎：《國故論衡》，商務印書館2010年版，第12頁。

② 同上書，第11頁。

③ 傅懋勣等主編：《羅常培紀念論文集》，商務印書館1984年版，第10頁。

韻與某韻相近或相對而已。”[①]雖然王力先生後來對《成均圖》的看法有所改變，但此處的評價則是客觀而公允的。

《成均圖》所列韻轉關係雖多，但並非“無所不通、無所不轉”。趙振鐸先生在《中國語言學史》一書中指出：“《成均圖》是章炳麟的發明，用它來説明文字孳乳假借的緣由以及古籍押韻的例外現象。這樣列表祇是爲了説明古韻某部與某部相近，可以如此轉變，但是並不是説一定如此轉變，更不是説它無所不通，無所不轉，沒有一個界限。”[②]

《成均圖》所示韻轉關係，絕非章氏主觀臆測的產物，而是都有音理文獻爲其基礎和依據。在音理基礎上，“正因爲陰陽弇侈相對，在語音上是各各相近的，所以能相對轉。而陰弇聲之間、陰侈聲之間、陽弇聲之間、陽侈聲之間也由於陰陽、弇侈的性質相同，所以能相旁轉。總而言之，能相對轉、相旁轉的原因都是由於它們在語音上的相近。”[③]在文獻依據上，章氏在確定每條韻轉關係時都給有文獻例證，其用以佐證的材料有：諧聲、異文、重文、假借、詩韻、聲訓等等，極爲廣博。誠然，《成均圖》的韻轉關係也並非完善無缺。羅常培先生已指出：“案諸《成均圖》所列，章氏以青部混入‘上舌鼻音’，以東、冬、蒸俱爲‘撮脣鼻音’，又以侵、冬、緝同對幽，以談、盍同對宵，實亦不無可議。且‘交紐’‘隔越’多歧滋迷，章氏後作《文始》刪此二目，但以‘雙聲相轉爲變聲’蓋已自厭其煩細矣。”[④]以青爲上舌鼻音，以東、冬、蒸爲撮脣鼻音，以侵、冬、緝同對轉幽，以談、盍同對轉宵，這四個問題，正是章氏韻轉理論最受後人爭議的地方。

《成均圖》是章氏古韻學説的核心，提出目的已不限於表示韻部之間的遠近旁通關係，而是與章氏字源學説緊密相連的。對此，鍾敬華先生曾明確指出：“章氏韻轉理論的主要價值不在於用以説明做詩押韻的權通應變，而在於用以説明同源詞、方言詞以及歷史音變的聲音轉變規律。”[⑤]可

① 王力：《王力文集》第四卷，山東教育出版社 1985 年版，第 347 頁。
② 趙振鐸：《中國語言學史》，河北教育出版社 2000 年版，第 447 頁。
③《研究生論文選集·語言文字分冊》，江蘇古籍出版社 1985 年版，第 7 頁。
④ 傅懋勣等主編：《羅常培紀念論文集》，商務印書館 1984 年版，第 25 頁。
⑤《研究生論文選集·語言文字分冊》，江蘇古籍出版社 1985 年版，第 9 頁。

以說，章氏韻轉理論是其字源學說的組成部分，服務於漢語同源字族考求這個總目的。

綜上所述，章太炎的《成均圖》和其韻轉理論是在繼承戴震《聲類表》、孔廣森《詩聲類》、嚴可均《說文聲類》等韻轉學說的基礎上提出的，其韻轉基礎是章氏所定的古韻二十三部，其韻轉關係以文獻用例爲依據材料，其理論意義是用以說明文字的諧聲、轉注、假借、同源詞的變易孳乳以及方言間的音轉音變現象。

二 “紐目表”及聲轉理論

章太炎聲轉理論的基礎是他的古聲二十一紐。在上古聲紐的研究上，章太炎尤其尊崇錢大昕。他在《國故論衡·小學略說》中說道：“若其悛次五音，本之反語，孫炎、韋昭，財有魄兆。舊云雙聲，《唐韻》云紐，晚世謂之字母。三十六母雖依擬梵書，要以中夏爲準。顧氏稽古有餘，審音或滯。江氏復過信字母，奉若科律。段、孔以降，含隱不言。獨錢大昕差次古今，以舌上、輕唇二音，古所無有，然後宮商有準，八風從律。斯則定韻莫察乎孔，審紐莫辯乎錢，雖有損益，百世可知也。”[①]在《國故論衡·古今音損益說》中又說：“錢大昕曰：‘古音字紐，有端、透、定，無知、徹、澄；有幫、滂、竝、明，無非、敷、奉、微。’其言至淖微閎約矣，非閉門思之十年，弗能憭也。”[②]在錢氏古無舌上音的基礎之上，章太炎又進一步考證出娘、日二紐古音應歸泥紐。他在《國故論衡·古音娘日二紐歸泥說》中說道：“古音有舌頭泥紐，其後支別，則舌上有娘紐，半舌半齒有日紐，於古皆泥紐也。”[③]對錢氏古聲紐研究成果的繼承和章氏自己提出的泥日二母古歸泥母說，是章太炎古聲紐系統的基礎。

在《新方言·音表》的“紐目”表中，章太炎首次提出上古聲母系統爲五類二十一紐（其旁注者，古音所無）：[④]

喉音：見　　溪　　羣　　疑

① 章太炎：《國故論衡》，商務印書館 2010 年版，第 5 頁。
② 同上書，第 204 頁。
③ 同上書，第 40 頁。
④ 章太炎：《章太炎全集》第七冊，上海人民出版社 1999 年版，第 132 頁。

牙音：曉　匣　影喻

舌音：端知　透徹　定澄　泥娘日　來

齒音：照精　穿清　牀從　審心　禪邪

脣音：幫非　滂敷　並奉　明微

章太炎的這五類二十一紐是我國古音研究史上第一個完整的上古聲類系統。在章氏之前，錢大昕和鄒漢勛二人雖對上古聲紐的考證多有貢獻，但系統的上古聲母研究，則從章太炎開始。

古音二十一紐說是章氏在前人和自己對聲紐研究的基礎上提出的，其中每個聲紐的確定都有各自的學說來源。

古無舌上音、古無輕脣音，取自錢大昕的考證；娘日二母歸泥，則是章氏自己的創見。他在《國故論衡・古雙聲說》中說："古音紐有舌頭，無舌上；有重脣，無輕脣，則錢大昕所證明。娘、日二紐，古並歸泥，則炳麟所證明。"①

將見組歸在喉音下，而曉組卻歸在牙音下，與傳統歸類正相反。這種做法是受晁公武《郡齋讀書志》所錄王宗道《切韻指玄論》中對聲紐分類的影響。章氏在《國故論衡・古雙聲說》中說："昔守溫、沈括、晁公武輩，喉、牙二音，故已互易。韓道昭乃直云深喉淺喉。斯則喉牙不有異也。"②章氏所以信從此說，或是想借變換名稱的方式來表示喉牙二音實可視作一類。

將喻母併於影母，致使喻三、喻四、影母此三類聲紐的區別混淆，俞敏先生在《〈國故論衡・成均圖〉注》中已指出："章氏一概合併，實在是疏乎。"③何九盈先生在《中國現代語言學史》一書中以爲這是受錢大昕"古影、喻、曉、匣雙聲"說的影響："這或許是受錢大昕的影響。錢氏認爲古人於曉匣影喻四母，'不甚區別'，'凡影母之字，引而長之，卽爲喻母。'"④

將精組歸於照組的做法，歷來學者對此有不同的解釋。俞敏先生以爲是模仿梵文的結果："揣測章氏這麼作的理由，衹能有一個答案：梵文有

① 章太炎：《國故論衡》，商務印書館 2010 年版，第 44 頁。

② 同上書，第 45 頁。

③ 傅懋勣等主編：《羅常培紀念論文集》，商務印書館 1984 年版，第 284 頁。

④ 何九盈：《中國現代語言學史》，廣東教育出版社 2000 年版，第 241 頁。

c, ch, j, jh, ñ，除了東北印度方音以外，沒有 ts，tsh……。從佛教徒看上去，章氏以梵文爲模式完全有理……可是從一個經驗科學家的觀點說，這麼作是臆斷。”[①]何九盈先生則認爲是仿照錢大昕將舌上音歸舌頭音的結果：“歸併的原因大概是仿舌上歸舌頭之例。舌上（知組）居二、三等，舌頭居一、四等；正齒（照組）居二、三等，齒頭（精組）居一、四等。既然前者可以歸併，在章氏看來，後者當然也可以歸併了。”[②]關於三十六字母中的照組聲母，在章氏之前，陳澧《切韻考》已根據《廣韻》的反切繫聯將照二與照三分開，章氏此處卻仍將其視爲一組，俞、何二先生對此都提出了批評，以爲是章氏對前人成果的漠視。其實，這並非章氏對前人研究的忽視，而是出於章氏在當時尚未見及陳書的緣故。黄侃嘗謂：“古聲數之定，乃今日事。前者錢竹汀知古無輕脣，古無舌上；吾師章氏知古音娘、日二紐歸泥。侃得陳氏之書，始先明字母照、穿數紐之有誤；既已分析，因而進求古聲，本之音理，稽之故籍之通假，無絲毫不合，遂訂爲十九。吾師初謂不然，後乃見信。其所著《菿漢微言》，論古聲類，亦改從侃說矣。”[③]排列章黄二人上古聲紐學說的提出時間卽可印證此處黄氏所言。章氏的古音二十一紐說最早見於 1908 年成書的《新方言・音表》，黄氏的古音十九紐說最早提出當是在 1915 年前後，[④]而 1916 年章氏完成《菿漢微言》時，在古聲紐問題上已改從黄氏主張。據此，則可以推斷出在 1915 年前章氏並不知陳氏照組二分的做法。至於章氏將照、精二組合併的真正原因，亦恐非俞、何二先生所言，實際原因應是章氏用明清以來的四呼審音，而不承認宋元之際兩呼八等的結果。章氏在《國故論衡・音理論》中曾說：“又始作字母者，未有分等。同母之聲，大別之不過闔口、開口。分齊視闔口而減者爲撮口，分齊視開口而減者爲齊齒，闔口、開口皆外聲，撮口、齊齒皆內聲也。依以節限，則闔口爲一等，撮口其細也；開口爲一等，齊齒其細也。本則有二，二又爲四，此易簡可以告童孺者。季宋以降，或謂闔口、開口皆四等，而同母同收者可分爲八，是乃空有名言，其實使

① 傅懋勣等主編：《羅常培紀念論文集》，商務印書館 1984 年版，第 283 頁。
② 何九盈：《中國現代語言學史》，廣東教育出版社 2000 年版，第 241 頁。
③ 黄侃：《黄侃略學雜著》，上海古籍出版社 1980 年版，第 69 頁。
④ 何九盈：《中國現代語言學史》，廣東教育出版社 2000 年版，第 241 頁。

人耿介不能作語。”[①]正是因爲章氏以今時之四呼來看待古時之二呼八等，所以認爲“精、清、從、心、邪本是照、穿、牀、審、禪之副音，當時不解分等，析爲正齒、齒頭二音。”[②]這樣審音的結果自然是“一母或不兼有闔撮開齊，斯又口舌所礙也。正齒撮齊卽齒頭，齒頭闔開爲正齒”，[③]以爲照組、精組的區別僅是介音的區別，聲母實爲一組，遂將精組作爲照組的齊齒和撮口而合併於照組了。

章太炎的聲轉理論，體現在他的古音二十一紐說中，是對古音二十一紐之間相互關係的說明。章氏的聲轉理論有一個發展過程，在《新方言·音表》中，他衹承認旁紐雙聲、牙喉相轉、舌齒相轉：“凡同紐者爲雙聲音和，凡同音者謂同一喉音、牙音等。爲雙聲旁紐。又，牙、喉古相通轉，今亦不殊。舌頭端、透、定、泥，錢大昕說：古以知、徹、澄、娘分隸，故古無舌上音。齒音亦與舌頭音通。今從其義。”[④]除此以外，對於“輕脣入牙”、“齒音歸喉”，則以爲是“此爲音誤，不得云流變也。”[⑤]在《國故論衡·古雙聲說》中，章氏改變了先前的看法，以爲“百音之極，必返喉、牙。喑者雖不能語，猶有喉、牙八紐。語或兜離了戾，舌上及齒，必内入喉、牙而不悟憭，今交廣音則然。北方輕脣或時入牙，故喉、牙者生人之元音。”[⑥]以此爲基礎，章氏進而提出了“喉、牙足以衍百音，百音亦終馴復喉、牙”的觀點，認爲喉牙音是衆聲母之樞紐，可以與其他諸聲類皆相通轉。

綜合章氏在《新方言·音表》和《國故論衡·古雙聲說》中關於聲轉條例的論述，可將其歸納爲以下七大類：

1. 旁紐相轉
2. 舌音、齒音相轉
3. 喉音、牙音相轉
4. 喉、牙音與舌音相轉

① 章太炎：《國故論衡》，商務印書館 2010 年版，第 23 頁。
② 章太炎：《章太炎全集》第七冊，上海人民出版社 1999 年版，第 132 頁。
③ 章太炎：《國故論衡》，商務印書館 2010 年版，第 24 頁。
④ 章太炎：《章太炎全集》第七冊，上海人民出版社 1999 年版，第 132 頁。
⑤ 同上書，第 133 頁。
⑥ 章太炎：《國故論衡》，商務印書館 2010 年版，第 45 頁。

5. 喉、牙音與齒音相轉

6. 喉、牙音與脣音相轉

7. 喉、牙音與半舌音相轉

羅常培先生曾就章氏的聲轉條例作了歸納，分析了其中的音理基礎："今就章氏所論，而籀繹其條理，則凡同組同紐者爲'正紐雙聲'；凡同組異紐者爲'旁紐雙聲'。喉、牙兩組互有退化，得爲雙聲；舌、齒兩組位勢稍移亦得爲雙聲；舌、齒、脣各組有時得與喉、牙爲雙聲。若以音理衡之，則'正紐''旁紐'部位相同，'喉、牙''舌、齒'發音近似，互爲雙聲，於勢較順。惟舌、齒、脣之於喉、牙，部位懸殊，蛻化不易，其所以相諧相通者，蓋別有故，未可概以聲轉目之也。"[①]羅先生的話，既說明了章氏聲轉的類別條例，又指出了其間相轉相通的語音依據及問題所在，可視作對章氏聲轉理論的總結性評價。

章氏聲轉理論，與其古聲紐系統一樣，也有其理論由來。"旁紐"的概念，來自戴震在《轉語二十章序》中提出的發音部位相同則相通的"同位"說；舌齒相轉、牙喉相轉，來自錢大昕的看法。唯有喉、牙音可與舌、齒、脣音互轉，是章氏自己的提法。但這也絕非以意爲之，而是以諧聲、異文、假借、謰語等材料得出的結論。若用現在的觀點來看，這或許是上古漢語舌根類音與其他聲類相結合而造成的複輔音，是一種特殊的語音表現形式，值得做進一步的深入研究。

綜上所述，章太炎的"紐目表"和其聲轉理論是在繼承錢大昕等人古聲紐學說和章氏自己研究的基礎上提出的。二十一紐之間的聲轉關係或是依從前說、或是佐以文獻訓詁，其理論目的則與《成均圖》相同，都是用以說明文字的諧聲、轉注、假借、同源詞的變易孳乳以及方言間的音轉音變現象。

綜觀章太炎的音轉理論，不僅有確定古音韻部的古韻二十三部以及確定古音聲紐的古音二十一紐，更有表示韻轉關係的《成均圖》和表示聲轉關係的"紐目表"。以此爲依據，上古漢語字詞的語音形式和相互之間的親疏遠近關係都能得以說明。章氏這種從"正"、"變"兩個方面探究上古

① 傅懋勣等主編：《羅常培紀念論文集》，商務印書館 1984 年版，第 26 頁。

漢語語音系統的做法，爲漢語同源字族的構建準備了語音關係上的判定標準。《文始》一書，正是以《成均圖》的韻轉理論和“紐目表”的聲轉理論爲音轉模式，從聲韻兩個方面全面繫聯《説文》字族的。章氏的音轉理論與轉注假借理論一樣，都是其字源學説的有機組成部分，一同服務於對漢語語根字族的尋索考源。

小　結

漢語同源字族的構建可以説是傳統小學研究的最高階段，需要綜合運用形、音、義的研究方法和研究成果。系統地繫聯漢語同源字族，除了熟諳文字、音韻、訓詁和文獻語料以外，還須具備以下研究條件：

1. 漢語同源字族的整體理論架構。

2. 漢語同源字族孳生衍化的規律説明。

3. 漢語同源字族語音關係的判定標準。

綜合前文所述，章太炎在 1910 年前，已具備了漢語同源字族構建所必須的研究條件：語言緣起理論——漢語同源字族的整體理論架構，轉注假借理論——漢語同源字族孳生衍化的規律説明，《成均圖》及“紐目表”之音轉理論——漢語同源字族語音關係的判定標準。此外，再結合章氏此前對《説文》的反復研讀和系統講授，又完成了對繫聯材料的梳理排比工作。於是，在理論原則和文獻材料的充分準備基礎之上，1910 年《文始》首刊，全面系統的漢語字源研究得以展開，而科學的漢語字源學也由此開創。

第四章 《文始》的組織結構與條目收字

《文始》的組織結構與條目收字決定了《文始》全書的編排框架和同源字族的繫聯規模，全面而準確地梳理與確定《文始》的組織結構和條目收字情況，是正確理解《文始》字族繫聯方法及章氏字源學說的先行基礎。

第一節 《文始》的組織結構

《文始》一書，以《成均圖》的古韻二十三部爲綱，以"紐表"的古聲二十一紐爲緯，以此爲基礎，將在字形上是獨體或準獨體的初文或準初文作爲漢語同源字族的遞衍起點，而同一初文或準初文之下的若干字，與其所從出的初文或準初文，都發生或近或遠的音義語源上的關聯，由此形成漢語的各類同源字族。

具體而言，《文始》全書由敍例和正文九卷組成。敍例是全書的總綱。在敍例中，章太炎闡述了《文始》的取字範圍、體例特點、繫聯字族的音義原則等問題，最後附有《成均圖》和"紐表"。正文九卷則是對《說文》字族的具體繫聯。在正文內容的編排上，《文始》先是以《成均圖》所列的九種對轉關係分卷：卷一爲歌泰寒類、卷二爲隊脂諄類、卷三爲至真類、卷四爲支清類、卷五爲魚陽類、卷六爲侯東類、卷七爲幽冬侵緝類、卷八爲之蒸類、卷九爲宵談盍類；各卷之中，再以"紐表"所列的"五音"部位排序，即按深喉、淺喉、舌音、齒音、脣音的先後順序排列同韻部的初文和準初文；各初文和準初文之下，又以變易或孳乳關係類聚收字多少不一的同源字族。

《文始》在組織結構上的特點，具有明顯的層級統領的特性。在這個層級統領的體系框架中，第一層是以古韻二十三部所構成的九大類對轉關係來分卷，第二層是以古音二十一紐的五音部位來排序，第三層是以獨體或準獨體的初文或準初文來立目，第四層是以變易或孳乳關係來歸字。每一個層級，都是對章氏語言文字學形、音、義理論的分類應用；而各層級的綜合，又正好體現出章氏字源學說的總體特點。

《文始》在結構上的層級統領關係可圖示如下：

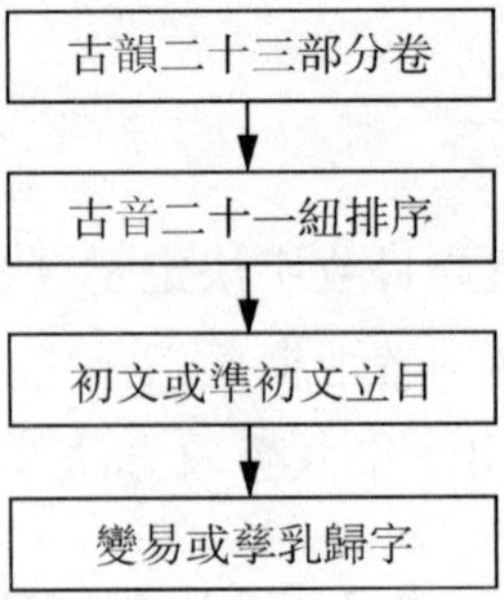

《文始》組織結構圖

根據“《文始》組織結構圖”，可以看出，章太炎所創立的關於語言文字學的三大理論體系，都在《文始》的組織結構中得以運用：《文始》分卷排序的依據，出自章氏《成均圖》及“紐目表”的音轉理論；《文始》立目分條的依據，出自章氏語言緣起理論；《文始》繫聯歸字的依據，出自章氏轉注假借理論。由此可證，章氏的字源學體系具有明顯的系統性特點，他創立的語言文字學理論體系不是孤立的存在，而是統一的整體，相互之間緊密聯繫，都是章氏字源學說的有機組成部分，共同服務於其對漢語同源字族的考求繫聯。《文始》一書正是這個系統理論的具體實踐與全面應用。

章太炎對《文始》組織結構的總體設計，完全打破了傳統字典辭書或從字形出發以部首統領漢字（如《説文》），或從字義出發以義類統領漢字（如《爾雅》），或從字音出發以韻部統領漢字（如《廣韻》），而代之以形音義三者兼顧的做法：以音分類、以形立目、以義歸字。章氏首倡的這種全新的漢語字族編排框架，合於漢語同源字詞音變成詞、詞分造字、音近義通的特點，解決了漢語同源字詞的類聚編排問題，成爲後世各類漢語同源字典通行的編排體例，爲漢語辭書的編纂方式做出了開創性貢獻。

第二節 《文始》條目與收字的總體情況

關於《文始》一書的確切條目數和收字數，歷來少有研究。章太炎在《文始·敍例》中雖謂："集爲四百五十七條……得五六千名"，①但由於《文始》本身內容的宏大和體例的複雜，在沒有對材料進行逐一驗證之前，似不能將此看作是對《文始》實際條目和收字情況的定論。對於《文始》的具體條目數和收字數，必須在對全書進行全面的梳理以後，通過客觀的統計分析，以實際的數據作爲最終的結論。

據《文始》全文數據表，提取"目次"、"條目"、"字頭"、"卷數"字段，並對各條目下的字頭進行分組計數，作爲"收字"字段，以各條目的首個字頭爲列表條件，製成"《文始》條目收字一覽表"，以說明《文始》各卷之下所收的條目情況和各條目之下所收的字頭情況，爲其後對各卷條目和收字情況的分類討論提供具體的數據支持和論證依據。

《文始》條目收字一覽表，包含有5項信息，現說明如下：

1."目次"：《文始》條目的順序編號。

2."條目"：《文始》各條目的第一個字頭，作爲該條的名稱。各條目衹列楷書字頭標目，不列其他異體。

3."收字"：《文始》各條目下所收字頭個數的計數。

4."字頭"：《文始》各條目下所收字頭情況。

5."卷數"：《文始》各條目所在的卷數。

《文始》條目收字一覽表

目次	條目	收字	字頭	卷數
1	丅	32	丅、過、跨、胯、趌、奎、越、逑、騎、徛、駕、羇、絝、襗、褰、迦、辛、愆、抗、瀵、蹶、閪、蠢、禮、寬、査、趣、跋、遁、娍、愃、憪	卷一歌部
2	戈	5	戈、乾、柯、格、斡	卷一歌部
3	丫	20	丫、菲、觭、翐、觤、咼、瘑、竵、錗、顡、奇、錡、詿、誤、諤、枷、鱖、厥、雈、鵬	卷一歌部
4	冎	5	冎、骨、踝、髖、髍	卷一歌部

① 章太炎：《章太炎全集》第七冊，上海人民出版社1999年版，第160頁。

目次	條目	收字	字頭	卷數
5	果	2	果、蓏	卷一歌部
6	瓦	1	瓦	卷一歌部
7	乁	7	乁、移、簃、旖、檹、倚、袉	卷一歌部
8	也	5	也、地、坤、鞑、灺	卷一歌部
9	丂	35	丂、羲、可、哿、哥、歌、和、龢、何、曷、訶、苛、䛇、欹、唯、喟、嗟、歎、嘆、唏、咥、听、兮、謻、吹、吪、炊、囊、燀、鶬、雁、雚、鴈、騢、騀	卷一歌部
10	爲	6	爲、蝯、僞、諼、儀、楥	卷一歌部
11	匕	34	匕、化、囮、傀、貨、賜、換、奂、趄、皮、甓、犯、撝、抲、闖、閪、捇、墆、柀、破、詖、鬩、半、胖、判、畔、泮、被、帔、髲、彼、貱、畀、柿	卷一歌部
12	禾	12	禾、委、妥、倭、婑、婐、娿、婉、嘉、盉、萎、科	卷一歌部
13	𠂹	18	𠂹、朵、𥠈、采、䅝、𤟹、蕤、縈、像、緌、鞾、我、俄、鯱、義、娥、嫷、竩	卷一歌部
14	它	16	它、豸、弛、彌、阤、陊、陊、隨、迆、攺、攡、憜、沱、佗、离、螭	卷一歌部
15	多	13	多、㚇、哆、烗、㢖、亶、䩮、腆、貤、弟、觛、程、垑	卷一歌部
16	麗	25	麗、儷、連、輦、聯、攣、蘼、戱、謰、攣、樊、鄰、舲、鱗、瀾、淪、離、誃、縭、變、戀、悪、憐、遴、吝	卷一歌部
17	𠂇	14	𠂇、左、佐、賤、贊、瓚、饡、欑、儹、酇、儧、噂、蕁、蕁	卷一歌部
18	叉	14	叉、撮、杈、侈、箸、差、縒、槎、尥、𪗉、蠢、瘥、瘯、選	卷一歌部
19	惢	3	惢、橢、惰	卷一歌部
20	㇄	1	㇄	卷一泰部
21	亅	15	亅、槊、𠢐、瘚、㓞、㓹、詘、卷、拳、𢍏、趯、𧅲、𢠿、栝、崴	卷一泰部
22	乇	9	乇、榦、根、竿、稈、稍、楬、戉、絹	卷一泰部
23	巜	2	巜、活	卷一泰部
24	孑	6	孑、戛、釨、碣、暨、矜	卷一泰部
25	孓	1	孓	卷一泰部
26	丯	12	丯、薉、蔡、夆、遏、桭、糂、槊、散、沙、瀻	卷一泰部
27	甴	4	甴、砉、届、譴	卷一泰部

目次	條目	收字	字頭	卷數
28	蕢	2	蕢、匱	卷一泰部
29	乂	19	乂、鍥、割、劊、刖、釗、嬖、膾、抈、跀、犗、羯、猗、虔、劇、犍、閹、忞、夬	卷一泰部
30	夬	49	夬、決、潰、殨、讀、缺、玦、觖、闕、抉、叏、掐、睍、圣、搰、掘、汩、穴、堀、突、窫、韧、栔、契、憲、券、彝、器、齧、齮、齕、齦、棄、捐、踦、絜、括、稛、絭、蘱、柬、計、銽、桀、害、禍、傑、捲、巽	卷一泰部
31	貴	2	貴、繢	卷一泰部
32	月	5	月、外、閒、堨、澗	卷一泰部
33	乙	14	乙、燕、巂、乹、肤、驠、晏、安、宴、侒、嬿、宎、誋、衎	卷一泰部
34	自	23	自、𠂤、鼻、瓛、臬、闑、棞、臲、䞣、謁、言、唁、議、讞、簡、篙、眉、隸、齂、呬、嘅、愾、鎎	卷一泰部
35	旡	9	旡、嘰、歆、欧、噎、壹、壺、昏、嗢	卷一泰部
36	歺	45	歺、鬣、齹、齵、㣇、齺、裂、例、迾、闌、奴、戔、殘、穿、竄、鑽、錢、殉、㬥、隋、餞、祭、餐、吞、骴、幓、癘、殨、疫、死、殚、碎、瓶、肖、瑣、糕、粲、沙、澌、誓、澌、盡、櫼、戍、斷	卷一泰部
37	櫼	4	櫼、孽、糵、蠥	卷一泰部
38	戍	9	戍、劇、烕、滅、滜、焠、刪、翙、歲	卷一泰部
39	絕	17	絕、截、劈、紹、斮、剄、晢、制、製、斷、誓、剬、膊、切、刌、脃、臎	卷一泰部
40	彑	14	彑、彖、遯、銳、錐、鰖、鐏、鐫、瑑、篆、遂、遺、豩、逭	卷一泰部
41	大	4	大、誕、哆、訑	卷一泰部
42	少	8	少、躔、踐、跧、後、衛、踢、蹩	卷一泰部
43	叕	17	叕、綴、茜、纘、蕝、輟、卒、纂、欙、粹、綷、萃、叕、誓、蜇、帶、蠆	卷一泰部
44	率	20	率、罪、厠、繂、䊈、羅、䜌、㒼、敲、纚、綏、逹、衛、述、豙、循、遵、隨、捽、抑	卷一泰部
45	帶	8	帶、摕、瘴、隶、逮、隸、蔕、螮	卷一泰部
46	蠆	4	蠆、萬、瘌、癆	卷一泰部
47	四	3	四、駟、牭	卷一泰部
48	丙	3	丙、舌、𥜳	卷一泰部

目次	條目	收字	字頭	卷數
49	毳	3	毳、臠、褐	卷一泰部
50	末	8	末、散、微、溦、黴、枚、尾、憞	卷一泰部
51	貝	3	貝、購、責	卷一泰部
52	朩	9	朩、茷、孛、苐、寎、旆、蕃、旛、翇	卷一泰部
53	㡀	10	㡀、敝、帗、幡、擎、抪、幣、敗、帊、䖴	卷一泰部
54	市	8	市、韍、蔽、箅、藩、屏、庰、韠	卷一泰部
55	癶	20	癶、犮、蹞、捸、登、废、軷、跋、嫳、廢、退、癈、迶、絆、轡、撥、拔、伐、鏺、祓	卷一泰部
56	㇛	4	㇛、涓、泫、湝	卷一寒部
57	毌	36	毌、貫、擐、環、籔、䦆、關、鞶、扃、鉉、鍵、輨、楗、串、玩、攢、遺、忱、肄、婠、傾、嫺、僨、宦、甑、券、倦、勤、勸、惕、餇、患、𡨴、恩、機、闋	卷一寒部
58	干	44	干、乾、騂、迂、匃、赶、竭、揭、稭、何、藹、忏、暵、熯、旱、渴、灢、瀫、喝、塏、軒、翰、鶾、顯、謁、暍、餲、鹹、汗、寒、靬、姦、奸、辛、訐、加、建、健、侃、悍、扞、敦、戰、釬	卷一寒部
59	肩	3	肩、揭、何	卷一寒部
60	犬	13	犬、犾、狠、猌、狋、妏、訮、闇、嚚、虤、虔、譬、贙	卷一寒部
61	厂	15	厂、屵、岸、灝、沓、厓、崖、危、峨、厴、彥、顏、騀、檥、轙	卷一寒部
62	卵	39	卵、丸、鳰、裹、褱、褭、懷、惟、穡、蚰、覞、槶、梡、完、俒、昆、掍、輥、鱖、昏、佸、會、棺、椁、宭、羣、官、館、話、廥、薈、繪、轒、髖、髻、鬢、栝、憒、襘	卷一寒部
63	焉	9	焉、鶯、離、雞、甗、豋、薦、慈、䀠	卷一寒部
64	吅	6	吅、囂、讙、嚾、聒、咺	卷一寒部
65	幻	9	幻、諼、傆、譌、講、謾、譢、譎、憰	卷一寒部
66	亘	24	亘、夐、衕、詗、營、桊、縈、檾、塋、旬、徇、均、姰、鈞、旋、鏇、紃、絢、甄、專、桓、瓛、戲、靡	卷一寒部
67	耑	9	耑、瀨、旃、端、褍、軟、鈇、脣、胗	卷一寒部
68	旦	2	旦、晨	卷一寒部
69	丹	3	丹、襃、緹	卷一寒部
70	單	27	單、系、係、締、縣、挈、擕、提、撣、蟬、蛻、禪、但、裼、	卷一寒部

目次	條目	收字	字頭	卷數
			膻、裎、羸、組、袒、繕、氈、纏、綫、墠、禪、啻、隻	
71	羉	11	羉、靦、嫚、婘、嫿、鬈、姡、娧、婠、婐、姽	卷一寒部
72	㫃	7	㫃、偃、軌、晏、晵、晛、輪	卷一寒部
73	㕣	10	㕣、鉛、隧、兌、術、達、駾、戾、次、羡	卷一寒部
74	叀	23	叀、鍴、纏、轉、展、驟、傳、疐、庢、桎、紾、軔、鬒、沴、嫥、顓、恮、延、譔、擅、繯、羂、桊	卷一寒部
75	廷	9	廷、診、揣、娛、銓、瞭、察、督、竱	卷一寒部
76	卪	16	卪、顛、巽、异、僎、僝、全、詮、饌、膳、祘、算、筭、選、旞、牷	卷一寒部
77	山	16	山、屾、㠔、阬、陵、㥄、陮、隗、嵯、峨、厜、㕒、崝、嶸、俊、駿	卷一寒部
78	泉	5	泉、灥、洫、次、羡	卷一寒部
79	孨	3	孨、孱、舂	卷一寒部
80	舜	3	舜、羼、羵	卷一寒部
81	華	15	華、藩、簸、畚、叁、拌、排、勃、擯、趕、姘、般、潘、瀍、波	卷一寒部
82	釆	13	釆、番、辡、諞、譬、辯、辟、嬖、徧、辨、班、瓣、播	卷一寒部
83	片	6	片、版、楄、牑、扁、篇	卷一寒部
84	㒼	18	㒼、冕、緜、槃、拚、閈、頫、眅、伴、媻、滿、懣、悶、幡、羼、癟、朊、朏	卷一寒部
85	丮	6	丮、樊、絆、礬、梾、箄	卷一寒部
86	面	3	面、偭、湎	卷一寒部
87	反	5	反、變、叛、返、皈	卷一寒部
88	扶	27	扶、幷、併、並、姘、駢、骿、絣、紕、餅、鉼、鞞、裨、鵯、埤、稗、鞞、卑、庳、踔、猈、俾、婢、僻、命、聘、娉	卷一寒部
89	兀	22	兀、遠、元、顯、頑、願、顝、頵、邍、阮、鬼、隍、魁、隗、巍、転、髡、頌、頤、顛、髗、積	卷二隊部
90	甶	12	甶、彪、鬮、鬼、夔、畏、傀、怪、絰、偉、饑、粿	卷二隊部
91	虫	4	虫、虺、蚖、雖	卷二隊部
92	曰	33	曰、欥、謂、說、閱、稅、粵、聿、曶、欻、笏、律、管、忽、佛、鬅、崒、颮、飀、颾、颭、翻、奔、噴、歕、沸、譺、譶、	卷二隊部

目次	條目	收字	字頭	卷數
			鶩、譏、鉞、翽、𡰥	
93	卉	8	卉、蔇、穊、薈、黵、嬒、鬱、蕡	卷二隊部
94	軎	7	軎、輌、轂、韾、擊、轄、鞪	卷二隊部
95	去	3	去、突、泰	卷二隊部
96	丨	31	丨、復、隤、隊、磙、隕、碩、抎、損、騫、虧、壞、毀、垝、遁、頓、兑、達、䏈、芮、蔮、莌、鋭、餟、季、稺、孫、𠃊、囟、中、夊	卷二隊部
97	夊	6	夊、遲、邌、徲、噑、謘	卷二隊部
98	秝	8	秝、稬、黏、黎、屔、涅、濘、壐	卷二隊部
99	入	17	入、内、汭、軜、訥、肉、訒、喬、鈢、邇、邍、尼、暱、暬、褻、衵、媟	卷二隊部
100	出	18	出、茁、蕁、芮、朏、趉、趡、趫、疩、趨、潏、窣、猝、追、翠、鷸、絀、瓊	卷二隊部
101	衰	2	衰、縗	卷二隊部
102	豕	7	豕、彖、彘、豨、豚、腯、豶	卷二隊部
103	乀	29	乀、弗、刜、拂、刎、咈、誖、佛、艴、紼、黻、頗、髍、尨、披、坡、陂、阪、䪾、壁、僻、癶、反、弼、般、督、鬆、鞶、擎	卷二隊部
104	勿	11	勿、物、忞、勉、勱、愐、懋、勖、敄、務、慔	卷二隊部
105	自	7	自、師、違、辠、軘、脽、屍	卷二隊部
106	隹	21	隹、雔、屈、鷗、崛、貀、柮、窶、檆、翐、拙、聉、欪、黜、椎、檇、鍪、鐓、梲、祋、殳	卷二隊部
107	靁	29	靁、賈、員、䞓、類、頛、瀨、侖、倫、論、纍、藟、藟、勵、瑠、櫑、輪、綸、繘、維、纗、緭、戊、盩、戾、剌、羸、蝸、纝	卷二隊部
108	几	5	几、眉、跪、䐈、頁	卷二脂部
109	禾	30	禾、戛、稽、枲、幾、畿、譏、諫、僟、詣、訖、蟣、限、垠、近、赾、蹇、杚、槩、僅、廑、饑、饉、飢、餓、餩、嘰、既、蟣、穦	卷二脂部
110	气	2	气、訖	卷二脂部
111	口	63	口、圍、圓、圜、圓、軍、運、暉、煇、煒、衛、寰、垣、奐、韓、宣、園、宛、奥、燠、圈、圂、豢、閑、埍、帷、幃、橐、檈、褘、幝、帬、肙、蜎、盌、䍁、琬、冤、怨、詋、悁、慍、	卷二脂部

目次	條目	收字	字頭	卷數
			恨、慰、媁、愫、恚、媫、盻、窩、窋、削、剩、困、冐、胘、脘、蠵、畐、困、窘、闈、梱	
112	回	44	回、湋、湀、叟、頠、沒、浬、搵、洄、韋、𠁁、鼓、遹、緯、緷、徽、骫、鞏、夗、棵、還、歸、月、股、豈、覬、钦、祈、款、愷、訢、忻、快、歡、懽、衎、饋、氣、餫、饐、饑、餽、襚、靁	卷二脂部
113	癸	11	癸、揆、葵、偿、睽、違、癦、衛、趆、駃、騤	卷二脂部
114	火	48	火、焜、燬、熨、爟、熅、煙、焆、熏、煨、尉、衮、銅、焌、然、熱、爇、鏾、闞、焚、燔、炭、羙、燔、煩、輼、纁、芸、權、橘、蒐、茜、靺、薰、臐、葷、醺、盈、惠、恩、恶、褽、按、鬱、醞、薀、莙、緼	卷二脂部
115	㸚	11	㸚、爾、薾、𠪚、閔、瞵、然、爤、烈、颲、颵	卷二脂部
116	夂	36	夂、氐、致、底、邸、柢、蒂、楮、抵、推、摧、捼、挨、牴、趺、催、敦、誰、呧、詆、諯、碓、軧、坻、坻、泜、堤、滯、坐、侳、挫、耆、耒、莱、耛、畯	卷二脂部
117	黹	9	黹、襦、紩、絺、緻、紉、絟、緒、繐	卷二脂部
118	二	3	二、貳、擿	卷二脂部
119	矢	3	矢、箭、菌	卷二脂部
120	尸	11	尸、屍、痍、朋、痕、脪、疻、胝、腄、疵、伊	卷二脂部
121	示	18	示、辰、嗇、晨、祇、神、魌、視、題、睼、睎、睢、觀、見、看、眷、覞、靈	卷二脂部
122	水	6	水、𣲧、準、埻、塾、畚	卷二脂部
123	齊	29	齊、妻、虀、儕、齋、劑、剃、韲、躋、荎、穧、秭、鬌、私、秦、齎、稷、齍、資、齌、賷、鉥、利、贏、賴、寽、叟、捋、戠	卷二脂部
124	朿	5	朿、霽、霎、萋、賫	卷二脂部
125	𡿺	2	𡿺、犀	卷二脂部
126	次	17	次、茨、趑、髮、欿、績、辈、稽、積、簣、笫、棧、栫、荐、此、㕮、訾	卷二脂部
127	厶	10	厶、篡、竊、最、敓、朘、訹、旻、眣、睇	卷二脂部
128	匕	48	匕、臂、髕、髀、碑、比、壁、廦、陴、辟、棨、知、𥏼、哲、指、脂、䏿、呰、坒、槐、椎、輩、瀕、顰、矉、編、辮、卬、棐、弼、鬢、儐、娓、媚、嫵、妃、媲、牝、雌、妣、柶、匙、飯、蹕、非、豩、扶、芇	卷二脂部

目次	條目	收字	字頭	卷數
129	飛	13	飛、奮、鞏、騛、翩、揮、媥、甹、俜、頨、艫、翾、翻	卷二脂部
130	非	16	非、啙、陛、仳、誹、扉、辈、騑、斐、䨽、翡、俳、裵、䨾、韭、坋	卷二脂部
131	未	27	未、味、美、旨、脂、肥、膍、雋、嗜、媄、昧、曶、庇、厞、迷、眯、眛、昒、寐、寐、歾、篚、釁、亹、瑂、毳、韎	卷二脂部
132	米	3	米、絲、眔	卷二脂部
133	眉	4	眉、楣、櫋、湄	卷二脂部
134	豊	3	豊、禮、醴	卷二脂部
135	斤	2	斤、釿	卷二諄部
136	乚	35	乚、隱、衣、緊、扆、㬈、依、檼、案、韏、悥、惲、悃、㾾、限、隩、墺、艉、倞、猥、哀、慇、隫、医、匽、翳、楲、瘞、殔、殣、籑、偃、壂、壇、曀	卷二諄部
137	雲	16	雲、囩、沄、澐、芸、魂、混、渾、会、淀、船、沿、洄、掾、揗、緣	卷二諄部
138	屯	35	屯、萅、鈍、黵、熉、湈、熱、煖、暄、洝、蠢、螓、惷、暙、鬊、驙、篤、團、摶、弄、篿、篅、笹、幡、篳、匱、椽、榱、橢、隓、巒、惇、偆、奄、竜	卷二諄部
139	殄	8	殄、殫、癉、嘽、幝、疹、喘、縒	卷二諄部
140	舛	9	舛、對、睡、夋、竣、踆、蹲、跧、壿	卷二諄部
141	舜	4	舜、蕣、蕣、荈	卷二諄部
142	寸	3	寸、菐、剸	卷二諄部
143	川	15	川、睿、浚、叡、順、愻、豕、馴、訓、慧、儇、譞、惠、歂、㖃	卷二諄部
144	本	15	本、芟、苯、奔、墳、濆、蕡、轒、憤、忿、頒、衯、帤、鞶、僨	卷二諄部
145	文	11	文、彣、彬、辬、斐、賁、鳼、彪、顐、紛、物	卷二諄部
146	門	8	門、聞、問、閔、愍、旻、捫、捪	卷二諄部
147	豩	6	豩、豳、豳、豨、繙、棼	卷二諄部
148	盾	2	盾、楯	卷二諄部
149	一	14	一、壹、壺、匀、殪、懿、姻、酌、趋、吮、潭、啐、歡、馬	卷三至部
150	乙	24	乙、履、𠃉、歴、砅、亂、靡、軋、蹸、疄、躪、両、侹、厲、耦、厤、磿、厎、遞、迭、梯、娣、姨、姪	卷三至部

目次	條目	收字	字頭	卷數
151	中	28	中、徹、劈、騁、馳、駛、軼、壬、颫、枝、莛、莖、聖、聽、胑、菝、跂、支、斯、析、柴、新、薪、隶、埊、瓷、旌、於	卷三至部
152	至	77	至、銍、臻、到、迅、㞦、弔、親、窺、櫬、跣、悉、恤、衄、存、周、蓁、稹、㐱、蒫、蓟、郅、晊、戴、咥、稠、鬗、綢、薦、濿、氐、底、廛、躓、跌、㬅、蹎、趚、瘨、質、贄、鎮、礩、磌、軫、蟄、輖、縋、顆、㵷、迖、黗、犉、窒、實、室、寘、填、慎、叀、湮、賑、㓞、嗔、闐、瘨、膹、謓、瞋、㚁、瑱、失、逸、詄、胅、佚、奪	卷三至部
153	日	1	日	卷三至部
154	瑟	4	瑟、璱、櫛、箏	卷三至部
155	所	2	所、戚	卷三至部
156	七	3	七、齔、齵	卷三至部
157	卪	15	卪、瑞、札、璽、珍、印、归、按、信、恂、節、㔾、卹、允、侒	卷三至部
158	桼	3	桼、軟、髤	卷三至部
159	丿	11	丿、箠、偏、㾆、蹁、僻、壁、瘴、輏、避、孌	卷三至部
160	八	43	八、穴、必、分、攽、𠛬、䏶、擘、脟、𠨧、副、龚、盼、貧、粉、麪、穖、氛、豳、靡、糲、礳、糜、糜、塺、費、鞁、緋、斁、醯、閟、閉、椭、闞、珌、畢、縪、彈、抨、礄、發、鱍、馭	卷三至部
161	血	7	血、㿽、衋、峨、姘、釁、盄	卷三至部
162	巾	13	巾、搢、盥、瀡、摡、沬、墐、垷、塈、鎣、氧、㦪、墀	卷三真部
163	臣	63	臣、牽、嫄、晨、辰、辱、忝、㥿、臤、緊、掔、堅、腎、鋻、賢、臂、孯、劼、謹、愿、僟、顗、結、縶、緢、駗、弞、䫲、艮、很、詪、恨、覞、眼、眘、竭、尬、妎、忍、豙、毅、堇、艱、黠、堷、䵇、敳、墾、硈、磬、齬、齗、剴、磑、齟、氧、筋、劤、笏、拮、勤、蘄、嬛	卷三真部
164	玄	17	玄、牽、弦、繫、繠、絓、紙、系、玆、衸、慈、趑、懁、趯、獧、伭、帑	卷三真部
165	廴	31	廴、延、挻、梴、筵、袁、袳、演、濥、衍、戭、申、引、彎、弴、爰、援、搋、韗、鞠、靳、韁、紖、輓、轘、傿、弦、瑗、媛、緩、絙	卷三真部
166	申	43	申、伸、㞫、㣤、嗽、設、隶、攸、奠、㕓、邃、慘、悚、奞、雉、睢、雌、恣、身、體、姿、㑒、娠、胤、孫、電、霆、紳、軸、矢、呻、吅、令、鈴、鑾、伶、貪、惕、肿、膑、寅、佃、	卷三真部

目次	條目	收字	字頭	卷數
			筍	
167	尹	2	尹、君	卷三真部
168	淵	7	淵、淵、淈、溷、因、捆、茵	卷三真部
169	田	7	田、甸、畋、畛、畷、趁、鼉	卷三真部
170	刃	4	刃、忍、韧、荵	卷三真部
171	人	12	人、儿、仁、夷、徒、仞、認、頣、千、桑、駪、桑	卷三真部
172	丨	49	丨、粤、進、晉、遷、先、兟、前、建、佱、僊、眞、徙、迻、侁、詵、津、禛、䊷、躋、駿、縉、絀、辛、辠、辥、姊、娟、妹、囟、細、仳、𡜏、妓、稺、蘇、嫈、瞥、棨、縈、鼠、淺、俴、虥、越、廴、申、囪、屮	卷三真部
173	囟	16	囟、天、顛、頂、題、槙、琛、冢、壟、垤、帝、諦、敷、祎、禋、慎	卷三真部
174	西	3	西、屖、侐	卷三真部
175	卂	56	卂、駛、迅、侚、僤、遄、舟、朌、屑、奞、振、震、踬、唇、顫、彈、湍、扇、蝙、偏、佾、偲、聲、䫙、謦、汛、洒、清、瀞、湜、泚、滭、湔、洗、𦘒、銑、毨、翦、㪻、刷、帥、㪫、彗、蓾、霫、疾、齋、煎、痒、清、瀨、滄、滄、冷、溧、瀨	卷三真部
176	丏	23	丏、宀、臱、寡、覭、眄、瞑、昏、冥、晚、轡、莫、蔑、瞢、屏、庰、箄、邊、𦔮、鞞、殯、闇、婚	卷三真部
177	宀	6	宀、密、毖、謐、宓、祕	卷三真部
178	民	8	民、萌、苠、蔓、氓、甿、蠻、閩	卷三真部
179	芇	14	芇、顮、匹、謦、嬪、賓、平、坪、枰、萵、瞞、饉、買、賣	卷三真部
180	木	15	木、楍、萉、麻、緶、筤、篇、紙、靡、礦、糯、糜、糜、塺、麼	卷三真部
181	圭	25	圭、規、畫、挂、卦、形、經、犂、營、街、畦、埸、町、頃、畹、耕、劃、封、刑、到、桂、窺、闚、倪、訶	卷四支部
182	巫	13	巫、脊、蘿、耆、鬐、磬、敬、憼、儆、警、驚、睘、庭	卷四支部
183	厂	17	厂、曳、爭、抴、褫、拕、绛、圛、澤、液、露、滓、熒、炯、熲、炫、投	卷四支部
184	氏	23	氏、阺、坻、泜、堤、氏、阿、觗、庋、闊、宸、漘、陙、隄、庢、隊、倚、阤、陸、陊、掎、抵、趆	卷四支部
185	匸	31	匸、歧、臾、頃、傾、隕、殞、卖、迟、逶、迆、通、坙、檠、芰、薢、鱋、虒、倪、睨、覞、睇、褫、袺、攘、奚、谿、豯、	卷四支部

目次	條目	收字	字頭	卷數
			鼃、鷄、雞	
186	嗌	27	嗌、咽、頸、領、嗌、瘦、隘、戹、阸、闉、槅、軶、搹、搤、攖、齸、嚶、罌、啙、呃、嫛、瘢、殹、哇、娃、蹙、褫	卷四支部
187	易	6	易、蜓、鼊、蝘、蛘、驛	卷四支部
188	兒	5	兒、婗、閱、齯、鯢	卷四支部
189	疒	9	疒、倚、臥、疴、痿、蹇、尴、輢、觷	卷四支部
190	彳	15	彳、蹢、跖、蹐、嫡、蹏、徥、適、踶、騠、鞮、趧、迹、辵、躅	卷四支部
191	厽	16	厽、垒、墼、壘、磊、砢、絫、羸、盈、益、溢、泆、讇、誄、謚、羸	卷四支部
192	鬲	9	鬲、鼎、融、鬻、錡、鬴、鑊、鐫、烓	卷四支部
193	秝	7	秝、藥、瘵、瘳、瘉、亘、料	卷四支部
194	豸	14	豸、貚、貒、蚩、它、蟺、蟥、螳、懈、伿、弛、彊、希、廌	卷四支部
195	希	12	希、緣、豸、殺、刺、薙、鬄、髟、解、戠、剔、貛	卷四支部
196	廌	3	廌、薦、嗽	卷四支部
197	朿	20	朿、莿、莿、刺、撽、瘷、羸、犢、策、笏、敕、箠、箦、捶、扶、撻、諫、謫、偵、竀	卷四支部
198	冊	9	冊、典、籍、冒、嘖、嫧、柵、柂、闌	卷四支部
199	只	1	只	卷四支部
200	卮	5	卮、觛、膊、觶、卽	卷四支部
201	𠂢	10	𠂢、派、衇、覛、脈、䁈、旨、稗、䊒、裨	卷四支部
202	冖	24	冖、幎、幔、幕、幠、幦、幭、幔、鞔、盜、槾、鏝、漫、摵、抹、巇、浼、姅、冃、冃、冇、市、宀、丏	卷四支部
203	糸	15	糸、緬、緜、蘮、襺、緍、縻、䌙、邁、邍、霢、溟、覭、螟、嫇	卷四支部
204	芈	4	芈、鳴、名、命	卷四支部
205	冂	13	冂、介、界、閉、畫、駉、苑、郊、茭、迥、逷、役、耿	卷四清部
206	幵	32	幵、岐、笄、枅、軿、研、瑩、掔、硟、衦、硯、研、趼、企、頍、羿、栞、妍、技、開、启、闓、啓、抧、齮、尻、階、皆、諧、鍇、鵲、楷	卷四清部
207	朖	7	朖、嬰、纓、縊、鞅、纆、蜆	卷四清部

目次	條目	收字	字頭	卷數
208	壬	68	壬、莛、莖、翢、䝭、鋌、鐵、鍚、鍩、釰、驖、挺、揳、娗、梃、筵、桯、桱、珽、脛、胻、頸、經、徑、廷、庭、頲、侹、婭、勁、呈、善、駇、趯、偕、佂、佳、娃、珵、吉、桔、頡、佶、幸、緈、盜、寧、甯、痓、悜、婞、忮、㚘、巠、逞、徎、戥、聖、聆、輕、聲、傷、歋、趧、繕、靪、顟、嫸	卷四清部
209	丁	31	丁、鏑、朾、成、挬、殿、篋、段、鍛、釘、檔、筸、鏜、戰、誠、敵、當、汀、訂、玎、琤、瑲、錚、鎗、鏜、鼞、楨、貞、諦、媞、慎	卷四清部
210	霝	31	霝、零、滴、瀝、涑、粼、欒、㕣、瀨、涕、洟、樀、䤫、醨、渻、茜、湅、練、楝、欒、鍊、漱、瀟、瀾、淅、糬、浚、滫、閏、潤、膩	卷四清部
211	正	18	正、靖、竫、婧、定、甹、姘、整、证、延、政、証、諍、是、寔、諟、亭、錠	卷四清部
212	井	12	井、阱、叡、崸、陘、彗、洼、窐、漥、瀛、刑、型	卷四清部
213	生	30	生、屮、青、蒼、彭、妝、橡、靜、倩、菁、琑、綪、縉、茜、垟、性、情、姓、甥、堉、倩、産、牲、犍、獻、犧、甡、胜、鮏、鱻	卷四清部
214	晶	10	晶、星、姓、精、粲、嬻、姣、省、相、詳	卷四清部
215	瓜	5	瓜、瓠、壺、鼓、虘	卷五魚部
216	車	4	車、輅、馭、庫	卷五魚部
217	呂	11	呂、岡、犅、犡、虞、䙰、鯁、骾、梗、哽、梁	卷五魚部
218	丮	17	丮、據、擢、据、攫、劫、拑、豦、戲、勮、㩀、御、虢、㶁、巨、互、父	卷五魚部
219	巨	13	巨、柧、觚、距、夳、吳、俁、鉅、黔、剛、杭、黔、黚	卷五魚部
220	笪	7	笪、篗、軖、綱、罡、罟、罛	卷五魚部
221	父	42	父、把、捕、搏、捬、靶、秉、柄、斧、鋪、甫、昉、尃、敷、誧、博、溥、旁、蒪、鎛、薄、枎、圃、布、放、鑮、滂、騯、斛、䨽、模、摹、慕、撫、攺、憮、憮、傅、俌、扶、謨、黼	卷五魚部
222	亭	21	亭、桲、彏、彉、桄、横、衡、珩、鱑、侊、廣、尻、処、屍、居、倨、假、家、稼、怙、岵	卷五魚部
223	兆	11	兆、固、錮、居、瞽、痁、詁、㹢、假、蠱、瘕	卷五魚部
224	亼	5	亼、盧、筥、匡、簴	卷五魚部
225	㕭	3	㕭、噱、啞	卷五魚部

目次	條目	收字	字頭	卷數
226	昍	24	昍、奭、畀、趯、瞿、矍、懼、虢、�、惶、恇、衢、躩、顧、玃、故、更、兵、護、蒦、罜、獲、穫、矆	卷五魚部
227	五	5	五、午、牙、芽、伍	卷五魚部
228	午	41	午、杵、啎、屰、各、吾、語、詻、斝、挌、朔、卻、槊、抗、岠、圄、敔、剻、剛、鉅、柾、圉、許、咅、辜、逆、訝、迎、遻、愕、客、寄、窓、朔、泝、卬、仰、寤、悟、愫、庰	卷五魚部
229	牙	17	牙、齇、齬、鋤、鋸、鋤、齵、遣、衺、錯、齰、蓋、螫、虞、簂、籧、穌	卷五魚部
230	魚	3	魚、䲆、瀿	卷五魚部
231	烏	3	烏、雅、鶌	卷五魚部
232	亞	8	亞、尢、惡、殃、詎、蛋、欤、怏	卷五魚部
233	虍	5	虍、虎、虞、虖、琥	卷五魚部
234	襾	13	襾、宇、柘、庌、廡、廣、榭、舍、憮、尋、翌、帿、夏	卷五魚部
235	禹	5	禹、蠁、響、矚、瞩	卷五魚部
236	于	49	于、乎、余、㕭、粵、呼、歔、評、謼、嘑、歑、吁、訏、誇、謣、譁、詡、夸、奕、盱、玗、袁、芋、莒、竽、簧、九、迂、紆、尪、婙、往、迋、去、嫁、獷、越、逑、揭、古、椴、遐、詁、祜、姑、驛、遽、剢、殆	卷五魚部
237	羽	15	羽、翔、翥、揚、昜、舁、與、旟、輿、舉、舉、颺、譽、与、予	卷五魚部
238	与	13	与、斜、抒、軻、醋、揚、觴、餉、饟、餘、餬、舁、盔	卷五魚部
239	予	38	予、舒、紓、徐、賞、兄、貺、償、夃、賈、酤、叚、賒、賜、捨、釋、斁、赦、措、寫、卸、射、謝、譯、悆、懌、惕、像、攘、襄、畬、壞、場、坦、暘、蕩、禳、盪	卷五魚部
240	雨	5	雨、霣、霸、濩、雩	卷五魚部
241	亦	9	亦、胠、胳、袪、掖、序、牆、城、弈	卷五魚部
242	户	4	户、槺、牖、向	卷五魚部
243	丅	16	丅、窊、洿、央、汙、湖、叡、汪、潢、隍、淤、閼、隝、瘀、埂、沆	卷五魚部
244	苿	5	苿、粟、鮠、吪、削	卷五魚部
245	土	29	土、度、宅、侘、託、詫、圖、擇、若、商、賫、渡、宕、赤、赭、赫、社、姐、敵、尺、丈、堵、根、杖、當、攩、徒、黨、䰩	卷五魚部

目次	條目	收字	字頭	卷數
246	乇	36	乇、頊、𩔅、㧓、榜、檏、吒、炸、吐、唾、嚏、魠、庇、磔、剫、屠、趚、辵、樘、長、奢、張、䑖、踖、眝、帳、蘀、箬、穰、秧、梟、䅯、落、零、蠹、殬	卷五魚部
247	兔	1	兔	卷五魚部
248	宁	20	宁、貯、儲、庶、蔗、䝼、宔、䀇、橐、帑、㝩、囊、欜、䉴、毀、裝、臧、倉、都、渚	卷五魚部
249	旅	19	旅、褚、常、者、諸、書、署、路、場、途、禓、除、廬、簬、勴、睹、𥈎、爽、箸	卷五魚部
250	鹵	20	鹵、鹽、涸、垎、鹹、苦、酓、醇、醽、涼、𤹂、椋、炕、漮、壚、黸、鹽、鹼、蓄、鲝	卷五魚部
251	女	17	女、如、諾、奴、拏、挐、攄、帤、袽、絮、絮、纑、鬞、弩、婼、怒、恕	卷五魚部
252	㗊	6	㗊、呶、怓、毀、孃、讓	卷五魚部
253	叒	3	叒、桑、柘	卷五魚部
254	石	4	石、祏、秳、碩	卷五魚部
255	夕	30	夕、夜、莫、夕、墓、募、嗼、蓦、葬、昨、昔、胙、炙、菹、菹、醬、胥、脩、膴、脯、膴、膊、鮑、咀、酢、醶、醶、齭、蜡、胆	卷五魚部
256	舄	1	舄	卷五魚部
257	疋	19	疋、迹、書、鯃、匠、祖、珇、組、䶥、索、筰、纚、縰、㽰、疏、梳、㥠、諝、爽	卷五魚部
258	鼠	2	鼠、鼫	卷五魚部
259	且	65	且、俎、苴、蒩、藉、席、牀、莊、阼、孱、礎、碣、槍、戕、柤、遮、阻、障、墇、乍、嗻、詛、笮、宜、岨、怚、𪏭、助、牂、將、漿、請、靚、昌、耡、耤、租、責、借、債、貴、䶥、戕、觀、粗、伹、䑖、駔、壯、奘、奘、麤、傖、作、迮、初、㸚、唱、倡、祖、退、詐、虘、妝、佯	卷五魚部
260	巴	8	巴、蚆、祀、拓、捭、摢、搏、瓬	卷五魚部
261	白	18	白、霸、普、袢、皅、葩、帛、璧、碧、百、伯、魄、泊、怕、佰、鈀、禡、兵	卷五魚部
262	夫	4	夫、武、牡、袂	卷五魚部
263	馬	2	馬、賦	卷五魚部
264	步	3	步、踄、彭	卷五魚部

目次	條目	收字	字頭	卷數
265	巫	11	巫、舞、誣、罵、謗、謊、妄、坒、狂、恍、篚	卷五魚部
266	茻	17	茻、霦、蕪、荒、楙、茂、蔓、芼、菽、每、晦、漠、㠩、募、莽、蓦、猛	卷五魚部
267	毋	12	毋、亡、逋、寱、稀、盲、縵、弭、喪、望、謥、悵	卷五魚部
268	磺	3	磺、鹵、鹽	卷五陽部
269	京	13	京、虛、壙、野、鱷、鏖、魧、格、殭、枯、殆、腒、穅	卷五陽部
270	畕	16	畕、畺、畂、陸、略、慮、量、嫭、路、畂、陌、迒、虜、掠、搒、肇	卷五陽部
271	亢	30	亢、胡、喉、項、翁、脰、嚨、頏、阬、閬、康、㐭、伉、犺、笐、箇、桁、横、閣、枯、极、卬、仰、僵、綆、听、喔、䧴、歐、殼	卷五陽部
272	囧	30	囧、横、向、宄、晃、曠、景、暀、煌、昜、暘、陽、崵、黄、洸、㝵、隙、鏡、霩、鎣、鍚、碭、煬、湯、明、炳、塱、萠、盟、孟	卷五陽部
273	尢	7	尢、尪、跡、枉、軭、侉、琞	卷五陽部
274	弜	10	弜、彊、弧、檄、彋、倞、勍、甥、誩、競	卷五陽部
275	卯	8	卯、卿、鄉、璋、章、竟、將、彰	卷五陽部
276	羊	10	羊、鬺、鬻、烹、羜、鬻、養、祥、羌、姜	卷五陽部
277	永	6	永、羕、巠、渠、泳、詠	卷五陽部
278	王	7	王、皇、喤、呱、瑝、鍠、暇	卷五陽部
279	亯	4	亯、饗、嘗、歆	卷五陽部
280	皀	14	皀、香、芳、馨、薌、粱、黍、饗、鬯、釀、糧、糈、稰、䟫	卷五陽部
281	行	7	行、胻、腳、慶、洐、䘕、羿	卷五陽部
282	从	3	从、㒳、兩	卷五陽部
283	良	8	良、諒、閬、閶、闔、稂、朗、長	卷五陽部
284	丄	6	丄、尚、敞、堂、驤、曾	卷五陽部
285	象	5	象、豫、像、狀、想	卷五陽部
286	爪	6	爪、掌、跖、叡、扭、拓	卷五陽部
287	刅	26	刅、鍚、傷、斨、礸、槢、斫、斮、所、猎、籍、鉏、瘍、痒、蛘、疽、殤、惕、愴、恙、惜、忏、滄、滄、霜、素	卷五陽部
288	皿	5	皿、醽、簠、哺、餔	卷五陽部

目次	條目	收字	字頭	卷數
289	黽	2	黽、蝹	卷五陽部
290	匚	7	匚、筐、鈁、譜、簿、篰、巨	卷五陽部
291	方	22	方、舫、汸、欂、榜、紡、輔、酺、俌、駙、仿、迫、敀、髣、旁、悑、怲、病、痡、髴、簿、妨	卷五陽部
292	丙	8	丙、髆、膀、徬、傍、房、防、浦	卷五陽部
293	网	9	网、紡、縛、轉、黂、膜、臚、肓、肪	卷五陽部
294	冓	22	冓、構、屋、楃、肯、篝、烘、昫、煦、耦、遇、遘、覯、媾、講、候、儥、寇、鬩、購、賣、贖	卷六侯部
295	角	9	角、觸、舩、䵷、萴、隅、桷、觳、鶩	卷六侯部
296	口	6	口、嗽、竅、空、鋈、釦	卷六侯部
297	谷	59	谷、溝、隫、瀆、竇、讟、岫、容、俞、牏、窬、褕、韝、褔、屨、韇、韣、櫝、匵、鍮、甌、匬、瓮、瓨、轂、釭、筒、筩、篘、簜、樞、溝、蓳、通、迵、洞、扃、霤、漏、涑、瀧、霑、涿、注、澍、屬、斀、孔、好、欲、覦、俗、嬻、遺、媟、黷、垢、渝、詬	卷六侯部
298	曲	27	曲、豊、苗、局、區、句、軀、傴、僂、隔、趢、欿、笱、鉤、朐、軥、翎、雊、朐、椈、跔、痀、瘻、耇、拘、謳、歈	卷六侯部
299	玉	2	玉、玨	卷六侯部
300	早	39	早、穀、祿、酷、渥、漚、腌、厚、呴、裕、嗀、夠、隆、瀡、泱、醠、块、瑜、滰、融、洪、洚、訌、虹、仜、腴、錖、琟、鴻、鵠、鶴、絳、紅、瑴、瑕、騢、鰕、赮、霞	卷六侯部
301	爪	1	爪	卷六侯部
302	后	26	后、後、孤、狗、豞、狡、羔、麌、杸、彀、犢、駒、㲉、鷇、侯、偶、寓、禺、猴、猶、顒、頌、愚、佝、戇、惷	卷六侯部
303	斗	14	斗、料、升、斛、斞、桶、斠、斢、卓、穛、趠、逴、倬、卲	卷六侯部
304	鬥	20	鬥、獨、鬭、毅、椓、豉、投、斲、撞、幢、啄、味、噣、雕、皸、鶩、痡、俑、恫、讟	卷六侯部
305	豆	31	豆、梪、登、鐙、侸、尌、豎、壴、駐、柱、樹、穜、埊、童、僮、孺、禿、鼓、鐘、鏞、鐲、鐸、鐃、重、緟、憧、充、宗、崇、寵、鏞	卷六侯部
306	鋰	2	鋰、鍾	卷六侯部
307	丶	7	丶、讀、誦、籀、獨、宔、音	卷六侯部
308	主	16	主、燭、熜、鐙、燋、爨、熷、烖、熏、灼、爝、焯、照、昭、	卷六侯部

目次	條目	收字	字頭	卷數
			醮、祲	
309	朱	16	朱、松、樅、絑、絀、絉、彤、東、朝、早、旳、昭、馰、晝、夙、肅	卷六侯部
310	亍	23	亍、逗、躅、邅、务、孎、需、顉、足、踵、疃、蹈、走、趨、奏、趣、驟、騶、促、湊、蹴、浞、濡	卷六侯部
311	豖	4	豖、顡、捉、袑	卷六侯部
312	畀	1	畀	卷六侯部
313	彔	26	彔、鏤、琢、琱、彫、數、牘、彇、縷、摟、臾、罜、麗、䍚、罿、絡、輅、答、逯、睩、娽、婁、僂、逯、陋、寠	卷六侯部
314	鹿	2	鹿、麓	卷六侯部
315	几	27	几、凫、鶩、驜、短、袓、襡、裯、䙱、襦、僥、錭、篤、株、檮、殳、杸、擣、築、殹、鍪、舂、臿、炈、扰、𩞁、碏	卷六侯部
316	蜀	5	蜀、蠶、竇、琛、睒	卷六侯部
317	丵	22	丵、叢、藂、蓐、茸、蔟、縟、繻、槈、欘、芻、椒、犓、藪、聚、冣、埾、諏、琮、族、鏃、鏉	卷六侯部
318	丩	7	丩、取、殊、誅、討、陬、娶	卷六侯部
319	卜	27	卜、剝、剖、朴、爆、奥、燠、赴、暴、犇、猋、嘌、慓、僄、嫖、趮、飄、飈、瀑、旚、旚、勡、攴、摽、撲、棓、雹	卷六侯部
320	木	4	木、樸、髤、沐	卷六侯部
321	厈	24	厈、揭、握、匊、莽、鞠、鈘、捦、拑、箝、鉗、拈、揯、鉆、鉶、籥、図、攝、拼、矯、翹、螯、蟜、夯	卷六侯部
322	工	28	工、竘、巧、娭、頌、攻、功、鞏、傭、杠、栱、橋、榷、攷、攷、毆、驅、嗀、殻、敲、搉、擻、确、塙、墽、磽、毃、砻	卷六東部
323	収	26	収、拱、巩、攤、拲、恭、龔、愬、竦、愯、慫、奉、業、付、受、捧、鞛、剬、符、艮、抛、礮、僕、㞡、拊、柎	卷六東部
324	共	29	共、扛、具、供、龔、公、貢、贛、餴、給、伀、俱、訟、詾、獄、用、庸、穴、暴、啻、弄、邑、鼆、閭、閎、雄、投、猳、殳	卷六東部
325	亯	9	亯、墉、宮、宋、寑、宿、寵、枕、簞	卷六東部
326	凶	9	凶、臽、窨、陷、兇、恐、恭、咎、惷	卷六東部
327	从	19	从、從、踵、徸、逐、輚、繇、邍、鬆、鬭、輶、淫、冘、遥、趨、趙、婬、縱、縮	卷六東部

目次	條目	收字	字頭	卷數
328	囱	47	囱、窻、葱、闔、蘘、樞、寮、婁、廔、樓、𥩟、層、竈、煁、籠、窶、籃、筤、篢、籯、笭、軨、聰、蔥、繱、驄、綠、錄、藍、寱、窵、窕、潯、鏓、鑿、潛、湛、汙、探、撢、𡍬、尋、𨂜、抌、諗、眈、覘	卷六東部
329	丰	18	丰、夆、芃、葑、苞、樸、豐、䥬、厖、龐、豐、封、邦、坿、墣、附、培、陪	卷六東部
330	丂	65	丂、嚘、吟、唸、囆、䶨、噤、歔、瘖、卤、音、号、號、諕、嗥、哮、唬、譊、嘵、歊、嗷、謷、鴞、敫、警、䠷、歊、矣、噫、歑、欬、譆、誒、欸、唉、應、膺、許、哭、欱、謳、歒、歐、㕣、叫、嘂、㕭、告、誥、諭、譽、𧥛、呦、𩿨、敿、念、膺、匈、肊、意、嫗、㚿、媼、威、㑳	卷七幽部
331	丑	45	丑、臼、攪、斅、覺、芇、走、習、媟、狎、疌、㲽、内、㬪、獸、禽、蟲、畜、㹀、狩、蓄、朋、羞、蹋、報、𨑦、㭬、軌、㑇、㺞、狃、猱、夒、擾、妯、獿、狻、鈕、粗、紐、縟、敵、鈕、杼、梏	卷七幽部
332	手	6	手、肘、守、戍、㧃、𩯯	卷七幽部
333	叉	10	叉、搔、瑵、騷、蓌、蚤、瘙、蝕、痔、慅	卷七幽部
334	九	16	九、究、窾、趜、窮、㠶、氿、簐、宄、厭、壓、𡑙、尻、艽、馗、蓹	卷七幽部
335	裘	7	裘、鞠、毬、莍、梂、逑、賕	卷七幽部
336	臼	4	臼、臬、糗、齨	卷七幽部
337	韭	1	韭	卷七幽部
338	丩	48	丩、䊪、朻、樛、觓、糾、摎、䴕、繆、收、䦆、殸、疝、膠、蟉、虯、勼、鳩、廄、仇、㤹、俗、嫪、牡、𢈉、謬、嘐、𧫯、絇、緱、摳、㬥、紟、襘、裾、扣、控、揄、合、敆、匌、佮、詥、祫、鴿、嬸、翕、鬮	卷七幽部
339	幺	40	幺、后、丝、幼、杳、幽、杳、官、邑、窔、窈、黝、侌、暗、陰、蔭、罯、晻、湆、浥、洽、瀀、涘、澆、漼、黯、黭、黶、黤、黷、點、黲、黮、㥏、悠、怮、㰻、悒、悒、泣	卷七幽部
340	丣	16	丣、留、休、窌、窖、閒、閵、閹、窨、庾、亩、奔、聾、聳、聤、聊	卷七幽部
341	酉	66	酉、酒、酋、酎、醪、莤、糟、䡛、醇、䤉、譸、憧、管、竺、饕、餾、飪、稔、秋、年、腼、麵、醮、酮、醹、肒、考、老、壽、叟、酬、飲、醑、猷、禱、祝、禰、紬、譸、詶、詛、禂、傮、冬、凍、凋、脉、臞、腊、瘦、歾、稟、廇、鱊、犒、臭、殠、鮑、蕕、匭、蕘、薹、舅、嫂、孝、媰	卷七幽部

目次	條目	收字	字頭	卷數
342	𠧪	16	𠧪、條、蓨、筱、育、冑、擂、搐、擢、瘯、瘜、瘴、㺄、甬、繅、輈	卷七幽部
343	竹	10	竹、篸、籌、笛、簫、簌、龠、箹、箾、筑	卷七幽部
344	卣	16	卣、秀、粟、糴、糶、糶、杓、柖、榣、搖、掉、搈、傛、搣、楫、褎	卷七幽部
345	㬱	5	㬱、菑、瞜、蕼、塍	卷七幽部
346	舟	10	舟、椶、舳、彤、漕、軸、輸、受、承、授	卷七幽部
347	州	8	州、渚、沚、坻、𠂤、堨、陶、堵	卷七幽部
348	百	41	百、頭、髑、髏、頊、顱、艫、冑、兜、翳、儔、幢、幬、宙、橦、同、㨖、霤、廇、㑂、翟、罩、鯙、罶、㽞、桻、調、侗、調、道、導、迪、衝、衕、駧、駋、㣠、踧、俶、埱、柷	卷七幽部
349	尗	2	尗、苔	卷七幽部
350	肉	10	肉、脙、腪、柔、㐤、㤥、煣、鍒、鞣、睬	卷七幽部
351	六	4	六、坴、陸、陵	卷七幽部
352	雔	8	雔、雙、讎、曹、遭、召、招、詔	卷七幽部
353	艸	3	艸、蕘、樵	卷七幽部
354	牟	3	牟、咆、㬥	卷七幽部
355	矛	12	矛、戊、夆、逢、鏠、㷭、縫、蓬、婺、鶩、犯、範	卷七幽部
356	勹	42	勹、包、孚、胞、脬、匏、袌、保、緥、勼、宲、府、寶、郛、䍖、瓢、杯、袍、褒、飽、䤆、駜、庖、稃、風、颾、飄、捊、捪、匍、匐、伏、紑、凭、㽷、琣、箙、掤、橐、俘、箏、樸	卷七幽部
357	缶	9	缶、匋、䍃、鐴、瓿、㲉、坏、窯、肧	卷七幽部
358	卯	2	卯、貿	卷七幽部
359	冃	32	冃、冡、幏、矇、冒、冕、霚、霧、濛、霂、尨、牻、墁、謾、㝱、瓺、宋、默、䨮、晦、黑、墨、瞢、夢、懜、儚、㝱、薨、蘳、眊、瞀、䁅	卷七幽部
360	冃	3	冃、瑁、相	卷七幽部
361	目	3	目、眸、睦	卷七幽部
362	𠂤	9	𠂤、坏、附、陪、𨺅、𡒊、芣、丕、䣢	卷七幽部
363	邕	11	邕、廱、癰、腫、瘇、盥、瘃、瘦、瘤、癑、痋	卷七冬部
364	中	8	中、韜、弢、韔、衷、䊵、褈、仲	卷七冬部

目次	條目	收字	字頭	卷數
365	夅	6	夅、降、䧄、趛、㓨、䡻	卷七冬部
366	終	35	終、綜、紝、織、綢、緧、紂、絇、䊕、艏、揂、迺、緝、稯、總、統、束、繐、速、諫、悤、婡、囚、槽、敹、憾、愁、怒、悄、慄、㥯、忡、敿、醜、傪	卷七冬部
367	琴	1	琴	卷七侵部
368	仌	2	仌、廞	卷七侵部
369	亩	13	亩、稟、食、粒、糂、飤、嗇、穡、轖、稷、稙、饎、宧	卷七侵部
370	林	6	林、森、棽、槮、橚、南	卷七侵部
371	壬	34	壬、妊、孕、乳、嬬、孺、雛、鮞、麑、麛、荑、蕈、宍、蔦、葚、湩、瀋、汁、肬、盬、滓、淰、涔、瀸、黕、溅、醲、濃、禯、訒、仍、扔、毒、鴆	卷七侵部
372	羊	46	羊、箴、鍼、銛、綅、鐕、殎、鑱、剡、孅、鑯、櫼、琰、戡、插、揺、肇、戡、戓、戕、咸、斬、劖、剿、釗、慘、憯、塹、槧、任、儋、勝、男、農、戎、佴、賃、甚、媅、酖、婬、㚔、譖、譺、譛、僭	卷七侵部
373	先	1	先	卷七侵部
374	三	15	三、參、慘、驂、宷、諶、訦、縿、游、旇、㙴、衆、潨、豵、搜	卷七侵部
375	彡	21	彡、修、飾、幟、須、帚、埽、侵、芟、滌、濯、涑、澡、漱、敮、葴、淑、蓻、繡、鎪、色	卷七侵部
376	心	4	心、息、熄、楸	卷七侵部
377	品	7	品、凡、乍、氾、濫、爁、醓	卷七侵部
378	甲	19	甲、鋏、鍜、盇、奄、弇、蓋、苫、簦、笠、盦、俺、夰、玠、盫、疥、痂、榼、帢	卷七緝部
379	柙	35	柙、檻、櫳、牢、牿、校、閤、閘、梜、檢、檄、匧、匣、匱、枱、械、緘、歁、夾、挾、陜、鋏、蛺、俠、兼、縑、袷、較、斂、撿、籢、核、譣、覈、徼	卷七緝部
380	及	29	及、迨、駇、踏、彶、急、趿、扱、吸、呷、歙、欱、汲、罛、遝、讅、隸、臮、今、緃、嚴、唫、綝、禁、救、亟、㥛、鞕、捄	卷七緝部
381	邑	1	邑	卷七緝部
382	十	15	十、劦、協、恊、勰、燮、誠、感、卙、斟、輯、什、勠、脅、脟	卷七緝部

目次	條目	收字	字頭	卷數
383	入	13	入、宂、墊、塌、窫、隰、溼、滲、湫、滲、羊、廿、染	卷七緝部
384	廿	2	廿、籋	卷七緝部
385	㬪	8	㬪、執、摯、鷙、持、值、尋、得	卷七緝部
386	立	8	立、位、逮、臨、監、𥉐、覽、督	卷七緝部
387	亼	31	亼、雥、雧、雜、𦃃、葺、緝、緁、褄、椄、枼、牒、箑、篇、笘、帖、葉、鍱、鏶、箑、翣、睞、蜨、接、妾、拾、就、造、續、叔、卅	卷七緝部
388	卅	7	卅、世、揲、疊、𪚥、襲、褺	卷七緝部
389	朤	9	朤、囂、沓、呭、詍、咠、枽、譟、㴛	卷七緝部
390	帀	19	帀、匌、蟄、嫱、鍺、揞、韘、戢、毿、周、忠、唻、宋、讋、慹、慴、懾、儑、聾	卷七緝部
391	𤼲	8	𤼲、濇、醲、醶、㦸、酢、酸、痟	卷七緝部
392	己	16	己、䣛、躬、曶、跽、茍、惐、諅、誡、諆、駭、球、倈、遫、禁、襟	卷八之部
393	久	37	久、灸、柩、恆、縆、揯、擬、垓、或、國、尤、郵、囿、畝、垣、晐、有、宥、賄、鹹、疑、儗、譺、癡、佁、騃、礙、閡、忌、朞、惎、兢、戒、械、該、惑、訧	卷八之部
394	克	21	克、極、刻、堪、殛、聝、劾、挨、答、毅、劾、核、亥、業、絯、紀、紘、綱、緻、肯、襋	卷八之部
395	龜	2	龜、篕	卷八之部
396	棘	4	棘、顛、娸、頦	卷八之部
397	革	15	革、翱、龔、鞹、改、金、代、忒、騰、賸、倴、逬、贈、媵、妭	卷八之部
398	丘	12	丘、虛、空、竅、窠、罄、磬、窒、溓、歉、寡、踽	卷八之部
399	箕	3	箕、欺、諆	卷八之部
400	丌	17	丌、基、陔、級、迡、記、旗、綦、其、稽、騏、綦、灰、期、稘、碁、禥	卷八之部
401	牛	3	牛、犛、㹀	卷八之部
402	弋	37	弋、橀、𨾊、熷、繠、岱、式、試、昪、弆、仔、再、冄、偁、稱、等、則、起、興、翕、識、職、幟、史、事、吏、使、徵、士、仕、宰、獄、辭、詞、辤、詩、嶷	卷八之部
403	巳	13	巳、目、胎、孕、始、似、嗣、司、蛹、箮、落、亥、子	卷八之部

目次	條目	收字	字頭	卷數
404	亥	5	亥、豥、陔、荄、咳	卷八之部
405	子	5	子、字、孳、慈、李	卷八之部
406	臣	12	臣、頤、頜、頰、配、顙、頷、齸、顋、頟、圯、曆	卷八之部
407	又	6	又、友、姷、右、祐、肬	卷八之部
408	而	32	而、耏、獳、荋、栭、耎、偄、偳、媆、需、顬、儒、嬬、懦、辱、耻、恧、染、霯、霑、濡、擩、繻、縟、洏、渜、溽、襦、芀、茸、茹、咡	卷八之部
409	耳	4	耳、珥、刵、耵	卷八之部
410	來	17	來、秾、斄、麥、粖、汜、趩、趩、粯、倈、里、釐、禧、賚、趕、俚、憀	卷八之部
411	力	45	力、肋、朸、防、泐、理、楘、嫠、犛、棱、廉、簾、嵰、陙、流、攸、鰲、脿、溓、凜、磏、厲、厱、礱、鐂、戮、貍、膢、飭、敕、勞、勦、勑、紿、怠、勒、掕、协、扐、朕、撩、攦、橑、轑、醫	卷八之部
412	之	60	之、茲、蒔、芝、臬、芓、菓、蒸、蕉、莪、廏、熄、滋、孳、孜、異、戴、增、賸、贈、貣、貸、俟、奭、叜、謏、慉、市、臺、滕、沖、涌、洶、澹、熾、烝、嵩、戠、傳、剸、榣、菑、直、眙、覔、植、栽、蔵、繩、縢、杹、桋、滕、奤、時、祀、祠、礿、烝、嘗	卷八之部
413	才	11	才、甭、在、材、弋、采、財、菜、裁、賊、惻	卷八之部
414	止	22	止、趾、阯、峙、簹、趙、艘、待、竢、偫、庤、沚、寺、時、垗、朓、塒、懲、憎、態、澂、洔	卷八之部
415	齒	1	齒	卷八之部
416	甾	6	甾、甑、䣺、鬻、醆、錐	卷八之部
417	巛	7	巛、堈、彝、塞、秄、簺、瘙	卷八之部
418	囟	10	囟、堖、冢、埰、壠、隴、恖、嫍、謥、䚡	卷八之部
419	絲	3	絲、繒、總	卷八之部
420	夨	5	夨、仄、庂、側、廁	卷八之部
421	不	22	不、否、伓、儦、馮、颿、浮、漂、淜、汎、泛、輣、棚、掤、桴、烰、票、爂、㷆、紑、彪、北	卷八之部
422	北	8	北、倍、背、脢、負、否、复、復	卷八之部
423	畐	26	畐、富、葡、服、福、畗、鄙、備、愊、堛、幅、腹、鍑、鍪、鬴、輻、複、皕、痞、逼、楅、椱、輹、犕、緰、佩	卷八之部

目次	條目	收字	字頭	卷數
424	皀	10	皀、馥、飶、苾、㚓、梤、秠、苗、穆、稃	卷八之部
425	母	16	母、腜、楳、憮、婦、姆、牧、謀、媒、誨、毎、敏、拇、胲、鋂、海	卷八之部
426	弓	13	弓、穹、弘、弸、谹、宏、弦、泓、恢、侅、㭪、鞃、軾	卷八蒸部
427	厷	3	厷、股、閎	卷八蒸部
428	乃	6	乃、迺、𧓍、氽、曩、𡲬	卷八蒸部
429	升	18	升、𢍏、鐙、薆、丞、承、侍、𦐇、載、乘、登、陟、德、𠌽、隥、抍、騰、特	卷八蒸部
430	鳳	2	鳳、倗	卷八蒸部
431	仌	6	仌、冰、雹、岆、峪、涵	卷八蒸部
432	高	58	高、垚、堯、嶢、屵、嶽、翹、驕、䯧、獟、隺、顤、贅、頙、㚖、傲、嫯、㕣、歊、囂、夰、敖、臭、皋、敫、畀、皛、杲、杲、曉、曉、暤、晧、旭、皎、皦、顥、縞、皠、鄗、翺、翊、浩、溶、滈、僑、勢、趫、赳、翯、劬、鶩、驍、獟、蹻、趬、屐、屩	卷九宵部
433	県	2	県、梟	卷九宵部
434	爻	17	爻、殽、駮、犖、覦、效、覞、佼、憭、孝、教、斅、姣、黝、㕻、好、嫪	卷九宵部
435	交	16	交、这、絞、筊、烄、㰾、佼、骹、骹、駮、蛟、要、約、裒、仢、儉	卷九宵部
436	樂	30	樂、笑、媄、籥、台、怡、喜、僖、憙、嬰、歖、音、喔、嬠、憙、億、娭、悝、譆、毐、優、憂、冶、鑠、銷、鎔、鑄、飴、駘、詒	卷九宵部
437	夭	5	夭、玅、喬、槗、祅	卷九宵部
438	刀	7	刀、鉊、鎌、劍、艻、蒹、蘼	卷九宵部
439	鳥	10	鳥、翟、掉、翏、翊、翯、颾、颯、廖、遼	卷九宵部
440	皂	34	皂、兔、㲜、超、跳、越、踊、趙、躍、趯、夲、趮、趮、𪊨、訬、儳、暫、媮、媱、覢、睒、闖、閃、㛒、杢、奄、夌、沺、䟴、岫、㾏、噪、免、逃	卷九宵部
441	兆	21	兆、卲、占、讖、籤、覘、閃、覝、覼、諜、庫、挑、撓、嬈、虐、譙、誂、啁、灼、熇、旐	卷九宵部
442	了	8	了、尥、繚、繞、裹、沼、嫽、蟯	卷九宵部
443	巢	4	巢、樔、轈、樔	卷九宵部

目次	條目	收字	字頭	卷數
444	爪	9	爪、操、鈔、摰、捷、獵、獠、擙、臘	卷九宵部
445	勺	20	勺、酌、斟、舀、抭、醮、釣、激、汋、杓、斛、銚、啑、銛、鉵、梠、枱、陧、銛、塹	卷九宵部
446	爵	16	爵、雀、纔、緅、繰、緇、紂、醽、櫢、潐、消、殲、宵、琖、醆、盞	卷九宵部
447	小	43	小、少、尐、娋、稍、削、㲋、哨、陗、綃、霄、郩、梢、肖、蛸、潲、沼、軺、樵、纖、孅、攕、瀸、塹、揹、篘、眨、眇、瞟、覭、篎、秒、蔈、杪、標、鏢、剽、砭、慉、鬊、鶓、鰾、鷚	卷九宵部
448	㯥	1	㯥	卷九宵部
449	皃	10	皃、㒸、描、貌、妙、媌、廟、鬕、麮、帑	卷九宵部
450	毛	24	毛、髟、髦、鬍、鬚、髮、髻、曼、麦、趧、慢、嫚、侮、犛、氂、嫠、旄、緢、表、幖、暴、襮、㬥、裹	卷九宵部
451	广	17	广、产、儼、檐、闇、厫、峇、巖、嵒、險、阽、坫、憸、思、瞻、闞、覝	卷九談部
452	凵	19	凵、欠、欽、坎、坷、臽、窞、陷、凶、休、淖、滔、贓、窅、窨、掐、歉、歁、謙	卷九談部
453	炎	34	炎、焱、餤、爓、粘、䌷、爚、暴、熼、燿、昱、煜、熠、熇、夭、燂、弅、鎬、銚、鑣、燒、尞、燎、熛、熮、栝、䉵、爨、燚、礿、燮、燫、燥、熙	卷九談部
454	马	15	马、弖、東、甹、華、㢮、英、蘳、鞋、瑛、甬、菡、蔄、荷、茄	卷九談部
455	函	17	函、嗛、含、嘾、銜、鰜、黔、啗、啖、嚵、鹹、嗛、噍、肴、饀、慊、嫌	卷九談部
456	甘	31	甘、曆、甛、覃、醰、譫、淡、嘗、膗、臁、灝、泔、草、荅、苷、胎、酣、猒、餍、饫、饒、醧、饇、酌、憺、倓、憕、恬、懕、愿、愔	卷九談部
457	丙	11	丙、舔、狧、饕、飻、貪、婪、惏、嬋、嫪、噆	卷九談部
458	冄	17	冄、顛、髯、鞯、絨、戻、弱、嫋、姌、舸、搦、赧、慙、袡、襜、舳、輀	卷九談部
459	夾	9	夾、盜、佻、㚔、媮、愉、偷、眺、覘	卷九談部
460	㚒	3	㚒、鋑、鯑	卷九談部
461	耴	19	耴、聸、聑、聃、耽、輒、珥、聶、嵒、讘、譋、詽、詹、讇、談、讋、咉、嗑、聉	卷九盍部

目次	條目	收字	字頭	卷數
462	巤	9	巤、鬣、躐、鬣、儠、獵、龍、龗、瓏	卷九盍部
463	乏	14	乏、覂、覆、甹、罿、罯、仆、踣、窆、堋、崩、法、笵、報	卷九盍部

第三節 《文始》的條目數與收字數

據“《文始》條目收字一覽表”，對其中的條目數和收字數進行分類合計，分別計算各卷所收的條目數和收字數，則得“《文始》各卷條目數與收字數表”：

《文始》各卷條目數與收字數表

卷數	條目數	收字數	卷數	條目數	收字數	卷數	條目數	收字數
卷一	88	1096	卷四	34	572	卷七	62	986
卷二	60	921	卷五	79	1036	卷八	40	561
卷三	32	621	卷六	36	654	卷九	32	550

據“《文始》各卷條目數與收字數表”，總計各卷之下列出的所有條目，共計 463 條；總計各條目之下列出的所有字頭數，共計 6997 字。

《文始》全書 463 條，收字在 1—10 字以內的有 230 條，收字在 11—20 字的有 121 條，收字在 21—30 的有 50 條，收字在 31—40 字的有 31 條，收字在 41—50 字的有 20 條，收字在 51—60 字的有 4 條，收字在 61—70 字的有 6 條，收字在 71—80 字的僅有 1 條，並未出現一個條目中收容一二百字的情況。由此可見，章氏在繫聯《說文》字族時，對各條目的收字規模是有所控制的。

《文始》全書 6997 字，包括全部正文和章氏自注中的所有字頭。在《文始》中，章氏在自注裏列出的字頭雖與相應條目中的正文字頭有著音義上的關聯（一般是緊隨正文中某相關字之後注出），但大都與該條目的中心意義相距較遠，故章氏單獨以自注形式列出，以不與正文中其他字頭相混。如對《文始》正文和注文字頭分別統計，則正文中字頭數共計 6588 字，注文中字頭數共計 409 字。

何九盈《中國現代語言學史》一書的“詞源研究”一節，有對章太炎《文始》的專論，其中開列出了《文始》各卷所收的具體條目，並對總條目數做了統計。何先生說：“上表有初文、準初文460條，其中有10餘條沒有同族字。”[①]逐一核檢何先生所列條目，實際共有458條。比較“《文始》條目收字一覽表”的463條與何先生的458條，可以看出，何先生所列條目除去諸多印刷原因造成的訛誤以外，尚有以下問題：在“泰部乙”中，誤把“繂”字作字條，“繂”當爲“率”之孳乳字，不應列作條目（“繂”又收在《文始·卷五·陰聲魚部甲》“疋”字條下）；在“寒部丙”中，缺“山”、“泉”2條；在“諄部丙”中，又誤衍“泉”字條；在“侯部甲”中，缺“角”、“鎠”、“彔”3條；在“幽部甲”中，缺“裘”字條；在“蒸部乙”中，缺“乃”字條。如上所述，何先生所列之458條，共缺7條，又誤衍2條，實際仍爲463條。

楊光榮《詞源觀念史》一書的“皖派同源詞理論的初步成型”一節，亦有對《文始》的專論，作者在“分別敍述《文始》九卷各卷的構造”中，開列出了《文始》各卷的具體條目，並有對各條目的分類統計，共計465條。[②]比較“《文始》條目收字一覽表”的463條與楊先生的465條，楊先生所列條目有如下問題：與何九盈先生一樣，在卷一“陰聲泰部乙”中，誤衍“繂”字條；在卷二“陰聲隊部甲”中，誤衍“艸”字條，“艸”當在卷七“陰聲幽部甲”中；在卷二“陰聲脂部甲”中，誤衍“疸”字條，此字《文始》未收；亦與何九盈先生一樣，在卷八“陽聲蒸部乙”中，缺“乃”字條。如上所述，楊先生所列之465條，共誤衍3條，又缺1條，實際也爲463條。

此外，對楊潤陸、馮勝利、李建國、伊黎雲合編的《〈文始〉〈說文〉對照索引》（北京師範大學中文系古代漢語教研室油印）一書中所收《文始》條目進行分類統計，結果爲462條。與“《文始》條目收字一覽表”的463條相比，缺卷八“陰聲之部甲”中的“齒”字條。再查《〈文始〉〈說文〉對照索引》所收字頭，亦未收“齒”字。未收的原因，或是因爲“齒”字條在《文始》中未列同族字而致漏收的緣故。

① 何九盈：《中國現代語言學史》，廣東教育出版社2000年版，第515頁。
② 楊光榮：《詞源觀念史》，巴蜀書社2008年版，第148頁。

第四節 《文始》的重出條目

在《文始》所收的 463 個條目中，有 14 條共 7 個字在字形上完全相同卻各自分別重出爲兩條，造成條目的重出。

據“《文始》條目收字一覽表”，提取這 14 條的目次、條目和卷數，則得“《文始》條目重出表”：

《文始》條目重出表

目次	條目	卷數	目次	條目	卷數	目次	條目	卷數
96	丨	卷二隊部	457	丙	卷九談部	222	亯	卷五魚部
172	丨	卷三真部	280	皀	卷五陽部	325	亯	卷六東部
252	朙	卷五魚部	424	皀	卷八之部	173	囟	卷三真部
389	朙	卷七緝部	99	入	卷二隊部	418	囟	卷八之部
48	丙	卷一泰部	383	入	卷七緝部			

據“《文始》條目重出表”，所列“丨、朙、丙、皀、入、亯、囟”7 條，雖然在字形上相同，但因爲是多音字，在讀音上分別屬於不同的韻部，因此各以其韻部的不同而分條立目。出現這種現象的原因，是因爲章太炎認爲非形聲的指事、象形、會意字由於純粹是用形表義，與讀音無涉，所以音讀不定造成的。他在《文始·敍例》中說道：“形聲既定，字有常聲，獨體象形，或有逾律，若丙讀沾導，乃今甜倓字也，又讀若誓，則舌亦作丙矣。囟聲近顛，今言囟門，猶並作息進切，然恖从囟聲，則復也入之部，或字所以作脺，農取囟聲，則𡿺亦作囟矣。何者？獨體所規，但有形魄，象物既同，異方等視，各從其語以呼其形，譬之晝火，諸夏視之則稱以火，身毒視之則稱以阿蝎尼，能呼之言不同，所呼之象不異，斯其義也。乃至丨字指事，進退殊言；朙字會意，戢呶異讀。亦或從其類例，皆以字非形聲，兆域不定，今述《文始》以丙、囟、丨、朙諸文兼隸異部，諸所孳乳，義從聲變，猶韻書有一字兩收也。”①

除上述因音讀不同造成的同字重出條目外，章氏在《文始》中還根據字形的不同將“酉”和“丣”分別爲兩條。對於“酉”與“丣”的關係，

① 章太炎：《章太炎全集》第七册，上海人民出版社 1999 年版，第 164 頁。

許慎《說文·酉部》以“丣”爲“酉”之古文：“丣，古文酉，从卯。卯爲春門，萬物已出。酉爲秋門，萬物已入。一，閉門象也。”章太炎則在《文始·卷七·陰聲幽部甲》“丣”字條下說：“丣、酉雖同用爲十二支之字，本非一文。丣當訓閉門（筆者按，標點本《文始》以“丣”字爲“卯”字，誤）。”[①]又在同卷“酉”字條下謂：“酉自爲酒之初文，形象酒尊，非丣字。”[②]這樣，章氏根據“酉”、“丣”來源不同，表象各異，不是異體關係，遂將二字分作兩條。

第五節 《文始》未列同族字的條目

在《文始》所收的463個條目中，共有15條未列同族字，即條目中衹收有一個初文或準初文，而無其他孳乳變易字。

據“《文始》條目收字一覽表”，提出這15條的目次、條目和卷數，則得“《文始》未列同族字條目表”：

《文始》未列同族字條目表

目次	條目	卷數	目次	條目	卷數	目次	條目	卷數
6	瓦	卷一歌部	247	兔	卷五魚部	367	琴	卷七侵部
20	㇙	卷一泰部	256	舄	卷五魚部	373	先	卷七侵部
25	孓	卷一泰部	301	瓜	卷六侯部	381	邑	卷七緝部
153	日	卷三至部	312	畀	卷六侯部	415	齒	卷八之部
199	只	卷四支部	337	韭	卷七幽部	448	棗	卷九宵部

楊潤陸先生《〈文始〉說略》一文，對《文始》中未列同族字的條目做過統計：“查《文始》共列四百六十二條，其中瓦、㇙、气、只、兔、舄、瓜、韭、琴、先、廿、箕、齒、棗等十四條未列同族字，孓孳乳与孑相同，實爲四百四十七條。”[③]因楊先生未在其文章中給出其所得《文始》462條的具體細目，所以無法與“《文始》條目收字一覽表”的463條進行對照。將楊先生統計所得的未列同族字的15條與本書統計所得的15條比

① 章太炎：《章太炎全集》第七冊，上海人民出版社1999年版，第348頁。
② 同上書，第349頁。
③ 楊潤陸：《〈文始〉說略》，載《北京師範大學學報》1989年第4期。

較，相同者有“瓦、乚、孓、只、兔、舄、瓜、韭、琴、旡、齒、朿”，共 12 條；不同者有“气、日、畀、廿、箕”，共 5 條。現就其中不同者說明如下：

《文始·卷二·陰聲脂部乙》“气”字條：“其詯爲膽气滿聲在人上，尤與气合。”[①]“詯”與“气”，聲近義通（气：溪母脂部；詯：曉母脂部），且又在同條，則“詯”爲“气”之孳乳字。據此，則“气”不得爲未列同族字條。

《文始·卷三·陰聲至部甲》“日”字條：“孳乳爲諸麗爾在內、在邇之字，與䜌、內同。其馹字訓傳，《釋言》亦作遷，當爲跮之孳乳。”[②]章氏此處既明言其“與䜌、內同”，則本條與“孓”字條相似，是爲與他條孳乳相同者（“內”字，《文始》未作條目，而爲“入”之變易字）。據此，“日”爲未列同族字條。

《文始·卷六·陰聲侯部甲》“畀”字條，條目中衹引有《說文》原文，未列任何變易孳乳字。[③]據此，“畀”爲未列同族字條。

《文始·卷七·陽聲緝部丁》“廿”字條：“燕上體作廿，象籋口，廿、籋古同音，或以廿爲籋字，其形既類，箝籋亦并持之義。”[④]“廿”本有“合併”之義，“廿”、“籋”二字既可通用，古音又相同（皆爲泥母緝部），則“籋”當爲“廿”之形似孳乳（“籋”亦收在《文始·卷六·陰聲侯部甲》“厈”字條下）。據此，則“廿”不得爲未列同族字條。

《文始·卷八·陰聲之部甲》“箕”字條：“囟哆口有離析義，故斯字從其。《天官書》箕爲口舌，《詩》言‘成是南箕’，恐欺訓詐，諆訓欺，皆取義於此。”[⑤]據此，則“欺”、“諆”孳乳於“箕”，“箕”不得爲未列同族字條。

綜上所述，《文始》一書 463 條中，有 15 條未列同族字，列有同族字的條目共計 448 條。

① 章太炎：《章太炎全集》第七冊，上海人民出版社 1999 年版，第 213 頁。
② 同上書，第 239 頁。
③ 同上書，第 329 頁。
④ 同上書，第 369 頁。
⑤ 同上書，第 378 頁。

第六節 《文始》的重出字

《文始》一書總計收字 6997 字，此統計數字是對《文始》各卷各條目所有字頭合計的結果。然而實際上，在這 6997 字中，有一部分是重出字。去除《文始》中的重出字頭，就能看出《文始》的實際收字數。

據"《文始》條目收字一覽表"，對"字頭"字段進行重複項查詢，提取"字頭"字段中的重出字頭，並就重出字頭的出現頻次和重出頻次進行統計，則得"《文始》重出字表"：

《文始》重出字表

重出字頭	出現頻次	重出頻次
埰、撈、巛、衿、禁、丨、茜、芸、莖、莛、蔕、芮、薈、菑、蕁、茸、豕、 詹、絫、牡、犛、物、噭、哆、命、咥、周、㕣、昏、毀、越、逮、壁、癶、 迹、選、迆、通、達、逑、邊、廴、衎、牙、跧、蹇、路、畕、踾、羊、西、 廿、卅、謁、許、諦、謳、諼、謾、詛、詷、辛、兵、釁、鞶、鬴、父、夬、 反、書、畫、殳、將、攸、敶、鼓、㱿、爽、睢、睇、㹢、翹、翕、翾、翊、 離、雈、芇、惠、予、殆、胻、剛、刏、刺、觽、觩、篚、互、籥、箄、召、 粵、嘗、彝、虞、虔、巇、皀、饁、入、矢、亯、㐭、夊、牽、韎、枖、桑、 梱、櫎、櫼、椁、賁、贈、贏、昭、晏、㫃、夙、甬、䅿、稷、稗、稃、𪌭、 黏、糜、糂、粲、糷、臽、凶、宀、向、宊、營、窞、瘨、㾊、冃、冃、覂、 帶、幠、市、㡀、倩、侹、俶、僟、擯、俌、倚、仰、僻、僂、頃、卬、北、 虛、壬、襦、裨、耆、屏、般、兌、覞、歊、歘、次、羨、頌、頊、頸、頓、 丐、斐、后、听、冢、峨、庰、底、廙、厲、礱、磻、長、易、豩、希、彑、 駿、駕、篤、駗、鴈、薦、麤、兔、獨、猶、然、烝、爢、灼、熄、熱、熒、 虒、尪、壺、壹、扶、頍、慞、憮、慔、恨、愆、沙、沚、洄、泜、濂、渙、 滄、染、凔、靁、雹、霑、霝、需、非、靡、鹵、鹽、閔、閒、闌、閹、閃、 耵、聖、拑、搏、按、承、撲、摩、掉、揚、揭、扰、㩉、掤、好、孅、婐、 姽、妝、媄、婁、娙、姘、姅、戛、戲、戥、戕、戡、匱、錇、彠、彊、弛、 弼、系、孫、經、紡、纏、終、縉、繻、縟、纚、綱、繕、緐、絆、緝、綢、 轡、堇、颺、飄、它、坴、坻、堤、壐、坁、壓、坏、壟、埸、晦、晥、當、 勤、銚、錡、銛、銳、鉅、与、斷、升、隗、陷、陁、陸、陊、附、陔、陪、 館、子、孕、孺、孳、辰、辱、午、酉、莤、釀、醶、酢、戌、亥、空、爍	2	357
巨、何、豸、九、慎、巠、媟、氏、絀、鐙、申	3	22
中、囟	4	6

據"《文始》重出字表"，重出 2 次者共計 357 字，重出 3 次者共計 11 字，重出 4 字者共計 2 字。合計全部重出字的重出頻次，共計 385 字（次）。

《文始》各卷各條目收字合計所得的 6997 字，減去重出的 385 字（次），則《文始》實際收字爲6612字。

《文始》重出字頭的原因，是由於章氏認爲一個後出的變易或孳乳字，可能來自於不同的初文或準初文，於是在不同的條目中同一字頭分別重出。對此，章太炎在《文始·敍例》中說道："文字孳乳，或有二原，是故初文互異，其所孳乳或同。斯由一義所函，輒兼兩語，交通複入，以是多塗。"①

在《文始》中，章氏用以標明一字重出的術語有"相係、相轉、相應"，但很多字雖然在《文始》中重出，卻往往未用此類術語予以注明。

第七節 《文始》收字的組成及來源

在去除《文始》收字中的重出字頭以後，就可以對《文始》收字的組成和來源情況進行統計分析。

比對《文始》全文數據表和《說文》全文數據表，根據來源的不同對《文始》實際所收的6612個字頭進行分類，分別統計各類在《文始》中的字數和比例，則得"《文始》收字來源表"：

《文始》收字來源表

來源	字數	比例
《說文》字	6469	97.8%
徐鉉新附字	42	0.6%
非《說文》字	101	1.5%

據"《文始》收字來源表"，可以看出，《文始》實際所收的6612個字，由來自《說文》的字、徐鉉的新附字和非《說文》字，共三部分組成。在這三部分收字組成中，來自於《說文》的字佔《文始》收字的絕大多數，由此可以確證，《文始》是以《說文》字系爲漢語同源字族繫聯對象的。

至於其他兩類字頭分別是：

徐鉉新附字：琖、琛、犧、犍、逼、遐、譜、眸、翻、麼、朘、刎、笏、榭、貺、昉、馥、寰、幢、幟、佾、債、偵、毬、歈、鬐、髻、庨、

① 章太炎：《章太炎全集》第七冊，上海人民出版社1999年版，第162頁。

磧、椵、懌、瀛、霞、掠、掐、攤、拋、瓷、緅、場、塾、墾。

非《説文》字：蝵、拌、苯、鞳、鉼、簿、埰、傖、瀺、擰、琞、礎、串、仳、綷、踆、欓、絯、豥、栱、夠、桁、殭、劤、崴、撈、戀、躪、蟒、傍、免、描、妙、抹、陌、礉、烹、婘、嬥、袇、認、絨、瘙、鏤、諤、隧、賧、綯、磌、偷、途、妥、鋑、堬、縦、磆、硎、尋、暄、臕、犂、畲、佯、鬌、愔、攖、騰、膺、鏂、蕬、炸、盞、趾、晊、弅、榴、傳、剸、佐、翐、呞、垣、瓻、辭、膑、屖、軿、軟、逕、釪、瀕、驟、劇、憷、檩、盔、紂、眘、莻、顥、麌。

今大徐本《説文》收字共計9431字（去除402個徐鉉新附字），比較《文始》所收《説文》字數和《説文》的總字數，《文始》所收《説文》字數佔《説文》總字數的68.6%，約三分之二強。章太炎在《文始·敍例》中解釋了爲何以《説文》爲漢語字族繫聯對象的原因："古文自漢時所見，獨孔子壁中書，更王莽赤眉喪亂，至於建武，史篇亦十亡三四，《説文》徒以秦篆苴合古籀，非不欲備，勢不可也。然《倉頡》、《爰歷》、《博學》三篇，纔三千三百字，《凡將》、《訓纂》繼之，縱不增倍，已軼出秦篆外。蓋古籀及六國時書，駸駸復出，而班固尤好古文，作十三章，網羅成周之文及諸山川鼎彝蓋衆，《説文》冣字九千，視秦篆三之矣。非有名器之刻，遺佚之文，誠不足以致此；此則古籀憖遺，其梗概具在《説文》。"①正是由於章氏認爲《説文》保存了自倉頡以來的古文字，是推知漢語"語根"最重要的字料，所以《文始》在繫聯漢語字族時纔以《説文》爲最主要的取材對象。

在《文始》中，章氏在繫聯字族時，對來自《説文》所收的字不會有特殊説明，但對於新附字和非《説文》字，則大多會標以"《説文》不錄、《説文》無、卽今某字、今之某字、以某爲之、某書作某、某書有某、今作某、或作某、亦作某、變作某、俗作某、某之俗"等用語，以表明該字是《説文》所未收的變易字或孳乳字。從此也可看出，章氏在構建漢語同源字族時，是嚴格區別《説文》字系和非《説文》字系的。

根據王寧先生提出的"漢語詞彙發生與積累的三個階段"理論，"周

① 章太炎：《章太炎全集》第七册，上海人民出版社1999年版，第159頁。

秦時代是漢語詞彙派生的高峰，在紛繁的派生活動中，積累了大量的同源詞。”[①]那麼，《說文》既作爲系統收錄先秦漢語字詞的最早字典，章氏又在繫聯漢語同源字族時嚴格以《說文》爲對象，就選擇構建同源字族的字料範圍而言，《文始》的做法無疑是正確合理的。

第八節　《文始》未收入的《說文》字

《文始》雖以《說文》爲漢語同源字族的繫聯對象，但並未將整部《說文》所收的全部字頭都悉數收錄，而是有所權衡取捨。考察《文始》未收入的《說文》字，便能瞭解章氏未完全收録《說文》的原因所在。

比對《文始》全文數據表和《說文》全文數據表，提取《文始》未收的《說文》字頭，並據《說文》全文數據表的“部首”字段進行分類統計，則得“《文始》未收入的《說文》字表”：

《文始》未收入的《說文》字表

《說文》部首	收字數	《說文》部首	收字數
艸部	277	虫部	100
水部	218	魚部	88
木部	175	鳥部	85
邑部	168	其他	1853

據“《文始》未收入的《說文》字表”，合計《文始》未收入的《說文》字，共 2964 字（不含新附字），佔《說文》總字數的 31.4%。這 2964 字，出現在 215 個《說文》部首中，其中以前 7 個部首收字爲最多。7 部字合計，共 1111 字，佔《文始》未收入《說文》字總數的 37.48%。除此以外，其他各部所收字數，都在 80 字以下，有的僅收 1 字，分散在 208 個部首中。

《文始》未完全收録《說文》的原因，一是因爲《文始》對《說文》字族的繫聯沒有窮盡也不可能窮盡。章太炎自己在《文始·敍例》中也說：“雖未達神恉，多所缺遺”。[②]一是有的字，其語根來源頗難考辨，甚至根本無法考辨，故衹得闕而不論。章氏在《文始·敍例》中亦承認了這一點，

① 王寧：《訓詁學原理》，中國國際廣播出版社 1996 年版，第 147 頁。

② 章太炎：《章太炎全集》第七冊，上海人民出版社 1999 年版，第 160 頁。

他說："然《爾雅・釋艸》以下六篇，名義不能備說，都邑山水，復難理其本原，故孳乳之文，數者多闕。"①

比較章氏在《國故論衡・語言緣起說》中"諸言語皆有根"及"物名必有由起"的觀點和他在《文始》中繫聯字族時對《說文》字料的取捨，可以看出，雖然章氏在此前提出的語根理論中認爲事物的名稱都有可以說解的得名之由，但在繫聯漢語同源字族時，則是非常審慎的。排除了一些難以或無法說明"語根"的字詞，並未因理論假說的影響而妨礙實際繫聯中的字料選擇。章氏這種既重學說假設的理論闡明，更重材料證據的實事求是做法，在很大程度上糾正了其語根理論在解釋造詞理據時呈現的以偏概全的弊端，從而使《文始》對漢語同源字族的繫聯具有了更高的可信度。

小　結

綜觀《文始》一書的組織結構和條目收字，可總結概括如下：

在組織結構上，《文始》呈現出明顯的層級統領特點。這種層級統領，首先以古韻二十三部分卷，其次以古聲二十一紐排序，再次以初文或準初文立目，最後以變易或孳乳歸字，有綱有目，逐級領屬，條理明晰，凸顯出《文始》一書在總體設計上的"體大思精"，確立了漢語同源字典辭書的基本編排模式。

在條目收字上，《文始》主要以《說文》爲繫聯對象，同時兼收少量非《說文》字；一字如有音義上的不同，則依語音和字義的區別，分別重出，或作爲條目分韻隸字，或作爲字頭別有所受；個別條目沒有同族字，或是因與他條孳乳相同，或是因本身無變易孳乳之字；《文始》未收入的《說文》字，則大都是音義來源難以考定的專有名詞。

在範圍對象上，《文始》的組織結構與條目收字確定了《文始》的編排框架和具體的繫聯對象，章太炎正是在此框架和對象的範圍之內，用形音義相結合的方法，系統地展開了漢語同源字族的類聚構建。

---

① 章太炎：《章太炎全集》第七冊，上海人民出版社 1999 年版，第 162 頁。

第五章 《文始》的初文與準初文

《文始》一書分類立目的依據是章太炎所定的初文與準初文，初文與準初文作爲漢語同源字族的形音義源頭，在《文始》中具有提綱挈領的作用。全面系統地梳理《文始》中的初文與準初文，是正確理解基於各個初文與準初文而形成的各類漢語同源字族的開始。

第一節 《文始》初文與準初文釋義

章太炎在《文始·敍例》中，對初文與準初文的由來、分類、表現及與六書的關係等問題分別作了論述説明。這些論述説明，是章氏對自己所提出的初文與準初文概念的集中界定。

在初文與準初文的由來上，他説："敍曰：倉頡之初作書，蓋依類象形，其後形聲相益，卽謂之字。文者，物象之本；字者，言孳乳而浸多也。以訖五帝、三王之世，改易殊體，封於泰山者，七十有二代，靡有同焉。然則獨體者，倉頡之文；合體者，後王之字。韓非言倉頡作書，自營爲厶，背厶爲公。公非倉頡初文，特連類言之。王育謂倉頡造禿字，禿亦會意之文，非必倉頡所作。古文大篆雖殘缺，倉頡初文固悉在許氏書也。"[①]從此段論述可以看出：章氏認爲漢字的產生具有時間上的先後性，他根據許慎在《説文·敍》中所區分的獨體"倉頡之文"與合體"後王之字"的不同，以爲在造字的時間順序上"文"要早於"字"，而《説文解字》中又保存了自倉頡以來的"文"，其後數以千計紛繁複雜的"字"，都是由這些最早的"文"因"孳乳浸多"的原因逐漸衍生分化而出的。正是基於這種觀點，章氏提出了初

① 章太炎：《章太炎全集》第七册，上海人民出版社1999年版，第159頁。

文與準初文的概念，並以此作爲漢語字族變易與孳乳的總根起點。

在初文與準初文的分類上，他說：“夫比合音義，稽譔《倉》、《雅》，耆秀之士，作者衆矣。及夫抽繹初文，傅以今字，剴切而不可易者，若楚金以主爲燭，若膺以𡿨爲涓，蓋不過一二事也。道原窮流，以一形衍爲數十，則莫能知其微。余以顓固，粗聞德音，閔前修之未宏，傷膚受之多妄，獨欲浚抒流別，相其陰陽，於是刺取《說文》獨體，命以初文，其諸省變，省者，如卂之省飛，朩之省木是也。變者，如反人爲入，到人爲匕是也。此皆指事之文，若廴從彳而引之，夭夨尢從大而詘之，亦皆變也。如上諸文，雖皆獨體，然必以他文爲依，非獨立自在者也。及合體象形、指事，合體象形如果、如朵，合體指事如叉、如㕚。與聲具而形殘，如氏從乀聲，[illegible]從九聲，乀、九已自成文，[illegible]、[illegible]猶無其字，此類甚少，蓋初有形聲時所作，與後來形聲皆成字者殊科。若同體複重者，二、三皆從一積畫，艸，芔，茻皆從屮積書，此皆會意之原，其収字從𠂇，又北字從[illegible]，亦附此科，非若止戈，人言之倫，以兩異字會意也。二、三既是初文，其餘亦可比例。謂之準初文。”[①]從此段論述可以看出以下幾點：第一，雖前人（徐鍇、段玉裁）對作爲文字本源的初文與準初文有過零星的認識，但系統全面地闡明並以之作爲構建漢語字族的基礎則肇始於章氏。第二，章氏確立的初文與準初文大多取自於《說文》。第三，初文都是獨體（獨體象形字或獨體指事字）。第四，準初文則有：省變（初文的省形或變形）、合體（合體象形字或合體指事字）、聲具而形殘（聲旁成字而形旁非字的早期形聲字）、同體複重（由同一字形重疊而成的早期會意字）。第五，準初文雖以初文爲基礎，但二者都是衍生其他漢字的本源，故皆冠以“初文”之名。

在初文與準初文的表現上，他說：“諸獨體皆倉頡初文，籀文從之，則《說文》稱籀，如人字是也。小篆從之，則《說文》稱篆，如一字、工字是也。古文多或，故重出古文者，其正篆不皆秦書，獨體之文既寡，倉頡作書，势不簡略若是，觀二三之複一，卽知準初文者，亦出軒轅之年，今敍《文始》，悉箸初文，兩義或同，卽從幷合，其準初文，或自初文孳乳，然以獨立爲多，若準初文無所孳乳，亦不可得所從受者，不悉箸也。”[②]從此段論述可以看出以下幾點：第一，《說文》對獨體的倉頡初文的保存，

① 章太炎：《章太炎全集》第七册，上海人民出版社 1999 年版，第 160 頁。
② 同上書，第 161 頁。

除《說文》正篆以外，或是體現於“籀文”之中，或是體現於“古文”之中，或是體現於“篆文”之中，因此章氏的初文與準初文，並不全部來自於《說文》正篆，而是有相當部分來自於《說文》中所保存的其他古文形體。第二，準初文與初文一樣，俱出自於造字之初，而非後人所作。第三，在《文始》中初文的立目不僅基於字形，而且也同時基於字義，同義而異形的初文歸在一條之下，同形而異義的初文則分條重出。第四，初文與準初文雖都是文字的本源，但其中也存在孳乳派生的先後關係，而並非一時頓成的。

在初文準初文與六書的關係上，他說：“象形指事，始於倉頡依類象形本統指事爲說。其餘四事，亦已備矣。何者，二三積畫，既是重一，徒無異形相合，已庳會意之耑，乂從丿乀，回從重口，雖有古文囘字，回亦古文。命以象形、指事，於會意亦兼之也。氏从乁聲，厷从九聲，、雖不成名，乁、九居然可識，斯亦形聲之例也。初文、準初文無慮五百，當數千名之義，假借託事，自古以然，徐楚金始言引申之義，尋《說文》以令長爲假借，則假借卽引申之義也。若本有其字，以聲近通用者，是乃借聲，非六書之假借，其有強爲區別，倉卒未造其字者，雖借聲亦附假借之科。若漢初帝女王女同稱公主，欲爲區別，則書王女爲翁主。王莽時，丈夫婦人悉封男國，欲爲區別，則予婦人以任名，於古亦有斯例，姓氏初本一語，但言生耳，其後禮名有辯，既造姓字，對轉其音而爲氏，以示別異，然氏竟無本字，此亦假借之例，其餘借聲之字，本與假借殊科。中之與耑，予之與与，聲義非有大殊，文字卽已別見，當以轉注，宛爾合符。轉注不空取同訓，又必聲韵相依，如考、老本叠韵變語也。或言六書始於《保氏》，殊無徵驗，《管子·輕重戊》曰：虙戲作九九之數以合天道。經典九數見名，則始《保氏》，《保氏》非作九數，知亦不作六書。意者古有其實，周定其名，非倉頡時遽無六書也。”[①]從此段論述可以看出：章氏認爲，象形、指事、會意、形聲、假借（引申關係而非借聲關係）、轉注（同源關係而非同訓關係）此六書俱存於初文與準初文之中，亦卽六書已備具於造字之初：象形本身卽兼包指事而言；合體象形與合體指事中，其同形相合者，卽是最早的會意字；聲具而形殘的準初文，雖形旁非字，但聲旁成字，亦是形

① 章太炎：《章太炎全集》第七冊，上海人民出版社 1999 年版，第 161 頁。

聲相合，屬於最早的形聲字；初文與準初文中，已有一形兼含數義與數形實無異義者，則是假借與轉注的具體體現。

綜合章太炎在《文始·敍例》中對初文與準初文的相關論述，可以看出，初文與準初文是章氏在對《説文》中獨體字與準獨體字整理的基礎上提出的，是其語言緣起理論在漢語字族繫聯中的具體應用。在章氏看來，初文與準初文不僅在字形上是最早的漢字形體和後起字的造字依據，而且在字義和字音上也是其後漢字音義演變孳生的開始。這樣，在《文始》中作爲漢字最初形音義源頭的初文與準初文，就成爲了漢語各個同源字族的類聚總根和各個同源字族變易孳乳的遞衍起點，在整個《文始》的體系框架中具有了提綱挈領的重要功用。

第二節 《文始》初文與準初文的總體情況

關於《文始》初文與準初文的具體數目，章太炎在《文始·敍例》中説是“都五百十字”，[①]但由於《文始》的初文與準初文存在表現與計數上的複雜性，即在同一條目中往往有一個以上的初文或準初文，而在不同條目中同一初文或準初文又可能重出。因此，若要確定《文始》中初文與準初文的實際數量，必須對全書各條目進行全面細緻的分析統計，而若要進一步確定《文始》初文與準初文的類別來源，還必須將其與《説文》中的字形進行比對。

據《文始》全文數據表與《説文》全文數據表，提取《文始》全文數據表的“目次”、“條目”、“字頭”、“字源”、“卷數”字段和《説文》全文數據表的“字形”、“類別”字段，以“字源”字段中用作初文或準初文的字頭爲列表條件，製成“《文始》初文準初文一覽表”，以説明《文始》各卷條目之下所收的初文與準初文情況，爲其後對初文與準初文的分類討論提供具體的數據支持和論證依據。

《文始》初文準初文一覽表，包含有7項信息，現説明如下：

1. “目次”：《文始》條目的順序編號。

---

① 章太炎：《章太炎全集》第七册，上海人民出版社1999年版，第160頁。

2.“條目”:《文始》各條目的第一個字頭,作爲該條的名稱。各條目衹列楷書字頭標目,不列其他異體。

3.“字頭”:《文始》初文與準初文的楷書字頭。個別初文與準初文沒有對應的楷體,則以其本形作字頭。

4.“字形”:《文始》初文與準初文的字形。

5.“來源”:《文始》初文與準初文字形的來源。“空白”爲《說文》正篆,“篆文”爲《說文》篆文,“古文”爲《說文》古文,“籒文”爲《說文》籒文,“或體”爲《說文》或體,“構件”爲《說文》中作組字部件時的形體,“偏旁”爲《說文》中作他字偏旁時的形體,“周禮”爲《周禮》古文,“石刻”爲《三體石經》或《嶧山碑》中的字形,“彝器”爲青銅器銘文的字形。

6.“類別”:《文始》初文與準初文的分類。

7.“卷數”:《文始》初文與準初文所在的卷數。

《文始》初文準初文一覽表

目次	條目	字頭	字形	來源	類別	卷數
1	亏	亏			準初文(變體)	卷一歌部
2	戈	戈			準初文(合體象形)	卷一歌部
3	丫	丫			初文(象形)	卷一歌部
4	冎	冎			初文(象形)	卷一歌部
5	果	果			準初文(合體象形)	卷一歌部
6	瓦	瓦			初文(象形)	卷一歌部
7	乀	乀			初文(象形)	卷一歌部
8	也	也			準初文(合體象形)	卷一歌部
9	乁	乁			準初文(變體)	卷一歌部
10	爲	𤔔		古文	初文(象形)	卷一歌部
11	七	七			準初文(變體)	卷一歌部
12	禾	禾			準初文(合體象形)	卷一歌部
13	𥝌	𥝌			初文(象形)	卷一歌部
13	𥝌	朵			準初文(合體象形)	卷一歌部
14	它	它			初文(象形)	卷一歌部

目次	條目	字頭	字形	來源	類別	卷數
15	多	多			準初文（同體複重）	卷一歌部
16	麗	丽		古文	初文（指事）	卷一歌部
16	麗	丽		篆文	初文（指事）	卷一歌部
17	𠂇	𠂇			初文（象形）	卷一歌部
18	叉	叉			準初文（合體指事）	卷一歌部
19	惢	惢			準初文（同體複重）	卷一歌部
20	乚	乚			準初文（變體）	卷一泰部
21	亅	亅			初文（象形）	卷一泰部
22	𠂹	𠂹			準初文（合體指事）	卷一泰部
23	巜	巜			初文（象形）	卷一泰部
24	孑	孑			準初文（省形）	卷一泰部
25	孓	孓			準初文（省形）	卷一泰部
26	丯	丯			初文（象形）	卷一泰部
27	凷	凷			準初文（合體象形）	卷一泰部
28	蕢	臾		古文	初文（象形）	卷一泰部
29	乂	乂			初文（象形）	卷一泰部
30	夬	夬			準初文（合體指事）	卷一泰部
31	貴	𠀐		偏旁	初文（象形）	卷一泰部
32	月	月			初文（象形）	卷一泰部
33	乞	乞			初文（象形）	卷一泰部
33	乞	燕			初文（象形）	卷一泰部
34	自	自			初文（象形）	卷一泰部
35	旡	旡			準初文（變體）	卷一泰部
36	𠧪	𠧪			準初文（省形）	卷一泰部
37	𣞤	不		古文	準初文（合體指事）	卷一泰部
38	戌	戌			準初文（合體指事）	卷一泰部
39	絕	𢇍		古文	初文（象形）	卷一泰部
40	彑	彑			初文（象形）	卷一泰部

目次	條目	字頭	字形	來源	類別	卷數
41	大	大	大		初文（象形）	卷一泰部
42	少	少	少		準初文（變體）	卷一泰部
43	叕	叕	叕		初文（象形）	卷一泰部
44	率	率	率		初文（象形）	卷一泰部
45	帶	帶	帶		準初文（合體象形）	卷一泰部
46	萬	萬	萬		初文（象形）	卷一泰部
47	四	四	四		初文（象形）	卷一泰部
48	丙	卤	卤	古文	初文（象形）	卷一泰部
48	丙	丙	丙		初文（象形）	卷一泰部
49	毳	毳	毳		準初文（同體複重）	卷一泰部
50	末	末	末		準初文（合體指事）	卷一泰部
51	貝	貝	貝		初文（象形）	卷一泰部
52	朩	朩	朩		初文（象形）	卷一泰部
53	㡀	㡀	㡀		準初文（合體象形）	卷一泰部
54	市	市	市		準初文（合體象形）	卷一泰部
55	癶	癶	癶		準初文（同體複重）	卷一泰部
56	〈	〈	〈		初文（象形）	卷一寒部
57	毌	毌	毌		準初文（合體象形）	卷一寒部
58	干	干	干		準初文（合體指事）	卷一寒部
59	肩	肩	肩		準初文（合體象形）	卷一寒部
60	犬	犬	犬		初文（象形）	卷一寒部
61	厂	厂	厂		初文（象形）	卷一寒部
62	卵	卵	卵		初文（象形）	卷一寒部
63	焉	焉	焉		初文（象形）	卷一寒部
64	吅	吅	吅		準初文（同體複重）	卷一寒部
65	幻	幻	幻		準初文（變體）	卷一寒部
66	亘	亘	亘	偏旁	初文（指事）	卷一寒部
67	耑	耑	耑		初文（象形）	卷一寒部

目次	條目	字頭	字形	來源	類別	卷數
68	旦	旦	旦		準初文（合體指事）	卷一寒部
69	丹	丹	丹		初文（象形）	卷一寒部
70	單	𢆉	𢆉	彝器	初文（指事）	卷一寒部
71	𡿺	𡿺	𡿺		準初文（合體象形）	卷一寒部
72	㫃	㫃	㫃	古文	初文（象形）	卷一寒部
73	𧮫	𧮫	𧮫		準初文（合體象形）	卷一寒部
74	叀	𠧢	𠧢	古文	初文（象形）	卷一寒部
75	珏	珏	珏		準初文（同體複重）	卷一寒部
76	卵	卵	卵		準初文（同體複重）	卷一寒部
77	山	山	山		初文（象形）	卷一寒部
78	泉	泉	泉		初文（象形）	卷一寒部
79	孨	孨	孨		準初文（同體複重）	卷一寒部
80	𠦬	𠦬	𠦬		準初文（同體複重）	卷一寒部
81	華	華	華		初文（象形）	卷一寒部
82	釆	釆	釆		初文（象形）	卷一寒部
82	釆	乎	乎	古文	初文（象形）	卷一寒部
82	釆	番	番		準初文（合體象形）	卷一寒部
82	釆	𠀠	𠀠	古文	初文（象形）	卷一寒部
83	片	片	片		準初文（省形）	卷一寒部
84	㝸	㝸	㝸		準初文（合體象形）	卷一寒部
84	㝸	卑	卑	籀文	準初文（合體象形）	卷一寒部
84	㝸	弁	弁	或體	準初文（合體象形）	卷一寒部
85	𠃛	𠃛	𠃛		準初文（變體）	卷一寒部
86	面	面	面		準初文（合體象形）	卷一寒部
87	反	反	反		準初文（合體指事）	卷一寒部
88	㚘	㚘	㚘		準初文（同體複重）	卷一寒部
89	兀	兀	兀		準初文（合體指事）	卷二隊部
90	由	由	由		初文（象形）	卷二隊部

目次	條目	字頭	字形	來源	類別	卷數
91	虫	虫			初文（象形）	卷二隊部
92	臼	臼			準初文（合體象形）	卷二隊部
93	卉	卉			準初文（同體複重）	卷二隊部
94	叀	叀			準初文（合體象形）	卷二隊部
95	厺	厺			準初文（變體）	卷二隊部
96	丨	丨			初文（象形）	卷二隊部
97	夊	夊			初文（象形）	卷二隊部
98	秫	术		或體	初文（象形）	卷二隊部
99	入	入			初文（象形）	卷二隊部
100	出	出			初文（象形）	卷二隊部
101	衰	[illegible]		古文	初文（象形）	卷二隊部
102	豙	豙			初文（象形）	卷二隊部
103	乀	乀			初文（象形）	卷二隊部
104	勿	勿			初文（象形）	卷二隊部
105	自	自			初文（象形）	卷二隊部
106	隹	隹			初文（象形）	卷二隊部
107	靁	畾		構件	初文（象形）	卷二隊部
107	靁	靁			準初文（合體象形）	卷二隊部
107	靁	雷		古文	準初文（合體象形）	卷二隊部
107	靁	[illegible]		古文	準初文（合體象形）	卷二隊部
108	几	几			初文（象形）	卷二脂部
109	禾	禾			初文（象形）	卷二脂部
110	气	气			初文（象形）	卷二脂部
111	口	口			初文（象形）	卷二脂部
112	回	囘		古文	初文（象形）	卷二脂部
112	回	回			初文（象形）	卷二脂部
113	癸	癸			初文（象形）	卷二脂部
114	火	火			初文（象形）	卷二脂部

目次	條目	字頭	字形	來源	類别	卷數
115	叕	叕			初文（象形）	卷二脂部
116	夂	夂			初文（象形）	卷二脂部
116	夂	氐			準初文（合體指事）	卷二脂部
117	黹	黹			初文（象形）	卷二脂部
117	黹	希		周禮	準初文（合體象形）	卷二脂部
118	二	二			準初文（同體複重）	卷二脂部
119	矢	矢			初文（象形）	卷二脂部
120	尸	尸			初文（象形）	卷二脂部
121	示	示			準初文（合體指事）	卷二脂部
121	示	𡆧		古文	初文（指事）	卷二脂部
122	水	水			初文（象形）	卷二脂部
123	齊	齊			初文（象形）	卷二脂部
124	㫃	㫃			準初文（合體指事）	卷二脂部
125	㒸	㒸			初文（象形）	卷二脂部
125	㒸	兕		古文	準初文（合體象形）	卷二脂部
126	次	㳄		古文	初文（象形）	卷二脂部
127	厶	厶			初文（象形）	卷二脂部
128	匕	匕			準初文（變體）	卷二脂部
129	飛	飛			初文（象形）	卷二脂部
130	非	非		石刻	初文（象形）	卷二脂部
131	未	未			初文（象形）	卷二脂部
132	米	米			初文（象形）	卷二脂部
133	眉	眉			準初文（合體象形）	卷二脂部
134	豊	豊			非初文、準初文	卷二脂部
135	斤	斤			初文（象形）	卷二諄部
136	乚	乚			初文（象形）	卷二諄部
136	乚	衣			準初文（合體象形）	卷二諄部
137	雲	云		古文	初文（象形）	卷二諄部

目次	條目	字頭	字形	來源	類別	卷數
138	屯	屯			準初文（合體指事）	卷二諄部
139	殄	丩		古文	初文（象形）	卷二諄部
140	舛	舛			準初文（合體指事）	卷二諄部
141	舜	舜			準初文（合體象形）	卷二諄部
142	寸	寸			準初文（合體指事）	卷二諄部
143	川	川			初文（象形）	卷二諄部
144	本	本			準初文（合體指事）	卷二諄部
145	文	文			初文（象形）	卷二諄部
146	門	門			初文（象形）	卷二諄部
147	豩	豩			準初文（同體複重）	卷二諄部
148	盾	盾			非初文、準初文	卷二諄部
149	一	一			初文（指事）	卷三至部
150	乙	乙			初文（象形）	卷三至部
151	中	中			初文（象形）	卷三至部
152	至	至			初文（象形）	卷三至部
153	日	日			初文（象形）	卷三至部
154	瑟	爽		古文	初文（象形）	卷三至部
155	所	所			準初文（同體複重）	卷三至部
156	七	七			初文（指事）	卷三至部
157	卩	卩			初文（象形）	卷三至部
158	桼	桼			準初文（合體象形）	卷三至部
159	丿	丿			初文（象形）	卷三至部
160	八	八			初文（象形）	卷三至部
160	八	仌			準初文（同體複重）	卷三至部
161	血	血			準初文（合體象形）	卷三至部
162	巾	巾			準初文（合體象形）	卷三真部
163	臣	臣			初文（象形）	卷三真部
164	玄	玄			準初文（合體象形）	卷三真部

目次	條目	字頭	字形	來源	類別	卷數
164	玄	[illegible]	[illegible]	古文	初文（指事）	卷三真部
165	乑	乑	乑		準初文（變體）	卷三真部
166	申	申	申		準初文（合體象形）	卷三真部
166	申	[illegible]	[illegible]	籀文	準初文（合體象形）	卷三真部
166	申	[illegible]	[illegible]	偏旁	初文（指事）	卷三真部
166	申	[illegible]	[illegible]	古文	初文（指事）	卷三真部
167	尹	尹	尹		準初文（合體指事）	卷三真部
168	淵	𣶒	𣶒	或體	準初文（合體象形）	卷三真部
169	田	田	田		初文（象形）	卷三真部
170	刃	刃	刃		準初文（合體指事）	卷三真部
171	人	人	人		初文（象形）	卷三真部
172	丨	丨	丨		初文（象形）	卷三真部
173	囟	囟	囟		初文（象形）	卷三真部
173	囟	[illegible]	[illegible]	古文	初文（象形）	卷三真部
174	西	西	西		初文（象形）	卷三真部
174	西	卥	卥	古文	初文（象形）	卷三真部
174	西	卤	卤	籀文	初文（象形）	卷三真部
175	卂	卂	卂		初文（指事）	卷三真部
176	丏	丏	丏		初文（象形）	卷三真部
177	宀	宀	宀		初文（象形）	卷三真部
178	民	[illegible]	[illegible]	古文	初文（象形）	卷三真部
179	芇	芇	芇		準初文（合體指事）	卷三真部
180	朩	朩	朩		準初文（合體象形）	卷三真部
181	圭	圭	圭		準初文（同體複重）	卷四支部
182	𠂹	𠂹	𠂹		初文（象形）	卷四支部
183	厂	厂	厂		初文（象形）	卷四支部
184	氏	氏	氏		準初文（聲具而形殘）	卷四支部
185	匸	匸	匸		準初文（合體指事）	卷四支部

目次	條目	字頭	字形	來源	類別	卷數
186	嗌	萩		籀文	初文（象形）	卷四支部
187	易	易			初文（象形）	卷四支部
188	皃	皃			準初文（合體象形）	卷四支部
189	疒	疒			初文（象形）	卷四支部
190	彳	彳			初文（象形）	卷四支部
191	厽	厽			初文（象形）	卷四支部
192	鬲	鬲			初文（象形）	卷四支部
193	秝	秝			準初文（同體複重）	卷四支部
194	豸	豸			初文（象形）	卷四支部
195	㣇	屌		古文	初文（象形）	卷四支部
196	廌	廌			準初文（省形）	卷四支部
197	朿	朿			初文（象形）	卷四支部
198	冊	冊			初文（象形）	卷四支部
199	只	只			準初文（合體指事）	卷四支部
200	卮	卮			準初文（合體象形）	卷四支部
201	𠂢	𠂢			準初文（變體）	卷四支部
202	冖	冖			初文（象形）	卷四支部
203	糸	糸			初文（象形）	卷四支部
204	芉	芉			準初文（合體象形）	卷四支部
205	冂	冂			初文（象形）	卷四清部
206	幵	幵			初文（象形）	卷四清部
207	䀠	䀠			準初文（同體複重）	卷四清部
208	壬	壬			準初文（合體象形）	卷四清部
209	丁	丁			初文（象形）	卷四清部
210	霝	霝			準初文（合體象形）	卷四清部
211	正	正			準初文（合體指事）	卷四清部
212	井	井			初文（象形）	卷四清部
213	生	生			準初文（合體指事）	卷四清部

目次	條目	字頭	字形	來源	類別	卷數
213	生	鱻	鱻		準初文（同體複重）	卷四清部
214	晶	晶	晶		準初文（同體複重）	卷四清部
215	瓜	瓜	瓜		初文（象形）	卷五魚部
216	車	車	車		初文（象形）	卷五魚部
217	呂	呂	呂		初文（象形）	卷五魚部
218	丮	丮	丮		初文（象形）	卷五魚部
219	巨	巨	巨		準初文（合體象形）	卷五魚部
220	[illegible]	互	互	或體	初文（象形）	卷五魚部
221	父	父	父		準初文（合體象形）	卷五魚部
222	亯	亯	亯		準初文（合體象形）	卷五魚部
223	兆	兆	兆		準初文（合體指事）	卷五魚部
224	𠙴	𠙴	𠙴		初文（象形）	卷五魚部
225	𧮫	𧮫	𧮫		準初文（合體象形）	卷五魚部
226	䀠	䀠	䀠		準初文（同體複重）	卷五魚部
227	五	五	五		初文（象形）	卷五魚部
227	五	㐅	㐅	古文	初文（象形）	卷五魚部
228	午	午	午		初文（象形）	卷五魚部
229	牙	牙	牙		初文（象形）	卷五魚部
229	牙	[illegible]	[illegible]	石刻	初文（象形）	卷五魚部
229	牙	𤘗	𤘗	古文	準初文（合體象形）	卷五魚部
230	魚	魚	魚		初文（象形）	卷五魚部
231	烏	烏	烏		初文（象形）	卷五魚部
231	烏	[illegible]	[illegible]	古文	初文（象形）	卷五魚部
231	烏	於	於	古文	初文（象形）	卷五魚部
232	亞	亞	亞		初文（象形）	卷五魚部
233	虍	虍	虍		初文（象形）	卷五魚部
234	襾	襾	襾		準初文（合體指事）	卷五魚部
235	禹	禹	禹		準初文（合體象形）	卷五魚部

目次	條目	字頭	字形	來源	類別	卷數
235	禹			古文	準初文（合體象形）	卷五魚部
236	于	于			準初文（合體指事）	卷五魚部
237	羽	羽			初文（象形）	卷五魚部
238	与	与			準初文（合體指事）	卷五魚部
239	予	予			初文（象形）	卷五魚部
240	雨			古文	初文（象形）	卷五魚部
241	亦	亦			準初文（合體指事）	卷五魚部
242	戶	戶			初文（象形）	卷五魚部
243	丅	丅		古文	準初文（變體）	卷五魚部
244	𣎳	𣎳			準初文（合體象形）	卷五魚部
245	土	土			準初文（合體指事）	卷五魚部
246	乇	乇			初文（象形）	卷五魚部
247	兔	兔			初文（象形）	卷五魚部
248	宁	宁			初文（象形）	卷五魚部
249	旅			偏旁	初文（象形）	卷五魚部
250	鹵	鹵			準初文（合體象形）	卷五魚部
251	女	女			初文（象形）	卷五魚部
252	㗊	㗊			準初文（同體複重）	卷五魚部
253	㒸	㒸			初文（象形）	卷五魚部
254	石	石			準初文（合體象形）	卷五魚部
255	夕	夕			初文（象形）	卷五魚部
256	舄	舄		古文	初文（象形）	卷五魚部
257	疋	疋			準初文（合體象形）	卷五魚部
258	鼠	鼠			初文（象形）	卷五魚部
259	且	且			準初文（合體指事）	卷五魚部
259	且			古文	準初文（合體指事）	卷五魚部
260	巴	巴			初文（象形）	卷五魚部
261	白	白		石刻	初文（象形）	卷五魚部

目次	條目	字頭	字形	來源	類別	卷數
262	夫	夫			準初文（合體象形）	卷五魚部
263	馬	馬			初文（象形）	卷五魚部
263	馬	影		古文	初文（象形）	卷五魚部
263	馬	影		籀文	初文（象形）	卷五魚部
264	步	步			準初文（同體複重）	卷五魚部
265	巫	巫			初文（象形）	卷五魚部
266	舛	舛			準初文（同體複重）	卷五魚部
267	毋	毋			準初文（合體指事）	卷五魚部
268	磺	卝		古文	初文（象形）	卷五陽部
269	京	京			準初文（合體指事）	卷五陽部
270	畕	畕			準初文（同體複重）	卷五陽部
271	亢	亢			初文（象形）	卷五陽部
272	囧	囧			初文（象形）	卷五陽部
273	尣	尣			初文（象形）	卷五陽部
274	弜	弜			準初文（同體複重）	卷五陽部
275	卯	卯			準初文（同體複重）	卷五陽部
276	羊	羊			初文（象形）	卷五陽部
277	永	永			初文（象形）	卷五陽部
278	王	王			初文（象形）	卷五陽部
279	亯	亯			準初文（合體指事）	卷五陽部
280	皀	皀			準初文（合體象形）	卷五陽部
281	行	行			準初文（同體複重）	卷五陽部
282	从	从			準初文（同體複重）	卷五陽部
283	良	[illegible]		古文	初文（指事）	卷五陽部
284	丄	丄		古文	初文（指事）	卷五陽部
285	象	象			初文（象形）	卷五陽部
286	爪	爪			準初文（變體）	卷五陽部
287	刅	刅			準初文（合體指事）	卷五陽部

目次	條目	字頭	字形	來源	類別	卷數
288	皿	皿	[illegible]		初文（象形）	卷五陽部
289	黽	黽	[illegible]		初文（象形）	卷五陽部
290	匚	匚	[illegible]		初文（象形）	卷五陽部
290	匚	匚	[illegible]	籀文	初文（象形）	卷五陽部
291	方	方	[illegible]		初文（象形）	卷五陽部
292	丙	丙	[illegible]		初文（象形）	卷五陽部
293	网	网	[illegible]		準初文（合體象形）	卷五陽部
294	冓	冓	[illegible]		初文（象形）	卷六侯部
295	角	角	[illegible]		初文（象形）	卷六侯部
296	口	口	[illegible]		初文（象形）	卷六侯部
297	谷	谷	[illegible]		準初文（合體象形）	卷六侯部
298	曲	曲	[illegible]		初文（象形）	卷六侯部
298	曲	乚	[illegible]	古文	初文（象形）	卷六侯部
299	玉	玉	[illegible]		初文（象形）	卷六侯部
300	𣆪	𣆪	[illegible]		準初文（變體）	卷六侯部
301	㼌	㼌	[illegible]		準初文（同體複重）	卷六侯部
302	后	后	[illegible]		準初文（合體象形）	卷六侯部
303	斗	斗	[illegible]		初文（象形）	卷六侯部
304	鬥	鬥	[illegible]		準初文（同體複重）	卷六侯部
305	豆	昰	[illegible]	古文	初文（象形）	卷六侯部
306	鋀	[illegible]	[illegible]	或體	初文（象形）	卷六侯部
307	、	、	[illegible]		初文（象形）	卷六侯部
308	主	主	[illegible]		準初文（合體象形）	卷六侯部
309	朱	朱	[illegible]		準初文（合體指事）	卷六侯部
310	亍	亍	[illegible]		準初文（變體）	卷六侯部
311	豖	豖	[illegible]		準初文（合體指事）	卷六侯部
312	彔	彔	[illegible]		準初文（合體指事）	卷六侯部
313	彔	彔	[illegible]		初文（象形）	卷六侯部

目次	條目	字頭	字形	來源	類別	卷數
314	鹿	鹿	鹿		初文（象形）	卷六侯部
315	几	几	几		初文（象形）	卷六侯部
316	蜀	蜀	蜀		準初文（合體象形）	卷六侯部
317	丵	丵	丵		初文（象形）	卷六侯部
318	𠀀	𠀀	𠀀		準初文（變體）	卷六侯部
319	卜	卜	卜		初文（象形）	卷六侯部
320	木	木	木		初文（象形）	卷六侯部
321	厈	厈	厈		準初文（變體）	卷六侯部
322	工	工	工		初文（象形）	卷六東部
322	工	𢒄	𢒄	古文	準初文（合體象形）	卷六東部
323	収	収	収		準初文（同體複重）	卷六東部
324	共	𢍏	𢍏	古文	初文（象形）	卷六東部
325	𩫖	𩫖	𩫖		準初文（合體象形）	卷六東部
326	凶	凶	凶		初文（象形）	卷六東部
327	从	从	从		準初文（同體複重）	卷六東部
328	囱	囱	囱		初文（象形）	卷六東部
329	丰	丰	丰		準初文（合體指事）	卷六東部
330	丂	丂	丂		初文（象形）	卷七幽部
331	丑	丑	丑		初文（象形）	卷七幽部
331	丑	臼	臼		準初文（同體複重）	卷七幽部
331	丑	内	内		準初文（聲具而形殘）	卷七幽部
332	手	手	手		初文（象形）	卷七幽部
333	叉	叉	叉		準初文（合體指事）	卷七幽部
334	九	九	九		初文（象形）	卷七幽部
335	裘	求	求	古文	初文（象形）	卷七幽部
336	臼	臼	臼		初文（象形）	卷七幽部
337	韭	韭	韭		準初文（合體指事）	卷七幽部
338	丩	丩	丩		初文（象形）	卷七幽部

目次	條目	字頭	字形	來源	類別	卷數
339	幺	幺			初文（象形）	卷七幽部
340	丣	丣		古文	準初文（合體象形）	卷七幽部
341	酉	酉			初文（象形）	卷七幽部
342	甹	由		構件	初文（象形）	卷七幽部
343	竹	竹			初文（象形）	卷七幽部
344	卣	卣			初文（象形）	卷七幽部
345	𦣝	𦣞		或體	初文（象形）	卷七幽部
346	舟	舟			初文（象形）	卷七幽部
347	州	州			初文（象形）	卷七幽部
348	百	百			初文（象形）	卷七幽部
349	尗	尗			初文（象形）	卷七幽部
350	肉	肉			初文（象形）	卷七幽部
351	六	六			初文（象形）	卷七幽部
352	雔	雔			準初文（同體複重）	卷七幽部
353	艸	艸			準初文（同體複重）	卷七幽部
354	牟	牟			準初文（合體指事）	卷七幽部
355	矛	矛			初文（象形）	卷七幽部
356	勹	勹			初文（象形）	卷七幽部
357	缶	缶			初文（象形）	卷七幽部
358	卯	卯			初文（象形）	卷七幽部
359	冃	冃			準初文（合體指事）	卷七幽部
360	𠔼	𠔼			準初文（合體指事）	卷七幽部
361	目	目			初文（象形）	卷七幽部
362	𦣹	𦣹			初文（象形）	卷七幽部
363	𡿺	𡿻		籀文	準初文（合體象形）	卷七冬部
364	中	中		偏旁	初文（象形）	卷七冬部
365	夅	夅			準初文（同體複重）	卷七冬部
366	終	𠔇		古文	初文（象形）	卷七冬部

目次	條目	字頭	字形	來源	類別	卷數
367	琴	琴	琴		初文（象形）	卷七侵部
368	㐺	㐺	㐺		準初文（同體複重）	卷七侵部
369	㐭	㐭	㐭		初文（象形）	卷七侵部
370	林	林	林		準初文（同體複重）	卷七侵部
371	壬	壬	壬		初文（象形）	卷七侵部
372	羊	羊	羊		準初文（合體指事）	卷七侵部
373	先	先	先		準初文（合體象形）	卷七侵部
374	三	三	三		準初文（同體複重）	卷七侵部
375	彡	彡	彡		初文（象形）	卷七侵部
376	心	心	心		初文（象形）	卷七侵部
377	品	品	品		準初文（同體複重）	卷七侵部
378	甲	甲	甲		初文（象形）	卷七緝部
378	甲	命	命	古文	初文（象形）	卷七緝部
379	柙	囲	囲	古文	初文（象形）	卷七緝部
380	及	乀	乀	古文	初文（象形）	卷七緝部
380	及	弓	弓	古文	初文（象形）	卷七緝部
381	邑	[illegible]	[illegible]	石刻	準初文（同體複重）	卷七緝部
382	十	十	十		初文（象形）	卷七緝部
383	入	入	入		初文（象形）	卷七緝部
384	廿	廿	廿		準初文（同體複重）	卷七緝部
385	[illegible]	[illegible]	[illegible]		準初文（合體指事）	卷七緝部
386	立	立	立		準初文（合體指事）	卷七緝部
387	亼	亼	亼		初文（象形）	卷七緝部
388	卅	卅	卅		準初文（同體複重）	卷七緝部
389	㗊	㗊	㗊		準初文（同體複重）	卷七緝部
390	帀	帀	帀		準初文（變體）	卷七緝部
391	[illegible]	[illegible]	[illegible]		準初文（同體複重）	卷七緝部
392	己	己	己		初文（象形）	卷八之部

目次	條目	字頭	字形	來源	類別	卷數
393	久	久			初文（象形）	卷八之部
394	克	克			初文（象形）	卷八之部
394	克	亭		古文	初文（象形）	卷八之部
394	克	㖪		古文	初文（象形）	卷八之部
395	龜	龜		古文	初文（象形）	卷八之部
396	棘	棘			準初文（同體複重）	卷八之部
397	革	革		古文	初文（象形）	卷八之部
398	丘	丘			初文（象形）	卷八之部
399	箕	𠀠		古文	初文（象形）	卷八之部
399	箕	𠔁		古文	初文（象形）	卷八之部
400	丌	丌			初文（象形）	卷八之部
401	牛	牛			初文（象形）	卷八之部
402	弋	弋			初文（象形）	卷八之部
403	巳	巳			初文（象形）	卷八之部
403	巳	目			初文（象形）	卷八之部
404	亥	帀		古文	初文（象形）	卷八之部
405	子	子			初文（象形）	卷八之部
406	臣	臣			初文（象形）	卷八之部
407	又	又			初文（象形）	卷八之部
408	而	而			初文（象形）	卷八之部
409	耳	耳			初文（象形）	卷八之部
410	來	來			初文（象形）	卷八之部
411	力	力			初文（象形）	卷八之部
412	之	之			初文（象形）	卷八之部
413	才	才			準初文（合體指事）	卷八之部
414	止	止			初文（象形）	卷八之部
415	齒	𠚕		古文	初文（象形）	卷八之部
416	甾	甾			初文（象形）	卷八之部

目次	條目	字頭	字形	來源	類別	卷數
417	𡿧	𡿧	𡿧		準初文（合體指事）	卷八之部
418	囟	囟	囟		初文（象形）	卷八之部
418	囟	𠚒	𠚒	古文	初文（象形）	卷八之部
419	絲	絲	絲		準初文（同體複重）	卷八之部
420	夨	夨	夨		準初文（合體象形）	卷八之部
421	不	不	不		準初文（合體指事）	卷八之部
422	北	北	北		準初文（同體複重）	卷八之部
423	畐	畐	畐		準初文（合體象形）	卷八之部
424	皀	皀	皀		準初文（合體象形）	卷八之部
425	母	母	母		準初文（合體象形）	卷八之部
426	弓	弓	弓		初文（象形）	卷八蒸部
427	厷	乚	乚	古文	初文（象形）	卷八蒸部
428	乃	乃	乃		初文（象形）	卷八蒸部
429	升	升	升		準初文（合體指事）	卷八蒸部
430	鳳	𦐅	𦐅	古文	初文（象形）	卷八蒸部
431	仌	仌	仌		初文（象形）	卷八蒸部
432	高	高	高		初文（象形）	卷九宵部
432	高	垚	垚		準初文（同體複重）	卷九宵部
433	県	県	県		準初文（變體）	卷九宵部
434	爻	爻	爻		初文（象形）	卷九宵部
435	交	交	交		準初文（合體象形）	卷九宵部
436	樂	樂	樂		準初文（合體象形）	卷九宵部
437	夭	夭	夭		準初文（合體象形）	卷九宵部
438	刀	刀	刀		初文（象形）	卷九宵部
439	鳥	鳥	鳥		初文（象形）	卷九宵部
440	㲋	㲋	㲋		初文（象形）	卷九宵部
441	𠧞	兆	兆	古文	初文（象形）	卷九宵部
442	了	了	了		初文（象形）	卷九宵部

目次	條目	字頭	字形	來源	類别	卷數
443	巢	巢	巢		準初文（合體象形）	卷九宵部
444	爪	爪	爪		初文（象形）	卷九宵部
445	勺	勺	勺		初文（象形）	卷九宵部
446	爵	爵	爵	古文	初文（象形）	卷九宵部
447	小	小	小		準初文（合體指事）	卷九宵部
448	棗	棗	棗		準初文（同體複重）	卷九宵部
449	皃	皃	皃		準初文（合體象形）	卷九宵部
450	毛	毛	毛		初文（象形）	卷九宵部
451	广	广	广		初文（象形）	卷九談部
452	凵	凵	凵		初文（象形）	卷九談部
452	凵	欠	欠		準初文（合體象形）	卷九談部
453	炎	炎	炎		準初文（同體複重）	卷九談部
454	马	马	马		初文（象形）	卷九談部
455	函	函	函		準初文（聲具而形殘）	卷九談部
456	甘	甘	甘		準初文（合體指事）	卷九談部
457	㐁	㐁	㐁	古文	初文（象形）	卷九談部
457	㐁	㐁	㐁		初文（象形）	卷九談部
458	冄	冄	冄		初文（象形）	卷九談部
459	夾	夾	夾		準初文（合體指事）	卷九談部
460	㚔	㚔	㚔		準初文（合體象形）	卷九談部
461	耴	耴	耴		準初文（合體象形）	卷九盍部
462	巤	巤	巤		準初文（合體象形）	卷九盍部
463	乏	乏	乏		準初文（變體）	卷九盍部

第三節 《文始》初文與準初文的數量

對“《文始》初文準初文一覽表”進行分類合計，分别計算各卷所收的初文與準初文數，則得“《文始》各卷初文準初文數表”：

《文始》各卷初文準初文數表

卷數	初文準初文數	卷數	初文準初文數	卷數	初文準初文數
卷一	97	卷四	35	卷七	66
卷二	69	卷五	89	卷八	45
卷三	40	卷六	38	卷九	35

據“《文始》各卷初文準初文數表”，總計各卷之下列出的所有初文與準初文，共計514個。

在《文始》中，絕大多數初文與準初文都列在各條目的起始部分，一般是在各條目的最前面幾句話中予以説明，衹有“衣、蠢、内、目”四個初文與準初文，是在文中而非文首指出的，與通行體例有所不同。

田野《〈文始〉初文考》（2006年北京語言大學碩士學位論文）一文，對《文始》一書的初文與準初文進行過全面的分析統計。在該文的第三部分“初文考”中，列有“《文始》初文數據庫”一表，此表依據《文始》各卷的先後次序，列出了《文始》中的初文與準初文，總計初文與準初文數共510個。

比較田野《〈文始〉初文考》中統計所得的510個初文準初文與本書統計所得的514個初文準初文，相同者共計505個，不同者共計14個。這不同的14個初文與準初文是由於田野的統計，在卷一“陽聲寒部丙”中多出“叀”，在卷二“陽聲諄部丙”多出“雲”，在卷五“陽聲陽部乙”中多出“良”，在卷七“陰聲幽部甲”中多出“𣅀”，在卷七“陽聲緝部丁”多出“及”，合計多出共5個；在卷一“陰聲泰部乙”中缺“孑”，在卷一“陰聲泰部乙”和卷九“陽聲談部乙”中缺“囨”，在卷八“陰聲之部甲”中缺“甴”，在卷五“陰聲魚部甲”中缺“众”和“影”，在卷五“陽聲陽部乙”中缺“匚”，在卷八“陰聲之部甲”中缺“目”，在卷九“陰聲宵部甲”缺“巢”，合計缺失共9個。如上所述，田野統計所得的510個初文與準初文，共多出5個，又缺少9個，實際仍是514個。

田野《〈文始〉初文考》不僅統計了《文始》中初文與準初文的個數，而且還對每個初文與準初文作了分類。比較田野“《文始》初文數據庫”與本書“《文始》初文準初文一覽表”共有的505個初文與準初文，對《文始》初文與準初文分類相同者共計460個，不同者共計45個。現據《文始》各卷次序將這 45 個分類不同者對照羅列如下（字頭後括號內左邊的分類爲田野的分類，右邊的分類爲本書的分類）：

《文始・卷一・歌泰寒類》：果（初文-準初文合體象形）、乁（準初文變體-初文象形）、已（初文-準初文變體）、禾（準初文省形-準初文合體象形）、不（準初文省形-準初文合體指事）、亘（準初文合體指事-初文指事）、吅（初文-準初文同體複重）。

《文始・卷二・隊脂諄類》：朮（準初文合體象形-初文象形）、出（準初文合體象形-初文象形）、二（初文-準初文同體複重）、矢（準初文合體象形-初文象形）、豊（準初文合體象形-非初文準初文）、衣（初文-準初文合體象形）、豩（初文-準初文同體複重）、盾（初文-非初文準初文）。

《文始・卷三・至真類》：至（準初文合體指事-初文象形）、桼（初文-準初文合體象形）、民（準初文合體指事-初文象形）。

《文始・卷四・支清類》：氏（初文-準初文聲具而形殘）。

《文始・卷五・魚陽類》：𩫖（初文-準初文合體象形）、襾（初文-準初文合體指事）、㫃（準初文合體象形-初文象形）、巫（準初文同體複重-初文象形）、毋（準初文變體-準初文合體指事）、亢（準初文省形-初文象形）、皀（初文-準初文合體象形）。

《文始・卷六・侯東類》：主（初文-準初文合體象形）、朱（初文-準初文合體指事）、豖（初文-準初文合體指事）、𢍜（初文-準初文合體指事）、𩫖（初文-準初文合體象形）、凶（準初文合體指事-初文象形）、丰（初文-準初文合體指事）。

《文始・卷七・幽冬侵緝類》：羊（初文-準初文合體指事）、邑（準初文合體象形-準初文合體指事）、㚘（準初文合體象形-準初文同體複重）。

《文始・卷八・之蒸類》：久（準初文合體指事-初文象形）、才（初文-準初文合體指事）、不（初文-準初文合體指事）、皀（初文-準初文合體象形）、升（初文-準初文合體指事）。

《文始・卷九・宵談盍類》：県（初文-準初文變體）、小（初文-準初文合體指事）、棗（初文-準初文同體複重）、欠（準初文合體指事-準初文合體象形）。

除上述對初文準初文統計與歸類的不同外，田野“《文始》初文數據庫”還存在兩處誤認字頭的錯誤：在卷一中，誤將“丯”作“丰”，“丰”當在卷六；在卷七中，又誤將“百”作“頁”，“頁”當在卷二“几”字條下，爲後出字，非初文或準初文。

第四節 《文始》同條並列的初文與準初文

比較《文始》各卷的條目數與初文準初文數，可以看出，《文始》各卷的初文與準初文數皆大於相應的條目數。這是由於各條目至少有一個初文或準初文，且有的條目有一個以上的初文或準初文而造成的。

據“《文始》初文準初文一覽表”，以《文始》中同一條目下初文或準初文數多於 1 的條目爲條件進行提取，則得“《文始》同條並列初文與準初文表”：

《文始》同條並列初文與準初文表

目次	條目	字頭	字形	來源	類別	卷數
13	𠂹	𠂹			初文（象形）	卷一歌部
13	𠂹	朵			準初文（合體象形）	卷一歌部
16	麗	丽		古文	初文（指事）	卷一歌部
16	麗	𠀅		篆文	初文（指事）	卷一歌部
33	乙	乙			初文（象形）	卷一泰部
33	乙	燕			初文（象形）	卷一泰部
48	西	卤		古文	初文（象形）	卷一泰部
48	西	西			初文（象形）	卷一泰部
82	釆	釆			初文（象形）	卷一寒部
82	釆	乎		古文	初文（象形）	卷一寒部
82	釆	番			準初文（合體象形）	卷一寒部
82	釆	𤰈		古文	初文（象形）	卷一寒部
84	覍	覍			準初文（合體象形）	卷一寒部
84	覍	𡖁		籀文	準初文（合體象形）	卷一寒部
84	覍	弁		或體	準初文（合體象形）	卷一寒部
107	靁	畾		構件	初文（象形）	卷二隊部

目次	條目	字頭	字形	來源	類別	卷數
107	靁	靁			準初文（合體象形）	卷二隊部
107	靁	雷		古文	準初文（合體象形）	卷二隊部
107	靁	𩆜		古文	準初文（合體象形）	卷二隊部
112	回	囘		古文	初文（象形）	卷二脂部
112	回	回			準初文（合體象形）	卷二脂部
116	夂	夂			初文（象形）	卷二脂部
116	夂	氏			準初文（合體指事）	卷二脂部
117	㡀	㡀			初文（象形）	卷二脂部
117	㡀	希		周禮	準初文（合體象形）	卷二脂部
121	示	示			準初文（合體指事）	卷二脂部
121	示	𠀆		古文	初文（指事）	卷二脂部
125	𤉡	𤉡			初文（象形）	卷二脂部
125	𤉡	兕		古文	準初文（合體象形）	卷二脂部
136	乚	乚			初文（象形）	卷二諄部
136	乚	衣			準初文（合體象形）	卷二諄部
160	八	八			初文（象形）	卷三至部
160	八	𠔁			準初文（同體複重）	卷三至部
164	玄	玄			準初文（合體象形）	卷三真部
164	玄	串		古文	初文（指事）	卷三真部
166	申	申			準初文（合體象形）	卷三真部
166	申	𦥔		籀文	準初文（合體象形）	卷三真部
166	申	𢑀		偏旁	初文（指事）	卷三真部
166	申	串		古文	初文（指事）	卷三真部
173	囟	囟			初文（象形）	卷三真部
173	囟	出		古文	初文（象形）	卷三真部
174	西	西			初文（象形）	卷三真部
174	西	𠧧		古文	初文（象形）	卷三真部
174	西	卤		籀文	初文（象形）	卷三真部

目次	條目	字頭	字形	來源	類別	卷數
213	生	生	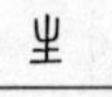		準初文（合體指事）	卷四清部
213	生	𤯓			準初文（同體複重）	卷四清部
227	五	五	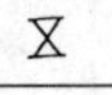		初文（象形）	卷五魚部
227	五	㐅	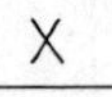	古文	初文（象形）	卷五魚部
229	牙	牙	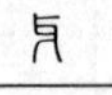		初文（象形）	卷五魚部
229	牙	炏	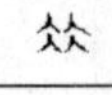	石刻	初文（象形）	卷五魚部
229	牙	𤘐	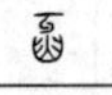	古文	準初文（合體象形）	卷五魚部
231	烏	烏	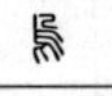		初文（象形）	卷五魚部
231	烏	𦾔		古文	初文（象形）	卷五魚部
231	烏	於		古文	初文（象形）	卷五魚部
235	禹	禹	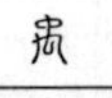		準初文（合體象形）	卷五魚部
235	禹	𠖯	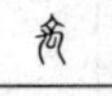	古文	準初文（合體象形）	卷五魚部
259	且	且	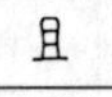		準初文（合體指事）	卷五魚部
259	且	𠀃	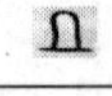	古文	準初文（合體指事）	卷五魚部
263	馬	馬			初文（象形）	卷五魚部
263	馬	𢒠		古文	初文（象形）	卷五魚部
263	馬	影		籀文	初文（象形）	卷五魚部
290	匚	匚	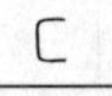		初文（象形）	卷五陽部
290	匚	𠤭	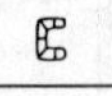	籀文	初文（象形）	卷五陽部
298	曲	曲			初文（象形）	卷六侯部
298	曲	𠃛		古文	初文（象形）	卷六侯部
322	工	工	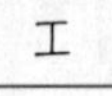		初文（象形）	卷六東部
322	工	𢀚	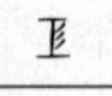	古文	準初文（合體象形）	卷六東部
331	丑	丑			初文（象形）	卷七幽部
331	丑	𦥑	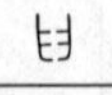		準初文（同體複重）	卷七幽部
331	丑	内	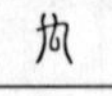		準初文（聲具而形殘）	卷七幽部
378	甲	甲	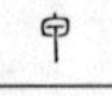		初文（象形）	卷七緝部
378	甲	𠇎	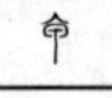	古文	初文（象形）	卷七緝部

目次	條目	字頭	字形	來源	類別	卷數
380	及	㇈		古文	初文（象形）	卷七緝部
380	及	弓		古文	初文（象形）	卷七緝部
394	克	克			初文（象形）	卷八之部
394	克	亭		古文	初文（象形）	卷八之部
394	克	泉		古文	初文（象形）	卷八之部
399	箕	𠀠		古文	初文（象形）	卷八之部
399	箕	𠔀		古文	初文（象形）	卷八之部
403	巳	巳			初文（象形）	卷八之部
403	巳	目			初文（象形）	卷八之部
418	囟	囟			初文（象形）	卷八之部
418	囟	𠙴		古文	初文（象形）	卷八之部
432	高	高			初文（象形）	卷九宵部
432	高	垚			準初文（同體複重）	卷九宵部
452	凵	凵			初文（象形）	卷九談部
452	凵	欠			準初文（合體象形）	卷九談部
457	丙	㔶		古文	初文（象形）	卷九談部
457	丙	丙			初文（象形）	卷九談部

據"《文始》同條並列初文與準初文表"，合計條目數，共38條；合計初文與準初文數，共89個。此38條中並列的89個初文與準初文，佔初文與準初文總數的17.3%；除此以外的其他425個條目，各衹列有一個初文或準初文，佔初文與準初文總數的82.7%。由此可見，《文始》的大多數條目中都衹有一個初文或準初文，同條並列的初文或準初文僅是少數現象。

以上存在同條並列初文與準初文的38個條目中，每個條目下所收的初文或準初文個數多少不一：收2個的最多，計有"㠯、麗、乙、丙（卷一）、回、夂、𣶒、示、㞢、乚、八、玄、囟（卷三）、生、五、禹、且、匚、曲、工、甲、及、箕、巳、囟（卷八）、高、凵、丙（卷九）"，共28條；收3個的較少，計有"㒳、西、牙、烏、馬、丑、克"，共7條；收4個的最少，計有“釆、靁、申”，共3條。

對於在一個條目下列出數個初文或準初文的原因，章太炎在《文始·敘例》中解釋說：“今敍《文始》，悉箸初文，兩義或同，即從并合。”[①]據此，同條之下的若干初文與準初文，可以看作是義同而形異的異體關係。

在《文始》中，同一條目下列一個初文或準初文，章氏對此不會有特殊說明，僅是引用《說文》來表明其所由來，或是在引用《說文》後指明其所屬的初文或準初文類別；但對於同一條目下列有數個初文或準初文，則往往會標以“初文亦不必一體、象形有詳略、一字異體、亦初文異體、初文變體、象形者亦多異體、初文亦有異形、初文本有殊體”等用語，以示其爲同一初文的形體變易。

第五節　《文始》重出的初文與準初文

《文始》一書總計初文與準初文共514個，此統計數字是對《文始》各卷各條目所有初文與準初文合計的結果。然而實際上，在這514個初文與準初文中，有一部分是在字形上完全相同卻各自分別重出爲兩條。去除《文始》中重出的初文與準初文，就能看出《文始》實際的初文與準初文數。

據“《文始》初文準初文一覽表”，對“字形”字段進行重複項查詢，以“字形”字段中的重出字形爲條件進行提取，則得“《文始》重出初文與準初文表”：

《文始》重出初文與準初文表

目次	條目	字頭	字形	來源	類別	卷數
96	丨	丨	丨		初文（象形）	卷二隊部
172	丨	丨	丨		初文（象形）	卷三真部
252	畾	畾	畾		準初文（同體複重）	卷五魚部
389	畾	畾	畾		準初文（同體複重）	卷七緝部
48	丙	囪	囪	古文	初文（象形）	卷一泰部

① 章太炎：《章太炎全集》第七冊，上海人民出版社1999年版，第161頁。

目次	條目	字頭	字形	來源	類別	卷數
457	丙	㐮		古文	初文（象形）	卷九談部
48	丙	丙			初文（象形）	卷一泰部
457	丙	丙			初文（象形）	卷九談部
280	皀	皀			準初文（合體象形）	卷五陽部
424	皀	皀			準初文（合體象形）	卷八之部
99	入	入			初文（象形）	卷二隊部
383	入	入			初文（象形）	卷七緝部
222	亯	亯			準初文（合體象形）	卷五魚部
325	亯	亯			準初文（合體象形）	卷六東部
173	囟	囟			初文（象形）	卷三真部
418	囟	囟			初文（象形）	卷八之部
173	囟	㐰		古文	初文（象形）	卷三真部
418	囟	㐰		古文	初文（象形）	卷八之部
164	玄	𢆯		古文	初文（指事）	卷三真部
166	申	𢆯		古文	初文（指事）	卷三真部

據"《文始》重出初文與準初文表"，重出的 10 個初文與準初文中，前 9 個是因爲條目的重出而造成的。又據"《文始》條目重出表"，共有"丨、𡋭、丙、皀、入、亯、囟"7 條重出。其中，"丙"與"囟"兩條，章氏除將其《説文》正篆列爲初文外，亦將其古文"㐮"與"㐰"列爲初文，所以 7 個重出的條目，共有 9 個初文與準初文。"玄"與"申"兩條，雖條目並非重出，但因"玄"與"申"古文同體，故亦歸入重出初文。

除上述重出初文與準初文外，《文始・卷五・陰聲魚部甲》"馬"字條，章氏謂："《説文》：'馬，怒也，武也。象馬頭髦尾四足之形。'古文、籀文皆作影。然馬、影皆初文。倉頡造字，象形者亦多異體。"《説文解字注・馬部》"馬"字條："《説文》各本籀文、古文皆作影，無别。據《玉篇》古文作影、籀文作影。是古文从[illegible]加髦、籀从[illegible]加髦。故云二者同有髦也。毛髦覆於頸。故象覆形。"章氏據《説文》，以爲"馬"字"古文、籀文皆作影"，但參照段注所引《玉篇》"馬"字之古文與籀文，則"馬"字古文與籀文就字形而言本不混同，故"馬"之古文與籀文不應歸作重出初文，而應看作初文之異體。

綜上所述,《文始》514 個初文與準初文中,有 10 個重出,除去此 10 個重出的初文與準初文,《文始》一書實際收初文與準初文共計 504 個。

第六節 《文始》初文與準初文的類別

章太炎在《文始·敘例》中,將《說文》中獨體象形、獨體指事兩類字歸作初文,又將省體、變體、合體象形、合體指事、聲具而形殘、同體複重共六類以初文爲基礎的字歸作準初文,從形體結構上對初文與準初文作了分類。除在《敘例》中的分類以外,根據章氏在《文始》正文相關條目中對初文與準初文的說明,尚有卽非初文亦非準初文但仍以之立目的特類。

據"《文始》初文準初文一覽表",去除其中重出的 10 個初文與準初文,以"類別"字段作爲分類條件,對《文始》一書共 504 個初文與準初文進行分類統計,分別計算各類的數量及比例,則得"《文始》初文與準初文類別表":

《文始》初文與準初文類別表

類別	數量	比例	類別	數量	比例
初文(象形)	279	55.4%	準初文(省形)	5	1.0%
初文(指事)	12	2.4%	準初文(合體象形)	76	15.1%
準初文(變體)	21	4.2%	準初文(合體指事)	55	10.9%
準初文(同體複重)	51	10.1%	非初文、準初文	2	0.4%
準初文(聲具而形殘)	3	0.6%			

據"《文始》初文與準初文類別表",合計初文共 291 個,佔初文與準初文總數的 57.7%;合計準初文共 213 個,佔初文與準初文總數的 42.3%。

《文始》各類初文與準初文中,初文象形所佔數量及比例最高,是其他各類的基礎。數量及比例較高的"合體象形、合體指事、同體複重",都是以獨體象形字作爲自身的構形部件:"合體象形",是象形與象形的結合;"合體指事",是在象形基礎上的指事;"同體複重",是同一象形的重疊。數量及比例較少的"變體、指事、省形、聲具而形殘"也都是以象形爲基礎:"變體"和"省形",是同一象形上的改變形體或減省形體;

“指事”本身亦往往可與象形等同視之；“聲具而形殘”，作爲早期形聲字，雖已有表音的成分，但也是從獨體象形字脱胎而來。

通過對初文準初文類别情况的數量統計與分析，可以看出，章氏在《文始》中所定的初文與準初文，是以初文爲準初文的基礎，又以獨體的象形字再爲初文的基礎。因此，整個初文與準初文系統的基礎，就是獨體的象形字。這種做法的理論緣由，導源於許慎在《説文·敍》中所説的：“倉頡之初作書，蓋依類象形，其後形聲相益，即謂之字。文者，物象之本；字者，言孳乳而浸多也”。章氏尊崇許説，以爲“然則獨體者，倉頡之文；合體者，後王之字。古文大篆雖殘缺，倉頡書故悉在許氏書也”。[①]既然如此，那麽最早的文字，自然應該是保存在《説文》中的獨體象形字了。

在諸類初文與準初文中，“非初文、準初文”一類最爲特殊，且章氏在《敍例》中亦未論及，故分析説明如下：

《文始·卷二·陰聲脂部乙》“豊”字條：“左文一，疑非初文、準初文。《説文》：‘豊，行禮之器也。从豆。象形。’或説豊當從豆從凵丰聲，豊當從豆從凵丰聲，並二丰。二丰者，蓋籀文繁重。今尋觵訓爵之次第，則豊亦爵類。《説文》瓢、蠡皆訓蠡，《方言》作𧓍，蓋本蠃之轉語。蠃可受水，因以爲杯器之稱。轉脂借蠡爲之，因製豊字。丰聲雖未密合，其從豆、從凵則可知。”[②]據章氏所論，“豊”字乃“爵類”器物，實由“蠃”字而製。《爾雅·釋魚》：“蠃，小者蜬。”郭璞注：“螺大者如斗，出日南漲海中。可以爲酒杯。”“蠃”可作杯器，韻部由歌轉脂則借爲“蠡”。《玉篇·虫部》：“蠡，瓢也。”然“蠡”本爲“蟲蛀木”。《説文·䖵部》：“蠡，蟲齧木中也。”故又特造“豊”字以表“杯瓢”之義。這樣，就“豊”字來源而言，章氏以爲是由“蠃”而製，非爲初文；就“豊”字形體而言，章氏以爲是“從豆從凵丰聲”，既非準初文之“合體象形”亦非“聲具而形殘”，所以將“豊”字定爲“非初文、準初文”。

《文始·卷二·陽聲諄部丙》“盾”字條：“左文一，疑非初文、準初文。《説文》：‘盾，瞂也。所以扞身蔽目。象形，厂聲。’大徐本無厂聲。案蔽目則當言從目，扞身則當言厂聲，本當云‘从目象形厂聲’。十象盾

① 章太炎：《章太炎全集》第七册，上海人民出版社 1999 年版，第 159 頁。

② 同上書，第 227 頁。

握，直斤則不能象盾也。厂聲與扞相應。然則盾即戦字，象形以外又增形聲，非初文、準初文也。”[①]章氏此條所引《說文》釋義，從小徐本，故有“厂聲”二字。章氏以爲“十象盾握，直斤則不能象盾也”，故以《說文》“蔽目”爲“從目”，“扞身”爲“厂聲”。《說文解字注・戈部》“戦”字條：“盾下曰：‘瞂也。’按瞂字必淺人所改。循全書之例，必當云戦也。二篆爲轉注。淺人不識戦爲干戈字，讀侯旰切，乃改爲瞂。”章氏據段注，於是認爲“盾即戦字”。這樣，就“盾”字形體結構而言，章氏以爲“從目”，則非初文；“十”雖象盾握，但章氏既認爲其從“厂聲”又與“扞相應”，則非“合體象形”亦非“聲具而形殘”，故將“盾”字視爲“非初文、準初文”。

從上引二例可以看出，章氏所謂的“非初文、準初文”，此類字本身並不是獨體字，所以不能歸爲初文，同時亦無法歸入任何一類準初文；再因其字形構件中有象形成分，《說文》中將其看作象形，所以又不屬於後出字，故章氏在立目時對此專門冠以“疑非初文、準初文”一語，以示與他類的不同。

在《文始》中，章氏對於象形類初文、變體類準初文，因從所引《說文》的原文中即能確定其結構類型，除有時對《說文》的說解作補充外，不會作特殊的說明；但對其他類別的初文與準初文則大多會專門指出其結構類型，明言其屬於初文或準初文的哪一個類別。

第七節　《文始》初文與準初文的組成及來源

章太炎在《文始》中確立初文與準初文時，主要是依據《說文》，即根據《說文》中的正篆、古文、籀文、篆文、或體以及組字構件和構形偏旁，來確定某個初文或準初文。除來自《說文》的字形以外，少量初文與準初文，章氏是根據《周禮》古文、石刻文字與彝器銘文來確定的。

據“《文始》初文準初文一覽表”，去除其中重出的 10 個初文與準初文，再以“來源”字段作爲分類條件，對《文始》一書共 504 個初文與準

① 章太炎：《章太炎全集》第七册，上海人民出版社 1999 年版，第 232 頁。

初文的來源進行分類統計，分別計算各類的數量及比例，得“《文始》初文與準初文來源表”：

《文始》初文與準初文來源表

來源	數量	比例	來源	數量	比例
《說文》正篆	416	82.5%	《說文》構件	2	0.3%
《說文》古文	61	12.1%	《說文》偏旁	5	1.0%
《說文》籀文	7	1.4%	《周禮》古文	1	0.2%
《說文》篆文	1	0.2%	石刻文字	4	0.8%
《說文》或體	6	1.2%	彝器銘文	1	0.2%

據“《文始》初文與準初文來源表”，合計來自《說文》的初文與準初文共 498 個，佔初文與準初文總數的 98.8%；合計來自非《說文》的初文與準初文共 6 個，佔初文與準初文總數的 1.2%。

《文始》初文與準初文的各類來源中，來自於《說文》的初文與準初文佔據絕對優勢。其中，尤以來自《說文》正篆的爲最多，所佔比例亦最大。衹有當《說文》正篆已不能體現或不能完全體現該字的最早形體時，章氏纔以《說文》之古文、籀文、篆文、或體、組字構件、構形偏旁、《周禮》古文、石刻文字、彝器銘文等材料來代替或補充正篆作爲初文或準初文。

通過對初文準初文來源情況的數量統計與分析，可以看出，《文始》中章氏據以確定初文與準初文的材料來自於三個類别：第一類是《說文》中的正篆、古文、籀文、篆文、或體，此類材料都來自於《說文》中的已有形體。第二類是《說文》中的組字構件和構形偏旁，此類材料雖亦出自《說文》，但或是《說文》中正篆的組字構件，或是《說文》中他字的構形偏旁，並非《說文》中某個已有的獨立形體。第三類則是非《說文》材料，包括《周禮》古文、石刻文字和彝器銘文。

以上三類材料來源中，第一類在數量和比例上最多，其初文與準初文的確定，是根據《說文》中已有的形體來決定的，無論其是正篆、古文、籀文、篆文、或體，衹要是獨體或準獨體，章氏便將其作爲初文或準初文。第二類與第三類，雖在數量和比例上很少，但其初文與準初文的確定，或是已超出了《說文》中所列的獨立形體，或是來自於非《說文》的其他材料，在體例上有諸多的特殊之處，故分析說明如下：

《文始・卷一・陰聲泰部乙》“貴”字條：“《説文》：‘貴，物不賤也。’妻字説解曰：‘肖，古文貴。’此獨體之文。”[①]本條初文“肖”字，並不依據《説文・貝部》“貴”字的形體而定，而是根據《説文・女部》古文“妻”字的偏旁而定。

《文始・卷一・陽聲寒部丙》“亘”字條：“《説文》：‘亘，求亘也。从二从囘，古文回象亘回形，上下所求物也。’垣字从亘，籀文右旁作[illegible]，蓋從最初古文，純象亘回，幷不從囘，此純指事字也。”[②]本條初文“[illegible]”字，並不依據《説文・二部》“亘”字的形體而定，而是根據《説文・土部》籀文“垣”字的偏旁而定。

《文始・卷二・陰聲隊部甲》“靁”字條：“《説文》：‘靁，陰陽薄動、靁雨生物者也。从雨，畾象回轉形。古文亦作雷，作靁’此三皆準初文也。《説文》無畾而字多從畾聲，此獨體初文也。”[③]本條初文“畾”字，爲《説文》正篆所無。《説文解字注・靁部》“靁”字條：“許書有畕無畾。凡積三則爲衆。衆則盛。盛則必回轉。二月陽盛。靁發聲。故以畾象其回轉之形。非三田也。韵書有畾字、訓田閒。誤矣。凡許書字有畾聲者、皆當云靁省聲也。”章氏此條定“畾”爲初文蓋據段注，以正篆“靁”的組字構件“畾”爲最早初文。

《文始・卷三・陽聲真部乙》“申”字條：“《説文》：‘申，神也。自申束。從臼自持。’籀文作昌，古文作串，虹旁籀文復作[illegible]。串、[illegible]皆純指事，二皆初文。昌、申爲準初文。”[④]本條初文“[illegible]”字，並不依據《説文・申部》“申”字的形體而定，而是根據《説文・虫部》籀文“虹”字的偏旁而定。

《文始・卷五・陰聲魚部甲》“旅”字條：“《説文》：‘旅，軍之五百人。从㫃，从从，从俱也。古文作炭。’者字説解曰：‘[illegible]，古文旅。’此最初古文也。此字秦刻石已然，非轉寫之誤。”[⑤]本條初文“[illegible]”字，並不依據《説文・㫃部》“旅”字的形體而定，而是根據《説文・白部》“者”字的偏旁

① 章太炎：《章太炎全集》第七册，上海人民出版社 1999 年版，第 179 頁。

② 同上書，第 194 頁。

③ 同上書，第 211 頁。

④ 同上書，第 248 頁。

⑤ 同上書，第 295 頁。

而定。

《文始·卷七·陰聲幽部甲》“𠧪”字條：“《說文》：‘𠧪，木生條也。从马由聲。古文言由枿。’尋古文𠧪作由，猶雲作云，㗊作㗊，淵作𣶒，恆作亙之比。《說文》言從马由聲者，猶靁下云從畾，非靁外別有畾，𠧪外別有由也。”①本條初文“由”字，爲《說文》正篆所無。徐鍇注曰：“《說文》無由字，今《尚書》衹作由枿，蓋古文省马，而後人因省之，通用爲因由等字，从马，上象枝條華函之形。”章氏此條定“由”爲初文蓋據小徐，以正篆“𠧪”的構形部件“由”爲最早初文。

《文始·卷七·陽聲冬部乙》“中”字條：“《說文》：‘中，内也。依段校訂宋本。从口，丨下上通也。籀文作𠁧。’……字從丨，謂以筆引書也。丨有引而上行，引而下行之義。從口，謂書衺也。此會意字，而用從卜中，字形作中，乃純象冊形。古文用作𠂢，則中可作用，冊二編，此三編也。其作中者非初文而爲後出之字，古文或作𠁩，則猶王之作𤣩，但詘曲取姿爾。中本冊之類。”②本條初文“用”字，並不依據《說文·丨部》“中”字的形體而定，而是根據《說文·用部》古文“用”字的偏旁而定。

上引 7 條，其初文與準初文雖皆取自《說文》，但都不是依據《說文》中已列出的獨立形體而定。“肖、[illegible]、[illegible]、[illegible]、用”是據《說文》中他字之偏旁而定，“畾、由”是據《說文》中正篆之組成構件而定。

《文始·卷一·陽聲寒部丙》“單”字條：“《說文》：‘單，大也。从吅[illegible]，吅亦聲。闕。’案彝器單字或作丫、[illegible]。彝器誠難盡信，然《繹山碑》戰字左旁作單，明非從吅。或云丫象三辰，以𩐆、𩐈相變爲證，說《詩》‘其軍三單’，以爲三辰之旂，三辰之旂不可但言辰，說經既妄，丫可象辰，亦可象彈丸，徒以形聲皮傅，何不說爲彈字？說字又以荒矣。尋《詩傳》：云‘三單，相襲也。’襲爲丫字本義，今作禪、嬗，皆借也。《方言》蟬訓續，子雲自言‘有周氏之蟬嫣’，《吳都賦》‘蟬聯陵丘’，皆單字。《三代世表》“窮蟬”，《世本》作“窮係”，亦明單係同訓，其字象蟬聯相續，故作丫，於六書爲指事，轉變乃作[illegible]、[illegible]、單。《詩》言“三單”，猶《史記》言“三嬗”，謂更番徵調，前者退伍，後者承襲之也。言禪位者，亦猶言

① 章太炎：《章太炎全集》第七冊，上海人民出版社 1999 年版，第 352 頁。
② 同上書，第 359 頁。

襲位。”[①]本條初文“”字，章氏先據“《繹山碑》戰字左旁作單，明非從吅”，故不從《說文》字形，同時也不同意以“”爲“辰”的說法，而是據毛傳的解釋，以爲“”有“相襲”、“相續”之義，再以此確定彝器作“”之不誤，實爲《說文》“單”之初文。

《文始・卷二・陰聲脂部乙》“黹”字條：“《說文》：‘黹，箴縷所紩衣。从㡀丵省。’象刺文也。《春官•司服》‘希冕’注引《書》‘希繡’云‘或作黹，字之誤也。’希當爲黹之古文，從巾，爻象刺文，此合體象形字也。”[②]本條準初文“希”字，爲《說文》所未收。《周禮•春官•司服》：“祭社稷、五祀則希冕。”鄭玄注：“希讀爲絺，或作黹，字之誤也。”章氏並不同意鄭注將“希”作“字之誤”的看法，而以爲“希”爲“黹”的古文。這樣，“希”字作準初文，爲依據《周禮》古文而定。

《文始・卷二・陰聲脂部乙》“非”字條：“《說文》：‘非，違也。從飛下翄，取其相背也。’《三體石經》作，《說文》本形當如是。”[③]“飛”字小篆作“飛”，“非”字小篆作“非”。據小篆“非”之形體，已不似“從飛下翄”，故章氏本條初文，不依《說文》，而據《三體石經》之“”字。

《文始・卷五・陰聲魚部甲》“牙”字條：“《說文》：‘牙，牡齒也。象上下相錯之形。古文作㸦。’《三體石經》以㸚爲虞，尋齒字從㸚，而騶虞或作騶牙，然則㸚亦古文牙字，《石經》借爲虞耳。牙、㸚皆初文相變，㸦從古文齒，則準初文也。”[④]《說文解字注・齒部》“齒”字條云“㸚者，象齒；餘，凵字也。”章氏據段注，以爲“齒字從㸚”，故“㸚”有“牙”義；又以“騶虞”可作“騶牙”，“虞”、“牙”二字相通；而《三體石經》以“㸚”爲“虞”，故以爲《三體石經》之“㸚”是“牙”字“初文相變”的異體。

《文始・卷五・陰聲魚部甲》“白”字條：“《說文》：‘白，西方色。陰用事物色白，皆入之。从入合二。二，陰數也。從小徐本。古文作㿝。’……《繹山碑》作，此蓋獨體初文，小篆所用。或云象日光，朱駿聲引蔣驥說

① 章太炎：《章太炎全集》第七冊，上海人民出版社 1999 年版，第 195 頁。
② 同上書，第 219 頁。
③ 同上書，第 225 頁。
④ 同上書，第 287 頁。

晧、皡、的皆從日訓白，《莊子·人間世》‘虛室生白’，崔注：‘白者，日光所照也。’《知北游》‘若白駒之過隙’，《釋文》：‘白駒，日也。’《賈誼傳》‘白晝大都之中’注：‘白晝，晝日也。’證白從日。或云象人面。以皃字證之。日光之說最近。”[1]本條初文“”，章氏以爲取象於“日光”，而《說文》正篆與古文形體皆與此不合，故從《繹山碑》之“”字。

《文始·卷七·陽聲緝部丁》“邑”字條：“《說文》：‘邑，國也。从囗从卪。’《三體石經》邦字作，此則古文邑字作，從重卪，此準初文也。宋人所見彝器多依石經爲之。守邦國者用玉卪，守都鄙者用角卪，故邑古文從重卪，卩卪相合則爲鄉矣。”[2]本條準初文“”，章氏不從《說文》，而從《三體石經》“”之偏旁，以“邑”之古文本作“重卪”之“”。

上引 6 條，“”是據彝器銘文而定，“希”是據《周禮》古文而定，“、火火、、”是據石刻文字而定。

章氏據以確定《文始》初文與準初文的諸類材料中，最值得注意的是存在非《說文》材料的《周禮》古文、石刻文字和彝器銘文。雖然這類材料在《文始》初文與準初文中所佔的數量和比例極少，但也足以表明，在確立初文與準初文時，章氏並不僅僅是從《說文》中取材，而是同時注意到了非《說文》的其他古文字材料。在《文始·敍例》中，章氏談到了對非《說文》的其他古文字材料的看法，他說：“此則古籀慭遺，其梗概具在《說文》，猶有不備，《禮》經古文、《周官》故書、三體石經、邯鄲淳通許氏字指，所書古文必有明驗，今亦徒存數百字爾。陳倉石鼓之倫，亦足以裨補一二。自宋以降，地臧所發，真僞交糅，數器相應，足以保任不疑，即暫見一二器者，宜在蓋闕，雖攟摭不具，則無傷於故訓也。”[3]除此段論述外，在《國故論衡·理惑論》中，章氏也談到了對確立初文與準初文材料的看法，他說：“余以爲求古文者，宜取《說文》獨體，觀其會通，攝以音訓。九千之數，統之無慮三四百名，此則倉頡所始造也。五帝三王之世，改易殊體，今既不獲，遠求遂古，《周禮》故書、《儀禮》古文，有《說文》所

① 章太炎：《章太炎全集》第七冊，上海人民出版社 1999 年版，第 304 頁。
② 同上書，第 369 頁。
③ 同上書，第 160 頁。

未錄者，足以補苴缺遺。邯鄲淳三體石經，作在魏世，去古猶近，其閒殊體，若虞字作然之類，庶可寀錄。旁有陳倉石鼓，得之初唐，晚世疑爲宇文新器，蓋非其實，雖叵復見源流，亦大篆之次也。按石鼓不知作於何時，必云宣王所作，史籀所書，固無其徵，然大致不相遠。四者以外，宜在闕疑之科。”[①]綜合章太炎兩處所論，觀點完全相同，即以爲《周禮》故書、《儀禮》古文、三體石經、陳倉石鼓此四者爲補苴《說文》的最重要材料。正因爲有此種看法，章氏在《文始》中用到了《周禮》古文和三體石經，以作爲確立初文與準初文的材料來源。嶧（本作“繹”）山碑雖爲後人所摹刻，但其來源亦可考定，故章氏也據以作爲材料來源。至於彝器銘文，《文始》中雖僅有初文“”字來源於彝器銘文，但據此也可看出，章氏對出土文獻並非一概排斥，不過是對此持審慎態度，以爲“數器相應，足以保任不疑”。就對取材的嚴謹而言，這種審慎的態度本身亦無可厚非。

初文與準初文是《文始》確立《說文》字族的總綱，是整部《文始》的核心所在，章氏在確立初文與準初文時對非《說文》材料，猶其是彝器銘文的選取，表明他並非後來學者所指責的那樣“迷信《說文》”或是“章氏在序文中排斥銅器，就是怕人家以甲骨文金文來批評他的初文”，[②]而證明章氏的初文與準初文系統是以《說文》爲主，同時也兼顧了其他的古文字材料。

在《文始》中，根據《說文》正篆而定的初文或準初文，章氏在敍述時一般不會有特別的說明，而根據《說文》中除正篆以外的字形而定的初文與準初文，章氏在敍述時大多會予以特別說明，指出其字形的來源依據。

第八節　《文始》初文準初文與《說文》部首的對比

《文始》的初文準初文與《說文》的部首，二者具有功能上的相似性，都是總領其下衆多與之相關漢字的綱目。因此，對照比較《文始》的初文準初文與《說文》的部首，將有助於瞭解二者的異同和各自的特點。

據《文始》全文數據表和《說文》全文數據表，將《文始》中不計重

① 章太炎：《國故論衡》，商務印書館 2010 年版，第 63 頁。

② 王力：《中國語言學史》，復旦大學出版社 2006 年版，第 138 頁。

出的504個初文準初文與《說文》中的540個部首進行對比，以初文與準初文是否是《說文》部首爲條件，分別計算各自的數量及比例，則得“《文始》初文準初文與《說文》部首對照表”：

《文始》初文準初文與《說文》部首對照表

是否《說文》部首	數量	比例
初文準初文是部首	372	73.8%
初文準初文非部首	132	26.2%

據“《文始》初文準初文與《說文》部首對照表”，與《說文》部首相同的372個初文與準初文中，共有《說文》部首346個，佔《說文》部首總數的64.1%；其他未用作《文始》初文或準初文的194個《說文》部首，佔《說文》部首總數的35.9%。

《文始》中用作初文與準初文的346個《說文》部首是：一、丄、示、三、王、玉、气、丨、屮、艸、茻、小、八、釆、牛、口、凵、吅、止、癶、步、正、彳、廴、行、齒、牙、疋、品、冊、㗊、干、谷、只、丩、十、卅、丵、収、𠬜、共、臼、革、鬲、爪、丮、鬥、又、𠂇、臣、几、寸、卜、爻、㸚、目、䀠、眉、盾、自、羽、隹、𦫳、羊、羴、雔、鳥、烏、華、冓、幺、叀、玄、予、歺、冎、肉、刀、刃、丯、角、竹、箕、丌、工、㠭、巫、甘、曰、乃、丂、亏、豆、豊、虍、皿、凵、血、丶、丹、井、皀、亼、入、缶、矢、高、冂、𩫏、京、亯、㫗、畗、㐭、來、夊、舛、舜、夂、久、木、林、才、叒、之、帀、出、𣎵、生、乇、𠂹、𥝌、巢、桼、囗、貝、邑、日、旦、㫃、晶、月、囧、夕、多、毌、𢎘、𠧪、齊、朿、片、克、彔、禾、秝、米、臼、凶、朩、尗、耑、韭、瓜、宀、呂、疒、冖、𠔼、冃、网、襾、巾、市、白、㡀、黹、人、𠤎、匕、从、北、丘、㐺、𡈼、衣、裘、毛、毳、尸、舟、方、先、皃、𠑹、欠、旡、𦣻、面、丏、県、彡、文、后、卮、卩、卯、勹、甶、厶、山、广、厂、石、勿、冄、而、豕、㣇、彑、豸、𤉡、易、象、馬、廌、鹿、㲋、兔、犬、鼠、火、炎、囪、大、亦、夨、夭、交、尣、亢、夫、立、囟、心、惢、水、𡿨、巜、川、泉、永、𠂢、谷、仌、雨、雲、魚、燕、飛、非、卂、乚、不、至、西、鹵、戶、門、耳、𦣝、手、𠦬、女、毋、民、丿、𠂆、乀、氏、氐、戈、亅、琴、𠃊、匸、匚、曲、甾、瓦、弓、弜、糸、絲、率、虫、它、龜、黽、卵、二、土、垚、田、畕、力、幵、勺、几、且、斤、斗、矛、車、𠂤、𨸏、厽、四、宁、叕、亞、五、六、七、九、禸、甲、乙、丙、丁、己、巴、壬、癸、子、了、孨、𠫓、丑、卯、巳、午、未、申、酉、戌、亥。

《文始》372 個初文準初文卻對應 346 個《說文》部首，這種數目上的不一致是由於以下兩個方面的原因造成的：

第一，用作初文與準初文的 346 個《說文》部首中的 19 個部首，章氏不僅把其正篆用作初文與準初文，而且將其相應的異體也視作初文與準初文（括號外的字爲《說文》部首字頭，括號內的字爲其異體）：示（𥘅）、釆（𠂃）、玄（𡿺）、工（𢒄）、𢑚（希）、舄（𦤎）、匚（𠤎）、曲（𠙺）、且（𠀃）、五（㐅）、甲（𠇉）、酉（丣）、牙（𤘗、𠚫）、烏（𢂞、於）、克（𠅏、𠧢）、馬（𩡧、㣟）、西（𡆼、卤）、凶（𠙴）、申（𤰱、𦥔）。

第二，用作初文與準初文的 346 個《說文》部首中的 17 個部首，章氏並未用《說文》正篆作初文與準初文，而是以其相應的異體來作初文與準初文（括號外的字爲《說文》部首字頭，括號內的字爲其異體）：齒（𠮛）、共（𢀜）、革（𠦒）、叀（𤰈）、箕（𠀠、𠚬）、豆（𣅌）、邑（）、㫃（）、白（）、裘（求）、𢁀（𢁁）、雨（𠕲）、雲（云）、非（）、民（𠈓）、龜（𠁳）、亥（𠆢）。

以上正篆及異體皆用作初文與準初文的 19 個《說文》部首，合計其正篆及異體共有 44 個；以上不以正篆而以異體作初文與準初文的 17 個《說文》部首，合計其異體共有 18 個；除去此兩類外，其他 310 個《說文》部首，在形體及數量上與《文始》的初文準初文完全一致。

非《說文》部首的 132 個初文準初文，都不與《說文》部首字頭相同，而屬於《說文》中的非部首用字：干、果、也、㔾、𠬢、朵、丽、𢎘、叉、乚、𠂢、孑、孓、甶、臾、乂、夬、𠕁、不、𢇍、少、帶、堇、𠧪、西、末、肩、焉、幼、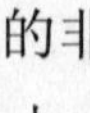、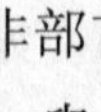、𡆸、台、𠂢、番、𠬤、㒸、𢍉、弁、反、扶、𠘧、卉、𡨄、术、𥨊、乀、畾、靁、𩂋、𩇓、回、回、𢆉、侖、屯、丩、本、㒸、爽、所、𠔁、尹、𢀖、芇、圭、𣡌、皃、𦍌、𧴪、𩂚、𪇰、巨、互、乂、禹、𠩺、与、丅、𦬓、、舄、𠁼、从、冃、爪、办、𠂢、𥁕、主、朱、亍、豖、𢀡、蜀、𠀃、厈、丰、叉、由、𢀿、州、牟、𦣞、、

夅、廾、羊、囲、乀、弓、廿、㽞、𣥠、𣏌、弋、目、巛、毋、乚、升、爾、樂、兆、𠑹、棗、圅、囱、丙、夾、叕、耴、巤、乏。

以上諸字雖然爲非部首字頭，但因爲在字形結構上，屬於獨體或準獨體，故章氏將其列作初文或準初文。

未用作初文準初文的194個《說文》部首字頭，除“䰜、毇、莧、能、熊、亣、庚”此7字《文始》未收外，其餘全都在《文始》的各個條目中相應初文或準初文之下而本身未作爲初文或準初文：玨、士、蓐、半、犛、告、哭、走、此、是、辵、延、足、龠、舌、㕯、句、古、言、誩、音、䇂、丵、異、舁、䢅、爨、史、支、聿、聿、畫、隶、臤、殳、殺、皮、甍、攴、教、用、夏、㕡、鼻、皕、習、奞、雈、𦣻、瞿、雔、𢆶、放、𠬪、𣦼、死、骨、筋、㓞、耒、左、可、兮、号、旨、喜、壴、鼓、豈、豐、䖒、虎、虤、去、青、皀、食、會、倉、嗇、麥、韋、弟、桀、東、𠌶、華、稽、束、㯻、員、𨛜、倝、冥、有、朙、𣐺、鼎、黍、香、林、麻、瓠、宮、穴、㝱、网、帛、比、重、臥、身、㐆、老、尺、尾、履、儿、兄、先、秃、見、覞、㱃、次、頁、首、須、彣、髟、司、印、色、辟、包、茍、鬼、嵬、屾、屵、丸、危、長、豚、䲆、犾、黑、炎、炙、赤、壺、壹、幸、奢、夲、夰、竝、思、龍、林、瀕、灥、𩺰、鹽、戉、我、亾、弦、系、素、䖵、蟲、風、堇、里、黃、男、劦、金、䣛、㬜、戊、辛、辡、寅、辰、酉。

以上諸字雖然爲部首字頭，但因爲在字形結構上，大多是會意字或形聲字，非獨體或準獨體。其中雖有個別獨體象形字或合體象形字，但章氏又因其爲後出，故亦不將其列作初文或準初文。

通過對《文始》初文準初文與《說文》部首的比較，可以看出，許慎的540個部首是根據小篆字系歸納總結的，而章太炎的504個初文與準初文，其確立基礎已遠遠超出了小篆字系，而是立足於整個漢字系統。因此，基於小篆字系的《說文》部首已不能滿足於章氏構建漢語字族分類立目的需要，而是要綜合利用《說文》保存下來的各類古文字材料甚至一部分非《說文》材料，並從中找出最早的獨體與準獨體字，再用以建構基於這些獨體與準獨體字的各類漢語字族。雖然章氏的初文與準初文有三分之二在數量上與《說文》的部首字頭重合，但章氏並未簡單地照搬《說文》，而是依據自己確立的選擇初文與準初文的原則，或是並列出《說文》部首字頭的數個形體，或是以相應的異體來代替《說文》的正篆，甚至有三分之一的《說文》部首字頭，章氏都未將其列作初文或準初文。由此可見，《說文》的部首與《文始》的初文準初文，縱然有一定程度的相似性，但畢竟是因不同的目的而形成的兩類不同的漢字構形系統：《說文》的部首系統，目的在於對小篆字系的形體分析和歸類；《文始》的初文與準初文系統，目的在於列出漢字“孳乳漸多”在文字形體上的遞衍起點。正是由於兩者的基礎與目的皆不相同，所以二者是雖有重疊，但卻是各自不同的兩個系統。

第九節　《文始》初文準初文的功用價值

《文始》中分類立目統領字族的初文與準初文，是章氏根據漢字作爲表意文字以象形爲基礎的特點，從字形結構出發而確定的漢語同源字族在音與義兩個維度上的孳衍起點，各個漢語字族正是從初文與準初文開始，沿著初文與準初文在音義上的特點，根據音近義通的原則繫聯類聚起來的。因此，《文始》中的初文與準初文，是整部《文始》的關鍵所在，是章氏字源學的理論基石。瞭解清楚《文始》中初文與準初文的功用價值，對瞭解《文始》和章氏的字源學說都具有重要意義。

《文始》中初文與準初文的概念導源於《國故論衡・語言緣起說》中的“語根說”，而“語根說”又是章氏受當時西方語源研究的影響而提出的。章氏對西方語言學理論的態度，並不是一味地照搬全抄，而是在分析比較後有選擇地借鑒應用。章氏曾謂：“凡在心在物之學，體自周圓，無間方國，獨於言文歷史，其體則方，自以己國爲典型，而不能取之域外。”[①] 正是這種觀點，使得章氏既接受了國外先進的語言理論思想，又能根據本國語言的實際情況來做取捨權衡。如此便可以理解，爲什麼章氏此前在《訄書・訂文》中受西方語言學影響，已能對語言和文字的概念有了明確的區分，但卻在《語言緣起說》和《文始》中依舊是從“字”而不是從“詞”

① 章太炎：《自述學術次第》，載《制言》1936 年第 25 期。

出發來考究漢語的“語根”。這是因爲，章氏的字源學說是對我國傳統字源研究的全面總結和綜合運用，而按照我國傳統的字源研究，無論是較早的“聲訓”、“右文說”還是後來的“因聲求義”、“聲近義通”都是從漢字出發來研究漢語語源的。即便再是“不拘形體”，也是說研究中不應受漢字形體的束縛，而絕不可能完全脫離漢字來考求漢語的語源。因此，傳統的漢語字源研究可以看作是漢語語源研究的具體表現形式。但是，在西學東漸以後，隨著西方詞源學說的傳入，近代以來我國語言學界按照西方語言學的標準，嚴格區分了“字”與“詞”，以爲“字”與“詞”是處於兩個層面的完全不同的單位。從此種觀點出發反觀傳統小學，自然會以爲傳統小學“字、“詞”不分，而章太炎的“語根說”更是以“字”代“詞”。需要指出的是，漢語和印歐語系諸語言由於本身性質的不同而導致的書寫方式的各異，使得印歐語系諸語言的書寫符號系統中根本就沒有“字”這種單位，所以在西方的語源研究中自然是純粹以“詞”爲研究的對象。然而，要完全照搬西方的語源研究，完全拋開漢語的“字”而進行純粹漢語“詞”的研究，即便在理論上可行合理，在實踐中也是難以實現的。特別是對於古代漢語而言，由於表意的漢字不可能完全準確的反映出詞的語音形式，在這種情況下要進行完全依據“詞”而不是“字”的語言研究，更是難以想象的。或許在將來的漢語語源研究中，我們能藉助漢語和各民族語的同源成分構建出一種“原始漢語”或“原始漢藏語”，那時我們可以完全拋開漢字，而可以進行純粹從遠古漢語“詞”的角度出發的語源研究。可是到目前爲止，漢語的語源研究都還是以漢字爲其基本研究材料和繫聯對象的。既然如此，那麼章太炎在《文始》中以字源來研究語源，從《說文》的獨體和準獨體出發歸納總結出初文和準初文，並以之作爲漢語字族繫聯的起點，也是完全可以理解的了。這種研究至少可以說明漢字孳生遞衍的變化過程，也可以由此建立一個基於漢字系統的漢語字源學。在史前漢語材料還十分匱乏的情況下，此類字源研究對漢語語源問題的揭示說明無疑具有很大的功用價值。如此看來，批評章氏“語根說”字詞不分，以字代詞，雖然在理論上不能說不無道理，但在實踐中則沒有任何意義。同時也可看出，拋開本國實際的語言現象和固有的研究傳統，而僅僅根據外來的概念抽象地討論理論問題，對於實際的漢語語源研究其實是沒有絲毫幫助的。

小 結

綜觀《文始》一書的初文與準初文，可總結概括如下：

在概念由來上，章氏根據《説文·敍》中對獨體之“文”與合體之“字”的區分，以爲獨體的倉頡初文俱存於《説文》之中，且準獨體的準初文亦出自軒轅之年，而其後因“孳乳浸多”的數千漢字，全出自於這爲數幾百的初文與準初文。

在類别組成上，初文與準初文雖皆爲漢字之源，但準初文以初文爲基礎，初文又以象形字爲基礎。因此，象形的初文是整個《文始》初文與準初文系統的基石，在數量及比例上都佔據最大比重。

在材料來源上，章氏據以確定初文與準初文的字形，主要來自於《説文》當中保存的能反映最早漢字形體的各類古文字形，同時也兼顧了《周禮》古文、石刻文字、彝器銘文等非《説文》材料。

在價值意義上，初文與準初文是章氏借鑒西方語源學理論，又立足於漢語的實際情況，從表意漢字的形體結構出發歸納總結出的漢語字族在形音義三方面的遞衍起點。

第六章 《文始》的韻轉與聲轉

《文始》的韻轉與聲轉，是章太炎所繫聯的《說文》字族在音轉關係上的具體表現。《文始》各條目的同族字，在聲韻兩個方面都與其所從出的初文或準初文有著語音上的聯繫。這種聯繫以古韻二十三部和古聲二十一紐爲音轉基礎，以《成均圖》和紐表爲音轉框架，具體化爲各條目中同源字族的聲韻關係。全面梳理《文始》各條目中同族字的聲韻關係，是正確理解《文始》音轉規律的方法與途徑。

第一節 《文始》韻轉與聲轉釋義

章太炎在《文始·敍例》中，對陰陽對轉規律、古韻二十三部及其間的韻轉關係、古音二十一紐及其間的聲轉關係、上古韻轉中的特殊表現等問題分別作了論述說明。這些論述說明，是章氏對自己所提出的音轉學說的集中界定。

在陰陽對轉規律上，他說："聲有陰陽，命曰對轉，發自曲阜孔君，斯蓋眇合殊聲，同其臭味，觀夫言語遷變，多以對轉爲樞，是故乙、燕不殊，亢、胡無別，但、裼、嬴、裎，一義而聲轉；幽、侌、杳、晻，同類而語殊。古語有陰聲者，多有陽聲與之對構，由是聲義互治，不間翲忽，徒取《說文》爲之省幷，其數已參分減一，履耑泰始，益以闓明，易簡而天下之理得者，斯之謂也。今所擂敍，未能延徧九千，世有達者，當能彌縫其闕。假令盡茲潢潦，澄以一原，觭字片言，悉知所出，斯則九變復貫，卓爾知言之選者矣。"[①]從此段論述可以看出：章氏非常注重孔廣森所提出

① 章太炎：《章太炎全集》第七册，上海人民出版社 1999 年版，第 162 頁。

的陰陽對轉說，認爲陰陽對轉是韻轉現象中的基本規律。正是由於這個原因，章氏不僅在《成均圖》中將古韻二十三部首先分作九大類對轉關係予以表現，而且還以這九種對轉關係作爲《文始》一書的分卷依據。

在古韻二十三部及其間的韻轉關係上，他說："古韻二十三部，蓋是詩人同律，取被管弦。詩之作也，諒不於上皇之世。然自明良喜起，箸在有虞，斯殆泠倫作樂，部曲已分，降及商周，元音無變。至於語言流衍，不盡遵其局道，然非韻無以明也。近世有黃承吉懱易顧、江、戴、段之書，以爲簿書檢校，非閎通者所務，自定古音爲曲，直、通三類，斯亦偏有得失。夫語言流傳，不依本部，多循旁轉對轉之條，斯猶七音既定，轉以旋宮，則宮商易位，錯綜以變，當其未旋，則宮不爲商，商不爲角，居然有定音矣。若無七音之準，雖旋宮亦無所施，徒增其眯亂耳。夫經聲者方以智，轉聲者圓而神，圓出於方，方數爲典，非有二十三部，雖欲明其轉變，亦何由也，黃氏所條，易則易矣，然且曲通相閡，侯東無以對轉，誠欲就簡，獨有合爲一部，循二毛之讕語，斯則可也。猶有辯異，曷若分其卒什，綜其弇侈，以簡馭紛，則總紕於此，成文於彼，無患通轉有窮，流迻或窒，權衡得失，斷可知矣。"[①]從此段論述可以看出以下幾點：第一，章氏不滿於黃承吉主觀地僅將韻部簡單分爲曲、直、通三類的做法，而以爲古韻二十三部是上古韻部的實際情況。第二，雖然章氏注重韻部之間的轉變關係，但又強調了韻轉是以分部爲基礎的，沒有明確的古韻分部也就無所謂韻轉，二者之間的關係是"常（方）"與"變（圓）"的關係，並不在一個層面之上。第三，在有鑒於黃氏分類的基礎上，章氏將其所定的古韻二十三部又按其語音上的洪細區別分作弇音與侈音兩個大類，以表現韻部之間的親疏遠近關係。

在古音二十一紐及其間的聲轉關係上，他說："近代言小學者，或云纔識半字，便可例他，此於韻類則合，音紐猶不應也。凡同从一聲者，不皆同歸一紐，若已以之聲皆在淺喉，而台胎在舌，似俟在齒，丣酉之聲，喉舌殊致而自酉出，酋乃爲齒音，九聲古今皆在深喉，而𠘧从九聲，篆文作蹂，則在舌頭矣。八聲古今皆在重脣，而穴从八聲，則在淺喉矣，

① 章太炎：《章太炎全集》第七冊，上海人民出版社 1999 年版，第 163 頁。

欲言譌音變古，則音異者古亦有徵，古音本綜合方言，非有恆律，轉注所因，斯爲縣象。假令考老小殊，不製異字，則老字兼有考音，其他可以類例。然則分韻之道，聞一足以知十，定紐之術，猶當按文而施，但知舌上必歸舌頭，輕脣必歸重脣，半齒彈舌，讀從泥紐，齒頭破瓵，宜在正齒，今之字母可省者多，斯亦足矣。若以聲母作概，一切整齊，斯不精之論也。”[①]從此段論述可以看出以下幾點：第一，章氏認爲段玉裁“同聲必同部”的論斷衹適合於對古音韻部的考求，對於古音聲紐則不能簡單的根據諧聲偏旁來類推，而應逐個分析確定；第二，章氏的上古聲紐系統是從傳統的三十六字母出發，將舌上歸於舌頭、輕脣歸於重脣，日紐歸於泥紐、齒頭歸於正齒，從而認爲與中古音的聲母系統相比，上古的聲母系統要減省得多。

在上古韻轉中的特殊表現上，他說：“又世人多謂周秦以上，音當其字，必無譌聲，斯亦大略粗舉，失之秋豪。夫薵从肉聲，隊支互讀；彝从彑聲，泰脂挾取，未越弇侈之律也。乃若𦎫、䍇、雕、𪇰同在幽部，𦎫聲字古已入諄；奧、燠、薁、墺本在寒部，（奧从釆聲，古文墺从釆聲。）奧聲字古已入幽；至轉爲弔，輖變爲輦，至宵亂流，幽泰交捽，此於韻理無可言者，明古語亦有一二譌音，顧其數甚少爾。必云聲理宜然，卽部部可歸一韻。”[②]從此段論述可以看出：章氏對於古韻的轉變關係，不僅注意到了合於規律的常例，同時也注意到了不合規律的特例。對於那些在《成均圖》中跨越軸聲或分界的特殊韻轉關係，章氏並未因其特異而無視其存在，又未因其存在而打亂一般韻轉規律的常例。由於漢語同源字族實際語音關係的複雜性和古音系統的假說性，決定了在繫聯字族時不能僅僅機械地套用一種固定的聲韻模式，而要以具體文獻材料所證明的“義通”去補充一些不能用通常音變規律概括的“音轉”，此章氏所謂“古音或不當形聲，欲求孳乳，自宜歕曲相遷，若賞知音，卽須弇侈有異。”[③]這種既注重規律的概括，更注重實際語言例證的做法，應當給予充分的肯定。

① 章太炎：《章太炎全集》第七冊，上海人民出版社 1999 年版，第 163 頁。
② 同上書，第 164 頁。
③ 同上書，第 166 頁。

第二節 《成均圖》與紐表

在《文始·敍例》中，除上述對韻轉與聲轉問題的分類討論外，章氏還在最後列出了《成均圖》和紐表，以清楚明白地展現《文始》一書繫聯《説文》字族的聲韻依據。

一 《成均圖》

《文始·敍例》中所列《成均圖》及韻轉條例爲：

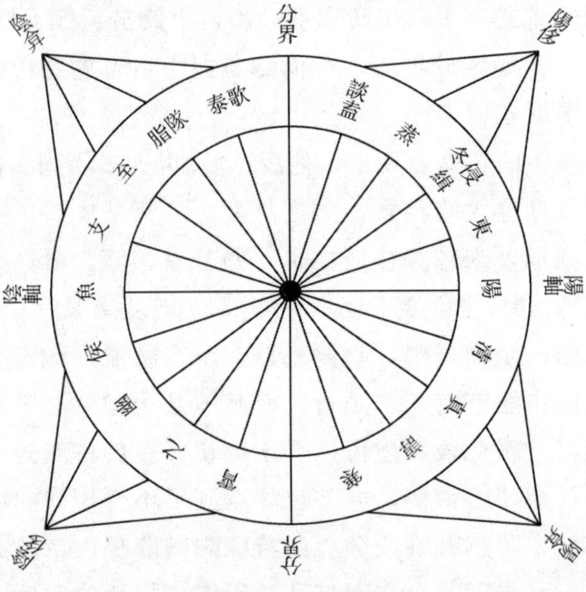

“陰弇與陰弇爲同列，陽弇與陽弇爲同列，陰侈與陰侈爲同列，陽侈與陽侈爲同列，凡二部同居爲近轉，凡同列相比爲近旁轉，凡同列相遠爲次旁轉，凡陰陽相對爲正對轉，凡自旁轉而成對轉爲次對轉，凡近轉、近旁轉、次旁轉、正對轉、次對轉爲正聲，凡雙聲相轉不在五轉之例爲變聲。”①

比較《文始·敍例》中的《成均圖》與《國故論衡·成均圖》，二者在圖形上完全一致，但在對韻轉規律的具體表述上則有以下有兩點不同：第一，《國故論衡·成均圖》的韻轉規律中無“近轉”一條，而在《文始·敍

① 章太炎：《章太炎全集》第七册，上海人民出版社 1999 年版，第 165 頁。

例》中章氏則明言“凡二部同居爲近轉”。查檢《成均圖》中二部同居者，計有四組：歌泰、脂隊、冬侵緝、談盍。二部所以同居的原因，據章氏在《國故論衡·二十三部音準》中的説明，是因爲各組内二部之間僅是平聲韻與去入韻的分別，而在主要元音上相互之間是一致的，所以可以同居一部而不相矛盾（冬侵皆爲平聲韻，同居的原因是由於二者關係十分密切，故章氏後來甚至併冬於侵）。第二，《國故論衡·成均圖》的韻轉規律中有“交紐”與“隔越”二種變聲，但在《文始·敍例》中卻無此名目，而是代之以“凡雙聲相轉不在五轉之例爲變聲”，即把“正聲”五轉之外的特殊音轉關係，不僅看作韻轉問題，而且也看作聲轉問題。

二 紐表

《文始·敍例》中所列紐表及聲轉條例爲：

深喉音：見、谿、羣、疑

淺喉音：曉、匣、影諭

舌　音：端知、透徹、定澂、泥娘日、來

齒　音：照精、穿清、牀從、審心、禪邪

脣　音：幫非、滂敷、並奉、明微

“諸旁注者，古音所無，諸同紐者爲正紐雙聲，諸同類者爲旁紐雙聲，深喉淺喉亦爲同類，舌音齒音鴻細相變。”①

比較《文始·敍例》中的紐目表與《新方言·音表》中的紐目表，二者在五音分類和聲紐個數上完全相同，但在類別名稱與具體表述上則有以下兩點不同：第一，在類別名稱上，“見、谿、羣、疑”一組，在《新方言·音表》中作“喉音”，而在《文始·敍例》中作“深喉音”；“曉、匣、影諭”一組，在《新方言·音表》中作“牙音”，而在《文始·敍例》中作“淺喉音”。第二，在具體表述上，《新方言·音表》中“牙、喉古相通轉，今亦不殊”及“齒音亦與舌頭音通”二條，在《文始·敍例》中已規律化作“深喉淺喉亦爲同類”和“舌音齒音鴻細相變”。

綜合章太炎在《文始·敍例》中對韻轉與聲轉問題的有關論述，可

① 章太炎：《章太炎全集》第七冊，上海人民出版社1999年版，第166頁。

以看出，《文始》中的韻轉和聲轉，有著明確的條例和規律。這一條例和規律，就是以古韻二十三部爲基礎的《成均圖》和以古聲二十一紐爲基礎的“紐表”。章氏對同源字族語音關係的判定，不是單方面的偏重於聲或偏重於韻，而是從聲紐與韻部兩個角度進行的。在《文始》中，同一條目之下的若干同族字，在聲紐與韻部兩方面都與其所從出的初文或準初文有直接或間接的語音關係，而判定其間語音關係的音理依據，就是在《成均圖》和“紐表”中所列出的韻轉條例和聲轉條例。因此，《成均圖》和“紐表”可以視作《文始》用以確立漢語同源字族語音關係的聲韻標準。

第三節　《文始》聲類與韻類的總體情況

在《文始》中，同一條目下所有字頭的聲紐和韻部，都與該條初文或準初文的聲紐韻部具有直接或間接的音轉關係，由此而形成同一字族在語音關係上的相互關聯。因此，要全面瞭解《文始》一書的聲轉和韻轉情況，需要逐一梳理出《文始》所有條目中字頭的聲紐和韻部，並根據《文始》音轉以音類爲其範圍界限的特點，將聲紐和韻部概括爲相應的聲類和韻類，然後再分別考察各條目中字頭的聲類韻類與同條目中初文準初文的聲類韻類的相互關係，如此則整部《文始》所有條目的音轉關係便能得以明晰展現，而其中體現出的音轉規律也可由此說明。

據《文始》全文數據表，提取其中的“目次”、“條目”、“聲紐”、“韻部”、“卷數”字段，以“條目”字段爲分類條件，對各條目中的“聲紐”及“韻部”進行概括，將其歸納爲相應的聲類與韻類，並標出各條目中不合於章氏音轉條例的例外音轉，製成“《文始》聲類韻類一覽表”，以說明《文始》各卷條目之下所收字頭的聲類韻類與聲紐韻部情況，爲其後對聲轉與韻轉的分類討論提供具體的數據支持和論證依據。

《文始》聲類韻類一覽表，包含有8項信息，現說明如下：

1. “目次”：《文始》各條目的順序編號。

2. “條目”：《文始》各條目的第一個字頭，作爲該條的名稱。各條目衹列楷書字頭標目，不列其他異體。

3. “聲類”：《文始》各條目中聲紐所屬類别的概括。

4. “聲紐”：《文始》各條目中的聲紐（除去重複），每條第一個聲紐爲該條初文或準初文聲紐。

5. “韻類”：《文始》各條目中韻部所屬類别的概括。

6. “韻部”：《文始》各條目中的韻部（除去重複），每條第一個韻部爲該條初文或準初文韻部。

7. “例外”：《文始》各條目中不合於章氏聲轉條例或韻轉條例的聲類或韻類。

8. “卷數”：《文始》各條目所在的卷數。

《文始》聲類韻類一覽表

目次	條目	聲類	聲紐	例外	韻類	韻部	例外	卷數
1	干	深喉	溪、見、羣		陰弇	歌、泰、支		卷一歌部
1	干	淺喉	曉、匣		陰軸	魚		卷一歌部
1	干	舌音	定	是	陽弇	寒		卷一歌部
1	干	–			陽軸	陽	是	卷一歌部
2	戈	深喉	見		陰弇	歌		卷一歌部
2	戈	淺喉	影		陰軸	魚		卷一歌部
2	戈	–			陽弇	寒		卷一歌部
3	𥫗	深喉	見、溪、羣、疑		陰弇	歌、泰、支		卷一歌部
3	𥫗	淺喉	曉、匣		陰軸	魚		卷一歌部
3	𥫗	舌音	泥	是	陽弇	寒		卷一歌部
3	𥫗	齒音	禪	是	–			卷一歌部
4	冎	深喉	見、溪		陰弇	歌、泰、隊		卷一歌部
4	冎	淺喉	匣		陽弇	寒		卷一歌部
5	果	深喉	見		陰弇	歌		卷一歌部
5	果	舌音	來	是	–			卷一歌部
6	瓦	深喉	疑		陰弇	歌		卷一歌部
7	乁	淺喉	影、匣		陰弇	歌		卷一歌部
7	乁	舌音	定	是	陽弇	寒		卷一歌部

目次	條目	聲類	聲紐	例外	韻類	韻部	例外	卷數
8	也	淺喉	影		陰弇	歌		卷一歌部
8	也	深喉	溪		陽弇	諄		卷一歌部
8	也	舌音	定	是	–			卷一歌部
8	也	齒音	禪	是	–			卷一歌部
9	己	淺喉	曉、匣、影		陰弇	歌、泰、隊、脂、至		卷一歌部
9	己	深喉	見、溪、疑		陽弇	寒、諄		卷一歌部
9	己	舌音	透	是	–			卷一歌部
9	己	齒音	照、穿	是	–			卷一歌部
10	爲	淺喉	影、曉		陰弇	歌		卷一歌部
10	爲	深喉	疑		陽弇	寒		卷一歌部
11	匕	淺喉	曉、匣、影		陰弇	歌、泰、隊、支		卷一歌部
11	匕	深喉	見、疑		陰軸	魚		卷一歌部
11	匕	舌音	泥	是	陽弇	寒		卷一歌部
11	匕	脣音	幫、滂、並	是	–			卷一歌部
12	禾	淺喉	匣、影		陰弇	歌		卷一歌部
12	禾	深喉	見、溪		陽弇	寒		卷一歌部
12	禾	舌音	透、泥	是	–			卷一歌部
13	亟	齒音	禪、審		陰弇	歌、隊、脂、支		卷一歌部
13	亟	舌音	端、定、泥、來		陽弇	寒		卷一歌部
13	亟	深喉	疑	是	–			卷一歌部
14	它	舌音	透、定		陰弇	歌、脂、支		卷一歌部
14	它	齒音	審		陽弇	寒		卷一歌部
14	它	淺喉	曉、影	是	–			卷一歌部
14	它	脣音	明	是	–			卷一歌部
15	多	舌音	端、透、定		陰弇	歌、至、支		卷一歌部
15	多	齒音	穿		陽弇	寒、真、清		卷一歌部

目次	條目	聲類	聲紐	例外	韻類	韻部	例外	卷數
15	多	淺喉	影	是	–			卷一歌部
16	麗	舌音	來		陰弇	歌		卷一歌部
16	麗	齒音	穿、審		陽弇	寒、諄、真		卷一歌部
17	ナ	齒音	照、牀		陰弇	歌		卷一歌部
17	ナ	舌音	定		陽弇	寒、諄		卷一歌部
18	叉	齒音	穿、照、牀、審		陰弇	歌、泰、隊		卷一歌部
18	叉	–			陰軸	魚		卷一歌部
18	叉	–			陽弇	寒		卷一歌部
19	惢	齒音	審		陰弇	歌、隊、支		卷一歌部
19	惢	深喉	見	是	–			卷一歌部
19	惢	淺喉	匣	是	–			卷一歌部
20	㇄	深喉	見		陰弇	泰		卷一泰部
21	亅	深喉	羣、見、溪		陰弇	泰、歌、隊		卷一泰部
21	亅	–			陽弇	寒		卷一泰部
22	乖	深喉	見、羣		陰弇	泰		卷一泰部
22	乖	淺喉	影		陽弇	寒、諄		卷一泰部
23	巜	深喉	見		陰弇	泰		卷一泰部
24	孑	深喉	見、羣		陰弇	泰		卷一泰部
24	孑	–			陽弇	真		卷一泰部
25	孓	深喉	見		陰弇	泰		卷一泰部
26	丯	深喉	見		陰弇	泰、歌、至		卷一泰部
26	丯	淺喉	曉、匣、影		陽弇	寒		卷一泰部
26	丯	齒音	穿、審	是	–			卷一泰部
27	凷	深喉	溪、見		陰弇	泰		卷一泰部
28	蕢	深喉	羣		陰弇	泰		卷一泰部
29	乂	深喉	疑、見、羣、疑		陰弇	泰、歌		卷一泰部
29	乂	淺喉	影		陽弇	寒		卷一泰部
29	乂	–			陽侈	談	是	卷一泰部

目次	條目	聲類	聲紐	例外	韻類	韻部	例外	卷數
30	夬	深喉	見、溪、羣、疑		陰弇	泰、歌、隊、脂、至		卷一泰部
30	夬	淺喉	曉、匣、影		陽弇	寒、諄		卷一泰部
31	貴	深喉	見		陰弇	泰		卷一泰部
31	貴	淺喉	匣		–			卷一泰部
32	月	深喉	疑、見		陰弇	泰		卷一泰部
32	月	–			陽弇	寒		卷一泰部
33	乙	淺喉	影、匣		陰弇	泰、歌、隊		卷一泰部
33	乙	深喉	見、溪、疑		陽弇	寒		卷一泰部
34	自	齒音	牀		陰弇	泰、歌、隊、脂		卷一泰部
34	自	深喉	見、溪、疑	是	陽弇	寒、諄		卷一泰部
34	自	淺喉	曉、匣、影	是	–			卷一泰部
34	自	脣音	並	是	–			卷一泰部
35	旡	深喉	見		陰弇	泰、隊、至		卷一泰部
35	旡	淺喉	影		陽弇	諄、真		卷一泰部
36	卢	深喉	疑、羣		陰弇	泰、歌、隊、脂、至、支		卷一泰部
36	卢	淺喉	影		陽弇	寒、諄、真		卷一泰部
36	卢	舌音	透、定、來	是	–			卷一泰部
36	卢	齒音	照、穿、牀、審	是	–			卷一泰部
37	櫱	深喉	疑		陰弇	泰		卷一泰部
38	戌	齒音	審、穿		陰弇	泰、隊		卷一泰部
38	戌	舌音	端		陽弇	寒		卷一泰部
38	戌	深喉	見	是	–			卷一泰部
38	戌	脣音	明	是	–			卷一泰部
39	絕	齒音	牀、照、穿、審、禪		陰弇	泰、歌、至		卷一泰部
39	絕	舌音	端、透、定		陽弇	寒、諄		卷一泰部
39	絕	–			陰侈	宵	是	卷一泰部

目次	條目	聲類	聲紐	例外	韻類	韻部	例外	卷數
40	彑	深喉	見		陰弇	泰、隊		卷一泰部
40	彑	淺喉	匣、影		陽弇	寒、諄		卷一泰部
40	彑	舌音	透、定	是	–			卷一泰部
40	彑	齒音	照、牀、禪	是	–			卷一泰部
41	大	舌音	定		陰弇	泰、歌		卷一泰部
41	大	齒音	穿		陽弇	寒		卷一泰部
42	少	舌音	透、定		陰弇	泰		卷一泰部
42	少	齒音	照、牀		陽弇	寒		卷一泰部
42	少	–			陽侈	盍、緝	是	卷一泰部
43	叕	舌音	端、透、定		陰弇	泰、隊		卷一泰部
43	叕	齒音	照、牀、禪		陽弇	寒		卷一泰部
44	率	齒音	審、照、牀、禪		陰弇	泰、歌、隊、脂、至		卷一泰部
44	率	舌音	來		陽弇	寒、諄		卷一泰部
44	率	深喉	見	是	–			卷一泰部
45	帶	舌音	端、定、來		陰弇	泰、隊		卷一泰部
45	帶	齒音	穿		–			卷一泰部
45	帶	淺喉	影	是	–			卷一泰部
46	薑	舌音	透、來		陰弇	泰		卷一泰部
46	薑	脣音	明	是	陽弇	寒		卷一泰部
46	薑	–			陰侈	宵	是	卷一泰部
47	四	齒音	審		陰弇	泰		卷一泰部
48	丙	舌音	透		陰弇	泰、支		卷一泰部
48	丙	齒音	牀		–			卷一泰部
49	毳	齒音	穿		陰弇	泰		卷一泰部
49	毳	深喉	見	是	–			卷一泰部
49	毳	淺喉	匣	是	–			卷一泰部
50	末	脣音	明		陰弇	泰、脂		卷一泰部
50	末	淺喉	曉	是	–			卷一泰部

目次	條目	聲類	聲紐	例外	韻類	韻部	例外	卷數
51	貝	脣音	幫、明		陰弇	泰、隊		卷一泰部
51	貝	–			陽弇	寒		卷一泰部
52	朩	脣音	幫、滂、並		陰弇	泰、隊		卷一泰部
52	朩	淺喉	匣	是	陽弇	寒		卷一泰部
53	𣎵	脣音	並、幫、滂		陰弇	泰、脂		卷一泰部
53	𣎵	–			陽弇	寒		卷一泰部
54	巿	脣音	幫、並、明		陰弇	泰、隊、至		卷一泰部
54	巿	–			陽弇	寒、清		卷一泰部
55	癶	脣音	幫、滂、並		陰弇	泰、隊		卷一泰部
55	癶	–			陽弇	寒		卷一泰部
56	𡿨	深喉	見		陽弇	寒、真		卷一寒部
56	𡿨	淺喉	匣		陰弇	支		卷一寒部
57	毌	深喉	見、溪、羣、疑		陽弇	寒、諄、真、清		卷一寒部
57	毌	淺喉	匣、影		陰弇	泰、隊、脂、支		卷一寒部
57	毌	舌音	透	是	–			卷一寒部
58	干	深喉	見、溪、羣		陽弇	寒		卷一寒部
58	干	淺喉	曉、匣、影		陰弇	歌、泰、脂		卷一寒部
59	肩	深喉	見		陽弇	寒		卷一寒部
59	肩	淺喉	匣		陰弇	歌、泰		卷一寒部
60	犬	深喉	溪、羣、疑		陽弇	寒、諄、真、清		卷一寒部
60	犬	淺喉	匣		陰弇	脂		卷一寒部
60	犬	舌音	泥	是	–			卷一寒部
61	厂	淺喉	曉		陽弇	寒		卷一寒部
61	厂	深喉	疑		陰弇	歌、泰、支		卷一寒部
62	卵	舌音	來		陽弇	寒、諄		卷一寒部
62	卵	深喉	見、溪、羣	是	陰弇	歌、泰、隊		卷一寒部

目次	條目	聲類	聲紐	例外	韻類	韻部	例外	卷數
62	卵	淺喉	匣、影	是	陰軸	魚	是	卷一寒部
63	焉	淺喉	影		陽弇	寒、清		卷一寒部
63	焉	舌音	來	是	陰弇	歌、脂		卷一寒部
64	吅	淺喉	曉		陽弇	寒		卷一寒部
64	吅	深喉	見		陰弇	泰		卷一寒部
65	幻	淺喉	匣、曉		陽弇	寒		卷一寒部
65	幻	深喉	見、疑		陰弇	歌、泰、隊		卷一寒部
65	幻	脣音	明	是	–			卷一寒部
66	亘	齒音	審、照、禪		陽弇	寒、諄、真、清		卷一寒部
66	亘	深喉	見、羣	是	陰弇	歌		卷一寒部
66	亘	淺喉	曉、匣、影	是	–			卷一寒部
67	耑	舌音	端、定		陽弇	寒、諄、真		卷一寒部
67	耑	齒音	照、牀		陰弇	泰		卷一寒部
68	旦	舌音	端		陽弇	寒、真		卷一寒部
68	旦	齒音	禪		–			卷一寒部
69	丹	舌音	端、定		陽弇	寒		卷一寒部
69	丹	–			陰弇	支		卷一寒部
70	單	舌音	端、透、定、來		陽弇	寒、清		卷一寒部
70	單	齒音	照、審、禪		陰弇	歌、泰、隊、支		卷一寒部
70	單	深喉	見、溪	是	–			卷一寒部
70	單	淺喉	匣	是	–			卷一寒部
71	㕣	深喉	見、羣		陽弇	寒		卷一寒部
71	㕣	淺喉	匣、影		陰弇	歌、泰		卷一寒部
71	㕣	舌音	透、泥	是	–			卷一寒部
72	㫃	淺喉	影、匣		陽弇	寒		卷一寒部
72	㫃	深喉	見		–			卷一寒部
73	𠔌	淺喉	影		陽弇	寒		卷一寒部

目次	條目	聲類	聲紐	例外	韻類	韻部	例外	卷數
73	台	舌音	透、定	是	陰弇	泰、隊		卷一寒部
73	台	齒音	牀、禪	是	–			卷一寒部
74	叀	齒音	禪、照、穿、牀		陽弇	寒、真		卷一寒部
74	叀	舌音	端、透、定、泥、來		陰弇	至		卷一寒部
74	叀	深喉	見	是	–			卷一寒部
74	叀	淺喉	匣	是	–			卷一寒部
75	玨	舌音	端		陽弇	寒、真		卷一寒部
75	玨	齒音	照、穿		陰弇	歌、泰		卷一寒部
76	吅	齒音	牀、穿、審、禪		陽弇	寒		卷一寒部
76	吅	–			陰弇	隊		卷一寒部
77	山	齒音	審、照、牀		陽弇	寒、諄、清		卷一寒部
77	山	舌音	定		陰弇	歌、脂		卷一寒部
77	山	深喉	疑	是	–			卷一寒部
77	山	淺喉	匣、影	是	–			卷一寒部
78	泉	齒音	牀、禪		陽弇	寒		卷一寒部
78	泉	淺喉	曉	是	陰弇	至		卷一寒部
79	孨	齒音	照、牀		陽弇	寒、諄		卷一寒部
79	孨	深喉	疑	是	–			卷一寒部
80	舜	齒音	審、照、穿		陽弇	寒		卷一寒部
80	舜	–			陰弇	支		卷一寒部
81	華	脣音	幫、滂、並		陽弇	寒、真、清		卷一寒部
81	華	–			陰弇	歌、隊、脂、至		卷一寒部
82	釆	脣音	並、幫、滂		陽弇	寒、真		卷一寒部
82	釆	–			陰弇	歌、支		卷一寒部
83	片	脣音	滂、幫、並		陽弇	寒、真		卷一寒部
84	㝈	脣音	並、幫、明		陽弇	寒、諄		卷一寒部
84	㝈	–			陰弇	隊、脂		卷一寒部

目次	條目	聲類	聲紐	例外	韻類	韻部	例外	卷數
85	丮	脣音	滂、幫、並		陽弇	寒		卷一寒部
85	丮	–			陰弇	隊、至		卷一寒部
86	面	脣音	明		陽弇	寒		卷一寒部
87	反	脣音	幫、並		陽弇	寒		卷一寒部
88	扶	脣音	並、幫、滂、明		陽弇	寒、真、清		卷一寒部
88	扶	–			陽軸	陽		卷一寒部
88	扶	–			陰弇	脂、支		卷一寒部
89	兀	深喉	疑、溪		陰弇	隊、脂、歌		卷二隊部
89	兀	淺喉	匣、影		陽弇	諄、寒		卷二隊部
89	兀	舌音	定	是	–			卷二隊部
90	由	脣音	幫、並、明		陰弇	隊、脂、歌		卷二隊部
90	由	深喉	見、羣	是	–			卷二隊部
90	由	淺喉	匣、影	是	–			卷二隊部
91	虫	淺喉	曉		陰弇	隊		卷二隊部
91	虫	深喉	疑		陽弇	寒		卷二隊部
91	虫	齒音	審	是	–			卷二隊部
92	曰	淺喉	匣、曉、影		陰弇	隊、泰		卷二隊部
92	曰	深喉	見		陽弇	諄、寒		卷二隊部
92	曰	舌音	來	是	–			卷二隊部
92	曰	齒音	審	是	–			卷二隊部
92	曰	脣音	幫、滂、並	是	–			卷二隊部
93	卉	淺喉	曉、影		陰弇	隊、泰		卷二隊部
93	卉	深喉	見		–			卷二隊部
93	卉	脣音	並	是	–			卷二隊部
94	軎	淺喉	匣		陰弇	隊、歌、泰、支		卷二隊部
94	軎	深喉	見、溪		–			卷二隊部
95	厺	舌音	透、定		陰弇	隊、泰		卷二隊部
96	丨	深喉	見、溪		陰弇	隊、脂、歌、		卷二隊部

目次	條目	聲類	聲紐	例外	韻類	韻部	例外	卷數
						泰、至、支		
96	丨	淺喉	曉、匣、影		陽弇	諄、寒、真		卷二隊部
96	丨	舌音	端、透、定、泥	是	-			卷二隊部
96	丨	齒音	審	是	-			卷二隊部
96	丨	脣音	並	是	-			卷二隊部
97	夊	齒音	審		陰弇	隊、脂		卷二隊部
97	夊	舌音	透、定、來		陽弇	諄		卷二隊部
98	秫	齒音	牀、審		陰弇	隊、脂、至		卷二隊部
98	秫	舌音	泥、來		陽弇	寒、清		卷二隊部
99	入	舌音	泥、端		陰弇	隊、脂、泰、至		卷二隊部
99	入	齒音	牀、審		陽弇	諄		卷二隊部
99	入	淺喉	影	是	-			卷二隊部
100	出	齒音	穿、照、審		陰弇	隊		卷二隊部
100	出	舌音	端、泥		陽弇	諄、清		卷二隊部
100	出	深喉	見、溪、羣	是	-			卷二隊部
100	出	淺喉	曉、影	是	-			卷二隊部
101	衰	齒音	審、穿		陰弇	隊		卷二隊部
102	豕	齒音	審		陰弇	隊、脂、泰		卷二隊部
102	豕	舌音	定		陽弇	諄		卷二隊部
102	豕	淺喉	曉、匣	是	-			卷二隊部
103	乀	脣音	滂、幫、並、明		陰弇	隊、歌、泰、支		卷二隊部
103	乀	-			陽弇	諄、寒		卷二隊部
104	勿	脣音	明		陰弇	隊		卷二隊部
104	勿	-			陰軸	魚	是	卷二隊部
104	勿	-			陽弇	諄、寒		卷二隊部
104	勿	-			陰侈	幽	是	卷二隊部
105	自	舌音	端、定		陰弇	隊、脂		卷二隊部

目次	條目	聲類	聲紐	例外	韻類	韻部	例外	卷數
105	自	齒音	牀、審、禪		陽弇	諄		卷二隊部
106	隹	齒音	照、禪		陰弇	隊、泰		卷二隊部
106	隹	舌音	端、透、定、泥		陽弇	諄		卷二隊部
106	隹	深喉	見、羣、疑	是	陰侈	矦	是	卷二隊部
107	靁	舌音	來		陰弇	隊、脂、歌、泰		卷二隊部
107	靁	深喉	見	是	陽弇	寒、諄		卷二隊部
107	靁	淺喉	匣、影	是	–			卷二隊部
108	几	深喉	見、溪		陰弇	脂、至、支		卷二脂部
108	几	淺喉	匣		–			卷二脂部
109	禾	深喉	見、溪、羣、疑		陰弇	脂、隊、歌、泰、至、支		卷二脂部
109	禾	淺喉	匣、影		陽弇	諄、寒		卷二脂部
109	禾	齒音	照	是	–			卷二脂部
110	气	深喉	溪		陰弇	脂		卷二脂部
110	气	淺喉	曉		–			卷二脂部
111	口	淺喉	匣、曉、影		陰弇	脂、隊		卷二脂部
111	口	深喉	見、溪、羣		陽弇	諄、寒、真		卷二脂部
111	口	舌音	端	是	–			卷二脂部
111	口	齒音	審、禪	是	–			卷二脂部
112	回	淺喉	匣、曉、影		陰弇	脂、隊、泰		卷二脂部
112	回	深喉	見、溪、羣、疑		陽弇	諄、寒		卷二脂部
112	回	舌音	來	是	–			卷二脂部
112	回	齒音	禪	是	–			卷二脂部
112	回	脣音	明	是	–			卷二脂部
113	癸	深喉	見、溪、羣		陰弇	脂、泰		卷二脂部
113	癸	淺喉	曉、匣		–			卷二脂部
114	火	淺喉	曉、匣、影		陰弇	脂、隊、歌、泰		卷二脂部

目次	條目	聲類	聲紐	例外	韻類	韻部	例外	卷數
114	火	深喉	見、羣		陽弇	諄、寒、真		卷二脂部
114	火	舌音	透、泥	是	–			卷二脂部
114	火	齒音	照、穿、審、禪	是	–			卷二脂部
114	火	脣音	並、明	是	–			卷二脂部
115	燚	舌音	來、泥		陰弇	脂、泰		卷二脂部
115	燚	–			陽弇	寒、真		卷二脂部
116	夂	舌音	端、透、定、泥、來		陰弇	脂、隊、歌、泰、至、支		卷二脂部
116	夂	齒音	照、穿、牀、禪		陽弇	諄、寒		卷二脂部
116	夂	深喉	、羣	是	–			卷二脂部
117	黹	舌音	端、透、定、泥		陰弇	脂、隊、至		卷二脂部
117	黹	齒音	穿、審		陽弇	寒、真		卷二脂部
118	二	舌音	泥、定		陰弇	脂		卷二脂部
119	矢	齒音	審、照		陰弇	脂		卷二脂部
119	矢	–			陽弇	真		卷二脂部
120	尸	齒音	審、照、牀		陰弇	脂、歌、支		卷二脂部
120	尸	舌音	端		陽弇	諄、真		卷二脂部
120	尸	淺喉	曉、匣、影	是	–			卷二脂部
121	示	齒音	牀、審、禪		陰弇	脂、支		卷二脂部
121	示	舌音	定、來		陽弇	寒、真、清		卷二脂部
121	示	深喉	見、溪、羣	是	–			卷二脂部
121	示	淺喉	曉、匣	是	–			卷二脂部
122	水	齒音	審、照、禪		陰弇	脂、隊		卷二脂部
122	水	–			陽弇	諄		卷二脂部
122	水	–			陰侈	幽	是	卷二脂部
123	齊	齒音	牀、照、穿、審		陰弇	脂、隊、歌、泰		卷二脂部
123	齊	舌音	定、來		陽弇	真、寒		卷二脂部
123	齊	淺喉	影	是	陰侈	之	是	卷二脂部

目次	條目	聲類	聲紐	例外	韻類	韻部	例外	卷數
124	朿	齒音	照、穿、牀		陰弇	脂		卷二脂部
125	舄	齒音	禪、審		陰弇	脂		卷二脂部
126	次	齒音	穿、牀、照		陰弇	脂、支		卷二脂部
126	次	–			陽弇	諄、寒		卷二脂部
127	厶	齒音	審、照、穿		陰弇	脂、隊、泰、至、支		卷二脂部
127	厶	舌音	定		陽弇	寒		卷二脂部
127	厶	淺喉	曉	是	–			卷二脂部
128	匕	脣音	幫、滂、並、明		陰弇	脂、隊、泰、脂		卷二脂部
128	匕	舌音	端	是	陰軸	魚		卷二脂部
128	匕	齒音	照、穿、審、禪	是	陽弇	諄、寒、真		卷二脂部
129	飛	脣音	幫、滂		陰弇	脂		卷二脂部
129	飛	淺喉	曉、匣	是	陽弇	諄、寒、真、清		卷二脂部
130	非	脣音	幫、滂、並		陰弇	脂		卷二脂部
130	非	–			陽弇	諄		卷二脂部
131	未	脣音	明、幫、並		陰弇	脂、隊、至		卷二脂部
131	未	齒音	照、牀、禪	是	陽弇	諄		卷二脂部
131	未	淺喉	曉	是	–			卷二脂部
132	米	脣音	明		陰弇	脂		卷二脂部
133	眉	脣音	明		陰弇	脂		卷二脂部
133	眉	–			陽弇	真		卷二脂部
134	豊	舌音	來		陰弇	脂		卷二脂部
135	斤	深喉	見		陽弇	諄		卷二諄部
136	乚	淺喉	影		陽弇	諄、寒		卷二諄部
136	乚	深喉	溪、羣		陰弇	隊、脂、泰		卷二諄部
137	雲	淺喉	匣、影		陽弇	諄、寒		卷二諄部
137	雲	深喉	疑		陰弇	脂		卷二諄部

目次	條目	聲類	聲紐	例外	韻類	韻部	例外	卷數
137	雲	齒音	牀、禪	是	–			卷二諄部
138	屯	舌音	端、透、定、泥、來		陽弇	諄、寒		卷二諄部
138	屯	齒音	照、穿、審、禪		陰弇	隊、歌、泰		卷二諄部
138	屯	深喉	見	是	陰侈	幽	是	卷二諄部
138	屯	淺喉	曉、影	是	–			卷二諄部
139	殄	舌音	定、端、透		陽弇	諄、寒		卷二諄部
139	殄	齒音	穿		陰弇	歌		卷二諄部
140	舛	齒音	穿、照、牀、審		陽弇	諄、寒		卷二諄部
140	舛	舌音	端		陰弇	隊、歌		卷二諄部
141	舜	齒音	審		陽弇	諄、寒		卷二諄部
141	舜	深喉	羣	是	–			卷二諄部
141	舜	淺喉	影	是	–			卷二諄部
142	寸	齒音	穿、照		陽弇	諄		卷二諄部
143	川	齒音	穿、牀、審、禪		陽弇	諄、寒		卷二諄部
143	川	舌音	泥		陰弇	隊、脂		卷二諄部
143	川	淺喉	曉、匣、影	是	–			卷二諄部
144	本	脣音	幫、滂、並		陽弇	諄、寒		卷二諄部
144	本	–			陰弇	隊、泰		卷二諄部
145	文	脣音	明、幫、滂		陽弇	諄、寒		卷二諄部
145	文	–			陰弇	隊、脂、支		卷二諄部
146	門	脣音	明		陽弇	諄、真		卷二諄部
147	豩	脣音	幫、滂、並、明		陽弇	諄、寒		卷二諄部
148	盾	舌音	定		陽弇	諄		卷二諄部
148	盾	齒音	牀		–			卷二諄部
149	一	淺喉	影、匣		陰弇	至、泰		卷三至部
149	一	深喉	羣		陽弇	真、寒、諄、清		卷三至部
149	一	齒音	穿、牀、審	是	–			卷三至部

目次	條目	聲類	聲紐	例外	韻類	韻部	例外	卷數
150	乙	淺喉	影		陰弇	至、泰、脂、支		卷三至部
150	乙	舌音	透、定、來	是	陽弇	真、寒、清		卷三至部
150	乙	齒音	照	是	–			卷三至部
151	屮	舌音	透、定		陰弇	至、歌、脂、支		卷三至部
151	屮	齒音	照、牀、審、禪		陽弇	真、寒、清		卷三至部
151	屮	深喉	羣	是	–			卷三至部
151	屮	淺喉	匣、影	是	–			卷三至部
152	至	齒音	照、穿、牀、審、禪		陰弇	至、泰、隊、脂		卷三至部
152	至	舌音	端、透、定、泥		陽弇	真、寒、諄、清		卷三至部
152	至	深喉	疑	是	陰侈	幽、宵	是	卷三至部
152	至	淺喉	曉、影	是	–			卷三至部
153	日	舌音	泥		陰弇	至		卷三至部
154	瑟	齒音	審、照		陰弇	至		卷三至部
154	瑟	–			陽弇	清		卷三至部
155	所	深喉	疑		陰弇	至		卷三至部
155	所	齒音	穿	是	陰侈	幽	是	卷三至部
156	七	齒音	穿		陰弇	至		卷三至部
156	七	–			陽弇	真		卷三至部
157	卩	齒音	照、審、禪		陰弇	至、脂		卷三至部
157	卩	舌音	端、泥		陽弇	真、寒、諄		卷三至部
157	卩	淺喉	影	是	–			卷三至部
158	桼	齒音	穿		陰弇	至、脂、支		卷三至部
159	丿	脣音	滂、幫、並		陰弇	至、支		卷三至部
159	丿	–			陽弇	真		卷三至部
160	八	脣音	幫、滂、並、明		陰弇	至、歌、泰、隊、脂、支		卷三至部

目次	條目	聲類	聲紐	例外	韻類	韻部	例外	卷數
160	八	淺喉	曉	是	陽弇	真、寒、諄、清		卷三至部
160	八	齒音	審	是	陰侈	之	是	卷三至部
161	血	淺喉	曉		陰弇	至、泰		卷三至部
161	血	舌音	來	是	陽弇	真、寒、諄		卷三至部
161	血	齒音	照	是	陽軸	陽	是	卷三至部
161	血	脣音	幫、明	是	-			卷三至部
162	巾	深喉	見、羣		陽弇	真、寒、諄		卷三真部
162	巾	淺喉	曉、匣		陰弇	脂、泰		卷三真部
162	巾	舌音	定、泥	是	-			卷三真部
163	臣	齒音	禪		陽弇	真、寒、諄、清		卷三真部
163	臣	舌音	端、透、泥		陰弇	至、泰、隊、脂、支		卷三真部
163	臣	深喉	見、溪、羣、疑	是	-			卷三真部
163	臣	淺喉	曉、匣、影	是	-			卷三真部
164	玄	淺喉	匣、曉、影		陽弇	真、寒		卷三真部
164	玄	深喉	見、溪		陰弇	支		卷三真部
164	玄	舌音	來	是	-			卷三真部
164	玄	齒音	照	是	-			卷三真部
165	廴	淺喉	影、曉、匣		陽弇	真、寒、諄		卷三真部
165	廴	深喉	見、羣		陰弇	歌		卷三真部
165	廴	舌音	透、定	是	-			卷三真部
165	廴	齒音	穿、審	是	-			卷三真部
165	廴	脣音	明	是	-			卷三真部
166	申	齒音	審、照		陽弇	真、寒、諄、清		卷三真部
166	申	舌音	透、定、來		陰弇	至、歌、隊、脂、支		卷三真部
166	申	淺喉	曉、影	是	-			卷三真部

目次	條目	聲類	聲紐	例外	韻類	韻部	例外	卷數
167	尹	淺喉	影		陽弇	真、諄		卷三真部
167	尹	深喉	見		–			卷三真部
168	淵	淺喉	影、匣		陽弇	真、諄		卷三真部
168	淵	深喉	見		陰弇	隊、脂		卷三真部
169	田	舌音	定、端、透		陽弇	真		卷三真部
169	田	齒音	照		陰弇	泰		卷三真部
170	刃	舌音	泥		陽弇	真		卷三真部
170	刃	–			陰弇	至		卷三真部
171	人	舌音	泥		陽弇	真		卷三真部
171	人	齒音	穿、審		陰弇	脂		卷三真部
171	人	淺喉	影	是	陰侈	幽	是	卷三真部
172	丨	齒音	審、照、穿、牀		陽弇	真、寒、諄、清		卷三真部
172	丨	舌音	端、透、定		陰弇	至、歌、泰、隊、脂、支		卷三真部
172	丨	深喉	見、羣	是	–			卷三真部
172	丨	淺喉	曉、匣、影	是	–			卷三真部
172	丨	脣音	明	是	–			卷三真部
173	囟	齒音	審、穿、禪		陽弇	真、清		卷三真部
173	囟	舌音	端、透、定、來		陰弇	至、支		卷三真部
173	囟	淺喉	影	是	陰侈	之、侯	是	卷三真部
173	囟	–			陽侈	東	是	卷三真部
174	西	齒音	審		陽弇	真		卷三真部
174	西	淺喉	曉	是	陰弇	至		卷三真部
175	卂	齒音	審、照、穿、牀、禪		陽弇	真、寒、清		卷三真部
175	卂	舌音	透、定、來		陽軸	陽		卷三真部
175	卂	深喉	溪	是	陰弇	至、泰、隊、脂、支		卷三真部
175	卂	淺喉	曉、影	是	–			卷三真部

目次	條目	聲類	聲紐	例外	韻類	韻部	例外	卷數
176	丏	脣音	明、幫、並		陽弇	真、寒、清		卷三真部
176	丏	淺喉	曉	是	陰弇	至、泰		卷三真部
176	丏	舌音	來	是	-			卷三真部
177	宀	脣音	明、幫		陽弇	真		卷三真部
177	宀	-			陰弇	至		卷三真部
178	民	脣音	明		陽弇	真、寒、諄		卷三真部
178	民	-			陽軸	陽		卷三真部
178	民	-			陽侈	蒸	是	卷三真部
179	芇	脣音	明、幫、滂、並		陽弇	真、寒、清		卷三真部
179	芇	-			陰弇	至、支		卷三真部
180	朩	脣音	滂、並、明		陽弇	真、寒		卷三真部
180	朩	-			陰弇	歌、脂、支		卷三真部
181	圭	深喉	見、溪、羣		陰弇	支		卷四支部
181	圭	淺喉	曉、匣、影		陽弇	清、寒		卷四支部
181	圭	舌音	透	是	-			卷四支部
182	巫	深喉	見、溪、羣		陰弇	支、脂		卷四支部
182	巫	齒音	照	是	陽弇	清、寒		卷四支部
183	厂	淺喉	影、匣		陰弇	支、歌、泰		卷四支部
183	厂	深喉	見		陰軸	魚		卷四支部
183	厂	舌音	透、定、泥、來	是	陽弇	清、真		卷四支部
183	厂	齒音	照	是	-			卷四支部
184	氏	齒音	禪、照、穿、牀		陰弇	支、歌、脂		卷四支部
184	氏	舌音	端、定		陽弇	寒、諄、真		卷四支部
184	氏	深喉	見、溪	是	-			卷四支部
184	氏	淺喉	曉、影	是	-			卷四支部
185	匸	淺喉	匣、影		陰弇	支、歌、隊、至		卷四支部
185	匸	深喉	見、溪、羣、疑		陽弇	清、寒、真		卷四支部
185	匸	舌音	定	是	-			卷四支部

目次	條目	聲類	聲紐	例外	韻類	韻部	例外	卷數
185	匸	齒音	審	是	-			卷四支部
186	嗌	淺喉	影		陰弇	支、脂、至		卷四支部
186	嗌	深喉	見		陽弇	清、真		卷四支部
186	嗌	舌音	定、來	是	-			卷四支部
186	嗌	齒音	禪	是	-			卷四支部
187	易	淺喉	影		陰弇	支		卷四支部
187	易	深喉	疑		陰軸	魚		卷四支部
187	易	舌音	定	是	陽弇	清、寒		卷四支部
188	兒	舌音	泥		陰弇	支		卷四支部
188	兒	深喉	疑	是	-			卷四支部
188	兒	淺喉	曉	是	-			卷四支部
189	疒	舌音	泥		陰弇	支、歌		卷四支部
189	疒	深喉	見、疑	是	陽弇	寒		卷四支部
189	疒	淺喉	影	是	-			卷四支部
189	疒	脣音	幫	是	-			卷四支部
190	彳	舌音	透、端、定		陰弇	支		卷四支部
190	彳	齒音	照、審、禪		陰軸	魚		卷四支部
191	厽	舌音	來		陰弇	支、歌、隊、至		卷四支部
191	厽	齒音	牀		陽弇	清		卷四支部
191	厽	深喉	見	是	-			卷四支部
191	厽	淺喉	影	是	-			卷四支部
192	鬲	舌音	來、端		陰弇	支、歌		卷四支部
192	鬲	深喉	見、羣、疑	是	陰軸	魚		卷四支部
192	鬲	淺喉	匣、影	是	陽弇	清		卷四支部
193	秝	舌音	來、透		陰弇	支		卷四支部
193	秝	齒音	審		陰侈	宵、幽、侯	是	卷四支部
193	秝	淺喉	影	是	-			卷四支部
194	豸	舌音	定、透		陰弇	支、歌、脂		卷四支部

目次	條目	聲類	聲紐	例外	韻類	韻部	例外	卷數
194	豸	齒音	審、禪		陽弇	清、寒、諄、真		卷四支部
194	豸	深喉	見、溪	是	–			卷四支部
194	豸	淺喉	影	是	–			卷四支部
194	豸	脣音	明	是	–			卷四支部
195	㣇	淺喉	影		陰弇	支、隊、脂		卷四支部
195	㣇	深喉	見		陽弇	清		卷四支部
195	㣇	舌音	定、透	是	–			卷四支部
195	㣇	齒音	穿、審	是	–			卷四支部
196	廌	舌音	定		陰弇	支		卷四支部
196	廌	齒音	照		陽弇	諄、真		卷四支部
197	朿	齒音	穿、照、牀		陰弇	支、歌、泰、隊、至		卷四支部
197	朿	舌音	端、透、來		陽弇	清、寒		卷四支部
198	冊	齒音	穿、照、牀		陰弇	支、歌		卷四支部
198	冊	舌音	端、來		陰軸	魚		卷四支部
198	冊	–			陽弇	寒、真		卷四支部
199	只	齒音	照		陰弇	支		卷四支部
200	巵	齒音	照、禪		陰弇	支、至		卷四支部
200	巵	舌音	定		陽弇	寒		卷四支部
201	𠂢	脣音	滂、幫、並、明		陰弇	支、泰		卷四支部
202	冖	脣音	明、幫、並		陰弇	支、泰、至		卷四支部
202	冖	淺喉	曉	是	陰軸	魚		卷四支部
202	冖	–			陽弇	清、寒、真		卷四支部
202	冖	–			陰侈	幽	是	卷四支部
203	糸	脣音	明、幫		陰弇	支、歌、泰、脂		卷四支部
203	糸	深喉	見	是	陽弇	清、寒、諄、真		卷四支部
204	芈	脣音	明		陰弇	支		卷四支部

目次	條目	聲類	聲紐	例外	韻類	韻部	例外	卷數
204	芊	–			陽弇	清、真		卷四支部
205	冂	深喉	見		陽弇	清、寒		卷四清部
205	冂	淺喉	匣、影		陰弇	支、泰		卷四清部
205	冂	舌音	透	是	陰侈	宵	是	卷四清部
206	幵	深喉	見、溪、羣、疑		陽弇	清、寒		卷四清部
206	幵	淺喉	匣、影		陰弇	支、脂		卷四清部
206	幵	齒音	照、穿	是	–			卷四清部
207	賏	淺喉	影、匣		陽弇	清、寒		卷四清部
207	賏	深喉	見		陽軸	陽		卷四清部
207	賏	–			陰弇	支		卷四清部
208	壬	舌音	透、端、定、泥、來		陽弇	清、寒、真		卷四清部
208	壬	齒音	照、審、禪		陽軸	陽		卷四清部
208	壬	深喉	見、溪、羣、疑	是	陰弇	支、脂、至		卷四清部
208	壬	淺喉	匣、影	是	–			卷四清部
209	丁	舌音	端、透、定		陽弇	清、寒、諄、真		卷四清部
209	丁	齒音	照、穿、禪		陽軸	陽		卷四清部
209	丁	–			陰弇	支		卷四清部
210	霝	舌音	來、端、透、泥		陽弇	清、寒、真		卷四清部
210	霝	齒音	審		陰弇	支、歌、泰、脂		卷四清部
210	霝	深喉	見	是	陰軸	魚	是	卷四清部
210	霝	–			陰侈	幽	是	卷四清部
211	正	齒音	照、牀、禪		陽弇	清		卷四清部
211	正	舌音	端、定		陰弇	支		卷四清部
212	井	齒音	照、牀		陽弇	清		卷四清部
212	井	深喉	溪	是	陰弇	支		卷四清部
212	井	淺喉	匣、影	是	–			卷四清部

目次	條目	聲類	聲紐	例外	韻類	韻部	例外	卷數
213	生	齒音	審、照、穿、牀、禪		陽弇	清、寒、真		卷四清部
213	生	舌音	透		陽軸	陽		卷四清部
213	生	淺喉	曉	是	陰弇	歌、至		卷四清部
213	生	–			陰軸	魚	是	卷四清部
214	晶	齒音	照、穿、牀、審、禪		陽弇	清、寒		卷四清部
214	晶	–			陽軸	陽		卷四清部
215	瓜	深喉	見		陰軸	魚		卷五魚部
215	瓜	淺喉	匣、曉		–			卷五魚部
216	車	齒音	穿		陰軸	魚		卷五魚部
216	車	深喉	見、溪、疑	是	–			卷五魚部
217	呂	舌音	來		陰軸	魚		卷五魚部
217	呂	深喉	見、羣	是	陽軸	陽		卷五魚部
218	丮	深喉	見、羣		陰軸	魚		卷五魚部
218	丮	淺喉	曉、匣		陽侈	談	是	卷五魚部
218	丮	脣音	並	是	–			卷五魚部
219	巨	深喉	羣、見、疑		陰軸	魚		卷五魚部
219	巨	–			陽軸	陽		卷五魚部
219	巨	–			陽侈	侵、談	是	卷五魚部
220	笪	淺喉	匣		陰軸	魚		卷五魚部
220	笪	深喉	見、羣		陽軸	陽		卷五魚部
221	父	脣音	並、幫、滂、明		陰軸	魚		卷五魚部
221	父	–			陽軸	陽		卷五魚部
222	亯	深喉	見、溪		陰軸	魚		卷五魚部
222	亯	淺喉	匣		陽軸	陽		卷五魚部
222	亯	齒音	穿	是	–			卷五魚部
223	兆	深喉	見、溪		陰軸	魚		卷五魚部
223	兆	–			陽軸	陽		卷五魚部

目次	條目	聲類	聲紐	例外	韻類	韻部	例外	卷數
224	亼	深喉	溪、見		陰軸	魚		卷五魚部
224	亼	舌音	來	是	陽軸	陽		卷五魚部
225	谷	深喉	羣		陰軸	魚		卷五魚部
225	谷	淺喉	影		–			卷五魚部
226	眲	深喉	見、溪、羣		陰軸	魚		卷五魚部
226	眲	淺喉	曉、匣、影		陽軸	陽		卷五魚部
226	眲	脣音	幫	是	–			卷五魚部
227	五	深喉	疑		陰軸	魚		卷五魚部
228	午	深喉	疑、見、溪、羣		陰軸	魚		卷五魚部
228	午	淺喉	曉、匣		陰弇	歌		卷五魚部
228	午	齒音	穿、審	是	陽軸	陽		卷五魚部
228	午	脣音	滂	是	–			卷五魚部
229	牙	深喉	疑、見		陰軸	魚		卷五魚部
229	牙	淺喉	曉		陰侈	侯		卷五魚部
229	牙	齒音	照、穿、牀、審、禪	是	陽侈	談	是	卷五魚部
230	魚	深喉	疑		陰軸	魚		卷五魚部
231	烏	淺喉	影		陰軸	魚		卷五魚部
231	烏	深喉	疑		–			卷五魚部
232	亞	淺喉	影		陰軸	魚		卷五魚部
232	亞	–			陽軸	陽		卷五魚部
233	虍	淺喉	曉		陰軸	魚		卷五魚部
233	虍	深喉	疑		–			卷五魚部
234	襾	淺喉	影、曉、匣		陰軸	魚		卷五魚部
234	襾	深喉	見、疑		陽軸	陽		卷五魚部
234	襾	舌音	來	是	–			卷五魚部
234	襾	齒音	審、禪	是	–			卷五魚部
234	襾	脣音	明	是	–			卷五魚部
235	禹	淺喉	匣、曉		陰軸	魚		卷五魚部

目次	條目	聲類	聲紐	例外	韻類	韻部	例外	卷數
235	禹	深喉	見		陽軸	陽		卷五魚部
236	于	淺喉	匣、曉、影		陰軸	魚		卷五魚部
236	于	深喉	見、溪、羣		陰弇	泰		卷五魚部
236	于	-			陽軸	陽		卷五魚部
237	羽	淺喉	匣、影		陰軸	魚		卷五魚部
237	羽	深喉	見		陽軸	陽		卷五魚部
237	羽	齒音	照、禪	是	-			卷五魚部
238	与	淺喉	影、匣		陰軸	魚		卷五魚部
238	与	深喉	見、疑		陽軸	陽		卷五魚部
238	与	齒音	牀、審、禪	是	-			卷五魚部
239	予	淺喉	影、曉		陰軸	魚		卷五魚部
239	予	深喉	見		陰弇	支		卷五魚部
239	予	舌音	透、定、泥	是	陽軸	陽		卷五魚部
239	予	齒音	穿、牀、審、禪	是	-			卷五魚部
240	雨	淺喉	匣		陰軸	魚		卷五魚部
241	亦	淺喉	影		陰軸	魚		卷五魚部
241	亦	深喉	見、溪		陽軸	陽		卷五魚部
241	亦	齒音	牀、禪	是	陽弇	清	是	卷五魚部
242	戶	淺喉	匣、曉、影		陰軸	魚		卷五魚部
242	戶	深喉	溪		陽軸	陽		卷五魚部
242	戶	-			陽侈	談	是	卷五魚部
243	丅	淺喉	匣、曉、影		陰軸	魚		卷五魚部
243	丅	深喉	見		陽軸	陽		卷五魚部
244	苿	淺喉	匣、曉		陰軸	魚		卷五魚部
244	苿	深喉	見、疑		陰弇	歌、泰、支		卷五魚部
245	土	舌音	透、端、定、泥		陰軸	魚		卷五魚部
245	土	齒音	照、穿、審、禪		陽軸	陽		卷五魚部
245	土	淺喉	曉、影	是	-			卷五魚部

目次	條目	聲類	聲紐	例外	韻類	韻部	例外	卷數
246	乇	舌音	端、透、定、泥、來		陰軸	魚		卷五魚部
246	乇	齒音	照、穿、牀、審		陰弇	歌、至		卷五魚部
246	乇	淺喉	影	是	陰侈	宵		卷五魚部
246	乇	-			陽軸	陽		卷五魚部
247	兔	舌音	透		陰軸	魚		卷五魚部
248	宁	舌音	定、端、透、泥		陰軸	魚		卷五魚部
248	宁	齒音	照、穿、審、禪		陽軸	陽		卷五魚部
249	旅	舌音	來、端、定		陰軸	魚		卷五魚部
249	旅	齒音	照、審、禪		陽軸	陽		卷五魚部
249	旅	淺喉	影	是	-			卷五魚部
250	鹵	舌音	來		陰軸	魚		卷五魚部
250	鹵	齒音	照、牀		陰弇	歌		卷五魚部
250	鹵	深喉	見、溪	是	陽軸	陽		卷五魚部
250	鹵	淺喉	匣、影	是	陽侈	侵、談	是	卷五魚部
251	女	舌音	泥、透、來		陰軸	魚		卷五魚部
251	女	齒音	審		-			卷五魚部
252	朙	齒音	照		陰軸	魚		卷五魚部
252	朙	舌音	泥		陽軸	陽		卷五魚部
253	叒	舌音	泥		陰軸	魚		卷五魚部
253	叒	齒音	照、審		陽軸	陽		卷五魚部
254	石	齒音	禪		陰軸	魚		卷五魚部
255	夕	齒音	禪、照、穿、牀、審		陰軸	魚		卷五魚部
255	夕	淺喉	曉、影	是	陰侈	幽		卷五魚部
255	夕	脣音	幫、滂、並、明	是	陽軸	陽		卷五魚部
255	夕	-			陽侈	談	是	卷五魚部
256	舄	齒音	穿		陰軸	魚		卷五魚部
257	疋	齒音	審、照、穿、牀		陰軸	魚		卷五魚部

目次	條目	聲類	聲紐	例外	韻類	韻部	例外	卷數
257	疋	-			陰弇	歌、支		卷五魚部
257	疋	-			陽軸	陽		卷五魚部
258	鼠	齒音	審		陰軸	魚		卷五魚部
258	鼠	舌音	泥		-			卷五魚部
259	且	齒音	照、穿、牀、審、禪		陰軸	魚		卷五魚部
259	且	淺喉	影	是	陰弇	脂、支		卷五魚部
259	且	-			陽軸	陽		卷五魚部
259	且	-			陽弇	清	是	卷五魚部
260	巴	脣音	幫、滂、明		陰軸	魚		卷五魚部
260	巴	-			陰弇	脂、支		卷五魚部
260	巴	-			陽軸	陽		卷五魚部
261	白	脣音	並、幫、滂、明		陰軸	魚		卷五魚部
261	白	-			陰弇	支		卷五魚部
261	白	-			陽軸	陽		卷五魚部
262	夫	脣音	幫、明		陰軸	魚		卷五魚部
262	夫	-			陰侈	幽		卷五魚部
263	馬	脣音	明、幫		陰軸	魚		卷五魚部
264	步	脣音	並		陰軸	魚		卷五魚部
264	步	-			陽軸	陽		卷五魚部
265	巫	脣音	明、幫		陰軸	魚		卷五魚部
265	巫	深喉	羣	是	陰弇	泰		卷五魚部
265	巫	淺喉	曉、匣	是	陽軸	陽		卷五魚部
265	巫	齒音	禪	是	-			卷五魚部
266	舞	脣音	明		陰軸	魚		卷五魚部
266	舞	淺喉	曉	是	陰侈	幽、之、宵		卷五魚部
266	舞	-			陽軸	陽		卷五魚部
267	毋	脣音	明、幫		陰軸	魚		卷五魚部
267	毋	淺喉	曉	是	陰侈	幽、之		卷五魚部

目次	條目	聲類	聲紐	例外	韻類	韻部	例外	卷數
267	毋	舌音	透	是	陽軸	陽		卷五魚部
267	毋	齒音	審	是	–			卷五魚部
268	磺	深喉	見		陽軸	陽		卷五陽部
268	磺	舌音	來	是	陰軸	魚		卷五陽部
269	京	深喉	見、溪、羣		陽軸	陽		卷五陽部
269	京	淺喉	匣、影		陰軸	魚		卷五陽部
270	畕	深喉	見、溪		陽軸	陽		卷五陽部
270	畕	淺喉	匣		陽侈	談	是	卷五陽部
270	畕	舌音	來	是	陰軸	魚		卷五陽部
270	畕	脣音	明	是	陰侈	宵	是	卷五陽部
271	亢	深喉	見、溪、羣、疑		陽軸	陽		卷五陽部
271	亢	淺喉	曉、匣、影		陽侈	東、緝	是	卷五陽部
271	亢	舌音	定、來	是	陰軸	魚		卷五陽部
271	亢	–			陰侈	侯	是	卷五陽部
272	囧	深喉	見、溪		陽軸	陽		卷五陽部
272	囧	淺喉	曉、匣、影		陰軸	魚		卷五陽部
272	囧	舌音	透、定	是	–			卷五陽部
272	囧	脣音	幫、明	是	–			卷五陽部
273	亢	淺喉	影		陽軸	陽		卷五陽部
273	亢	深喉	見、溪		陰軸	魚		卷五陽部
273	亢	脣音	幫	是	–			卷五陽部
274	弜	深喉	羣、見		陽軸	陽		卷五陽部
274	弜	淺喉	匣		陽弇	清		卷五陽部
274	弜	–			陰軸	魚		卷五陽部
275	卯	深喉	溪、見		陽軸	陽		卷五陽部
275	卯	淺喉	曉		–			卷五陽部
275	卯	齒音	照	是	–			卷五陽部
276	羊	淺喉	影		陽軸	陽		卷五陽部

目次	條目	聲類	聲紐	例外	韻類	韻部	例外	卷數
276	羊	深喉	見、溪		陰軸	魚		卷五陽部
276	羊	舌音	定	是	-			卷五陽部
276	羊	齒音	照、審、禪	是	-			卷五陽部
276	羊	脣音	滂	是	-			卷五陽部
277	永	淺喉	匣、影		陽軸	陽		卷五陽部
277	永	深喉	見、羣		陽弇	清		卷五陽部
277	永	-			陰軸	魚		卷五陽部
278	王	淺喉	匣		陽軸	陽		卷五陽部
278	王	深喉	見		陰軸	魚		卷五陽部
279	亯	淺喉	曉		陽軸	陽		卷五陽部
279	亯	齒音	禪	是	陽侈	侵		卷五陽部
280	皀	深喉	見、羣		陽軸	陽		卷五陽部
280	皀	淺喉	曉		陽弇	清		卷五陽部
280	皀	舌音	透、泥、來	是	陰軸	魚		卷五陽部
280	皀	齒音	審	是	-			卷五陽部
280	皀	脣音	滂	是	-			卷五陽部
281	行	淺喉	匣		陽軸	陽		卷五陽部
281	行	深喉	見、溪		陰軸	魚		卷五陽部
282	㐺	舌音	來		陽軸	陽		卷五陽部
283	良	舌音	來、定		陽軸	陽		卷五陽部
283	良	齒音	穿		-			卷五陽部
284	丄	齒音	禪、照、穿、審		陽軸	陽		卷五陽部
284	丄	舌音	定		陽侈	蒸		卷五陽部
285	象	齒音	禪、牀、審		陽軸	陽		卷五陽部
285	象	淺喉	影	是	陰軸	魚		卷五陽部
286	爪	齒音	照		陽軸	陽		卷五陽部
286	爪	-			陰軸	魚		卷五陽部
287	刅	齒音	穿、照、牀、審、禪		陽軸	陽		卷五陽部

目次	條目	聲類	聲紐	例外	韻類	韻部	例外	卷數
287	办	舌音	端		陰軸	魚		卷五陽部
287	办	淺喉	曉、影	是	–			卷五陽部
288	皿	脣音	明、幫、並		陽軸	陽		卷五陽部
288	皿	–			陰軸	魚		卷五陽部
289	黽	脣音	明		陽軸	陽		卷五陽部
289	黽	–			陰軸	魚		卷五陽部
290	匚	脣音	幫、並		陽軸	陽		卷五陽部
290	匚	深喉	羣	是	陰軸	魚		卷五陽部
290	匚	–			陰侈	侯	是	卷五陽部
291	方	脣音	幫、滂、並		陽軸	陽		卷五陽部
291	方	–			陰軸	魚		卷五陽部
291	方	–			陰侈	侯	是	卷五陽部
291	方	–			陰弇	泰	是	卷五陽部
292	丙	脣音	幫、滂、並		陽軸	陽		卷五陽部
292	丙	–			陰軸	魚		卷五陽部
293	网	脣音	明、幫、滂、並		陽軸	陽		卷五陽部
293	网	淺喉	曉	是	陰軸	魚		卷五陽部
293	网	舌音	來	是	–			卷五陽部
294	冓	深喉	見、溪、疑		陰侈	侯、幽		卷六侯部
294	冓	淺喉	曉、匣、影		陽侈	東		卷六侯部
294	冓	齒音	牀	是	–			卷六侯部
295	角	深喉	見、疑		陰侈	侯、宵		卷六侯部
295	角	淺喉	匣		陽侈	東		卷六侯部
295	角	齒音	穿	是	–			卷六侯部
296	口	深喉	溪、見		陰侈	侯、宵		卷六侯部
296	口	–			陽侈	東		卷六侯部
297	谷	深喉	見、溪、疑		陰侈	侯、幽		卷六侯部
297	谷	淺喉	曉、匣、影		陽侈	東、緝、談		卷六侯部

目次	條目	聲類	聲紐	例外	韻類	韻部	例外	卷數
297	谷	舌音	端、透、定、來	是	陽軸	陽	是	卷六侯部
297	谷	齒音	照、穿、審、禪	是	-			卷六侯部
298	曲	深喉	溪、見、羣		陰侈	侯、幽		卷六侯部
298	曲	淺喉	影		陽侈	東		卷六侯部
298	曲	舌音	來	是	-			卷六侯部
299	玉	深喉	疑、見		陰侈	侯		卷六侯部
300	孠	淺喉	匣、曉、影		陰侈	侯、幽、宵		卷六侯部
300	孠	深喉	見、溪		陰軸	魚		卷六侯部
300	孠	舌音	來	是	陽侈	東、冬、談		卷六侯部
300	孠	-			陽軸	陽	是	卷六侯部
301	瓜	淺喉	影		陰侈	侯		卷六侯部
302	后	淺喉	匣、影		陰侈	侯、幽、宵		卷六侯部
302	后	深喉	見、溪、疑		陰軸	魚		卷六侯部
302	后	舌音	端、定	是	陽侈	東、冬		卷六侯部
302	后	齒音	審	是	-			卷六侯部
302	后	脣音	並	是	-			卷六侯部
303	斗	舌音	端、透		陰侈	侯、宵		卷六侯部
303	斗	齒音	照、審、禪		陽侈	東、蒸		卷六侯部
303	斗	深喉	見	是	-			卷六侯部
303	斗	淺喉	匣、影	是	-			卷六侯部
304	鬥	舌音	端、透、定		陰侈	侯、幽		卷六侯部
304	鬥	齒音	穿、牀		陽侈	東		卷六侯部
304	鬥	淺喉	影	是	-			卷六侯部
305	豆	舌音	定、端、透、泥、來		陰侈	侯、宵		卷六侯部
305	豆	齒音	照、穿、牀、禪		陰軸	魚		卷六侯部
305	豆	深喉	見	是	陽侈	東、冬、蒸		卷六侯部
305	豆	淺喉	影	是	-			卷六侯部
306	鋀	舌音	定		陰侈	侯		卷六侯部

目次	條目	聲類	聲紐	例外	韻類	韻部	例外	卷數
306	鋰	齒音	照		陽侈	東		卷六侯部
307	、	舌音	端、透、定		陰侈	侯、幽		卷六侯部
307	、	齒音	照、禪		陽侈	東		卷六侯部
308	主	齒音	照、牀		陰侈	侯、幽、之、宵		卷六侯部
308	主	舌音	端		陽侈	東、侵、蒸		卷六侯部
309	朱	齒音	照、穿、審、禪		陰侈	侯、幽、宵		卷六侯部
309	朱	舌音	端、定		陽侈	東、冬		卷六侯部
309	朱	-			陰弇	隊	是	卷六侯部
310	亍	舌音	透、端、定、泥		陰侈	侯、幽		卷六侯部
310	亍	齒音	照、穿、牀、審、禪		陽侈	東		卷六侯部
311	豖	舌音	透		陰侈	侯、宵		卷六侯部
311	豖	齒音	照、審、禪		-			卷六侯部
312	彔	齒音	照		陰侈	侯		卷六侯部
313	彔	舌音	來、端、定		陰侈	侯、幽		卷六侯部
313	彔	齒音	照、穿、審		陰軸	魚		卷六侯部
313	彔	深喉	羣	是	陽侈	東		卷六侯部
313	彔	淺喉	影	是	-			卷六侯部
314	鹿	舌音	來		陰侈	侯		卷六侯部
315	几	齒音	禪、照、穿、審		陰侈	侯、幽、宵		卷六侯部
315	几	舌音	端、定、泥		陽侈	東、冬、侵、緝		卷六侯部
315	几	深喉	疑	是	陽弇	寒	是	卷六侯部
315	几	脣音	並、明	是	-			卷六侯部
316	蜀	齒音	禪、牀		陰侈	侯		卷六侯部
316	蜀	舌音	透		陽侈	冬、侵、談		卷六侯部
317	丵	齒音	牀、照、穿、審		陰侈	侯		卷六侯部
317	丵	舌音	端、泥		陽侈	東、冬		卷六侯部

目次	條目	聲類	聲紐	例外	韻類	韻部	例外	卷數
318	丂	齒音	照、穿、審		陰侈	侯、幽		卷六侯部
318	丂	舌音	端、透		-			卷六侯部
319	卜	脣音	幫、滂、並		陰侈	侯、幽、宵		卷六侯部
320	木	脣音	明、幫、滂		陰侈	侯		卷六侯部
321	厈	深喉	見、羣、疑		陰侈	侯、幽、宵		卷六侯部
321	厈	淺喉	影		陽侈	侵、緝、談、盍		卷六侯部
321	厈	舌音	端、透、泥	是	-			卷六侯部
321	厈	齒音	審	是	-			卷六侯部
322	工	深喉	見、溪、羣		陽侈	東		卷六東部
322	工	淺喉	影		陰侈	侯、幽、宵		卷六東部
322	工	舌音	透	是	-			卷六東部
323	収	深喉	見、溪		陽侈	東、冬		卷六東部
323	収	淺喉	影		陰侈	侯、幽、之、宵		卷六東部
323	収	齒音	審	是	-			卷六東部
323	収	脣音	幫、滂、並	是	-			卷六東部
324	共	深喉	羣、見、疑		陽侈	東、冬、緝、蒸、談、盍		卷六東部
324	共	淺喉	曉、匣、影		陰侈	侯		卷六東部
324	共	舌音	泥、來	是	陰軸	魚	是	卷六東部
324	共	齒音	照、禪	是	-			卷六東部
325	亯	深喉	見		陽侈	東、冬、侵		卷六東部
325	亯	淺喉	影		陰侈	幽		卷六東部
325	亯	舌音	定	是	-			卷六東部
325	亯	齒音	照、穿、審	是	-			卷六東部
326	凶	淺喉	曉、匣		陽侈	東、談		卷六東部
326	凶	深喉	見、溪、羣		陰侈	幽		卷六東部
326	凶	舌音	定	是	-			卷六東部

目次	條目	聲類	聲紐	例外	韻類	韻部	例外	卷數
327	从	齒音	牀、照、穿、審		陽侈	東、侵		卷六東部
327	从	舌音	定		陰侈	侯、幽		卷六東部
327	从	淺喉	曉、影	是	-			卷六東部
328	囪	齒音	穿、照、牀、審、禪		陽侈	東、侵、蒸、談、盍		卷六東部
328	囪	舌音	端、透、定、來		陽軸	陽		卷六東部
328	囪	淺喉	影	是	陰侈	侯、幽、宵		卷六東部
328	囪	-			陽弇	清、真	是	卷六東部
329	丰	脣音	滂、幫、並、明		陽侈	東、侵		卷六東部
329	丰	-			陰侈	侯、幽		卷六東部
330	丂	深喉	溪、見、羣、疑		陰侈	幽、侯、之、宵		卷七幽部
330	丂	淺喉	曉、匣、影		陰軸	魚		卷七幽部
330	丂	舌音	端、泥	是	陽侈	東、侵、蒸、談		卷七幽部
330	丂	-			陰弇	隊	是	卷七幽部
331	丑	舌音	透、定、泥		陰侈	幽、宵		卷七幽部
331	丑	齒音	照、穿、牀、審、禪		陽侈	冬、侵、緝、談、盍		卷七幽部
331	丑	深喉	見、溪、羣	是	-			卷七幽部
331	丑	淺喉	曉、匣	是	-			卷七幽部
332	手	齒音	審、照、穿		陰侈	幽、侯		卷七幽部
332	手	舌音	端		-			卷七幽部
333	叉	齒音	照、牀、審		陰侈	幽、之		卷七幽部
333	叉	舌音	定		陽侈	談		卷七幽部
334	九	深喉	見、溪、羣		陰侈	幽、之		卷七幽部
334	九	淺喉	影		陽侈	冬、緝		卷七幽部
335	裘	深喉	羣、見		陰侈	幽		卷七幽部
336	臼	深喉	羣、溪		陰侈	幽		卷七幽部
337	韭	深喉	見		陰侈	幽		卷七幽部

目次	條目	聲類	聲紐	例外	韻類	韻部	例外	卷數
338	丩	深喉	見、溪、羣		陰侈	幽、侯、之		卷七幽部
338	丩	淺喉	曉、匣、影		陰軸	魚	是	卷七幽部
338	丩	舌音	來	是	陽侈	冬、侵、緝、東		卷七幽部
338	丩	齒音	審	是	–			卷七幽部
338	丩	脣音	明	是	–			卷七幽部
339	幺	淺喉	影、匣		陰侈	幽、侯、宵		卷七幽部
339	幺	深喉	見、溪		陽侈	侵、緝、談		卷七幽部
339	幺	舌音	端、定	是	–			卷七幽部
339	幺	齒音	穿	是	–			卷七幽部
340	丣	淺喉	影、曉、匣		陰侈	幽、侯、之		卷七幽部
340	丣	深喉	見		陽侈	侵、東、談、盍		卷七幽部
340	丣	齒音	照、審	是	–			卷七幽部
340	丣	舌音	來	是	–			卷七幽部
340	丣	脣音	滂	是	–			卷七幽部
341	酉	淺喉	影、曉		陰侈	幽、侯、之、宵		卷七幽部
341	酉	深喉	見、溪、羣		陰軸	魚		卷七幽部
341	酉	舌音	端、透、定、泥、來	是	陽侈	冬、侵、緝、東		卷七幽部
341	酉	齒音	照、穿、牀、審、禪	是	陽弇	真	是	卷七幽部
341	酉	脣音	明	是	陰弇	脂	是	卷七幽部
342	𦣻	淺喉	影		陰侈	幽、宵		卷七幽部
342	𦣻	舌音	端、透、定	是	陽侈	東		卷七幽部
342	𦣻	齒音	照、穿、審	是	陰弇	泰	是	卷七幽部
343	竹	舌音	端、定		陰侈	幽、宵		卷七幽部
343	竹	齒音	穿、審		陽侈	侵		卷七幽部
343	竹	淺喉	影	是	–			卷七幽部

目次	條目	聲類	聲紐	例外	韻類	韻部	例外	卷數
344	卣	舌音	定、端、透		陰侈	幽、宵		卷七幽部
344	卣	齒音	照、審、禪		陽侈	侵、緝、東		卷七幽部
344	卣	淺喉	匣、影	是	–			卷七幽部
345	㽞	舌音	定、來		陰侈	幽、之		卷七幽部
345	㽞	齒音	照、牀		陽侈	蒸		卷七幽部
345	㽞	淺喉	曉	是	–			卷七幽部
346	舟	齒音	照、牀、審、禪		陰侈	幽、侯、宵		卷七幽部
346	舟	舌音	透、定		陽侈	侵、蒸		卷七幽部
347	州	齒音	照		陰侈	幽、之、宵		卷七幽部
347	州	舌音	端、定		陰軸	魚		卷七幽部
347	州	–			陰弇	脂	是	卷七幽部
348	百	齒音	審、照、穿		陰侈	幽、侯、宵		卷七幽部
348	百	舌音	端、透、定、來		陰軸	魚		卷七幽部
348	百	淺喉	匣	是	陽侈	冬、東		卷七幽部
349	尗	齒音	審		陰侈	幽		卷七幽部
349	尗	舌音	端		陽侈	緝		卷七幽部
350	肉	舌音	泥		陰侈	幽		卷七幽部
350	肉	–			陽侈	侵		卷七幽部
351	六	舌音	來		陰侈	幽		卷七幽部
351	六	–			陽侈	蒸		卷七幽部
352	雔	齒音	禪、照、牀、審		陰侈	幽、宵		卷七幽部
352	雔	舌音	定		陽侈	東		卷七幽部
353	艸	齒音	穿、牀		陰侈	幽、宵		卷七幽部
353	艸	舌音	泥		–			卷七幽部
354	牟	脣音	明、滂、並		陰侈	幽、宵		卷七幽部
355	矛	脣音	明、滂、並		陰侈	幽		卷七幽部
355	矛	–			陽侈	東、談		卷七幽部
356	勹	脣音	幫、滂、並		陰侈	幽、侯、之、宵		卷七幽部

目次	條目	聲類	聲紐	例外	韻類	韻部	例外	卷數
356	勹	–			陰軸	魚		卷七幽部
356	勹	–			陽侈	侵、蒸		卷七幽部
356	勹	–			陰弇	至	是	卷七幽部
357	缶	脣音	幫、滂、並		陰侈	幽、侯、之、宵		卷七幽部
357	缶	深喉	溪	是	–			卷七幽部
357	缶	淺喉	影	是	–			卷七幽部
357	缶	舌音	定	是	–			卷七幽部
358	卯	脣音	明		陰侈	幽		卷七幽部
359	冃	脣音	明		陰侈	幽、侯、之、宵		卷七幽部
359	冃	淺喉	曉	是	陽侈	東、蒸		卷七幽部
359	冃	舌音	來	是	陽軸	陽	是	卷七幽部
360	冃	脣音	明		陰侈	幽		卷七幽部
361	目	脣音	明		陰侈	幽		卷七幽部
362	𠂤	脣音	並、幫、滂		陰侈	幽、侯、之		卷七幽部
362	𠂤	齒音	審	是	–			卷七幽部
363	邕	淺喉	影		陽侈	冬、東		卷七冬部
363	邕	舌音	端、定、泥、來	是	陰侈	幽、侯		卷七冬部
363	邕	齒音	照、禪	是	–			卷七冬部
364	中	舌音	端、透、定		陽侈	冬		卷七冬部
364	中	–			陽軸	陽		卷七冬部
364	中	–			陰侈	幽、宵		卷七冬部
365	夅	深喉	見、溪、疑		陽侈	冬、侵、談		卷七冬部
366	終	齒音	照、穿、牀、審、禪		陽侈	冬、侵、緝、東		卷七冬部
366	終	舌音	透、定、泥		陰侈	幽、侯、之、宵		卷七冬部
367	琴	深喉	羣		陽侈	侵		卷七侵部
368	㐺	深喉	疑		陽侈	侵		卷七侵部

目次	條目	聲類	聲紐	例外	韻類	韻部	例外	卷數
368	仏	淺喉	曉		–			卷七侵部
369	亩	舌音	來、端		陽侈	侵、緝		卷七侵部
369	亩	齒音	照、穿、牀、審、禪		陰侈	之		卷七侵部
369	亩	淺喉	影	是	–			卷七侵部
370	林	舌音	來、透、泥		陽侈	侵		卷七侵部
370	林	齒音	審		陰侈	幽		卷七侵部
371	壬	舌音	泥、端、透、定、來		陽侈	侵、緝、冬、東、蒸、談		卷七侵部
371	壬	齒音	照、穿、牀		陰侈	幽、侯、之、宵		卷七侵部
371	壬	淺喉	影	是	–			卷七侵部
371	壬	脣音	明	是	–			卷七侵部
372	羊	舌音	泥、端、透、定		陽侈	侵、緝、冬、蒸、談		卷七侵部
372	羊	齒音	照、穿、牀、審、禪		陰侈	幽、之、宵		卷七侵部
372	羊	深喉	溪	是	–			卷七侵部
372	羊	淺喉	匣、影	是	–			卷七侵部
373	先	齒音	照		陽侈	侵		卷七侵部
374	三	齒音	審、照、穿、牀、禪		陽侈	侵、冬、東		卷七侵部
374	三	舌音	來		陰侈	幽		卷七侵部
374	三	淺喉	影	是	–			卷七侵部
375	彡	齒音	審、照、穿、禪		陽侈	侵、緝、談		卷七侵部
375	彡	舌音	定		陰侈	幽、侯、之、宵		卷七侵部
376	心	齒音	審		陽侈	侵		卷七侵部
376	心	–			陰侈	侯、之		卷七侵部
377	品	脣音	滂、幫、並		陽侈	侵、談		卷七侵部
377	品	舌音	來	是	陰侈	幽		卷七侵部

目次	條目	聲類	聲紐	例外	韻類	韻部	例外	卷數
378	甲	深喉	見、溪		陽侈	緝、侵、蒸、談、盍		卷七緝部
378	甲	淺喉	匣、影		陰弇	歌、泰	是	卷七緝部
378	甲	舌音	端、來	是	陰軸	魚	是	卷七緝部
378	甲	齒音	審	是	-			卷七緝部
379	柙	淺喉	匣、曉、影		陽侈	緝、侵、東、談		卷七緝部
379	柙	深喉	見、溪、羣		陰侈	幽、之、宵		卷七緝部
379	柙	舌音	來	是	陰弇	脂	是	卷七緝部
380	及	深喉	羣、見、疑		陽侈	緝、侵、談、盍		卷七緝部
380	及	淺喉	曉、匣		陰侈	幽、之		卷七緝部
380	及	舌音	透、定	是	陰弇	泰	是	卷七緝部
380	及	齒音	審	是	-			卷七緝部
381	邑	淺喉	影		陽侈	緝		卷七緝部
382	十	齒音	禪、照、牀、審		陽侈	緝、侵、盍		卷七緝部
382	十	舌音	來		陰侈	幽		卷七緝部
382	十	深喉	見	是	陰弇	泰	是	卷七緝部
382	十	淺喉	曉、匣	是	-			卷七緝部
383	入	舌音	泥、端、定		陽侈	緝、侵、談		卷七緝部
383	入	齒音	照、牀、審、禪		陰侈	幽		卷七緝部
384	廿	舌音	泥		陽侈	緝		卷七緝部
385	㽞	舌音	端、定		陽侈	緝		卷七緝部
385	㽞	齒音	照		陰侈	之		卷七緝部
385	㽞	-			陰弇	脂	是	卷七緝部
386	立	舌音	來、端		陽侈	緝、侵、談		卷七緝部
386	立	深喉	見	是	陰侈	幽		卷七緝部
386	立	淺喉	匣	是	陰弇	隊	是	卷七緝部
387	亼	齒音	牀、照、穿、審、禪		陽侈	緝、盍		卷七緝部

目次	條目	聲類	聲紐	例外	韻類	韻部	例外	卷數
387	亼	舌音	端、透、定		陰侈	幽、宵		卷七緝部
387	亼	淺喉	影	是	–			卷七緝部
388	亣	齒音	審、牀、禪		陽侈	緝		卷七緝部
388	亣	舌音	定		陰弇	泰	是	卷七緝部
389	㗊	齒音	照、穿、審		陽侈	緝		卷七緝部
389	㗊	舌音	定		陰侈	宵		卷七緝部
389	㗊	淺喉	影	是	陰弇	泰	是	卷七緝部
390	帀	齒音	照、穿、牀、審		陽侈	緝、冬、盍		卷七緝部
390	帀	舌音	端、透、定		陰侈	幽		卷七緝部
391	䍜	齒音	審、穿、牀		陽侈	緝、談		卷七緝部
391	䍜	深喉	疑	是	陰侈	之、宵		卷七緝部
391	䍜	–			陰軸	魚	是	卷七緝部
391	䍜	–			陽弇	寒	是	卷七緝部
392	己	深喉	見、溪、羣		陰侈	之、幽		卷八之部
392	己	淺喉	匣		陽侈	蒸、冬、侵		卷八之部
393	久	深喉	見、羣、疑		陰侈	之		卷八之部
393	久	淺喉	曉、匣、影		陽侈	蒸		卷八之部
393	久	舌音	透	是	–			卷八之部
393	久	脣音	明	是	–			卷八之部
394	克	深喉	溪、見、羣、疑		陰侈	之		卷八之部
394	克	淺喉	匣、影		陽侈	蒸、侵、緝		卷八之部
394	克	舌音	透	是	陽軸	陽	是	卷八之部
395	龜	深喉	見		陰侈	之、幽		卷八之部
396	棘	深喉	見、溪		陰侈	之		卷八之部
396	棘	淺喉	匣		–			卷八之部
397	革	深喉	見、溪		陰侈	之		卷八之部
397	革	淺喉	影		陰軸	魚		卷八之部
397	革	舌音	透、定	是	陽侈	蒸、冬、侵		卷八之部

目次	條目	聲類	聲紐	例外	韻類	韻部	例外	卷數
397	革	齒音	牀、審	是	–			卷八之部
398	丘	深喉	溪、見		陰侈	之、宵		卷八之部
398	丘	–			陰軸	魚		卷八之部
398	丘	–			陽侈	東		卷八之部
398	丘	–			陽軸	陽	是	卷八之部
398	丘	–			陰弇	歌、支	是	卷八之部
398	丘	–			陽弇	清	是	卷八之部
399	箕	深喉	見、溪		陰侈	之		卷八之部
400	丌	深喉	見、羣		陰侈	之、幽		卷八之部
400	丌	淺喉	曉		陽侈	緝		卷八之部
400	丌	–			陰弇	脂	是	卷八之部
401	牛	深喉	疑		陰侈	之		卷八之部
402	弋	淺喉	影、曉		陰侈	之、宵		卷八之部
402	弋	深喉	溪、羣、疑		陽侈	蒸、緝		卷八之部
402	弋	舌音	端、透、來	是	–			卷八之部
402	弋	齒音	照、穿、牀、審、禪	是	–			卷八之部
403	巳	齒音	禪、照、審		陰侈	之		卷八之部
403	巳	舌音	透、定		陽侈	蒸、東		卷八之部
403	巳	淺喉	匣、影	是	–			卷八之部
404	亥	淺喉	匣		陰侈	之		卷八之部
404	亥	深喉	見		–			卷八之部
405	子	齒音	照、牀		陰侈	之		卷八之部
405	子	舌音	來		–			卷八之部
406	臣	淺喉	影、匣		陰侈	之、幽		卷八之部
406	臣	深喉	見、溪、疑		陽侈	侵、緝、談		卷八之部
406	臣	舌音	來	是	–			卷八之部
407	又	淺喉	匣		陰侈	之		卷八之部
408	而	舌音	泥、端、透		陰侈	之、侯		卷八之部

目次	條目	聲類	聲紐	例外	韻類	韻部	例外	卷數
408	而	齒音	審		陰軸	魚		卷八之部
408	而	淺喉	影	是	陽侈	蒸、冬、談		卷八之部
408	而	–			陽弇	寒	是	卷八之部
409	耳	舌音	泥、端		陰侈	之		卷八之部
409	耳	–			陽侈	盍		卷八之部
410	來	舌音	來、透		陰侈	之、幽		卷八之部
410	來	齒音	牀、禪		–			卷八之部
410	來	淺喉	曉、匣、影	是	–			卷八之部
410	來	脣音	明	是	–			卷八之部
411	力	舌音	來、透、定		陰侈	之、侯、幽、宵		卷八之部
411	力	齒音	照、牀		陽侈	蒸、東、侵、談、盍		卷八之部
411	力	深喉	疑	是	陰弇	泰	是	卷八之部
411	力	淺喉	曉、影	是	–			卷八之部
412	之	齒音	照、穿、牀、審、禪		陰侈	之、侯、幽、宵		卷八之部
412	之	舌音	端、透、定		陽侈	蒸、東、冬、談		卷八之部
412	之	淺喉	曉、影	是	陽軸	陽	是	卷八之部
413	才	齒音	牀、照、穿		陰侈	之		卷八之部
414	止	齒音	照、牀、禪		陰侈	之、幽、宵		卷八之部
414	止	舌音	透、定		陽侈	蒸、東		卷八之部
415	齒	齒音	穿		陰侈	之		卷八之部
416	甾	齒音	照		陰侈	之、幽		卷八之部
416	甾	–			陽侈	蒸、東、侵		卷八之部
417	巛	齒音	照、穿、審		陰侈	之		卷八之部
418	囟	齒音	審、穿		陰侈	之、侯、幽、宵		卷八之部
418	囟	舌音	端、泥、來		陽侈	東		卷八之部

目次	條目	聲類	聲紐	例外	韻類	韻部	例外	卷數
419	絲	齒音	審、牀		陰侈	之		卷八之部
419	絲	-			陽侈	蒸		卷八之部
420	矢	齒音	照、穿		陰侈	之		卷八之部
421	不	脣音	幫、滂、並		陰侈	之、幽、宵		卷八之部
421	不	-			陽侈	蒸、東、侵、盍		卷八之部
422	北	脣音	幫、並、明		陰侈	之、侯		卷八之部
423	畐	脣音	並、幫、滂、明		陰侈	之、幽		卷八之部
423	畐	-			陰軸	魚		卷八之部
423	畐	-			陽侈	蒸		卷八之部
424	皀	脣音	幫、滂、並、明		陰侈	之、幽、宵		卷八之部
424	皀	-			陰弇	至	是	卷八之部
424	皀	-			陽弇	諄	是	卷八之部
425	母	脣音	明、並		陰侈	之		卷八之部
425	母	深喉	見	是	陰軸	魚		卷八之部
425	母	淺喉	曉	是	-			卷八之部
426	弓	深喉	見、溪		陽侈	蒸		卷八蒸部
426	弓	淺喉	匣、影		陰侈	之		卷八蒸部
426	弓	齒音	審	是	-			卷八蒸部
426	弓	脣音	並	是	-			卷八蒸部
427	厷	深喉	見		陽侈	蒸		卷八蒸部
427	厷	淺喉	匣		陰侈	侯		卷八蒸部
428	乃	舌音	泥		陽侈	蒸、緝		卷八蒸部
428	乃	淺喉	曉	是	陽軸	陽		卷八蒸部
428	乃	-			陽弇	真、寒	是	卷八蒸部
429	升	齒音	審、照、牀、禪		陽侈	蒸		卷八蒸部
429	升	舌音	端、定		陰侈	之		卷八蒸部
429	升	深喉	見	是	-			卷八蒸部
430	鳳	脣音	並		陽侈	蒸		卷八蒸部

目次	條目	聲類	聲紐	例外	韻類	韻部	例外	卷數
431	夊	脣音	幫、滂、並		陽侈	蒸、談		卷八蒸部
431	夊	深喉	溪、疑	是	陰侈	之、幽		卷八蒸部
431	夊	淺喉	匣	是	–			卷八蒸部
432	高	深喉	見、溪、羣、疑		陰侈	宵、侯、幽		卷九宵部
432	高	淺喉	曉、匣、影		陽侈	談、東、緝		卷九宵部
432	高	–			陰弇	支	是	卷九宵部
433	県	深喉	見		陰侈	宵		卷九宵部
434	爻	淺喉	匣、曉、影		陰侈	宵、幽		卷九宵部
434	爻	深喉	見		陽侈	盍、緝		卷九宵部
434	爻	舌音	定、來	是	–			卷九宵部
434	爻	脣音	幫	是	–			卷九宵部
435	交	深喉	見、溪、羣		陰侈	宵、之		卷九宵部
435	交	淺喉	匣、影		陽侈	談、緝		卷九宵部
435	交	脣音	並	是	–			卷九宵部
436	樂	深喉	疑、溪		陰侈	宵、幽、之		卷九宵部
436	樂	淺喉	曉、影		陽侈	東、蒸		卷九宵部
436	樂	舌音	定	是	–			卷九宵部
436	樂	齒音	照、審	是	–			卷九宵部
437	夭	淺喉	影		陰侈	宵		卷九宵部
437	夭	深喉	羣		–			卷九宵部
437	夭	舌音	泥	是	–			卷九宵部
438	刀	舌音	端、定、來		陰侈	宵		卷九宵部
438	刀	齒音	照		陽侈	談		卷九宵部
438	刀	深喉	見	是	–			卷九宵部
439	鳥	舌音	端、透、定、來		陰侈	宵、幽		卷九宵部
439	鳥	齒音	審		陽侈	盍、緝		卷九宵部
439	鳥	深喉	疑	是	–			卷九宵部
440	皀	舌音	透、定、泥、來		陰侈	宵、幽、之		卷九宵部

目次	條目	聲類	聲紐	例外	韻類	韻部	例外	卷數
440	龟	齒音	照、穿、牀、審		陰軸	魚		卷九宵部
440	龟	淺喉	曉、影	是	陽侈	談、盍、東、侵、蒸		卷九宵部
440	龟	脣音	明	是	陽弇	寒	是	卷九宵部
441	丱	舌音	定、端、透、泥、來		陰侈	宵、幽		卷九宵部
441	丱	齒音	照、穿、牀、審、禪		陽侈	談、侵、緝		卷九宵部
441	丱	深喉	疑	是	-			卷九宵部
441	丱	淺喉	匣	是	-			卷九宵部
442	了	舌音	來、泥		陰侈	宵		卷九宵部
442	了	齒音	穿		-			卷九宵部
443	巢	齒音	牀、審		陰侈	宵		卷九宵部
444	爪	齒音	照、穿、牀		陰侈	宵		卷九宵部
444	爪	舌音	來		陽侈	談、盍、緝		卷九宵部
445	勺	齒音	照、穿、牀、審、禪		陰侈	宵、幽、之		卷九宵部
445	勺	舌音	端、透、定		陽侈	談、東、侵、緝		卷九宵部
445	勺	深喉	見	是	-			卷九宵部
445	勺	淺喉	影	是	-			卷九宵部
445	勺	脣音	幫	是	-			卷九宵部
446	爵	齒音	照、牀、審		陰侈	宵、侯、幽、之		卷九宵部
446	爵	-			陽侈	談		卷九宵部
446	爵	-			陽弇	寒	是	卷九宵部
447	小	齒音	審、照、穿、牀		陰侈	宵、幽、之		卷九宵部
447	小	脣音	幫、滂、並、明	是	陽侈	談、盍		卷九宵部
447	小	淺喉	影	是	陰弇	泰	是	卷九宵部
448	棗	齒音	照		陰侈	宵		卷九宵部

目次	條目	聲類	聲紐	例外	韻類	韻部	例外	卷數
449	皃	脣音	明、滂		陰侈	宵、幽		卷九宵部
449	皃	淺喉	曉	是	–			卷九宵部
450	毛	脣音	明、幫、並		陰侈	宵、侯、幽、之		卷九宵部
450	毛	舌音	來	是	陽弇	寒、真	是	卷九宵部
451	广	深喉	疑、溪		陽侈	談、侵		卷九談部
451	广	淺喉	曉、影		陰侈	宵		卷九談部
451	广	舌音	端、透	是	陽弇	寒	是	卷九談部
451	广	齒音	照、審	是	–			卷九談部
452	凵	深喉	溪		陽侈	談、東、侵、緝		卷九談部
452	凵	淺喉	曉、匣、影		陰侈	宵		卷九談部
452	凵	舌音	定、泥	是	陰弇	歌	是	卷九談部
453	炎	淺喉	匣、曉、影		陽侈	談、盍、蒸、侵、緝		卷九談部
453	炎	舌音	透、定、來	是	陰侈	宵、幽、之		卷九談部
453	炎	齒音	牀、審、禪	是	–			卷九談部
454	马	淺喉	匣、曉、影		陽侈	談、東		卷九談部
454	马	深喉	見		陽軸	陽		卷九談部
454	马	舌音	定	是	陰軸	魚	是	卷九談部
454	马	–			陰弇	歌、支	是	卷九談部
455	圅	淺喉	匣		陽侈	談、盍、侵、緝		卷九談部
455	圅	深喉	溪		陰侈	宵、幽		卷九談部
455	圅	舌音	定	是	–			卷九談部
455	圅	齒音	照、牀	是	–			卷九談部
456	甘	深喉	見、溪		陽侈	談、冬、侵、緝、蒸		卷九談部
456	甘	淺喉	曉、匣、影		陰侈	宵、侯、幽		卷九談部
456	甘	舌音	定、泥	是	–			卷九談部

目次	條目	聲類	聲紐	例外	韻類	韻部	例外	卷數
457	丙	舌音	透、泥、來		陽侈	談、侵、緝		卷九談部
457	丙	齒音	穿		陰侈	宵		卷九談部
457	丙	–			陽弇	真	是	卷九談部
458	冄	舌音	泥		陽侈	談、東、蒸		卷九談部
458	冄	齒音	照、穿、牀		陰侈	宵、之		卷九談部
458	冄	–			陽弇	寒	是	卷九談部
459	夾	齒音	審		陽侈	談		卷九談部
459	夾	舌音	透、定		陰侈	宵、侯		卷九談部
459	夾	淺喉	影	是	–			卷九談部
460	乏	脣音	明、並		陽侈	談		卷九談部
460	乏	–			陽弇	寒	是	卷九談部
461	耴	舌音	端、透、定、泥		陽侈	盍、談		卷九盍部
461	耴	齒音	照、審		陰侈	侵、緝		卷九盍部
461	耴	深喉	見	是	–			卷九盍部
462	巤	舌音	來		陽侈	盍、談、東		卷九盍部
462	巤	–			陰侈	宵		卷九盍部
462	巤	–			陽弇	清	是	卷九盍部
463	乏	脣音	並、幫、滂		陽侈	盍、談、蒸		卷九盍部
463	乏	–			陰侈	宵、侯、幽、之		卷九盍部

第四節　《文始》韻轉與聲轉的分類依據

章太炎在《文始·敍例》中，根據韻轉中的一般規律和特殊表現，將《成均圖》所示的韻轉類別分作“正聲”和“變聲”兩個大類，以爲“凡近轉、近旁轉、次旁轉、正對轉、次對轉爲正聲，凡雙聲相轉不在五轉之例爲變聲。”[①]這種分類，其著眼點是韻部之間的具體音變，是根據某兩個韻部間的實際轉變關係歸納概括的，而並未涉及在一定範圍內，以弇侈爲

① 章太炎：《章太炎全集》第七冊，上海人民出版社 1999 年版，第 165 頁。

音變界限的成組的韻轉情況，但後者正是《文始》在韻轉表現上的主要特點。因此，僅憑章氏所界定的“正聲”與“變聲”來作爲《文始》韻轉的唯一分類標準，似不能清楚地説明《文始》的實際韻轉情況。確定《文始》韻轉關係的分類標準，需要結合《文始》一書音轉的體例特點而定。

《文始》各條目中同源字族在音轉關係上的體例特點主要表現在以下三個方面：

第一，《文始》各條目下的同族字都與其所從出的初文準初文具有語音上的聯繫。《文始》中的初文與準初文，不僅在字形上是漢字形體的“形源”，而且在字音和字義上，也是各條目下同源字族的“音源”與“義源”。就語音關係而言，各條目下的同族字，在聲韻兩個方面，都與該條目的初文或準初文發生直接或間接的音轉關聯。這種音轉關聯是因各同源字族皆爲初文或準初文“孳乳浸多”衍化而成，是這一漢字孳衍總規律在同源字族語音表現上的必然結果。

第二，《文始》各條目下同族字韻轉關係的界限是韻類的弇侈。《成均圖》中的弇聲與侈聲，不僅是對韻部的分類，也是對韻轉範圍的限定。在韻轉關係中，弇侈是否相同是區别“正聲”與“變聲”的標準。發生韻轉關係的各個韻部，無論是旁轉或是對轉，都必須弇侈相同。在這個標準之内的韻轉爲“正聲”，是一般規律；超出這個標準以外爲“變聲”，是特殊規律。各條目下的同族字，其韻轉關係的界限正是根據這個標準來確定的。這種標準導源於章氏在《成均圖》中對韻部間遠近親疏關係的區分，自然也就成爲了韻轉中韻部旁通變化的基礎。

第三，《文始》各條目下同族字聲轉關係的界限是五音的類别。“紐表”中的聲類，不僅是對聲紐的分類，也是對聲轉範圍的限定。在聲轉關係中，同類或近類（深喉與淺喉、舌音與齒音）是區别“正聲”與“變聲”的標準。發生聲轉關係的各個聲紐，必須是同類或近類關係。在這個標準之内的聲轉爲“正聲”，是一般規律；超出這個標準以外爲“變聲”，是特殊規律。各條目下的同族字，其聲轉關係的界限正是根據這個標準來確定的。這種標準導源於章氏在紐表中對聲類間遠近親疏關係的區分，自然也就成爲了聲轉中聲母旁通變化的基礎。

依照上述《文始》在音轉關係上的體例特點，本書對《文始》韻轉與聲轉的分類與說明，是以各個條目爲基本單位，以韻類或聲類爲音變範圍，以同條目下所有字頭的韻類聲類與該條初文準初文的韻類聲類的相互關係爲分析對象，分條目、分類別地逐一說明《文始》韻轉與聲轉在類別與數量上的規律和特點。這種分析說明，既以章氏所定的聲轉條例和韻轉條例爲音轉關係的體系框架，又以《文始》中具體條目的聲韻關係爲實際對象，避免了空談音理，不重材料或衹列材料，無視規律的弊端，從而能夠全面歸納《文始》中同源字族的音轉規律並客觀評價章氏的音轉學說。

《文始》各條目中的同源字族，是同時在聲韻兩個方面與本條目的初文或準初文發生語音關聯的。但爲了研究上的方便，也爲了集中呈現韻轉與聲轉各自的規律和特點，本書對《文始》韻轉與聲轉的分析說明，採取的是先分別論述，後再綜合討論的方式。

第五節 《文始》的韻轉類別

《文始》中各條目的韻轉，是以韻類爲其範圍與界限的。韻類，即韻部的類別，是章氏在《成均圖》中對其所定的古韻二十三部的分類。在《成均圖》中，章氏將古韻二十一部（除魚、陽二部外）各以其陰陽弇侈的不同分爲四類：陰弇、陰侈、陽弇、陽侈。此四類，外加處於特殊中軸地位的陰軸（魚部）與陽軸（陽部），共計六種韻類。這六種韻類及其相互關係是《文始》中各條目韻轉變化的語音基礎。

根據《文始》中同一條目下各韻類與其初文或準初文韻類的相互關係，並結合章氏所定韻轉的“正聲”與“變聲”條例，可將《文始》一書全部條目的韻轉類別分爲五個大類：正聲韻轉、正聲遞轉、韻類次對轉、變聲韻轉、綜合韻轉。《文始》中五類韻轉的規律特點及條目數量各不相同，現分類說明如下。

一 《文始》韻類的正聲韻轉

韻類的正聲韻轉，是指《文始》中同一條目下的所有韻類，與其初文或準初文韻類，具有直接的韻轉關係，其間的韻轉規律符合章氏所定的“正聲”條例。

據“《文始》聲類韻類一覽表”，提取出韻轉中屬於正聲韻轉的條目，以“韻類”字段作爲分類條件，分別計算各類的條目數量，並對每一正聲韻轉進行說明，則得“《文始》韻類正聲韻轉表”：

《文始》韻類正聲韻轉表

序號	韻類	數量	韻轉	說明
1	陰弇	33	同類韻轉	陰弇聲旁轉
2	陰軸	14	同類韻轉	陰軸聲同部
3	陰侈	38	同類韻轉	陰侈聲旁轉
4	陽弇	13	同類韻轉	陽弇聲旁轉
5	陽軸	3	同類韻轉	陽軸聲同部
6	陽侈	7	同類韻轉	陽侈聲旁轉
7	陰弇、陰軸	1	兩類韻轉	陰弇聲旁轉、陰軸聲旁轉
8	陰軸、陰弇	1	兩類韻轉	陰軸聲旁轉、陰弇聲旁轉
9	陰軸、陰侈	1	兩類韻轉	陰軸聲旁轉、陰侈聲旁轉
10	陰侈、陰軸	1	兩類韻轉	陰侈聲旁轉、陰軸聲旁轉
11	陽弇、陽軸	1	兩類韻轉	陽弇聲旁轉、陽軸聲旁轉
12	陽軸、陽侈	2	兩類韻轉	陽軸聲旁轉、陽侈聲旁轉
13	陰弇、陽弇	80	兩類韻轉	陰弇聲旁轉、陽弇聲旁轉 陰陽弇聲對轉
14	陽弇、陰弇	49	兩類韻轉	陽弇聲旁轉、陰弇聲旁轉 陽陰弇聲對轉
15	陰侈、陽侈	46	兩類韻轉	陰侈聲旁轉、陽侈聲旁轉 陰陽侈聲對轉
16	陽侈、陰侈	29	兩類韻轉	陽侈聲旁轉、陰侈聲旁轉 陽陰侈聲對轉
17	陰軸、陽軸	19	兩類韻轉	陰陽軸聲對轉
18	陽軸、陰軸	14	兩類韻轉	陽陰軸聲對轉
19	陰弇、陰軸 陽弇	9	三類韻轉	陰弇聲旁轉、陰軸聲旁轉 陰陽弇聲對轉
20	陽弇、陽軸 陰弇	5	三類韻轉	陽弇聲旁轉、陽軸聲旁轉 陽陰弇聲對轉

序號	韻類	數量	韻轉	說明
21	陰侈、陰軸 陽侈	6	三類韻轉	陰侈聲旁轉、陰軸聲旁轉 陰陽侈聲對轉
22	陽侈、陽軸 陰侈	1	三類韻轉	陽侈聲旁轉、陽軸聲旁轉 陽陰侈聲對轉
23	陰軸、陰弇 陽軸	7	三類韻轉	陰軸聲旁轉、陰弇聲旁轉 陰陽軸聲對轉
24	陰軸、陰侈 陽軸	2	三類韻轉	陰軸聲旁轉、陰侈聲旁轉 陰陽軸聲對轉
25	陽軸、陽弇 陰軸	3	三類韻轉	陽軸聲旁轉、陽弇聲旁轉 陽陰軸聲對轉
26	陰軸、陰弇 陰侈、陽軸	1	四類韻轉	陰軸聲旁轉、陰弇聲旁轉 陰侈聲旁轉、陰陽軸聲對轉

據“《文始》韻類的正聲韻轉表”，合計其條目數，共計386條，佔《文始》總條目數的83.4%。由此可見，《文始》中的大多數條目，其韻轉的類別，都是屬於正聲韻轉，其韻轉關係都屬於章氏所定的“正聲”條例。

《文始》韻類中的正聲韻轉，根據各條目中的韻類關係，可分爲四類：同類韻轉、兩類韻轉、三類韻轉、四類韻轉，分别説明如下：

同類韻轉，卽陰陽、弇侈、軸聲都相同的韻轉。此類韻轉，又可根據韻類的不同，細分爲六類：陰弇、陰軸、陰侈、陽弇、陽軸、陽侈，六類合計共108條。此類韻轉的特點是，條目中同族字的韻部關係，或者來自於同一韻部，或者雖非同一韻部，但各部來自於同一韻類。來自於同一部韻部的字，自然在韻部上一致；來自於同一韻類的各韻部的字，因其在主要元音上相近，故相互之間可以旁轉。

兩類韻轉，或是陰陽相同，弇侈與軸聲的旁轉；或是陰陽相對，弇侈或軸聲的對轉。此類韻轉，又可根據韻類的不同，細分爲十二類：陰弇、陰軸，陰軸、陰弇，陰軸、陰侈，陰侈、陰軸，陽弇、陽軸，陽軸、陽侈，陰弇、陽弇，陽弇、陰弇，陰侈、陽侈，陽侈、陰侈，陰軸、陽軸，陽軸、陰軸，十二類合計共244條。此類韻轉的特點是，條目中同族字的韻部關係，來自於兩個韻類，或者是陰陽相同，但弇侈與軸聲的不同；或者是弇侈或軸聲相同，但陰陽不同。陰陽相同的同韻類之間可旁轉，是由於主要元音相近；陰陽相對的同韻類之間可對轉，是由於主要元音相同。唯有作爲軸聲的魚、陽二部，既可與弇聲相轉，又可與侈聲相轉，跨越了弇侈的界限，情況較爲特殊。這是因爲，章氏認爲“魚者閉口之極，陽者開口之極”，正是由於魚、陽二部在發音上較之他部迥異，不得以通常弇侈律之，故章氏以之爲《成均圖》旋轉之軸：“夫惟當軸處中，故兼攎弇侈之聲”，於是在韻轉關係中具有了特殊的地位，既可以與弇聲相轉，又可以與侈聲相轉：“陽部與陽侈聲、陽弇聲皆旁轉。魚部與陰侈聲，陰弇聲皆旁轉”，[①]從而在韻轉關係中，取得了不與其他諸部相同的特殊地位。

三類間的韻轉，或是弇侈的對轉外加與軸聲的旁轉，或是軸聲的對轉外加與弇侈的旁轉。此類韻轉，又可根據韻類的不同，細分爲七類：陰弇、陰軸、陽弇，陽弇、陽軸、陰弇，陰侈、陰軸、陽侈，陽侈、陽軸、陰侈，陰軸、陰弇、陽軸，陰軸、陰侈、陽軸，陽軸、陽弇、陰軸，七類合計共33條。此類韻轉的特點是，韻類之間既有旁轉又有對轉，且都有軸聲參與其中。軸聲可以與陰陽相同的弇侈旁轉，本身又可陰陽對轉；陰陽相對的弇侈可以對轉，本身又可以與陰陽相同的軸聲旁轉，所以跨了三個韻類。

四類間的韻轉，卽軸聲與弇侈相旁轉，相互間又陰陽對轉。此類韻轉，在《文始》中僅有1條：陰軸、陰弇、陰侈、陽軸。此韻轉的特點是，軸聲與同類的弇侈皆相旁轉，本身又陰陽對轉，所以跨了四個韻類。

上述四類韻轉，就各類的條目數量而言，以兩類間韻轉的“陰弇-陽弇”，“陰侈-陽侈”，“陰軸-陽軸”三種最多，三種合計共237條，佔《文始》正聲韻轉的61.2%。這表明，在《文始》正聲韻轉的條目中，就韻類之間的關係而言，陰陽對轉是其主要的韻轉規律。

《文始》韻類中的正聲韻轉，雖然在表現形式上可分作四類，且各類之中所含韻類數及韻部數多少不一，但都遵循了章氏所定“正聲”類韻轉的共同特點：如果是旁轉，除軸聲以外，必須是既同陰陽，又同弇侈；衹有軸聲可以跨越弇侈的界限，但也必須是陰陽相同。如果是對轉，則必須是陰陽、弇侈、軸聲皆兩兩相對而不能跨類。這種特點充分表明，《文始》的韻轉是以韻類的弇侈爲其範圍與界限的。

通過對《文始》韻類的正聲韻轉分析，可以看出，章氏在《成均圖》

① 章太炎：《國故論衡》，商務印書館2010年版，第11頁。

中縱所定的“分界”，横所定的“軸聲”，實是對韻轉關係的一種限制和約束：“分界”是對旁轉與對轉的大類區別，分界之内爲旁轉，跨越分界爲對轉；“弇侈”是對旁轉與對轉的具體要求，無論是旁轉或者對轉，都必須是弇侈相同。由此可見，就理論而言，在《成均圖》的音理表現上，無論是旁轉或者對轉，都不是任意爲之的，而是有其明確的範圍與限度；就實踐而言，在《文始》的實際應用中，章氏也基本上遵循了自己所定的這一音轉法則，從正聲韻轉的條目數量在《文始》中的所佔比重上看，就能證明這一點。

二 《文始》韻類的正聲遞轉

韻類的正聲遞轉，是指在《文始》同一條目下的所有韻類中，有的韻類雖與初文或準初文韻類沒有直接的韻轉關係，但卻與同條下其他與初文或準初文韻類有直接韻轉關係的韻類發生韻轉關係，相對於與初文或準初文韻類的關係而言，是一種遞轉關係，其間的韻轉規律亦符合章氏所定的“正聲”條例。

據“《文始》聲類韻類一覽表”，提取出韻轉中屬於正聲遞轉的條目，列出發生正聲遞轉關係的韻類、韻部及字頭，並對每一正聲遞轉韻類進行分類，則得“《文始》韻類正聲遞轉表”：

《文始》韻類正聲遞轉表

目次	條目	韻類	韻轉	韻部及字頭	卷數
1	干	陰軸→陽軸	陰軸遞轉	魚→陽→陽（跨→抗→𣸈）	卷一歌部
210	霝	陰弇→陰軸	陰弇遞轉	歌→魚（䴡→湑） 支→魚（淅→糬）	卷四清部
210	霝	陰軸→陰侈	陰軸遞轉	魚→幽（湑→莤） 魚→幽→幽（糬→浚→滫）	卷四清部
241	亦	陽軸→陽弇	陽軸遞轉	陽→清（墻→城）	卷五魚部
259	且	陽軸→陽弇	陽軸遞轉	陽→清（將→請、靚）	卷五魚部
270	畕	陰侈→陽侈	陰侈遞轉	宵→談（撈→擥）	卷五陽部
270	畕	陰軸→陰侈	陰軸遞轉	魚→宵（略→撈）	卷五陽部
290	匚	陰軸→陰侈	陰軸遞轉	魚→侯（簙→篰）	卷五陽部

目次	條目	韻類	韻轉	韻部及字頭	卷數
297	谷	陽侈→陽軸	陽侈遞轉	東→陽（篛→篣、籌）	卷六侯部
300	旱	陽侈→陽軸	陽侈遞轉	東→陽→陽（滃→泱→醠、坱）	卷六侯部
324	共	陰侈→陰軸	陰侈遞轉	侯→魚（羖→豭→癸）	卷六東部
359	冃	陽侈→陽軸	陽侈遞轉	蒸→陽（甍→宗）	卷七幽部
394	克	陽侈→陽軸	陽侈遞轉	蒸→陽（紘→綱、緇）	卷八之部
412	之	陽侈→陽軸	陽侈遞轉	蒸→陽（烝→嘗）	卷八之部

據“《文始》韻類正聲遞轉表”，合計其條目數，共計 12 條，佔《文始》條目總數的 2.6%。

《文始》韻類中的正聲遞轉，根據用作遞轉樞紐的韻類，可分爲兩類：軸聲遞轉與弇侈遞轉，分別説明如下：

軸聲遞轉，即同一條目中，與初文或準初文韻類沒有直接韻轉關係的韻類，是通過軸聲韻轉的中繼而間接地與初文或準初文韻類發生韻轉關係。此類遞轉，又可根據發生遞轉關係的軸聲類別，細分爲兩類：陰軸遞轉與陽軸遞轉。此類遞轉的特點是，發生遞轉關係的韻類，都以軸聲爲中介。在遞轉關係中，雖然軸聲遞轉前後的韻類越出了分界或弇侈的界限，但這種韻轉關係不是直接發生的，而是通過軸聲的媒介。就遞轉前或遞轉後的韻類與軸聲的關係來看，依舊是通常的對轉或旁轉關係，並未越出分界或弇侈的界限。

弇侈遞轉，即同一條目中，與初文或準初文韻類沒有直接韻轉關係的韻類，是通過弇聲或侈聲韻轉的中繼而間接地與初文或準初文韻類發生韻轉關係。此類遞轉，又可根據發生遞轉關係的弇侈類別，細分爲三類：陰弇遞轉、陰侈遞轉、陽侈遞轉。此類遞轉的特點是，發生遞轉關係的韻類，都以弇聲或侈聲爲中介。在遞轉關係中，遞轉前是弇侈的陰陽對轉，遞轉後則是在前轉的基礎上，再與陰陽相同的軸聲的旁轉。就每次遞轉的範圍而言，也並未越出分界或弇侈的界限。

《文始》韻類中的正聲遞轉，還可能是上述兩種基本遞轉關係的結合：或是先由陰弇遞轉爲陰軸，再由陰軸遞轉爲陰侈，如《文始·卷四·陽聲清部乙》“霝”字條的韻類關係；或者是先由陰軸遞轉爲陰侈，再由陰侈對轉爲陽侈，如《文始·卷五·陽聲陽部乙》“畕”字條的韻類關係。此類遞轉，其韻類間的關係，雖經多次而成，但在每次具體的遞轉中，依舊符合章氏“正聲”的條例，還是一般的對轉與旁轉，亦未越出分界或弇侈的界限。

通過對《文始》韻類的正聲遞轉分析，可以看出，無論是軸聲類遞轉，還是弇侈類遞轉，都與軸聲有關：軸聲類遞轉以軸聲爲中繼，弇侈類遞轉以軸聲爲終結。《文始》這一韻類遞轉的特點，顯然是因章氏認爲軸聲在《成均圖》中“當軸處中，故兼擥弇侈之聲”，於是具有了“中介音”的特殊性而造成的。由於軸聲的中轉，造成了在《文始》的韻類轉變中，同條目之下有的韻類與初文或準初文韻類不發生直接的韻轉關係。但這衹是一種表面上的“越界”，而在遞轉韻變的前後，在每一次實際的遞轉中，韻類之間的關係，仍然受制於“正聲”規律的制約，從而在實際上，並未越出分界與弇侈的界限。

在《文始》中，章氏有時把遞轉的韻變情況，根據其聲母的同紐或同類而稱作“雙聲”音轉。但是，就其間的韻轉關係而言，這種“雙聲”音轉實際屬於韻類的遞轉。

《文始》韻類中的正聲遞轉，雖然從音理上可以解釋，但畢竟造成了同條目下與初文或準初文韻類沒有直接韻轉關係的韻類存在，從而一定程度上放寬了同源字族韻轉繫聯的範圍。

三 《文始》韻類的次對轉

韻類的次對轉，是指在《文始》同一條目下的所有韻類中，有的韻類與初文或準初文韻類具有特殊的次對轉關係。這種次對轉關係，跨越了陰陽的分界，但又不在通常對轉所要求的弇侈或軸聲必須同類或同部的範圍之內，不屬於通常的“正聲”或“變聲”，情況較爲特殊，故獨立作一類。

據“《文始》聲類韻類一覽表”，提取出韻轉中屬於韻類次對轉的條目，列出發生韻類次對轉關係的韻類、韻部及字頭，並對每一韻類次對轉進行分類，則得“《文始》韻類次對轉表”：

《文始》韻類次對轉表

目次	條目	韻類	韻轉	韻部及字頭	卷數
62	卵	陽弇→陰軸	陽弇次對轉	寒→魚（棺→槨）	卷一寒部

目次	條目	韻類	韻轉	韻部及字頭	卷數
213	生	陽弇→陰軸	陽弇次對轉	清→魚（甥→壻）	卷四清部
218	丮	陰軸→陽侈	陰軸次對轉	魚→談（劫→拑）	卷五魚部
219	巨	陰軸→陽侈	陰軸次對轉	魚→侵→侵→談（鉅→黔→黚→黚）	卷五魚部
229	牙	陰軸→陽侈	陰軸次對轉	魚→談（篽→籞）	卷五魚部
242	戶	陰軸→陽侈	陰軸次對轉	魚→談（戶→槏）	卷五魚部
250	鹵	陰軸→陽侈	陰軸次對轉	魚→侵→魚→侵（鹵→鹹→苦→䤈） 魚→談→談（鹽→鹽→鹼）	卷五魚部
255	夕	陰軸→陽侈	陰軸次對轉	魚→談→談（酢→醶→醶）	卷五魚部
338	ㄐ	陽侈→陰軸	陽侈次對轉	侵→魚（衿→裾）	卷七幽部

據“《文始》韻類次對轉表”，合計其條目數，共計 9 條，佔《文始》條目總數的 1.9%。

《文始》中的韻類次對轉，根據發生次對轉關係的韻類，可分爲兩類：軸聲次對轉與弇侈次對轉，分別說明如下：

軸聲次對轉，卽同一條目中，軸聲的初文或準初文韻類與陰陽相反的弇侈韻類發生次對轉關係。此類次對轉，又可根據發生次對轉關係的軸聲類別，細分爲兩類：陰軸聲次對轉與陽軸聲次對轉。此類次對轉的特點是，發生次對轉關係的初文韻類主要是陰軸聲魚部，而與之對應的韻類主要是陽侈聲中的談部和侵部。對於魚談二部相通的原因，章氏在《成均圖》中說道：“魚與陰侈聲旁轉，極於宵矣，又從宵以對轉而得談。如古文扈作屷，從马聲，草木之華爲马，音轉爲扈爲華；又敋從古聲；楈讀若芟，是也。”[①]因魚可轉談，而侵談又相近，故魚侵亦可相通。

弇侈次對轉，卽同一條目中，弇侈聲的初文或準初文韻類與陰陽相反的軸聲韻類發生次對轉關係。此類次對轉，又可根據發生次對轉關係的弇侈類別，細分爲陽弇聲次對轉與陽侈聲次對轉。此類次對轉的特點是，與陰軸次對轉相應，發生次對轉關係的初文或準初文韻類主要是陽侈聲談部和侵部，而與之對應的韻類主要是陰軸聲魚部。除此以外，尚有陽弇聲的寒部和清部也能與陰軸魚部發生次對轉關係。魚寒二部相通的原因，章氏

① 章太炎：《國故論衡》，商務印書館 2010 年版，第 12 頁。

在《成均圖》中説道："魚與陰弇聲旁轉，極於歌矣，又從歌以對轉而得寒。如籑或作饌；無作曼；烏作安；跋扈作畔援；魁梧作魁岸，是也。"[①]因魚可轉寒，而清寒又可通，故魚清亦可相通。

通過對《文始》韻類的次對轉分析，可以看出，與韻類的遞轉情況一樣，無論是軸聲次對轉，還是弇侈次對轉，亦都與軸聲有關：軸聲次對轉的出發點是軸聲，而弇侈次對轉的終點也是軸聲。究其原因，依舊是因爲章氏在《成均圖》中認爲軸聲"當軸處中"，既然可以與弇侈聲相旁轉，亦可旁轉後再對轉，所以造成了軸聲不僅在旁轉中地位特殊，而且在對轉中也十分獨特，遂成爲了韻類次對轉的關鍵所在。

在《文始》中，與韻類的遞轉情況一樣，章氏把韻類的次對轉情況，大都稱作"雙聲"相轉，但如從《國故論衡・成均圖》所界定的韻例來看，其韻部間的關係實是韻類的次對轉。

《文始》韻類的次對轉，與《文始》韻類的遞轉情況相同，因軸聲的特殊性而造成了同條目下韻類之間的跨類現象，超出了一般對轉所要求的通常界限，造成了韻轉中的特殊韻轉關係，從而放寬了字族繫聯的韻部要求。

四 《文始》韻類的變聲韻轉

韻類的變聲韻轉，是指在《文始》同一條目下的所有韻類中，有的韻類與初文或準初文韻類具有跨類關係，這種跨類關係超出了弇侈的界限，其間的韻轉規律屬於章氏所定的"變聲"條例。

對於超出弇侈界限的"變聲"條例的界定，章太炎在不同的著作中有不同的表述。在《國故論衡・成均圖》中，章氏以"交紐"與"隔越"二轉爲變聲："凡陰聲、陽聲雖非對轉，而以比鄰相出入者，爲交紐轉。凡隔軸聲者不得轉；然有間以軸聲隔五相轉者，爲隔越轉。"[②]在《文始・敘例》中，章氏則以雙聲相轉者爲變聲："凡雙聲相轉不在五轉之例爲變聲。"[③]因爲表述上的先後不同，學界通常以爲章氏在《文始》中取消了

① 章太炎：《國故論衡》，商務印書館 2010 年版，第 12 頁。
② 同上書，第 10 頁。
③ 章太炎：《章太炎全集》第七册，上海人民出版社 1999 年版，第 166 頁。

“交紐”與“隔越”二轉。然而，查檢《文始》全文，“隔越”一語，在書中共出現四次：

《文始·卷三·陰聲至部甲》“至”字條：“至部與宵部皆陰聲而弇侈有大殊，然有隔越軸聲以相轉者，《詩·天保》以弔、質爲韵，《賓之初筵》：‘發彼有旳。’《傳》以旳爲質，是其例也。至部與幽部亦然，《韓詩》以‘蓼薪’爲‘栗薪’，《禮經》‘軒輖’之字，《說文》輖，重也。《詩》作‘軒輊’，是其例也。斯亦古之譌音。今道詞言遷變，惟順古以求合。古音至本如窒，《廣韻》丁結切。故轉宵爲到，至也。”①

《文始·卷四·陰聲支部甲》“秝”字條：“（秝）引伸爲調適義，或以厤爲之，曆訓和從厤，說曰：厤調也。《春秋傳》曰：‘嘉栗旨酒。’栗亦秝也。支、至旁轉若‘栗階’卽‘歷階’矣。《七發》：‘勺藥之醬。’《子虛賦》：‘勺藥之和。’《蜀都賦》：‘勺藥之羹。’《南都賦》：‘歸雁鳴鵽，香稻鮮魚，以爲勺藥。’文穎云‘勺藥，五味之和。’韋昭云‘勺藥，和齊鹹酸美味也。’王引之曰：‘勺藥之言適歷也。’然則秝轉爲藥，音本如哀樂之樂。由支轉宵，其聲隔越，亦猶‘蠡蛸’之爲‘螵蛸’，‘戎狄’之爲‘戎翟’也。藥本由秝孳乳，《說文》訓治病艸，然上品本以服食，其和齊酸鹹，諸方皆同，薑桂烏梅又調食之品，是調藥與調羹同。”②

《文始·卷四·陽聲清部乙》“冂”字條：“郊、野、林、冂分言有殊，通言卽一，故《詩》言‘在坰之野’，冂、野不別，郊、野亦爾。《說文》郊訓岠國百里，此卽遠郊。《詩》之‘坰野’，《箋》說之曰：‘必牧於坰野者，辟民居與良田也。’《周禮》曰：‘以官田牛田賞田牧田任遠郊之地。’亦謂牧苑附近遠郊。然則郊亦冂之孳乳，清、宵多隔越相轉，若蓱變爲薸，亭當變爲弔當，皆其類也。‘駉駉牡馬’，《釋文》引《說文》作驍，駉可爲驍，則冂可衍爲郊矣。古本一名，聲類既別，乃分遠近，無足致怪。或曰茭訓乾芻，《河渠書》曰‘民茭牧其中’，則茭亦駉之孳乳也。”③

《文始·卷七·陽聲緝部丁》“立”字條：“《春官·小宗伯》掌神位，故書位爲立。《古文春秋》以‘公卽立’爲‘公卽位’。位本作立，變易爲

① 章太炎：《章太炎全集》第七冊，上海人民出版社 1999 年版，第 236 頁。

② 同上書，第 264 頁。

③ 同上書，第 269 頁。

位，列中庭之左右謂之位。音入隊部。古音蓋猶在來紐如逮。立亦變易爲逮，臨也。緝盇多與隊泰隔越相轉，不守弇侈之律。”①

上引四條同族字之間的韻轉關係，章氏已明言其爲“隔越”相轉，再與《國故論衡·成均圖》所述之韻例相較，“至”與“幽”、“至”與“宵”爲隔越相轉，“支”與“宵”亦爲隔越相轉；“清”與“宵”，“緝”與“隊”則爲“幸而合會”；所謂“緝盇多與隊泰隔越相轉”，其中“盇泰”相轉則屬“交紐”轉。由此可見，章氏在《文始·敘例》中雖然未列“隔越”、“交紐”等變聲條例，但在《文始》具體條目的韻轉關係中，依舊是以《國故論衡·成均圖》所立之韻例爲韻部之間旁通變化的準則。《敘例》中所謂“雙聲相轉爲變聲”的表述，或是章氏因“變聲”之韻部關係較遠，於是特別強調其聲母之必須相同或同類，並不能因此而斷言《文始》在實際上取消了“隔越”與“交紐”等“變聲”韻例。

如上所述，本書對《文始》變聲韻轉的分析，其“變聲”條例的確定，依據的是《國故論衡·成均圖》所列之變聲條例，即“隔越”、“交紐”與“幸而合會”。除此以外的其他“變聲”韻轉關係，除“異讀”外，則以“例外”概括，以示其爲在章氏所立韻例之外的特殊韻轉情況。

據“《文始》聲類韻類一覽表”，提取出韻轉中屬於變聲韻轉的條目，列出發生變聲韻轉關係的韻類、韻部及字頭，並對每一變聲韻轉進行分類，則得“《文始》韻類變聲韻轉表”：

《文始》韻類變聲韻轉表

目次	條目	韻類	韻轉	韻部及字頭	卷數
29	乂	陰弇→陽侈	泰談交紐	泰→談（割→闞）	卷一泰部
39	絕	陰弇→陰侈	泰宵隔越	泰→宵（截→紹）	卷一泰部
42	少	陰弇→陽侈	泰盇交紐	泰→盇→緝（少→蹋→甃）	卷一泰部
46	蠆	陰弇→陰侈	泰宵隔越	泰→宵（瘌→蠆）	卷一泰部
106	隹	陰弇→陰侈	泰侯隔越	泰→侯（祋→殳）	卷二隊部
122	水	陽弇→陰侈	諄幽合會	諄→幽（埻→埶）	卷二脂部
123	齊	陰弇→陰侈	脂之例外	脂→之（齌→稷）	卷二脂部

① 章太炎：《章太炎全集》第七冊，上海人民出版社 1999 年版，第 370 頁。

目次	條目	韻類	韻轉	韻部及字頭	卷數
138	屯	陽弇→陰侈	諄幽合會	諄→幽（鈍→篤）	卷二諄部
152	至	陰弇→陰侈	至幽隔越 至宵隔越	至→幽（至→㞗，至→周→稠、鬄、綢，𩌓→輖） 至→宵（至→到、迾、弔，菿→菿）	卷三至部
155	所	陰弇→陰侈	至幽隔越	至→幽（所→戚）	卷三至部
160	八	陰弇→陰侈	至之隔越	至→之（八→副，椖→閾）	卷三至部
161	血	陰弇→陽軸	至陽異讀	至→陽（血→衁）；血（皿）：陽	卷三至部
171	人	陽弇→陰侈	真幽異讀	真→幽（千→𣜩）；𣜩（所臻切）：真	卷三真部
178	民	陽弇→陽侈	真蒸隔越	真→蒸（民→萠）	卷三真部
193	秝	陰弇→陰侈	支宵隔越	支→宵→幽→侯（秝→藥→瘵→瘳→瘉） 支→宵（秝→料）	卷四支部
202	冖	陰弇→陰侈	支幽例外	支→幽（冖→冃、冃）	卷四支部
205	冂	陽弇→陰侈	清宵合會	清→宵（冂→郊，駉→茭）	卷四清部
309	朱	陰侈→陰弇	侯隊隔越	侯→隊（絑→絀）	卷六侯部
315	几	陰侈→陽弇	侯寒合會	侯→寒（几→短）	卷六侯部
330	丂	陰弇→陰侈	諄幽異讀	幽→隊（媼→威）；媼（昷）：諄	卷七幽部
341	酉	陽侈→陽弇	侵真隔越	侵→真（稔→年）	卷七幽部
341	酉	陰侈→陰弇	幽脂隔越	幽→脂（脙→䐈）	卷七幽部
342	𠧢	陽侈→陰弇	東泰合會	東→泰→泰（瘲→瘛→瘵、狾）	卷七幽部
347	州	陰侈→陰弇	幽脂隔越	幽→脂（州→坻）	卷七幽部
934	勹	陰侈→陰弇	幽至隔越	幽→至（飽→駜）	卷七幽部
379	柙	陽侈→陰弇	緝脂例外	緝→脂（匣→匱）	卷七緝部
380	及	陽侈→陰弇	緝泰例外	緝→泰（及→臮）	卷七緝部
382	十	陽侈→陰弇	緝泰例外	緝→泰（脅→脟）	卷七緝部
385	㽞	陽侈→陰弇	緝脂例外	緝→脂（執→摯、鷙）	卷七緝部
386	立	陽侈→陰弇	緝隊合會	緝→隊（立→位、逮）	卷七緝部
388	卅	陽侈→陰弇	緝泰例外	緝→泰（卅→世）	卷七緝部
389	㽙	陽侈→陰弇	緝泰例外	緝→泰（沓→呭、詍）	卷七緝部
398	丘	陰侈→陽軸	之陽例外	之→陽（丘→漮、歑）	卷八之部

目次	條目	韻類	韻轉	韻部及字頭	卷數
398	丘	陰侈→陰弇 陰侈→陰弇	之歌例外 之支例外	之→歌（丘→㝁） 之→支（丘→鼜）	卷八之部
398	丘	陰侈→陽弇	之清例外	之→清（丘→罄、窐）	卷八之部
400	丌	陰侈→陰弇	之脂例外	之→脂（其→稽）	卷八之部
408	而	陰侈→陽弇	之寒異讀	之→寒（偄→㦎）；偄（耎）：寒	卷八之部
411	力	陽侈→陰弇	談泰交紐	談→泰（磏→厲）	卷八之部
428	乃	陽侈→陽弇	蒸真隔越	蒸→真→寒（乃→迺→爢）	卷八蒸部
432	高	陰侈→陰弇	宵支隔越	宵→支（高→屐）	卷九宵部
440	皀	陰侈→陽弇	宵寒交紐	宵→寒（皀→免）	卷九宵部
446	爵	陰侈→陽弇	宵寒交紐	宵→寒（爵→琖、醆、盞）	卷九宵部
447	小	陰侈→陰弇	宵泰隔越	宵→泰（小→尐、鬣、鸖）	卷九宵部
450	毛	陰侈→陽弇	宵寒交紐	宵→寒→真（髦→鬗→鬘）	卷九宵部
451	广	陽侈→陽弇	談寒例外	談→寒（憸→思）	卷九談部
452	凵	陽侈→陰弇	談歌交紐	談→歌（坎→坷）	卷九談部
457	丙	陰侈→陽弇	宵真例外	宵→真（饕→飻）	卷九談部
458	冄	陽侈→陽弇	談寒例外	談→寒（冄→戹）	卷九談部
460	叜	陽侈→陽弇	談寒例外	談→寒（鋑→鲦）	卷九談部
462	巤	陽侈→陽弇	東清例外	東→清（龍→龗）	卷九盍部

據"《文始》韻類變聲韻轉表"，合計其條目數，共計 47 條，佔《文始》條目總數的 10.2%。

《文始》韻類中的變聲韻轉，根據發生變聲韻轉關係的韻類，並結合在《國故論衡·成均圖》中章氏所定的變聲條例，可以分爲五類：交紐轉、隔越轉、幸而合會、異讀及例外，分別說明如下：

交紐轉，即毗鄰分界的韻部越過分界發生韻轉。《文始》中的交紐轉有：泰談、泰盍、談歌、宵寒，共四種。對於交紐轉，章氏解釋道："此以近在肘腋，而漫陰聲、陽聲之界，故謂之變聲也。"[①]

隔越轉，即弇侈越過軸聲的界限發生韻轉。《文始》中的隔越轉有（括

① 章太炎：《國故論衡》，商務印書館 2010 年版，第 19 頁。

號內的韻轉爲附類）：支宵、至之（至幽、至宵）、幽脂、泰侯（泰宵、侯隊）、真蒸、侵真，共六類。對於隔越轉，章氏解釋道："問曰：凡陽聲之收半摩半那者，從陰聲而加之鼻音。侯、幽、之、宵，寧不可加以半那，歌、泰、脂、隊、至、支，寧不可加以半摩邪？荅曰：有焉。然其埶不能上遂而復下墮，故陰聲有隔越相轉之條。"①

幸而合會，即弇侈越過分界的界限發生韻轉。《文始》中的幸而合會的韻轉有：清宵、諄幽、侯寒、緝隊、東泰，共五類。對於幸而合會的韻轉，章氏解釋道："此皆奇悟錯出，不別弇侈，不入旁轉對轉之條。而亦成條貫，有分理。蓋餘分閏位，聲音之閒氣也，不爲常率，又非可泯絕其文，故謂之變聲爾。"②

交紐、隔越、幸而合會三類韻轉，跨越了弇侈與分界的界限，超出了通常韻轉的範圍，皆爲章氏在《國故論衡·成均圖》中所定韻轉條例之"變聲"。此三類變聲韻轉，並非章氏以臆爲之，而是都有其文獻與訓詁的證明。章氏是根據韻文、聲訓、諧聲、異文、互訓等文獻訓詁材料爲其韻轉的依據基礎的。王力先生曾批評章氏的《成均圖》是"主觀臆測"的產物，以爲其所定的交紐與隔越二轉"更是荒唐的"。③但查檢王力先生在《同源字典·同源字論》"韻表"中所立之韻轉關係，有"歌盍通轉"與"月盍通轉"二條，④如照《成均圖》看來，其實就是交紐相轉；有"真侵通轉"一條，⑤如照《成均圖》看來，其實就是隔越相轉。從王力先生同源"韻表"對章氏《成均圖》變聲條例的借鑒繼承中可以看出，章氏的"變聲"條例，與《成均圖》中的其他韻例一樣，都是有其客觀依據的。

異讀類韻轉與章氏所定"變聲"類韻轉一樣，超出了弇侈與分界的界限，但又不同於"變聲"類韻轉仍有一定的規律可循的特點，而是由於漢字的一字多音所造成的特殊的個別現象。

例外類韻轉，即在章氏所定各類韻轉條例之外，又非異讀原因所造成的韻轉。《文始》中的例外類韻轉有：脂之、緝脂、緝泰、談寒、東清、

① 章太炎：《國故論衡》，商務印書館 2010 年版，第 19 頁。

② 同上書，第 21 頁。

③ 王力：《王力文集》第十二卷，山東教育出版社 1990 年版，第 598 頁。

④ 王力：《同源字典》，商務印書館 1982 年版，第 16 頁。

⑤ 同上書，第 17 頁。

支幽、宵真、之陽、之歌、之支、之清，共十一種。其中，同處一條之下的“之陽、之歌、之支、之清”與“支幽”、“宵真”六種，在《文始》中僅各有一例，情況比較特殊，其韻部之間似無相轉相通之理。除此以外的其餘五種，出現頻率都在一次以上，並非偶爾爲之，似亦有其韻轉的音理依據：“脂之”相轉，或是比附“脂幽”能隔越而轉；“緝脂”相轉，或是比附“緝隊”能“幸而合會”；“緝泰”相轉，是因諧聲偏旁相通；“談寒”相轉，或是比附“泰宵”能隔越而轉；“東清”相轉，或是比附“冬真”能隔越而轉。

在《文始》中，對於韻類的變聲韻轉，除異讀類韻轉以外，章氏在敍述中大多以“雙聲”相轉來概括其間的音變關係。但從上述分析中可以看出，此類韻轉就其發生音變的韻部關係而言，基本上可用《國故論衡·成均圖》所立之“變聲”條例來說明概括。這足可證明，《文始》一書的韻轉基礎是《國故論衡·成均圖》所定的韻轉條例，《文始·敍例》中的“凡雙聲相轉不在五轉之例爲變聲”無非是從聲紐方面來強調發生音轉關係的同族字之間，不僅在韻部，而且在聲紐方面也必須同紐或同類，並未因此而取消章氏此前自己在《國故論衡·成均圖》中所確立的韻部之間特殊轉變關係的“變聲”條例。

五　《文始》韻類的綜合韻轉

韻類的綜合韻轉，是指在《文始》同一條目下的所有韻類中，有的韻類與初文或準初文韻類具有跨類關係，且這種跨類關係不衹一類，而是多類的集合。此種類別的韻轉，可以看作是前述韻轉類別在同一條目中的綜合體現。

據“《文始》聲類韻類一覽表”，提取出韻轉中屬於綜合韻轉的條目，列出發生綜合韻轉關係的韻類、韻部及字頭，並對每一綜合韻轉進行分類，則得“《文始》韻類綜合韻轉表”：

《文始》韻類綜合韻轉表

目次	條目	韻類	韻轉	韻部及字頭	卷數
104	勿	陽弇→陰軸	陽弇次對轉	寒→魚（勉→慔）	卷二隊部
104	勿	陽弇→陰侈	諄幽合會	諄→幽（忞→懋、勖、敄、務）	卷二隊部

目次	條目	韻類	韻轉	韻部及字頭	卷數
173	囟	陽弇→陰侈	真之異讀	真→之→侯（囟→堖、冡）；囟（脺）：之	卷三真部
173	囟	陰侈→陽侈	陰侈遞轉	侯→東（冡→壟）	卷三真部
271	亢	陰軸→陽侈	陰軸次對轉	魚→緝（柭→极）	卷五陽部
271	亢	陰軸→陰侈	陰軸遞轉	魚→侯（胡→喉→脰、呴、喔、歐、嗀）	卷五陽部
291	方	陽軸→陰侈	陽軸次對轉	陽→侯（方→泭、駙）	卷五陽部
291	方	陰侈→陰弇	侯泰隔越	侯→泰（泭→橃）	卷五陽部
328	囱	陽侈→陽弇	東清例外 陽軸遞轉	東→清→真（龔→檽→軨） 陽→清→真（笸→籯→笭）	卷六東部
378	甲	陽侈→陰弇	緝泰例外	緝→泰→泰（甲→乔→玠） 緝→泰→歌（甲→疥→痂）	卷七緝部
378	甲	陽侈→陰軸	陽侈次對轉	緝→魚（甲→鋙、鍜）	卷七緝部
391	蹬	陽侈→陰軸	陽侈次對轉	談→魚（醶→酢）	卷七緝部
391	蹬	陽侈→陽弇	談寒例外	談→寒（醶→酸）	卷七緝部
424	皀	陰侈→陰弇	之至隔越	之→至（皀→飶、苾）	卷八之部
424	皀	陰弇→陽弇	陰弇遞轉	至→諄（苾→芬、棼）	卷八之部
454	马	陽侈→陰軸	陽侈次對轉	談→魚（马→雩、華）	卷九談部
454	马	陽侈→陰弇	陰軸遞轉 談歌交紐	魚→支→支（雩→蘳→鞋） 談→歌→歌（菡→荷→茄）	卷九談部

據“《文始》韻類綜合韻轉表”，合計其條目數，共計 9 條，佔《文始》條目總數的 1.9%。

《文始》韻類的綜合韻轉，就發生韻轉的韻類關係而言，除陰軸次對轉的“魚緝”、陽侈次對轉的“緝魚”，陽軸次對轉的“陽侯”三種韻轉外，其餘韻轉情況都在前述韻轉類別中已論及。現就此前未出現的韻轉情況說明如下：

陰軸次對轉的“魚緝”，或是與之對應的陽侈次對轉“緝魚”，其間韻轉的依據或是因魚談、魚侵可次對轉，而侵緝相通，故魚緝亦可次對轉。

陽軸類次對轉，在《文始》中僅有“陽侯”一種，且僅有一例，其間關係似難相通。

《文始》韻類的綜合韻轉，大都是兩類韻轉的集合，且都是韻類次對轉或韻類遞轉與其他類韻轉的結合。在韻類的綜合韻轉中，由於在同一條目下韻轉類別不衹一種，以至於幾乎每個條目下都包括了四種韻類，橫跨了陰陽弇侈與軸聲，造成了這些條目下的韻類範圍較之前面幾類韻轉更爲寬泛。

第六節　《文始》的韻轉特點

綜合以上《文始》的五類韻轉情況，集中列出各類韻轉的條目數量和所佔比例，則得“《文始》韻轉類別表”：

《文始》韻轉類別表

類別	數量	比例	類別	數量	比例
正聲韻轉	386	83.4%	變聲韻轉	47	10.2%
正聲遞轉	12	2.6%	綜合韻轉	9	1.9%
韻類次對轉	9	1.9%			

據“《文始》韻轉類別表”中的韻轉類別及數量比例，可對《文始》一書的韻轉特點總結如下：

第一，《文始》的韻轉類別具有層級性。在《文始》中，各類韻轉的數量和比例具有很大的不同：正聲韻轉的條目數量最多，佔據《文始》條目總數的 80%以上。這表明，《文始》中大多數同族字都與其所從出的初文或準初文具有直接的韻轉關係，對應於《成均圖》就是“正聲”類韻轉。這是韻轉中最常見、最普遍的現象，可以看作《文始》韻轉類別的第一層級。除正聲韻轉外的其他四類韻轉，各類條目數相加還不到《文始》條目總數的 20%。這表明，《文始》中有少數同族字與其所從出的初文或準初文不具有直接韻轉關係，而具有間接（正聲遞轉）或特殊韻轉關係（韻類次對轉、變聲韻轉），對應於《成均圖》，基本上就是“變聲”類韻轉。這是韻轉中的特殊現象，可以看作《文始》韻轉類別的第二層級。除“正聲”與“變聲”類韻轉外，“例外”類韻轉，則可視作《文始》韻轉類別的第三個層級。對《文始》的韻轉類別進行分層後可以看出，那種以爲《成均圖》“無所不通、無所不轉”的看法，是混淆了章氏所定韻轉條例中的“正聲”、“變聲”與“例外”的區分，是把不同類別與層級的韻轉關係，看作是同一類別與層級的韻轉關係而造成的不當結論。

第二，《文始》的韻轉條例具有實證性。章氏所定的韻轉條例，雖然從表面上看似乎名目繁多，但其中的每一種韻轉都是有其文獻材料證明的，絕非章氏僅憑己意爲之的主觀產物。“正聲”類韻轉自然是由於韻部間語音關係的相似相近，即便是“變聲”類韻轉，韻類和韻部的關係較一般的韻轉關係更爲疏遠，但每類韻轉關係的確定也都是有其依據的。縱然有些同族字之間的韻部關係，純粹就其語音關係上看難以相通相轉，但如若結合文獻訓詁的證據也並非是毫無可能。考慮到漢語中部分同源字詞其形成時間遠在周秦以前，其韻部之間的語音聯繫有可能經過長時期的變化發展，其間的一些環節難以甚至無法補出，但在文獻訓詁材料上卻留有其相近相通的痕迹，章氏這種以文獻訓詁材料來作韻轉依據的做法未嘗不是解決此類問題的一個可行方法。因此，不能僅憑有限的語音材料假想出的某一上古音系而輕易地否定根據文獻訓詁證據得出的具體韻轉條例，而應當地採取具體問題具體分析的求實態度，對材料加以逐一細緻的認真檢查，根據現象總結規律，如此纔能避免輕易地妄下結論。

第三，《文始》同族字間的具體韻轉關係是章氏韻轉學說的有機組成部分。章太炎的韻轉理論是一整套完整的學說體系，這套學說體系不僅有其音理上的闡述，而且更有其實際上的應用。章氏韻轉學說的基本理論是《國故論衡·成均圖》中所確立的各類韻部之間的親疏關係及以此爲基礎的韻轉條例，而他韻轉學說的具體實踐則是在《文始》中對《說文》同源字族韻部關係的考求繫聯。要全面理解和正確評價章氏的韻轉學說，既要分析《國故論衡·成均圖》中的韻轉條例，更要梳理《文始》中同族字間的實際韻轉關係。因此，《成均圖》可以看作章氏韻轉學說的理論綱領，而《文始》中同族字間的具體韻轉關係則可視作這一理論綱領的全面應用，二者緊密結合，共同構成了章氏韻轉理論體系的完整性。

第七節 《文始》的聲轉類別

《文始》中各條目的聲轉，是以聲類爲其範圍與界限的。聲類，即聲母的類別，是章氏在“紐表”中對其所定的古聲二十一紐的分類。在“紐表”中，章氏將古聲二十一紐各以其部位的不同分爲五類：深喉音（喉音）、淺喉音（牙音）、舌音、齒音、脣音。這五種聲類及其相互關係是《文始》中各條目聲轉變化的基礎。

根據《文始》中同一條目下各聲類與其初文或準初文聲類的相互關係，並結合章氏所定的聲轉條例及《說文》中的諧聲、異讀等情況，可將《文始》一書全部條目的聲轉類別分爲五個大類：正聲聲轉、異讀聲轉、諧聲聲轉、喉牙通轉、綜合聲轉。《文始》中五類聲轉的規律特點及條目數量各不相同，現分類說明如下。

一 《文始》聲類的正聲聲轉

聲類的正聲聲轉，是指《文始》中同一條目下的所有聲類，與其初文或準初文聲類，具有直接的聲轉關係，其間的聲轉規律符合章氏所定的聲轉條例。

據“《文始》聲類韻類一覽表”，提取出聲轉中屬於正聲聲轉的條目，以“聲類”字段作爲分類條件，分別計算各類的條目數量，並對每一正聲聲轉進行說明，則得“《文始》聲類正聲聲轉表”：

《文始》聲類正聲聲轉表

序號	聲類	數量	聲轉	說明
1	深喉	27	同類聲轉	深喉音旁紐
2	淺喉	5	同類聲轉	淺喉音旁紐
3	舌音	16	同類聲轉	舌音旁紐
4	齒音	32	同類聲轉	齒音旁紐
5	脣音	54	同類聲轉	脣音旁紐
6	深喉、淺喉	24	兩類聲轉	深喉、淺喉同類
7	淺喉、深喉	22	兩類聲轉	淺喉、深喉同類
8	舌音、齒音	30	兩類聲轉	舌音、齒音相變
9	齒音、舌音	32	兩類聲轉	齒音、舌音相變

據“《文始》聲類正聲聲轉表”，合計其條目數，共計 242 條，佔《文始》條目總數的 52.3%。由此可見，《文始》中的半數條目，其聲轉的類別都是屬於正聲聲轉，其聲轉關係都符合章氏所定的聲轉條例。

《文始》聲類中的正聲聲轉，根據各條目中的聲類關係，可分爲兩類：同類聲轉與兩類聲轉，分別說明如下：

同類聲轉，即同一發音部位間的聲轉。此類聲轉，又可根據聲類的不同，細分爲五類：深喉音、淺喉音、舌音、齒音、脣音，五類合計共 134 條。此類聲轉的特點是，條目中同族字的聲紐關係，或者來自於同一聲紐（正紐雙聲），或者雖非同一聲紐，但各紐來自於同一聲類（旁紐同類）。來自於同一聲紐的字，自然在聲紐上一致；而來自於同一聲類各聲紐的字，因其在發音部位上相同，故相互之間可以相通。

兩類聲轉，即相近發音部位間的聲轉。此類聲轉，又可根據聲類的不同，細分爲四類：深喉、淺喉，淺喉、深喉，舌音、齒音，齒音、舌音，四類合計共 108 條。此類聲轉的特點是，條目中同族字的聲紐關係，來自於兩個聲類，或者是深喉與淺喉，或者是舌音與齒音。深喉與淺喉，因發音部位極近，自然可以相通（喉牙同類）；舌音與齒音，雖發音部位不同，但也相近似，故亦多通轉（舌齒相變）。

《文始》聲類中的正聲聲轉，雖然在表現形式上可分作兩類，且各類之中所含聲類數及聲紐數多少不一，但都符合《文始·敍例》中章氏所定的聲轉條例：要麼同紐或同類（正紐或旁紐）；要麼雖爲跨類，但類與類之間必須相通相近（喉牙同類或舌齒相變）。這也表明，《文始》的聲轉是以聲類爲其基本範圍與界限的。

章氏聲轉條例所概括的同類相轉或近類相轉，是《文始》中最常見、最一般的聲轉情況，超出這個範圍之外的其他聲轉情況，亦都有各自的音理依據和音轉基礎，不能簡單地看作是對基本聲轉條例的任意違反，而需要分別加以討論確定。

二 《文始》聲類的異讀聲轉

聲類的異讀聲轉，是指在《文始》同一條目下的所有聲類中，有的聲類與初文或準初文聲類具有跨類關係，這種跨類關係是由於一字異讀造成的，即同一字形可以讀作不同的讀音（聲紐）。

《文始》各條目中由於異讀而造成的聲轉，其出現頻度遠比由於異讀而造成的韻轉要多得多。因此，對於因異讀而造成的聲轉，需要單獨列作一類。

據"《文始》聲類韻類一覽表"，提取出聲轉中屬於異讀聲轉的條目，列出發生異讀聲轉關係的聲類、聲紐、字頭或章氏說明（初文類異讀，給出章氏在《文始》中相應條目下的相關說明或《說文》、《廣韻》、《集韻》的有關依據；非初文類異讀，給出相關字頭的異讀字及其所屬聲紐），並對每一異讀聲轉進行分類，則得"《文始》聲類異讀聲轉表"：

《文始》聲類異讀聲轉表

目次	條目	聲類	聲轉	聲紐字頭及聲轉說明	卷數
7	㇏	淺喉→舌音	初文異讀	委本音倭，亦㇏之借，然厂㇏皆有曳義，㇏亦得讀如地。地，從也聲。也，從㇏聲。	卷一歌部
13	㐺	齒音→深喉	異讀相變	禪→疑→疑→疑（㐺→我→俄、義→娥）；我（拕）：透。	卷一歌部
26	丯	深喉→齒音	異讀正紐	見→穿→審（丯→蔡→椒、䊝、槃、散、沙）；蔡（芥）：見。	卷一泰部
34	自	齒音→深喉 齒音→淺喉 齒音→脣音	初文異讀	皇字說解曰："自讀若鼻。"則脣音也。以洎、臬、臮、垍皆從自聲推之，則自本深喉音，今作齒音者，蓋本自舌音流化。	卷一泰部
36	𡿨	深喉→舌音 深喉→齒音	初文異讀	𡿨音良辪切，從𡿨聲，則𡿨音亦同。奴、敓二字，小徐本皆云𡿨聲，則𡿨復讀如截，或如辪。	卷一泰部
40	彑	深喉→舌音 深喉→齒音	初文異讀	（彑）讀若罽。案罽從剫聲，即籒文銳。	卷一泰部
45	帶	舌音→淺喉	異讀正紐	定→影（摕→隶）；隶（代）：定。	卷一泰部
62	丱	舌音→深喉 舌音→淺喉	初文異讀	古音古患切。以轉作鯤知之。	卷一寒部
65	幻	淺喉→脣音	異讀旁紐	匣→明→明（幻→譪→謾）；譪（嚆）：曉。	卷一寒部
66	亘	齒音→深喉 齒音→淺喉	初文異讀	《廣韻》：（亘）古鄧切。	卷一寒部
71	𠳋	深喉→舌音	初文異讀	（𠳋）古文以爲靦字，則舌音；讀若卷，又從深喉。	卷一寒部
73	㕣	淺喉→舌音 淺喉→齒音	初文異讀	《易》兌爲澤，借爲㕣字，兌從㕣聲也。其聲蓋亦兼在喉舌。	卷一寒部
78	泉	齒音→淺喉	異讀旁紐	𣲡→曉（泉→洫）；洫（卹）：審。	卷一寒部
79	孨	齒音→深喉	異讀正紐	照→疑（孨→䂱）；䂱（存）：照。	卷一寒部

目次	條目	聲類	聲轉	聲紐字頭及聲轉說明	卷數
90	由	脣音→深喉 脣音→淺喉	初文異讀	由讀如鬼者，猶由聲之甹讀於貴切，蓋由本有脣、喉二音也。	卷二隊部
102	豕	齒音→淺喉	初文異讀	《說文》：（豕）讀與豨同。	卷二隊部
107	靁	舌音→深喉 舌音→淺喉	初文異讀	段注：靁，古讀如回。回與員語之轉。	卷二隊部
109	禾	深喉→齒音	異讀旁紐	見→照（禾→稽）；稽（迟）：溪。	卷二脂部
120	尸	齒音→淺喉	初文異讀	古或以夷爲尸。《天官•凌人》"共夷槃冰"，及《禮》言夷牀、夷衾是也。引伸爲傷義，《易》曰："夷者，傷也。"《春秋傳》曰："察夷傷。"皆尸字。蓋古音尸亦在淺喉矣。	卷二脂部
121	示	齒音→深喉 齒音→淺喉	初文異讀	示本齒音，視從之。古文作眂，已入舌音。祁、狋從示聲，則示又在深喉。	卷二脂部
127	厶	齒音→淺喉	異讀旁紐	審→曉（訹→旻）；旻（颰）：牀。	卷二脂部
128	匕	脣音→舌音 脣音→齿音	初文異讀	《說文》：匕亦所以用比取饭，一名柶。	卷二脂部
137	雲	淺喉→齒音	初文異讀	云訓旋，蓋聲亦與旋近。	卷二諄部
141	舜	齒音→深喉 齒音→淺喉	初文異讀	《說文》：（舜）秦謂之藑。	卷二諄部
150	乙	淺喉→舌音 深喉→齒音	初文異讀	湯自稱"予小子履"，《世本》言湯名天乙。乙、履一也。故古文禮作𠃞。禮，履也。從乙聲卽從履聲也。	卷三至部
155	所	深喉→齒音	初文異讀	（所）質取之爲聲。	卷三至部
161	血	淺喉→舌音 淺喉→齒音 淺喉→脣音	初文異讀	古音當如卹，今作淺喉音，覵闆、榍之同文，其聲亦通於八。	卷三至部
163	臣	齒音→深喉 齒音→淺喉	初文異讀	臣本音如鏗，牽亦如鏗。	卷三真部
166	申	齒音→淺喉	初文異讀	（申）古音本如乚，稍變如陻。待因切。又變作失人切，乃或如信矣。	卷三真部
171	人	舌音→淺喉	異讀旁紐	泥→影→影（儿→夷→�）；夷（杜尼切）：定。	卷三真部
176	丏	脣音→淺喉 淺喉→舌音	異讀正紐	明→曉→曉（丏→昏→閽、婚）；昏（民）：明。 曉→來（昏→䜌）；䜌（蠻）：明。	卷三真部

目次	條目	聲類	聲轉	聲紐字頭及聲轉說明	卷數
183	厂	淺喉→舌音 淺喉→齒音	初文異讀	《說文》:（厂）厎字從此。	卷四支部
184	氏	齒音→深喉 齒音→淺喉	初文異讀	氏本從乁聲則喉音，亦作厎則舌音，與辰相轉則如《唐韻》齒音。	卷四支部
187	易	淺喉→舌音	初文異讀	易古音本如鬄。	卷四支部
188	兒	舌音→深喉 舌音→淺喉	初文異讀	兒字本音以倪、睨例之，宜在深喉疑紐，以訓孺子例之，宜如今音，斂作舌頭泥紐，蓋亦無定型也。	卷四支部
192	鬲	舌音→深喉 舌音→淺喉	初文異讀	鬲本舌音，隔、搹等字從之。亦作喉音。	卷四支部
193	秝	舌音→淺喉	異讀正紐	來→影（秝→藥）；藥（樂）：來。透→影（瘳→瘉）；瘉（婾）：透。	卷四支部
195
希	淺喉→舌音 淺喉→齒音	初文異讀	《說文》:（希）讀若弟。	卷四支部
208	壬	舌音→深喉 舌音→淺喉	初文異讀	（壬）讀如徑、經、勁、娙。	卷四清部
212	井	齒音→深喉 齒音→淺喉	初文異讀	耕、荆二字皆井聲，是井亦兼深喉、淺喉二音。	卷四清部
216	車	齒音→深喉	初文異讀	《廣韻》:（車）九魚切。	卷五魚部
217	呂	舌音→深喉	初文異讀	莒從呂聲，古音呂當如莒。	卷五魚部
229	牙	深喉→齒音	初文異讀	牙古音如吾，亦如錯。	卷五魚部
239	予	淺喉→舌音 淺喉→齒音	初文異讀	《集韻》:（予）丈呂切。	卷五魚部
250	鹵	舌音→深喉 舌音→淺喉	初文異讀	尋東方謂之斥，西方謂之鹵，而《書》之“廣斥”亦或作瀉，作澤，則鹵有喉、舌、齒三音。	卷五魚部
255	夕	齒音→淺喉 齒音→脣音	初文異讀	案多字說解曰:“夕者，相繹也。”是夕亦有喉音。夕、莫同字，昔因於夕，此三因於莫也。	卷五魚部
259	且	齒音→淺喉	異讀正紐	照→影（作→佯）；佯（在良切）：照。	卷五魚部
268	磺	深喉→舌音	異讀正紐	見→來（磺→鹵）；鹵（鹽）：見。	卷五陽部
275	卯	深喉→齒音	初文異讀	卿有章音，卯亦宜爾。	卷五陽部
285	象	齒音→淺喉	初文異讀	古音象如像。像字說解曰:“讀若養字之	卷五陽部

目次	條目	聲類	聲轉	聲紐字頭及聲轉説明	卷數
				養。”	
290	匚	脣音→深喉	異讀旁紐	幫→羣（匚→巨）；巨（父）：並。	卷五陽部
295	角	深喉→齒音	初文異讀	蓋角本可讀祿，舌舒爲齒則成觸矣。	卷六侯部
297	谷	深喉→舌音 深喉→齒音	初文異讀	（谷）聲義本受諸口而有數讀，在深喉則如今音，在淺喉則如浴、欲，在齒音則如俗，亦作舌音與通對轉爲訓，大要分喉、舌二列而已。	卷六侯部
323	収	深喉→齒音 深喉→脣音	初文異讀	（収）此有三聲：以拱例之，則深喉音也；以訓竦例之，則齒音也；以弇例之，則脣音也。	卷六東部
327	从	齒音→淺喉	初文異讀	从、從可讀容，如常樅作商容。《毛詩》“衡從其畝”，《韓詩》“從”作“由”，亦入喉之證。	卷六東部
331	丑	舌音→深喉 舌音→淺喉	初文異讀	丑本舌音，得與臼、攪同者，其聲變猶内與蹂也。丑、臼皆叉手，叉即手指相錯，而内訓獸足蹂地，象形九聲，篆文作蹂。九聲同於臼，柔聲同於丑。	卷七幽部
341	酉	淺喉→深喉 淺喉→齒音 淺喉→脣音	初文異讀	故有酉，淺喉喻紐；酒，齒音精紐；酋，齒音從紐；酎，今舌上澂紐，古舌頭端、定；醪，舌音來紐；五音。	卷七幽部
382	十	齒音→深喉 齒音→淺喉	初文異讀	十則依乂直之，古音蓋如叶，亦或如汁。	卷七緝部
386	立	舌音→深喉 舌音→淺喉	異讀正紐	來→見→見（臨→監→艦）；監（濫）：來。來→匣（立→位）；位（竦）：來。	卷七緝部
402	弋	淺喉→舌音 淺喉→齒音	初文異讀	（弋）變易爲樴，弋也。 《集韻》：（樴）逸織切。	卷八之部
403	巳	齒音→淺喉	初文異讀	巳、目左右詘曲，當爲同字。	卷八之部
410	來	舌音→淺喉 舌音→脣音	初文異讀	古音來蓋如麥，亦如釐。	卷八之部
450	毛	脣音→舌音	異讀正紐	明→來（斄→氂）；斄（里之切）：來。 明→來（表→褭）：猶氂與斄。	卷九宵部
453	炎	淺喉→舌音 淺喉→齒音	初文異讀	（炎）有二音：一在喉如炎；一在舌如談。	卷九談部

據“《文始》聲類異讀聲轉表”，合計其條目數，共計 64 條，佔《文始》條目總數的 13.8%。

《文始》聲類中的異讀聲轉，根據各條目中的聲轉關係，可分爲兩類：初文異讀與非初文異讀，分別說明如下：

初文異讀，即由於初文或準初文可讀作不同的聲類而造成的跨類聲轉。此類聲轉的特點是，初文或準初文本身有異讀，而每一異讀的聲類，都可看作該條的初文或準初文聲類。這樣，初文或準初文能夠讀作某幾個聲類，則該條目下的那幾個聲類都能相通轉，且與初文或準初文聲類爲直接關係，而無論聲類間是否合於基本的聲轉條例。對於這類聲轉，章氏在相應條目下一般都會加以說明，明確指出初文或準初文所能讀作的不同聲類。但也有個別條目，章氏並未明言，不過這類情況一般都可以從其所引《說文》原文或後代韻書的異讀反切中看出。

非初文異讀，即由於某個非初文或準初文的字頭可讀作不同的聲類而造成的跨類聲轉。此類聲轉，又可根據發生聲轉關係的字頭聲類，細分爲四類：異讀正紐（雙聲關係）、異讀旁紐（同類關係）、異讀同類（喉牙關係）、異讀相變（舌齒關係）。此類聲轉的特點是，相關字頭的通常聲類與其所從出的初文或準初文聲類本不具有聲轉關係，但該字頭的異讀聲類卻與初文或準初文聲類可發生聲轉關係。在此類聲轉中，正是由於一字異讀，橫跨了兩個聲類，遂成爲同條目下聲轉關係的中介節點：既以異讀聲類（或通常聲類）與初文或準初文聲類發生直接的聲轉關係，又以通常聲類（或異讀聲類）孳衍出超越初文或準初文聲類聲轉範圍的跨類聲轉。對於此類聲轉，章氏在行文中一般會加以說明，明確指出某字可讀作的異讀聲類。

章氏在《文始》中據以確定異讀的依據材料，主要是《說文》中的讀若、讀如、異文、諧聲、互訓以及韻書異切等。

三 《文始》聲類的諧聲聲轉

聲類的諧聲聲轉，是指在《文始》同一條目下的所有聲類中，有的聲類雖與初文或準初文聲類具有跨類關係，但從發生跨類關係字頭的諧聲偏旁所屬聲紐上看，則並未跨類，而是符合章氏所定的聲轉條例。

諧聲現象是研究上古漢語聲母的重要材料，很多漢字的聲紐雖然後代讀音差別很大，聲類完全不同，但從諧聲系統則可看出其在上古漢語中本來是相同或相近的。因此，對於因諧聲而造成的聲轉，需要單獨列作一類。

據"《文始》聲類韻類一覽表"，提取出聲轉中屬於諧聲聲轉的條目，列出發生諧聲聲轉關係的聲類、聲紐、字頭及諧聲情況（給出相關字頭的諧聲偏旁及其所屬聲紐），並對每一諧聲聲轉進行分類，則得"《文始》聲類諧聲聲轉表"：

《文始》聲類諧聲聲轉表

目次	條目	聲類	聲轉	聲紐字頭及諧聲情況	卷數
1	干	深喉→舌音	諧聲同類	溪→定（綺→禪）；禪（睪）：影。	卷一歌部
3	丫	深喉→舌音	諧聲同類	見→泥（丫→錗）；錗（委）：影。	卷一歌部
3	丫	淺喉→齒音	諧聲正紐	溪→禪（觭→觢）；觢（㓞）：溪。	卷一歌部
5	果	深喉→舌音	諧聲同類	見→來（果→蓏）；蓏（㼌）：影。	卷一歌部
8	也	淺喉→舌音	諧聲正紐	影→定（也→地、乾）；地（也）：影。	卷一歌部
8	也	淺喉→齒音	諧聲正紐	影→禪（也→灺）；灺（也）：影。	卷一歌部
11	匕	淺喉→舌音	諧聲旁紐	匣→泥（換→甆）；甆（敻）：曉。	卷一歌部
11	匕	淺喉→脣音	諧聲旁紐	曉→並→幫、滂、並（匕→皮→柀、破、詖、闢、半、胖、判、畔、泮、被、帔、髮、彼、貱、畀、柹）；皮（爲）：匣。	卷一歌部
14	它	舌音→淺喉	諧聲相變 諧聲旁紐	透→曉、影(它→陊→㸌)；陊、㸌(𢀩)：照。 透→影（它→迆）；迆（也）：定。	卷一歌部
14	它	齒音→脣音	諧聲相變	審→明（弛→彌）；彌（爾）：泥。	卷一歌部
15	多	舌音→淺喉	諧聲旁紐	端→影（多→貤）；貤（也）：定。	卷一歌部
38	戌	齒音→深喉	諧聲正紐	審→見（戌→劌）；劌（戌）：審。	卷一泰部
38	戌	齒音→脣音	諧聲正紐	審→明（戌→烕、滅）；烕、滅（戌）：審。	卷一泰部
44	率	齒音→深喉	諧聲相變	牀→見（罪→罽）；罽（兊）：定。	卷一泰部
46	萬	舌音→脣音	諧聲旁紐	透→明（萬→萬）；萬（厲、癘）：來。	卷一泰部
50	末	脣音→淺喉	諧聲正紐	明→曉（散→徹）；徹（散）：明。	卷一泰部
52	朮	脣音→淺喉	諧聲正紐	幫→匣（朮→萆）；萆（畀）：幫。	卷一泰部
57	毌	深喉→舌音	諧聲同類	匣→透（嫺→儥）；儥（貴）：見。	卷一寒部
74	叀	齒音→深喉	諧聲正紐	禪→見→見（叀→羉→桊）；羉（叀）：禪。	卷一寒部

目次	條目	聲類	聲轉	聲紐字頭及諧聲情況	卷數
74	叀	齒音→淺喉	諧聲正紐	禪→匣（叀→繯）；繯（叀）：禪。	卷一寒部
89	兀	深喉→舌音	諧聲旁紐	溪→定（頪→積）；積（貴）：見。	卷二隊部
91	虫	深喉→齒音	諧聲旁紐	曉→審（虫→雖）；雖（唯）：影。	卷二隊部
92	曰	淺喉→舌音	諧聲正紐	影→來（聿→律）；律（聿）：影。	卷二隊部
92	曰	淺喉→齒音	諧聲旁紐 諧聲正紐	匣→審（曰→說）；說（兌）：影。影→審（閱→稅）；稅（兌）：影。	卷二隊部
92	曰	淺喉→脣音	諧聲旁紐	匣→曉→幫、滂、並（曰→𥁕→佛、髴、奔、噴、歕、沸、濆、䨽、鐼）；𥁕（勿）：明。	卷二隊部
93	卉	淺喉→脣音	諧聲旁紐	影→並（薈→賁）；賁（卉）：曉。	卷二隊部
99	入	舌音→淺喉	諧聲正紐	泥→影（内→矞）；矞（㕯）：泥。	卷二隊部
106	隹	齒音→深喉	諧聲旁紐	照→見→羣（隹→屈→鶌、崛）；屈、鶌、崛（出）：穿。 照→疑（拙→聉）；聉（出）：穿。	卷二隊部
111	囗	淺喉→舌音	諧聲旁紐	曉→端（窩→窋）；窩（㕯）：泥。	卷二脂部
111	囗	淺喉→齒音	諧聲旁紐 諧聲同類	匣→審（囗→宣）；宣（亘）：見。匣→禪（囗→圓）；圓（員）：影。匣→禪（圜→檈）；檈（睘）：羣。	卷二脂部
116	夂	舌音→深喉	諧聲相變	端→羣（夂→耆）；耆（旨）：照。	卷二脂部
123	齊	舌音→淺喉	諧聲正紐	來→影（利→羸）；羸（㒩）：來。	卷二脂部
131	未	脣音→齒音	諧聲旁紐	明→照→照、牀、禪（美→旨→脂、雋、嗜）；旨（匕）：幫。	卷二脂部
131	未	脣音→淺喉	諧聲正紐 諧聲旁紐	明→曉（昧→𥁕）；𥁕（勿）：明。明→曉（未→釁）；釁（分）：幫。	卷二脂部
143	川	齒音→淺喉	諧聲正紐 諧聲旁紐	審→影→匣→曉（睿→叡→慧→儇、譞）；睿（睿）：影。 牀→曉→曉、匣（順→訓、惠）；訓（川）：穿，惠（叀）：禪。	卷二諄部
149	一	淺喉→齒音	諧聲正紐	影→牀→審→審、穿（酌→吮→漘→唪、歡）；吮（允）：影。	卷三至部
151	屮	齒音→深喉	諧聲正紐	照→羣（枝→跂）；跂(支)：照。	卷三至部
151	屮	舌音→淺喉	諧聲旁紐 諧聲相變	定→匣（莛→莖）；莖（壬）：透。透→影→影(騁→駚→軼)；駚、軼(失)：	卷三至部

目次	條目	聲類	聲轉	聲紐字頭及諧聲情況	卷數
				審。	
160	八	齒音→淺喉	諧聲正紐	審→曉（㭒→閪）；閪（血）：審。	卷三至部
160	八	脣音→齒音	諧聲正紐	幫→審（必→㭒）；㭒（八）：幫。	卷三至部
173	囟	齒音→淺喉	諧聲相變	透→影（天→禋）；禋（西）：審。	卷三真部
174	西	齒音→淺喉	諧聲正紐	審→曉（西→侐）；侐（血）：審。	卷三真部
181	圭	淺喉→舌音	諧聲正紐	影→透（埸→町）；埸（易）：透。	卷四支部
185	匸	淺喉→舌音	諧聲旁紐	匣→定（匸→鯱、睇）；鯱（厂）：影，睇（厂）：影。	卷四支部
185	匸	淺喉→齒音	諧聲旁紐	匣→審（匸→虒）；虒（厂）：影。	卷四支部
202	冖	脣音→淺喉	諧聲正紐	明→曉（幔→幠）；幠（無）：明。	卷四支部
203	糸	脣音→深喉	諧聲正紐	明→見→見（糸→繭→襺）；繭（芇）：明。	卷四支部
205	冂	淺喉→舌音	諧聲旁紐	匣→透（迥→逿）；逿（易）：影。	卷四清部
210	霝	舌音→深喉	諧聲正紐	來→見（湅→瀾）；湅（柬）：見。	卷四清部
213	生	齒音→淺喉	諧聲同類	審→曉→曉（甤→獻→犧）；甤（彥）：疑。	卷四清部
222	亯	深喉→齒音	諧聲同類	見→穿（凥→処）；処（虍）：曉。	卷五魚部
224	亼	深喉→舌音	諧聲同類	溪→來（亼→盧）；盧（虍）：曉。	卷五魚部
226	㽞	深喉→脣音	諧聲正紐	見→幫（更→兵）；更（丙）：幫。	卷五魚部
228	午	深喉→齒音	諧聲正紐 諧聲旁紐	疑→穿（午→杵、滸）；杵（午）：疑，滸（屰）：疑。 羣→穿（岠→㡿）；㡿（屰）：疑。疑→審（逆→朔）；朔（屰）：疑。	卷五魚部
228	午	齒音→脣音	諧聲正紐	穿→滂（杵→萡）；萡（屰）：疑。	卷五魚部
237	羽	淺喉→齒音	諧聲旁紐	匣→照→禪（羽→翔→翥）；翔（羊）：影。	卷五魚部
241	亦	淺喉→齒音	諧聲正紐	影→禪→牀→禪（亦→序→牆→城）；序（予）：影。	卷五魚部
249	旅	舌音→淺喉	諧聲正紐	定→影（埸→禓）；埸（易）：影。	卷五魚部
266	舞	脣音→淺喉	諧聲正紐	明→曉（蕪→荒）；荒（亡）：明。明→曉（漠→巟）；巟（亡）：明。	卷五魚部

目次	條目	聲類	聲轉	聲紐字頭及諧聲情況	卷數
267	毌	脣音→淺喉	諧聲正紐	明→曉（𩇯→巟）；巟（亡）：明。	卷五魚部
267	毌	脣音→舌音	諧聲正紐	明→透（望→悵）；悵（亡）：明。	卷五魚部
267	毌	脣音→齒音	諧聲正紐	明→審（亡→喪）；喪（亡）：明。	卷五魚部
279	亯	淺喉→齒音	諧聲正紐	曉→禪（亯→嘗）；嘗（向）：曉。	卷五陽部
294	冓	深喉→齒音	諧聲同類	見→牀（購→贖）；贖（賣）：影。	卷六侯部
298	曲	深喉→舌音	諧聲同類 諧聲正紐	影→來→來（傴→僂→趚）；僂（婁）：見。 見→來（痀→瘻）；瘻（夆）：見。	卷六侯部
304	鬥	舌音→淺喉	諧聲正紐	透→影（痛→俑）；痛（用）：影。	卷六侯部
322	工	深喉→舌音	諧聲同類	見→透（工→傭）；傭（庸）：影。	卷六東部
326	凶	淺喉→舌音	諧聲旁紐	曉→定（凶→舀）；舀（臽）：匣。	卷六東部
330	丂	深喉→舌音	諧聲旁紐	疑→端（吟→唸）；唸（今）：見。 溪→泥（丂→譊、念）；譊（堯）：疑，念（今）：見。 羣→泥（噤→㪛）；（今）：見。	卷七幽部
344	卣	舌音→淺喉	諧聲旁紐	定→影→影、匣（卣→榣、搖→搈、傛、摵）：榣、搖（肉）：泥。	卷七幽部
359	冃	脣音→淺喉	諧聲正紐	明→曉→曉（冃→晦→黑）；晦（母）：明。明→曉（瘳→薨）；薨（瞢）：明。	卷七幽部
359	冃	脣音→舌音	諧聲正紐	明→來（幏→塈）；塈（尨）：明。	卷七幽部
362	皀	脣音→齒音	諧聲旁紐	並→審（皀→㬥）；㬥（麤）：幫。	卷七幽部
371	壬	舌音→淺喉	諧聲正紐	泥→泥（壬→孕）；孕（乃）：泥。	卷七侵部
371	壬	舌音→脣音	諧聲正紐	泥→明（賡→䴢）；䴢（耳）：泥。	卷七侵部
374	三	齒音→淺喉	諧聲旁紐	審→影→影（縿→游→旇）；游（汓）：禪。	卷七侵部
377	品	脣音→舌音	諧聲相變	滂→來→來（氾→濫→嫾、醂）；氾（㔾）：照。	卷七侵部
387	亼	齒音→淺喉	諧聲旁紐	牀→影→影（亼→枼→葉、鍱、箑→籥）；枼（世）：書。	卷七緝部
389	甾	舌音→淺喉	諧聲相變	定→影（沓→呭、詍）；呭、詍（世）：審。	卷七緝部
391	㽞	齒音→深喉	諧聲正紐	穿→疑（醶→醶）；醶（僉）：穿。	卷七緝部

目次	條目	聲類	聲轉	聲紐字頭及諧聲情況	卷數
393	久	深喉→淺喉	諧聲正紐	疑→透（疑→癡）：癡（疑）：疑。	卷八之部
393	久	深喉→脣音	諧聲旁紐	疑→明（擬→畝）；畝（久）：見。	卷八之部
394	克	深喉→舌音	諧聲旁紐	匣→影（劾→笞）；笞（以）：影。	卷八之部
397	革	淺喉→舌音	諧聲同類	見→定、透（改→代、忒）；代、忒（弋）：影。 見→定（革→騰、幐）；騰、幐（灷）：影。	卷八之部
397	革	深喉→齒音	諧聲正紐	影→審→牀（倂→送→贈）；送（灷）：影。	卷八之部
429	升	齒音→深喉	諧聲旁紐	審→見（升→蒸）；蒸（丞）：禪。	卷八蒸部
435	交	深喉→脣音	諧聲正紐	影→並（約→仢）；約、仢（勺）：禪。	卷九宵部
437	夭	淺喉→舌音	諧聲同類	影→泥（夭→橈）；橈（堯）：疑。	卷九宵部
439	鳥	舌音→深喉	諧聲正紐	來→疑（翏→翊）；翊（立）：來。	卷九宵部
449	皃	脣音→淺喉	諧聲旁紐	明→曉（皀→鬃）；鬃（髟）：幫。	卷九宵部
452	凵	深喉→舌音	諧聲同類	溪→定→泥（坎→窞→休、淖）；窞（臽）：匣。	卷九談部
454	马	淺喉→舌音	諧聲正紐	匣→定（马→藺）；藺（臽）：匣。	卷九談部
459	夾	舌音→淺喉	諧聲正紐	透→影（婾→愉）：婾（俞）：影。	卷九談部

據“《文始》聲類諧聲聲轉表”，合計其條目數，共計 73 條，佔《文始》條目總數的 15.8%。

《文始》聲類中的諧聲聲轉，根據各條目中的聲轉關係，可分爲四類：諧聲正紐（雙聲關係）、諧聲旁紐（同類關係）、諧聲同類（喉牙關係）、諧聲相變（舌齒關係）。此類聲轉的特點是，相關字頭的通常聲類與其所從出的初文或準初文聲類本不具有聲轉關係，但其諧聲偏旁的聲類卻與初文或準初文聲類可發生聲轉關係。與異讀聲轉相似，諧聲聲轉是由於一字通常的聲類與其諧聲偏旁所屬的聲類不同，故使該字橫跨了兩個聲類，於是也成爲了同條目下聲轉關係的中介節點：既以諧聲聲類（或通常聲類）與初文或準初文聲類發生直接的聲轉關係，又以通常聲類（或諧聲聲類）孳衍出超越初文或準初文聲類聲轉範圍的跨類聲轉。與異讀聲轉不同的是，對於此類聲轉，章氏在行文中一般不會加以說明。

祇有在少數情況下，纔會指出某字從某得聲，因此能以諧聲偏旁與其所從出的字頭在聲紐上相通。

從《文始》對異讀類聲轉和諧聲類聲轉的不同表述上可以看出，章氏基本上是把諧聲類聲轉視作正聲聲轉來看待的，因此在表述時纔會與異讀聲轉不同，一般不會明確指出某字的諧聲偏旁所屬聲類，而是直接說出該字爲某字的變易或孳乳字，雖然兩字可能就其本身所屬的聲類上看並不具有聲轉關係。

在《文始》中，諧聲類聲轉是除正聲聲轉外的主要聲轉類型，在條目數量上佔據最大比例。這表明，漢字的諧聲系統是章氏考求上古漢語同源字族在聲紐關係上最主要的材料和依據。

四 《文始》聲類的喉牙通轉

聲類的喉牙通轉，是指在《文始》同一條目下的所有聲類中，有的聲類與初文或準初文聲類具有跨類關係，這種跨類關係是由於喉牙音能夠與其他非喉牙音相通轉的特殊性造成的。

對於喉牙音在聲轉中的特殊性，章太炎在《國故論衡·古雙聲說》中有最集中的表述。章氏認爲喉牙二音爲“生人之元音”，是衆聲紐之母，於是在聲轉中具有了其他聲類所不具備的特殊性，即可與舌音、齒音、脣音相通轉：“撢鉤原始，喉、牙足以衍百音，百音亦終馴復喉、牙”，[①]並以喉牙音爲聲轉的出發點，將喉牙音通轉非喉牙音稱作“發舒”，而將非喉牙音通轉喉牙音稱作“遒斂”。章氏用以支持喉牙音通轉的依據則有諧聲、互訓、異文、假借、謰語等材料。

在《文始·敍例》的聲轉條例中，章氏雖未明言喉牙音能與非喉牙音相通轉，但在具體繫聯字族的語音關係時，卻往往在其間聲紐不具有任何正聲聲轉條件，亦不具有異讀或諧聲聲轉條件的情況下，認爲某字與某字爲變易或孳乳關係。考察此類字族所屬聲類，則必有一方爲喉牙類音，其間關係實際上是《國故論衡·古雙聲說》中所謂的喉牙音與非喉牙音的“發舒”或“遒斂”關係。

---

① 章太炎：《國故論衡》，商務印書館 2010 年版，第 45 頁。

如上所述，本書對《文始》中既不是正聲聲轉，也不是異讀或諧聲聲轉，但聲轉關係中一方爲喉牙音的聲轉，其聲轉類別的確定，依據的是《國故論衡・古雙聲說》所列之聲轉條例，即“喉牙音發舒爲某音”或“某音遒斂爲喉牙音”，並將此二種聲轉關係概括爲“喉牙通轉”。

喉牙通轉可以囊括《文始》中除正聲、異讀和諧聲關係以外的其他全部聲轉情況。由此可見，章氏《文始》繫聯字族聲紐關係的依據之一是其《國故論衡・古雙聲說》中的喉牙音通轉理論。

據“《文始》聲類韻類一覽表”，提取出聲轉中屬於喉牙通轉的條目，列出發生喉牙通轉關係的聲類、聲紐及字頭，並對每一喉牙通轉進行分類，則得“《文始》聲類喉牙通轉表”：

《文始》聲類喉牙通轉表

目次	條目	聲類	聲轉	聲紐及字頭	卷數
60	犬	深喉→舌音	喉音爲舌音	疑→泥（炏→妏）	卷一寒部
63	焉	淺喉→舌音	牙音爲舌音	影→來（焉→離、黐）	卷一寒部
77	山	齒音→深喉	齒音爲喉音	審→疑（山→隗、峨、巖）	卷一寒部
77	山	齒音→淺喉	齒音爲牙音	審→匣、影（山→巕、阬）	卷一寒部
138	屯	舌音→深喉	舌音爲喉音	定→見（摶→弅）	卷二諄部
138	屯	舌音→淺喉	舌音爲牙音	泥→曉、影（煗→煖、暄、洝）	卷二諄部
162	巾	深喉→舌音	喉音爲舌音	羣→泥、定（綮→幔、墀）	卷三真部
182	巫	深喉→齒音	喉音爲齒音	見→照（巫→脊）	卷四支部
218	丮	深喉→脣音	喉音爲脣音	見→並（丮→父）	卷五魚部
246	乇	舌音→淺喉	舌音爲牙音	泥→影（穰→秧）	卷五魚部
271	亢	淺喉→舌音	牙音爲舌音	匣→定（喉→脰） 匣→來（項→嚨）	卷五陽部
271	亢	深喉→舌音	喉音爲舌音	溪→來（阬→閬、宸）	卷五陽部
273	九	淺喉→脣音	牙音爲脣音	影→幫（九→跡）	卷五陽部
287	刅	齒音→淺喉	齒音爲牙音	穿→影、曉（刅→瘍、蛘、恙、忏）	卷五陽部
303	斗	舌音→深喉	舌音爲喉音	端→見（斗→斠）	卷六侯部
303	斗	舌音→淺喉	舌音爲牙音	端→匣、影（斗→斛、斞）	卷六侯部
305	豆	舌音→淺喉	舌音爲喉音	端→見（壴→鼓）	卷六侯部

目次	條目	聲類	聲轉	聲紐及字頭	卷數
305	豆	齒音→淺喉	齒音爲牙音	照→影（鐘→鏞）	卷六侯部
339	幺	淺喉→舌音	牙音爲舌音	影→端、定（黯→點、黮）	卷七幽部
339	幺	淺喉→齒音	牙音爲齒音	影→穿（黯→黲）	卷七幽部
345	䎉	舌音→淺喉	舌音爲牙音	來→曉（瞜→䫂）	卷七幽部
348	百	齒音→淺喉	齒音爲牙音	審→匣（盄→梈）	卷七幽部
369	㐭	齒音→淺喉	齒音爲牙音	牀→影（食→宧）	卷七侵部
406	𦣝	淺喉→舌音	牙音爲舌音	匣→來（頤→䫯）	卷八之部
408	而	舌音→淺喉	舌音爲牙音	泥→影（稬→㵝）	卷八之部
411	力	舌音→深喉	舌音爲喉音	來→疑（阞→隒）	卷八之部
411	力	舌音→淺喉	舌音爲牙音	來→曉（力→㧖）	卷八之部
528	乃	舌音→淺喉	舌音爲牙音	泥→曉（曩→曏）	卷八蒸部

據“《文始》聲類喉牙通轉表”，合計其條目數，共計 21 條，佔《文始》條目總數的 4.5%。

《文始》聲類中的喉牙通轉，根據各條目中的聲轉關係，可分爲兩類：喉牙音發舒爲非喉牙音與非喉牙音遒斂爲喉牙音，分別說明如下：

喉牙音發舒爲非喉牙音，即喉牙音能與舌音、齒音、脣音相通轉。此類聲轉的特點是，喉牙音無需異讀或諧聲作聲轉條件，即可與非喉牙音相通轉。

非喉牙音遒斂爲喉牙音，即舌音、齒音、脣音能與喉牙音相通轉。此類聲轉的特點是，舌音、齒音、脣音亦無需異讀或諧聲作聲轉條件，即可與喉牙音相通轉。

在《文始》中，存在喉牙通轉的字頭，其間往往具有訓詁上的互訓關係，這是因爲章氏認爲，能夠互訓的字詞，不僅在字義上，而且在字音上也必須相近相通：“轉注不空取同訓，又必聲韵相依，如考、老本疊韵變語也。”[①]此外，對喉音通轉現象的發生，亦可從複輔音的角度來加以解釋。上古漢語中存在複輔音一說現已被越來越多的古音學家所認可，而喉牙類音與其他非喉牙類音結合所形成的複輔音又是複輔音中最爲普遍的一類。

① 章太炎：《章太炎全集》第七冊，上海人民出版社 1999 年版，第 161 頁。

因此，說喉牙音能與非喉牙音相通轉，並非是完全沒有音理根據的。

根據章氏聲轉理論，喉牙音能與非喉牙音通轉是因其本身的特殊性（生人之元音），甚至不需要藉助於異讀或諧聲也能與其他聲類通轉。這種特殊聲變擴大了聲轉的繫聯範圍，從而在聲轉關係中給人造成了“無所不通”的印象。但是，如若注意到此類聲轉的數量在《文始》中的諸類聲轉中是最少的，即可看出章氏在實際字族的聲類繫聯時對此種聲轉的應用還是很審慎的。

對於《文始》聲類的喉牙音通轉，章氏在敍述中往往會以“疊韻變易（孳乳）”或“同韻變易（孳乳）”來概括其間的音變關係。但從發生變易或孳乳的字頭聲類上看，其間聲轉關係則屬喉牙音的通轉。這也表明《國故論衡·古雙聲說》中的喉牙音通轉理論是《文始》聲類繫聯的重要理論基礎。

五 《文始》聲類的綜合聲轉

聲類的綜合聲轉，是指在《文始》同一條目下的所有聲類中，有的聲類與初文或準初文聲類具有跨類關係，且這種跨類關係不衹一類，而是多類的集合。此種類別的聲轉，可以看作是前述聲轉類別在同一條目中的綜合體現。

據“《文始》聲類韻類一覽表”，提取出聲轉中屬於綜合聲轉的條目，列出發生綜合聲轉關係的聲類、聲紐及字頭，並對每一綜合聲轉進行分類，則得“《文始》聲類綜合聲轉表”：

《文始》聲類綜合聲轉表

目次	條目	聲類	聲轉	聲紐字頭及聲轉說明	卷數
9	㔾	深喉→舌音	諧聲旁紐	溪→透（喟→歎、嘆）；歎、嘆（堇）：羣。	卷一歌部
9	㔾	淺喉→齒音	牙音爲齒音	曉→照、穿（㔾→諓、吹、吪、炊、爨、燀、籥）。	卷一歌部
12	禾	淺喉→舌音	牙音爲舌音 諧聲正紐	影→透（委→妥） 影→泥（委→婑）；婑（厂）：影。	卷一歌部
19	惢	淺喉→深喉	喉牙遞轉	匣→見（㒁→恑）	卷一歌部
19	惢	齒音→淺喉	諧聲相變	審→匣（惢→㒁）；㒁（先粲反）：泥。	卷一歌部

目次	條目	聲類	聲轉	聲紐字頭及聲轉說明	卷數
49	毳	齒音→深喉	諧聲正紐	穿→見（毳→繝）；繝（罽）：穿。	卷一泰部
49	毳	深喉→淺喉	喉牙遞轉	見→匣（繝→褐）	卷一泰部
70	單	舌音→深喉	異讀旁紐	端→見（單→係）；係（弟）：定。	卷一寒部
70	單	淺喉→深喉	喉牙遞轉	匣→溪（縣→挈）	卷一寒部
70	單	舌音→淺喉	異讀旁紐	端→匣→匣（單→系→縣），系（弟）：定。	卷一寒部
70	單	深喉→淺喉	喉牙遞轉	溪→匣（挈→攜）	卷一寒部
96	丨	深喉→舌音 深喉→齒音	初文異讀	《說文》：丨，下上通也。引而下行讀若復。	卷二隊部
96	丨	深喉→脣音	異讀相變	見→並（丨→餶）；餶（似醉切）：禪。	卷二隊部
100	出	齒音→深喉	諧聲正紐 諧聲相變	穿→見（出→趉、趫、趬、潏）；趉（出）：穿，趫、趬、潏（肉）：泥。 穿→溪（出→朏）；朏（出）：穿。	卷二隊部
100	出	齒音→淺喉	諧聲相變	穿→影（翠→鷸）；鷸（肉）：泥。	卷二隊部
100	出	深喉→淺喉	喉牙遞轉	見→曉（趉→痳）	卷二隊部
100	出	淺喉→深喉	喉牙遞轉	影→羣（鷸→瓊）	卷二隊部
112	回	淺喉→舌音	初文異讀	段注：靁，古讀如回。回與員語之轉。	卷二脂部
112	回	深喉→齒音	喉音爲齒音	羣→禪（饋→襚）	卷二脂部
112	回	淺喉→脣音	異讀旁紐 異讀正紐	匣→明（湋→叟、頞、沒）；叟、頞（烏沒切）：影，沒（黃勃切）：匣。	卷二脂部
114	火	齒音→舌音	齒舌遞轉	照→泥、透（焌→然、熱、爇、炭）	卷二脂部
114	火	淺喉→齒音	異讀正紐 諧聲同類	曉→審→照、穿、審、禪（火→燹→焌、羨、鎩、闋）；燹（吁位切）：曉。 曉→審→穿（纁→蒐→茜）；蒐（鬼）：見。	卷二脂部
114	火	深喉→脣音	喉音爲脣音	見→並（爟→焚、燔、鐇、煩）	卷二脂部
114	火	淺喉→脣音	牙音爲脣音	曉→明（纁→韎）	卷二脂部
129	飛	脣音→淺喉	脣音爲牙音 諧聲正紐	幫→曉（奮→翬、翾、揮、韊） 滂→匣（翩→顯）；顯（翩）：滂。	卷二脂部
152	至	舌音→深喉	舌音爲喉音	定→疑（顆→垐）	卷三至部
152	至	舌音→淺喉	諧聲相變	端→影→影（窒→垔→湮）；垔、湮（西）：審。	卷三至部

目次	條目	聲類	聲轉	聲紐字頭及聲轉說明	卷數
152	至	齒音→淺喉	諧聲旁紐 諧聲正紐 齒音爲牙音	照→曉（至→垦）；垦（此）：穿。 審→影（失→佚）；佚（失）：審。 審→影（失→逸）	卷三至部
157	卩	齒音→淺喉	異讀旁紐 齒音爲牙音	照→影→影→影（卩→印→归→按）；印（信）：審。 審→影（信→允）	卷三至部
164	玄	淺喉→舌音	諧聲旁紐	匣→來（玄→縼）；縼（厂）：影。	卷三真部
164	玄	舌音→齒音	舌齒相變	來→照（縼→紙）	卷三真部
164	玄	淺喉→齒音	牙音爲齒音	匣→照（玄→袗）	卷三真部
165	廴	淺喉→舌音	諧聲正紐	影→透（延→梴）；梴（延）：影。影→定（引→紖）；紖（引）：影。	卷三真部
165	廴	淺喉→齒音	諧聲旁紐 諧聲正紐 異讀正紐	匣→穿（袁→袳）；袁（叀）：照。 影→審（延→挻）；挻（延）：影。 影→審（引→矤）；矤（引）：影。 影→審（廴→申）；申（廴）：影。	卷三真部
165	廴	淺喉→脣音	牙音爲脣音	影→明（引→輓）	卷三真部
172	丨	齒音→深喉 齒音→淺喉	初文異讀	《廣韻》：（丨）古本切。	卷三真部
172	丨	淺喉→脣音	牙音爲脣音	匣→明（娟→妹）	卷三真部
175	卂	淺喉→深喉	喉牙遞轉	曉→曉→溪（旬→鴚→謦）	卷三真部
175	卂	齒音→淺喉	齒音爲牙音	審→曉→影（卂→駨、旬、肸、佾）	卷三真部
186	嗌	淺喉→舌音	異讀正紐	影→定（嗌→雉）；雉（夷）：影。	卷四支部
186	嗌	深喉→舌音	諧聲旁紐	見→來（頸→領）；頸（壬）：透。	卷四支部
186	嗌	舌音→齒音	舌齒遞轉	定→禪→禪（雉→蜃→裖）	卷四支部
189	疒	舌音→深喉 舌音→淺喉	初文異讀	今音在舌上娘紐，古音宜在舌頭泥紐。亦作淺喉音。	卷四支部
189	疒	舌音→脣音	諧聲同類	見→幫（蹇→尳）；尳（爲）：匣。	卷四支部
191	厽	舌音→深喉	異讀正紐	來→見（垒→墼）；墼（令適）：來。	卷四支部
191	厽	舌音→淺喉	諧聲正紐 異讀正紐	來→影（絫→贏）；贏（㐭）：來。來→影→影（絫→盈→益、溢、泆、嬴）；盈（霝）：來。	卷四支部
194	豸	舌音→深喉	舌音爲喉音 異讀旁紐	定→見（豸→懈） 定→溪（�櫝→蝗）；蝗（忍）：泥。	卷四支部

目次	條目	聲類	聲轉	聲紐字頭及聲轉說明	卷數
194	豸	舌音→淺喉	齒音爲牙音 諧聲相變 異讀正	禪→影（蟺→螾） 定→影（豸→伿）；伿（只）：照。 定→影（豸→㣇）；㣇（弟）：定。	卷四支部
194	豸	舌音→脣音	諧聲旁紐	定→明（豸→彌）；彌（爾）：泥。	卷四支部
206	幵	深喉→齒音	諧聲同類 異讀正紐	疑→穿（研→硟）；硟（延）：影。 溪→照→照（開→抧→咫）；抧、咫（迟）：溪。	卷四清部
234	襾	淺喉→舌音	諧聲同類	影→來（襾→梠）；梠（呂）：見。	卷五魚部
234	襾	深喉→齒音	異讀同類	見→禪（廣→榭）；榭（豫）：影。	卷五魚部
234	襾	淺喉→齒音	牙音爲齒音	影→審（襾→舍）	卷五魚部
234	襾	淺喉→脣音	牙音爲脣音	影→明（襾→廡）	卷五魚部
238	与	淺喉→齒音	諧聲正紐 牙音爲齒音	影→禪、牀（与→斜、抒）；斜（余）：影，抒（予）：影。 影→審→審→審（与→鴹→餉→饟）；鴹（昜）：影。 影→牀（与→醋）	卷五魚部
245	土	舌齒→淺喉	異讀旁紐 諧聲旁紐	穿→曉（赤→赫）；赫（奭）：審。 端→影（黨→黮）；黨（向）：曉。	卷五魚部
265	巫	脣音→深喉	異讀旁紐	明→羣（妄→狂）；狂（㞷）：幫。	卷五魚部
265	巫	脣音→淺喉	諧聲正紐 異讀旁紐	明→曉（誣→謊）；謊（亡）：明。 明→匡（妄→㞷）；㞷（封）：幫。	卷五魚部
265	巫	深喉→淺喉	喉牙遞轉	羣→曉（狂→怳）	卷五魚部
265	巫	脣音→齒音	初文異讀	案《周禮》巫更、巫咸等以巫爲筮，則巫亦可讀筮，易卦用蓍也。	卷五魚部
270	畕	深喉→舌音	諧聲正紐	見→來→來（畕→略→慮、量、路、虜、掠、撈、擥）；略（各）：見。	卷五陽部
270	畕	深喉→脣音	異讀旁紐	見→明（畂→陌）；畂（百）：幫。	卷五陽部
272	囧	深喉→舌音	諧聲正紐	影→透、定（昜→盪、碭、湯）：盪、碭、湯（昜）：影。	卷五陽部
272	囧	深喉→脣音	初文異讀	《說文》：（囧）賈侍中說讀與明同。	卷五陽部
276	羊	淺喉→舌音	牙音爲舌音	影→定（羊→羚）	卷五陽部
276	羊	淺喉→齒音	諧聲正紐	影→審→照（羊→羹→鬻）；羹（羊）：影。	卷五陽部

目次	條目	聲類	聲轉	聲紐字頭及聲轉説明	卷數
				影→禪（養→祥）；祥（羊）：影。	
276	羊	齒音→脣音	諧聲旁紐	審→滂（薵→烹）；烹（亨）：曉。	卷五陽部
280	㿝	深喉→舌音	諧聲正紐 異讀同類 喉音爲舌音	見→來（㿝→糧）；糧（㿝）：見。 羣→透→泥（饗→鬯→釀）；鬯（香）：曉。 見→來（㿝→粱）	卷五陽部
280	㿝	深喉→齒音	諧聲同類	見→審（㿝→黍）；黍（雨）：匣。	卷五陽部
280	㿝	舌音→齒音	舌齒相變	來→審→審（糧→糈→稰、踑）	卷五陽部
280	㿝	淺喉→脣音	喉音爲脣音	曉→滂（香→芳）	卷五陽部
293	网	脣音→淺喉	諧聲正紐	明→曉（膜→肓）；肓（亡）：明。	卷五陽部
293	网	脣音→舌音	異讀旁紐	明→來（膜→臚）；臚（膚）：幫。	卷五陽部
300	𣆪	淺喉→舌音	牙音爲舌音 諧聲同類	匣→來（𣆪→祿） 匣→來（厚→隆）；隆（夅）：見。	卷六侯部
302	后	深喉→舌音	諧聲旁紐	疑→端（愚→戇）；戇（贛）：溪。	卷六侯部
302	后	淺喉→舌音	諧聲旁紐	匣→定（后→犢）；犢（賣）：影。	卷六侯部
302	后	舌音→齒音	舌齒遞轉	端→審（戇→惷）	卷六侯部
302	后	淺喉→脣音	諧聲同類	匣→並（后→㲄）；㲄（青）：溪。	卷六侯部
313	彔	舌音→深喉	諧聲正紐	來→羣（陋→寠）；寠（婁）：來。	卷六侯部
313	彔	舌音→淺喉	舌音爲牙音	來→影（摟→臾）	卷六侯部
315	几	齒音→深喉	齒音爲喉音	禪→疑（几→僥）	卷六侯部
315	几	齒音→脣音	初文異讀	几、鳧音本皆如投，故豎頭須亦作里鳧須。其後几作齒音如殊，鳧作脣音爲房無切，乃相遠矣。	卷六侯部
321	厈	深喉→舌音	喉音爲舌音	見→端、透、泥（厈→拈、抸、鈷、鉅、籥、囚、拇）	卷六侯部
321	厈	舌音→齒音	舌齒遞轉	泥→審（籥→攝）	卷六侯部
324	共	深喉→舌音	異讀同類 喉音爲舌音	羣→泥（共→宂）；宂（庸）：影。 羣→來（具→弄）	卷六東部
324	共	深喉→齒音	諧聲正紐	見→照、禪（公→伀、訟）；伀、訟（公）：見。	卷六東部
325	亯	齒音→舌音	齒舌遞轉	穿→定（寑→簞）	卷六東部

目次	條目	聲類	聲轉	聲紐字頭及聲轉説明	卷數
325	亯	深喉→齒音	喉音爲齒音	見→照、穿、審（宮→宋、寖、宿、竆、枕）	卷六東部
328	囪	舌音→淺喉	諧聲正紐	來→影（筤→籯）；籯（㐭）：來。	卷六東部
328	囪	齒音→淺喉	異讀旁紐	審→影（突→垩）；垩（尋）：禪。	卷六東部
338	ㄐ	深喉→舌音	喉音爲舌音	見→來（ㄐ→翏、蟉、嫪）	卷七幽部
338	ㄐ	深喉→齒音	諧聲正紐	見→審（ㄐ→收）；收（ㄐ）：見。	卷七幽部
338	ㄐ	深喉→脣音	喉音爲脣音	見→明（ㄐ→繆、牡、謬）	卷七幽部
340	丣	淺喉→齒音 淺喉→舌音	初文異讀	丣音或同柳，或同酉，窌亦應之，故丣有淺喉音。	卷七幽部
340	丣	淺喉→脣音	諧聲正紐	影→滂（丣→窌、奅）；窌、奅（丣）：影。	卷七幽部
342	甹	淺喉→舌音	諧聲正紐	影→定（由→條、冑）；條（攸）：影，冑（由）：影。 影→透→定、端（由→搯→擢、輈）；搯（丣）：影。	卷七幽部
342	甹	淺喉→齒音	諧聲正紐 舌齒相變 牙音爲齒音	影→審（由→筱）；筱（攸）：影。 透→照→穿→穿→穿、照（搯→瘯→瘜→瘴、狾） 透→審（搯→繅） 影→審（由→搖）	卷七幽部
343	竹	舌音→淺喉	舌音爲牙音 諧聲相變	端→影（竹→龠） 端→影（竹→箹）；箹（勺）：禪。	卷七幽部
357	缶	脣音→深喉	異讀旁紐	幫→溪（缶→殼）；殼（孛）：滂。	卷七幽部
357	缶	脣音→淺喉	脣音爲牙音	幫→影（缶→䍃、窯）	卷七幽部
357	缶	脣音→舌音	諧聲正紐	幫→定（缶→匋）；匋（包）：幫。	卷七幽部
363	邕	齒音→舌音	齒舌遞轉	照→端、定、泥、來（腫→盥、瘃、瘻、瘤、膿、疣）	卷七冬部
363	邕	淺喉→齒音	牙音爲齒音	影→照、禪（癰→腫、瘇）	卷七冬部
372	羊	舌音→深喉	諧聲相變	泥→溪→溪（羊→戡→或）；戡（甚）：禪。	卷七侵部
372	羊	舌音→淺喉	舌音爲牙音	泥→影、匣（羊→剡、琰、娙）	卷七侵部
372	羊	深喉→淺喉	喉牙遞轉	溪→匣（或→咸）	卷七侵部
378	甲	齒音→舌音	齒舌遞轉	審→端→來（苫→簦→笠）	卷七緝部

目次	條目	聲類	聲轉	聲紐字頭及聲轉說明	卷數
378	甲	深喉→齒音	諧聲相變	見→審（荎→苫）；荎（大）：定。	卷七緝部
379	柙	淺喉→舌音	異讀正紐	匣→來（檻→櫳、牢）；檻（濫）：來。	卷七緝部
379	柙	深喉→舌音	諧聲同類	見→來→來（檢→斂→撿、籢）；檢、斂、撿、籢（僉）：穿。	卷七緝部
380	及	齒音→舌音	齒舌遞轉	審→透（馺→踏）	卷七緝部
380	及	深喉→舌音	異讀旁紐 異讀同類	羣→透（綠→綝）；綝（禁）：見。 羣→定（及→眔、遝、謎、隸）；眔、遝、謎、隸（隶）：影。	卷七緝部
380	及	淺喉→齒音	諧聲正紐	羣→審（及→馺、趿）；馺、趿（及）：羣。	卷七緝部
412	之	齒舌→淺喉	諧聲正紐 諧聲相變 異讀正紐 齒音爲牙音	審→影（枲→萛）；枲（以）：影。禪→影（祠→礿）；礿（勺）：禪。照→曉（之→慉）；慉（畜）：透。 定→影→曉（沖→涌→洶）；涌（甬）：定。 照→影（之→異、膱）	卷八之部
425	母	脣音→深喉	脣音爲喉音	明→見（拇→胲）	卷八之部
425	母	脣音→淺喉	諧聲正紐	明→曉→曉（姆→誨→毎）；誨、毎（母）：明。 明→曉（母→海）；海（母）：明。	卷八之部
426	弓	淺喉→齒音	諧聲旁紐	匣→審（鞃→軾）；軾（弋）：影。	卷八蒸部
426	弓	淺喉→脣音	牙音爲脣音	匣→並（弘→弸）	卷八蒸部
431	仌	脣音→深喉	異讀正紐	幫→疑→溪（仌→冰→峪）；冰（筆陵切）：幫。	卷八蒸部
431	仌	深喉→淺喉	喉牙遞轉	疑→匣（冰→涵）	卷八蒸部
434	爻	深喉→舌音	喉音爲舌音	見→定（姣→嬥） 見→來（佼→憭）	卷九宵部
434	爻	淺喉→舌音	諧聲正紐	匣→來（爻→犖）；犖（熒）：匣。	卷九宵部
434	爻	淺喉→脣音	諧聲正紐	匣→幫（爻→駁）；駁（爻）：匣。	卷九宵部
436	樂	淺喉→舌音	諧聲正紐	影→定→定（台→駘→詒）；駘、詒（台）：影。	卷九宵部
436	樂	深喉→齒音	異讀相變	疑→審（樂→笑）；樂（盧各切）：來。	卷九宵部
436	樂	淺喉→齒音	異讀正紐	影→審→照（冶→鑠→銷、鑄）；鑠（爍）：	卷九宵部

目次	條目	聲類	聲轉	聲紐字頭及聲轉說明	卷數
				影。	
438	刀	舌音→深喉	諧聲相變 異讀旁紐	端→見（刀→劍）；劍（僉）：穿。 定→見（艻→蒹）；蒹（廉）：來。	卷九宵部
440	龟	舌齒→淺喉	諧聲相變 諧聲正紐 異讀正紐	審→曉（䩦→嚛）；嚛（樂）：來。定→影→影（超→躍→趯）；躍、趯（翟）：定。 定→影→影（跳→踊→趯）；踊（甬）：定。	卷九宵部
440	龟	舌音→脣音	初文異讀	《說文》非無免字，乃即　字爾。	卷九宵部
441	兆	舌音→深喉	諧聲正紐	泥→疑（撓→虐）；撓（堯）：疑。	卷九宵部
441	兆	齒音→淺喉	齒音爲牙音	照→匣（灼→焳）	卷九宵部
445	勺	齒音→深喉 齒音→淺喉	初文異讀	（勺）此有二音：一如酌在齒，斂則入舌；一如約在喉。	卷九宵部
445	勺	齒音→脣音	諧聲旁紐	照→幫（勺→杓）；杓（勺）：禪。	卷九宵部
447	小	齒音→脣音	初文異讀	小有兩音：一讀如本音作小，亦可作少，此齒音也；一讀如眇，此脣音也。	卷九宵部
447	小	齒音→淺喉	諧聲相變	審→影（小→軺）；軺（刀）：端。	卷九宵部
451	广	深喉→舌音	喉音爲舌音	疑→端（巖→坫）	卷九談部
451	广	齒音→舌音	齒舌遞轉	照→透（瞻→覘）	卷九談部
451	广	淺喉→齒音	諧聲正紐	曉→審→審（險→憸→思）；險、憸（僉）：穿。	卷九談部
451	广	深喉→齒音	諧聲正紐	疑→照（儼→瞻）；瞻（产）：疑。	卷九談部
455	函	淺喉→舌音	諧聲正紐	匣→定（含→嘾）；嘾（咸）：匣。匣→定→定（嗛→啗→啖）；啗（臽）：匣，啖（炎）：匣。	卷九談部
455	函	舌音→齒音	舌齒遞轉	定→牀→照→牀（啗→嚵→噍→嚼）	卷九談部
456	甘	深喉→舌音	諧聲同類 諧聲旁紐 喉音爲舌音	見→定→定（甘→覃、醰，淡→憺→倓、憕）；覃、醰（咸）：匣，淡、倓（炎）：匣，憺（产）：疑。見→泥（餡→饒）；饒（堯）：疑。 見→定（甘→甛、恬）	卷九談部
461	耴	舌音→深喉	舌音爲喉音 諧聲旁紐	泥→見（聶→唊） 泥→見（聶→嗑）；嗑（大）：定。	卷九盍部

據“《文始》聲類綜合聲轉表”，合計其條目數，共計 63 條，佔《文始》條目總數的 13.6%。

《文始》綜合聲轉中的聲轉類別，除“遞轉”類別外，其餘皆已在前文中論及。《文始》聲類的遞轉，由於在表現形式上與韻類的遞轉有不同的方式，韻類的遞轉不依賴其他韻轉形式而存在，可以獨立成類，但聲類的遞轉都是由其他類別的聲轉而造成的再次聲轉，是一種附帶的聲轉形式，衹在綜合聲轉的條目中出現，因此無需獨立作一類。

《文始》聲類的綜合聲轉，較之《文始》韻類的綜合韻轉，就同條下能夠出現的音轉種類和音轉數量而言，要更爲複雜多樣。在綜合聲轉中，前述的異讀聲轉、諧聲聲轉、喉牙通轉及其小類，都可能出現在同一條目之下，於是造成同一條目內横跨了脣、舌、齒、牙、喉五種聲類。從表面上看，集合在同條之下的各類聲轉雖然造成了同條字族聲類繫聯的寬泛，似乎聲轉可以沒有任何限制。但是，衹要細究《文始》綜合聲轉條目的聲類關係，則可看出，同一條目下的多類聲轉，皆分屬於各類聲轉條例，都有各自的音理基礎，相互之間亦有其內在的語音關聯，而並非是章氏主觀上的隨意牽合。

由於《文始》中的每類聲轉都是有其聲轉依據和基礎的，所以綜合聲轉不過是對各種聲轉形式的綜合運用和集中展現，衹要仔細梳理清楚綜合聲轉條目中的聲轉類別和聲轉關係，就可看出這一點。

第八節 《文始》的聲轉特點

綜合以上《文始》的五類聲轉情況，集中列出各類聲轉的條目數量和所佔比例，則得“《文始》聲轉類別表”：

《文始》聲轉類別表

類別	數量	比例	類別	數量	比例
正聲聲轉	242	52.3%	喉牙通轉	21	4.5%
異讀聲轉	64	13.8%	綜合聲轉	63	13.6%
諧聲聲轉	73	15.8%			

據“《文始》聲轉類別表”中的聲轉種類及數量比例，可對《文始》一書的聲轉特點總結如下：

第一，《文始》的聲轉類別具有層級性。在《文始》中，各類聲轉的數量和比例具有很大的不同：正聲聲轉的條目數量佔條目總數的 50%，這是聲轉類別的第一層級；異讀和諧聲聲轉比重較大，二者合計佔條目總數的 30%，這是聲轉類別的第二層級；喉牙通轉，由於其本身的特殊性，所佔比率最低，這是聲轉類別的第三層級。比較《文始》中正聲聲轉的條目和正聲韻轉的條目（佔條目總數的 80%），則可看出，正聲聲轉的條目在數量上雖然遠多於聲轉中的其他各類，但卻遠低於相應的正聲韻轉的條目數量。《文始》中正聲聲轉與正聲韻轉在條目數量上所佔比例的差異，是由於章氏對韻轉和聲轉的不同看法造成的。在《文始・敍例》中，章氏對此問題明確闡述道：“分韻之道，聞一足以知十，定紐之術，猶當按文而施……若以聲母作概，一切整齊，斯不精之論也。”[①]正是由於對聲類的繫聯不可能“一切整齊”，而應當“按文而施”，所以在《文始》中異讀聲轉和諧聲聲轉的條目數量遠多於相應韻轉中的條目數量，僅次於正聲聲轉。至於喉牙通轉，雖不無音理上的依據，但尚需更多的材料予以證明。因此，此類聲轉的使用，難免會引起聲轉過濫的嫌疑。但從上述對聲轉類別的分層卽可看出，喉牙通轉在數量和層級上與其他聲轉類別有顯著差異，不能因喉牙通轉的存在而以偏概全，誤以爲《文始》的聲轉毫無節制與規律。

第二，《文始》的聲轉規律具有表現形式上的複雜性。《文始》聲轉規律的表現不同於韻轉規律的表現。在《文始》中，章氏在聯繫字族時一般會明確指出字頭所屬的韻部，以表明同族字間的韻部關係；但對於字頭的聲紐，則往往不作說明，很多時候必須藉助字頭的諧聲偏旁或異讀變音方能看出其間的聲轉關係和聲轉規律。《文始》中聲轉規律表現形式上的複雜性，是由於章氏主要是從漢字諧聲系統和《說文》保存的古音情況來進行字族聲類繫聯的結果。由於漢字諧聲系統的複雜性和時間先後的差異性，常常造成古音系統與諧聲系統在具體字頭聲類歸屬上的不一致，並由此導致同一字頭所屬聲類的多重性。這種聲類的多重性，往往被章氏用來

① 章太炎：《章太炎全集》第七冊，上海人民出版社 1999 年版，第 163 頁。

作爲《文始》中聲類繫聯的交匯節點，使得本來不具有聲轉關係的聲類，能據此節點而銜接起來。因此，對《文始》聲轉規律的把握，不能僅憑某一古音系統來生搬硬套，而必須根據《說文》的諧聲體系和異讀情況來作解釋說明。

第三，《文始》同族字間的具體聲轉關係是章氏聲轉學說的有機組成部分。與章氏韻轉學說相應，章氏的聲轉理論也是一整套完整的學說體系，既有其理論說明，也有其實際應用。章氏聲轉學說首先在《新方言·音表》中系統提出，確立了各聲類之間基本的聲轉條例；後又在《國故論衡·古雙聲說》中有所修正，增加了喉牙音與非喉牙音的通轉；而《文始》對《說文》字族的聲類繫聯，則可看作其聲轉學說的實際應用。要全面理解和正確評價章氏的聲轉學說，既要以《新方言·音表》和《國故論衡·古雙聲說》的聲轉理論爲基礎，又要注意《文始》中同源字族的實際聲轉關係。因此，《古雙聲說》可以看作章氏聲轉學說的理論綱領，而《文始》中同族字間的具體聲轉關係則可視作這一理論綱領的全面應用，二者緊密結合，共同構成了章氏聲轉理論體系的完整性。

小 結

綜觀《文始》一書的韻轉與聲轉，可總結概括如下：

在音轉標準上，《文始》採取的是聲韻兼顧的繫聯方法。《文始》以《成均圖》和“紐表”作爲繫聯漢語同源字族語音關係的聲韻標準，從聲韻兩個方面考求同源字族在語音關係上的聯繫，克服了前代要麼偏重“聲”而忽視“韻”，要麼偏重“韻”而忽視“聲”缺點。因此，《成均圖》和“紐表”是我國最早的用之於實踐的漢語同源韻紐表，而《文始》這種聲韻兼顧的做法，也成爲現代詞源研究中判定同源字詞語音關係的通行準則。

在音轉表現上，《文始》各條目的音轉情況具有不同的表現。在《文始》463 條同源字族中，有 219 條爲常例音轉，不存在例外音轉情況；有 244 條爲例外音轉，存在一條或多條例外音轉情況。在 244 條例外音轉條目中，聲類例外共 349 項，韻類例外共 90 項。《文始》中超過半數條目具有例外音轉現象，表現出上古漢語同源字族語音關係的複雜性；例外音轉中聲轉與韻轉數量的不平衡，表現出上古聲紐系統在聯繫上的多樣性。

在音轉範圍上，《文始》各條目同源字族的聲轉與韻轉是以聲類和韻類爲其界限的。就韻轉範圍而言，同類相轉或近類相轉（軸聲與弇侈）爲正聲，否則爲變聲；就聲轉範圍而言，同類相轉或近類相轉（喉與牙、舌與齒）爲正聲，否則爲變聲。正聲是最常見、最一般的情況，是一般規律；變聲是音轉中的例外情況，是特殊表現。

在音轉關係上，《文始》各條目的同源字族皆與其所從出的初文或準初文具有聲韻上的聯繫。就韻轉關係而言，這種關係表現爲正聲韻轉、正聲遞轉、韻類次對轉、變聲韻轉；就聲轉關係而言，這種關係表現爲正聲聲轉、異讀聲轉、諧聲聲轉、喉牙通轉。同一條目中的同族字以同紐同部或聲轉韻轉與其所從出的初文或準初文發生語音上的關聯。各類韻轉和聲轉都有規律可循，並不存在韻轉的“無所不通，無所不轉”或聲轉的“雙聲馳驟，其流無限”的情況。

在學說體系上，章太炎音轉理論（聲轉與韻轉）的主要目的在於對漢語同源字族的音變規律作出說明。他的音轉理論是和他的字源學說緊密地聯繫在一起的，是他的字源學說在語音關係上的解釋和說明。

第七章 《文始》的變易與孳乳

《文始》的變易與孳乳，是章太炎所繫聯的《説文》字族在義轉關係上的具體表現。《文始》各條目的同族字，在意義上都與其所從出的初文或準初文有著直接或間接的聯繫。這種聯繫以層級分類爲義轉框架，以變易和孳乳爲義轉方式，具體化爲各條目中同源字族的意義關係。全面梳理《文始》各條目中同族字的意義關係，是正確理解《文始》義轉規律的方法與途徑。

第一節 《文始》變易與孳乳釋義

章太炎在《文始·敍例》中，對變易與孳乳的概念界定、義變方式、相互關係等問題分别作了論述説明。這些論述説明，是章氏對自己所提出的變易與孳乳理論的集中表述。

在變易與孳乳的概念界定上，他説："討其類物，比其聲均，音義相讎，謂之變易；卽五帝、三王之世改易殊體者。義自音衍，謂之孳乳，坒而次之，得五六千名，雖未達神恉，多所缺遺，意者形體聲類，更相扶胥，異於偏觭之議。若夫囟、罙同語，囧、橫一文，天卽爲顛，語本於囟，臣卽爲牽，義通於玄，中、出、耑、圣同種而禪，丮、巨、父、互連理而發，斯蓋先哲之所未諭，守文者之所痀勞，亦以見倉頡初載，規摹宏遠，轉注假借具於泰初，蓋《周官·保氏》教國子明六書，卒乃登之成均，主之神瞽，風山川以修憲命，其後而日遠矣。"[①]從此段論述可以看出以下幾點：第一，變易指字形上有區别，但在字義和字音上相同相通的一組字；孳乳

① 章太炎：《章太炎全集》第七册，上海人民出版社 1999 年版，第 160 頁。

指字音上相近相通，但在字形和字義上有所區別的一組字。第二，無論變易字或孳乳字，章氏都沒有局限於文字形體的束縛，而是從聲音與意義兩個方面來加以考求繫聯，類聚字族。第三，變易和孳乳的學說基礎就是章氏的轉注假借理論，而轉注假借理論又是漢語同源字族孳生衍化的規律說明。因此，章氏所謂的變易或孳乳字其實就是漢語的同族字或同源字。

在變易與孳乳的義變方式上，他說："物有同狀而異所者，予之一名，易與鼉、雁與鴈鵝是也。有異狀而同所者，予之一名，鉅與黚，鉅卽今金剛石，黚卽炱煤，物質本同，故黚音由鉅而轉，見本條。鼠與鼨是也。庶物露生，各異其本，文言孳乳，或爲同原。若藍名本蒠，黿名依邑，種族自別，形態相從，則其語由此迻彼，無間於飛潛動植也。然《爾雅·釋艸》以下六篇，名義不能備說，都邑山水，復難理其本原，故孳乳之文，數者多闕。"[①]從此段論述可以看出以下幾點：第一，章氏繼承並發展了《荀子·正名》篇中"同狀而異所"及"異狀而同所"的觀點。荀子本用此概念來指名實關係和事物命名的原則，但章氏則用它來解釋事物得名的緣由和依據。照章氏看來，在事物的得名上，無論是"異狀同所（異形同質）"還是"同狀異所（同形異質）"皆可"予之一名"，卽雖然就事物本身的實體而言可能本無關聯，但反映到語言詞彙中，卻因人們認識上的聯想作用，相互之間可以產生由此及彼的聯想關係，於是在得名上就有了相同的語源。第二，章氏承認並非所有的字詞都可以考證出其最初的語源，認爲諸如山川河流等專有名詞，其得名之由難以考辨，故採取了缺而不論的實事求是態度。

在變易與孳乳的相互關係上，他說："文字孳乳，或有二原，是故初文互異，其所孳乳或同。斯由一義所函，輒兼兩語，交通復入，以是多塗。若夫絳爲大赤，軺爲小車，得語所由，不於赤車而於大小，斯胤言之恆律。若復兼隸赤車，卽爲二文所孳乳矣。譬之道路，少或一達，多乃九馗，無病支離，亦非破瓶。夫圜周複雜，發揮旁通，斯語言所以神，今並箸互出者，變而通之以盡利也。"[②]從此段論述可以看出：章氏注意到了詞語引申變化中詞義的相互影響和交互作用，從而認識到某一引申義可能來自於多個相近相關但並不相同的數個語源，是這些語源交互作用的共同結果，卽

① 章太炎：《章太炎全集》第七冊，上海人民出版社 1999 年版，第 161 頁。
② 同上書，第 162 頁。

注意到了詞義發展引申中的系統性問題。因此，在《文始》中同一個後出字可能出現在不同的條目之下，分別隸屬於不同的初文或準初文。

綜合章太炎在《文始·敍例》中對變易與孳乳的相關論述，可以看出，變易與孳乳是章氏對其所繫聯的《說文》字族在義轉關係上的規律概括，也是其轉注假借理論在漢語字族繫聯中的具體應用。在《文始》中，作爲“語根”的各個初文與準初文，正是藉助於變易與孳乳這兩種最基本的義轉規律，孳生衍化出一組組具有內在音義關聯的漢語同源字族。

第二節 《文始》變易與孳乳的總體情況

在《文始》中，同一條目下所有字頭的字義，都是以變易和孳乳這兩種最基本的義轉方式與該條初文或準初文的字義發生直接或間接的義轉關係。這種義轉關係又以變易和孳乳的分層分類爲基本特點，由此而形成同一字族在字義關係上的相互關聯。因此，要全面瞭解《文始》一書的孳乳和變易情況，需要逐一梳理出《文始》所有條目中字頭的義項，並根據《文始》變易和孳乳的層級分類特點，提取出能夠孳乳派生出他字的孳乳字的義項（孳乳義項），再對各條目中各字頭的義項（字頭義項）進行分級分類地歸納概括，如此則整部《文始》所有條目的義轉關係便能得以明晰展現，而其中體現出的義轉規律也可由此說明。

據《文始》全文數據表，提取其中的“目次”、“條目”、“釋義”、“字源”、“卷數”字段，以同條目中的“字源”字段爲分類條件，將各條目中的變易字與孳乳字作分類概括，並區分出相應的層級性，列出各條目中的孳乳義項及各字頭義項，製成“《文始》變易孳乳一覽表”，以說明《文始》各卷條目之下所收字頭的變易與孳乳情況，爲其後對變易與孳乳的分類討論提供具體的數據支持和論證依據。

《文始》變易孳乳一覽表，包含有6項信息，現說明如下：

1.“目次”：《文始》各條目的順序編號。

2.“條目”：《文始》各條目的第一個字頭，作爲該條的名稱。各條目衹列楷書字頭標目，不列其他異體。

3.“孳乳義項”：《文始》各條目中能夠孳乳派生出他字的字頭及義項。

每條第一個孳乳義項爲該條初文或準初文義項。

4.“層級”:《文始》各條目孳乳義項的層級區分。

5.“字頭義項”:《文始》各條目所收字頭的相應義項。爲避免混淆，每個義項之外加“[]”。孳乳義項之間用“、”分隔，變易義項之間用“→”連接，同一字頭的若干義項之間用“/”分開，完全相同的義項則合併處理。

6.“卷數”:《文始》各條目所在的卷數。

《文始》變易孳乳一覽表

目次	條目	孳乳義項	層級	字頭義項	卷數
1	干	干[跨步]	1	[跨步]→[迥過]→[跨渡]→[胯股]→[半步]→[兩髀之間]→[越度]→[逃逾]	卷一歌部
1	干	干[跨步]	2	[跨馬]、[舉脛有渡]、[褰絝]	卷一歌部
1	干	迥[迥過]	2	[辛罪]、[愆過]	卷一歌部
1	干	跨[跨渡]	2	[方舟/渡水]	卷一歌部
1	干	胯[胯股]	2	[脛衣]→[褌絝]	卷一歌部
1	干	越[越度]	2	[蹶跳]、[闊疏/遠]→[空大]→[通谷]→[屋寬大]→[奢査]	卷一歌部
1	干	騎[跨馬]	3	[馬在軶中]、[馬落頭]	卷一歌部
1	干	抗[渡水]	3	[小津/船渡]	卷一歌部
1	干	蹶[蹶跳]	3	[趣赿]、[輕足]、[逜疾]、[娍輕]	卷一歌部
1	干	寬[屋寬大]	3	[寬閒心腹貌]、[憪愉]	卷一歌部
2	戈	戈[平頭戟]	1	[平頭戟]	卷一歌部
2	戈	戈[平頭戟]	2	[有枝兵]、[斧柄]	卷一歌部
2	戈	戟[有枝兵]	3	[枝格]	卷一歌部
2	戈	柯[斧柄]	3	[欚柄]	卷一歌部
3	丫	丫[羊角/不正]	1	[羊角/不正]	卷一歌部
3	丫	丫[羊角]	2	[枷梻]、[以角觸發]、[發石]、[萑鸍]	卷一歌部

目次	條目	孳乳義項	層級	字頭義項	卷數
3	𠂇	𠂇[不正]	2	[乖戾]、[角不平]→[奇異]、[口不正]、[歪斜]、[面不正]、[鉏鋙]	卷一歌部
3	𠂇	觤[角不平]	3	[誤亂]	卷一歌部
3	𠂇	觭[角不平]	3	[謬誤]	卷一歌部
4	冎	冎[頭隆骨]	1	[頭隆骨]	卷一歌部
4	冎	冎[頭隆骨]	2	[肉之覈]、[足踝]、[髀上]、[臀骨]	卷一歌部
5	果	果[木實]	1	[木實]	卷一歌部
5	果	果[木實]	2	[艸實]	卷一歌部
6	瓦	瓦[瓦器]	1	[瓦器]	卷一歌部
7	㇈	㇈[水流/旌旗之流]	1	[水流/旌旗之流]	卷一歌部
7	㇈	㇈[水流]	2	[禾相倚移]、[艸萎蕤]、[施木橢施]、[曳長裾]	卷一歌部
7	㇈	㇈[旌旗之流]	3	[旌旗流貌]	卷一歌部
8	也	也[女陰]	1	[女陰]	卷一歌部
8	也	也[女陰]	2	[坤地]、[馬尾鞦]、[燭燼]	卷一歌部
9	丂	丂[气出無礙]	1	[气出無礙]→[气舒展而出]	卷一歌部
9	丂	丂[气出無礙]	2	[可哥]、[歌唱]、[大言而怒]→[語相訶歫]、[屰惡驚詞]、[气越泄]、[應答聲]、[歎息聲]、[小聲]、[笑聲]→[笑貌]、[語气稽止]、[招呼聲]、[吹气]、[叱訶]、[雁鳥]、[雚爵]	卷一歌部
9	丂	歌[歌唱]	3	[和歌]	卷一歌部
9	丂	吹[吹气]	3	[炊爨]、[吹奏樂器]	卷一歌部
9	丂	雁[雁鳥]	3	[鴈鵝]→[駉鵝]	卷一歌部
9	丂	和[和歌]	4	[調和]	卷一歌部
9	丂	龢[調和]	5	[何曷]	卷一歌部

目次	條目	孳乳義項	層級	字頭義項	卷數
10	爲	爲[母猴]	1	[母猴]→[猿猴]	卷一歌部
10	爲	爲[母猴]	2	[詐僞]、[�詐]、[儀度]、[履法]	卷一歌部
11	匕	匕[變化]	1	[變化]→[換易]→[取奐]	卷一歌部
11	匕	匕[變化]	2	[教行]、[囮譯]、[鬼變]、[資財]→[賜資]、[治皮/在外]	卷一歌部
11	匕	換[換易]	2	[易居]、[柔韋]	卷一歌部
11	匕	化[教行]	3	[女師]	卷一歌部
11	匕	皮[治皮]	3	[撝裂]→[抲撝]、[捇裂]、[壉摨]、[柀析]、[石甄]、[闢開]、[物中分]→[半體]、[削木札朴]	卷一歌部
11	匕	皮[在外]	3	[寢衣/加被]、[帔裙]、[假髮]	卷一歌部
11	匕	撝[撝裂]	4	[闢門]→[大開]	卷一歌部
11	匕	柀[柀析]	4	[辯論]	卷一歌部
11	匕	半[物中分]	4	[判分]、[田界]、[泮宮]	卷一歌部
11	匕	被[加被]	4	[往有所加]、[迻予]→[相付與]	卷一歌部
12	禾	禾[嘉穀/垂順]	1	[嘉穀/垂順]	卷一歌部
12	禾	禾[嘉穀]	2	[嘉美]、[調味]、[食牛]、[科程]	卷一歌部
12	禾	禾[垂順]	2	[委隨]→[妥安]	卷一歌部
12	禾	委[委隨]	3	[順貌]、[柔順]、[柔美]	卷一歌部
13	𠂹	𠂹[艸木華葉垂]	1	[艸木華葉垂]→[樹木𠂹朵朵]→[禾垂貌]→[禾成秀]→[禾采之貌]→[艸木華垂貌]	卷一歌部
13	𠂹	𠂹[艸木華葉垂]	2	[下垂]、[冠纓]、[馬鞍絛飾]、[頃頓]→[俄頃]、[威儀]	卷一歌部
13	𠂹	我[頃頓]	3	[角傾]	卷一歌部
13	𠂹	義[威儀]	3	[美好貌]→[美女]	卷一歌部
14	它	它[它虫/懈弛/稱謂/外加]	1	[它虫]→[獸長脊]	卷一歌部
14	它	它[它虫]	2	[山神獸]、[螭龍]	卷一歌部
14	它	它[懈弛]	2	[弓解弦]→[弛弓]、[小崩]、[敗城]、[陊落]、[裹	卷一歌部

目次	條目	孳乳義項	層級	字頭義項	卷數
				行]、[收斂]→[攤開]、[不敬]	
14	它	它[稱謂]	2	[江別流]	卷一歌部
14	它	它[外加]	2	[負何]	卷一歌部
14	它	陊[敗城]	3	[相毀]	卷一歌部
15	多	多[廣大盛厚/重/功]	1	[廣大盛厚/重/功]	卷一歌部
15	多	多[廣大盛厚]	2	[有大度]、[張口]、[盛火]、[庝廣]、[多穀]、[富厚]	卷一歌部
15	多	多[重]	2	[重次弟物]→[韋束次弟]	卷一歌部
15	多	多[功]	2	[迻恃]	卷一歌部
15	多	䪾[富厚]	3	[設膳腆多]	卷一歌部
15	多	弟[韋束次弟]	3	[爵之次第]、[程品]	卷一歌部
16	麗	麗[旅行/成對]	1	[旅行/成對]	卷一歌部
16	麗	麗[旅行]	2	[聯連]、[附著]、[覼數]、[離別]	卷一歌部
16	麗	麗[成對]	2	[儷偶]、[輓車]、[孿生]	卷一歌部
16	麗	聯[聯連]	3	[謰謱]、[攣係]→[欒樊]、[鄰連]、[魚連行貌]、[鱗片]、[大波]、[小波]	卷一歌部
16	麗	誃[離別]	3	[變慕]、[泣下]	卷一歌部
16	麗	漣[泣下]	4	[憐哀]	卷一歌部
16	麗	憐[憐哀]	5	[行難]、[恨惜]	卷一歌部
17	𠂇	𠂇[左手/卑賤]	1	[左手/卑賤]	卷一歌部
17	𠂇	𠂇[左手]	2	[佐助]	卷一歌部
17	𠂇	𠂇[卑賤]	2	[賈少]	卷一歌部
17	𠂇	左[佐助]	3	[贊助]	卷一歌部
17	𠂇	贊[贊助]	4	[質地不純的玉]、[以羹澆飯]、[積竹杖/叢木]、[儹聚]→[僔聚]、[百家]	卷一歌部
17	𠂇	欑[叢木]	5	[蒲叢]、[叢艸]	卷一歌部

目次	條目	孳乳義項	層級	字頭義項	卷數
17	𠂇	儹[儹聚]	5	[聚語]	卷一歌部
18	叉	叉[手指相錯/差錯]	1	[手指相錯]→[三指撮]	卷一歌部
18	叉	叉[手指相錯]	2	[杈枝]、[掩脅]、[以叉刺取]	卷一歌部
18	叉	叉[差錯]	2	[差貳/差可/差擇]	卷一歌部
18	叉	差[差貳]	3	[參縒]、[衺斫]、[行不正]、[齒跌貌]、[齒參差]	卷一歌部
18	叉	差[差可]	3	[瘥愈]→[瘥減]	卷一歌部
18	叉	差[差擇]	3	[選擇]	卷一歌部
19	惢	惢[心疑]	1	[心疑]	卷一歌部
19	惢	惢[心疑]	2	[有二心]→[恑變]	卷一歌部
20	㇄	㇄[鉤識]	1	[鉤識]	卷一泰部
21	亅	亅[鉤逆/相歫]	1	[鉤逆/相歫]	卷一泰部
21	亅	亅[鉤逆]	2	[橜弋]、[勥力]、[屰氣]、[曲刀]、[詰詘]、[䣜曲]、[拳手]、[曲角]、[行曲脊貌]、[弓曲]、[栝檃]	卷一泰部
21	亅	亅[相歫]	2	[歫善自用]、[蕨俎]	卷一泰部
22	乇	乇[木本]	1	[木本]→[榦本]→[木株]→[竹梃]→[稈莖]→[麥莖]	卷一泰部
22	乇	乇[木本]	2	[楬桀]	卷一泰部
22	乇	稍[麥莖]	2	[繒如麥稍]	卷一泰部
22	乇	楬[楬桀]	3	[大斧]	卷一泰部
23	巜	巜[水流澮澮]	1	[水流澮澮]→[水流聲]	卷一泰部
24	孑	孑[無右臂/獨]	1	[無右臂/獨]	卷一泰部
24	孑	孑[無右臂]	2	[無刃戟]、[日頗見]	卷一泰部
24	孑	孑[獨]	2	[特立之石]、[矛柄/獨]	卷一泰部
25	孓	孓[無左臂]	1	[無左臂]	卷一泰部

目次	條目	孳乳義項	層級	字頭義項	卷數
26	丯	丯[艸蔡]	1	[艸蔡]→[蘮蕪]→[艸亂]	卷一泰部
26	丯	丯[艸蔡]	2	[相遮要害]→[遏止]	卷一泰部
26	丯	蘮[荒蕪]	2	[礙流]	卷一泰部
26	丯	蔡[艸亂]	2	[分離]、[流放]	卷一泰部
26	丯	柭[分離]	3	[雜肉]、[水散石]	卷一泰部
27	凷	凷[凷墣]	1	[凷墣]	卷一泰部
27	凷	凷[凷墣]	2	[小土塊]、[行不便/懲罰]	卷一泰部
27	凷	屆[懲罰]	3	[譎問]	卷一泰部
28	蕢	蕢[艸器]	1	[艸器]	卷一泰部
28	蕢	蕢[艸器]	2	[匱匣]	卷一泰部
29	乂	乂[芟艸/芟艸器]	1	[芟艸/芟艸器]	卷一泰部
29	乂	乂[芟艸]	2	[割刹]→[虔殺]、[劊斷]、[刖絕]、[治魚]、[嬖治]、[忞懲]、[分決]	卷一泰部
29	乂	乂[芟艸器]	2	[鍥鎌]	卷一泰部
29	乂	割[割刹]	3	[閹牛]、[閹羊]、[閹狗]、[閹人]、[閹割]	卷一泰部
29	乂	劊[劊斷]	3	[細切肉]	卷一泰部
29	乂	刖[刖絕]	3	[拐折]、[斷足]	卷一泰部
30	夬	夬[分決/缺失/挖掘/契刻/口決/決絕/分別/割斷]	1	[分決/缺失/挖掘/契刻/口決/決絕/分別/割斷]	卷一泰部
30	夬	夬[分決]	2	[行流]→[潰漏]	卷一泰部
30	夬	夬[缺失]	2	[器破]	卷一泰部
30	夬	夬[挖掘]	2	[抉挑]→[掐搯]、[掐目]→[出目]、[致力於地]→[搰掘]	卷一泰部
30	夬	夬[契刻]	2	[巧韧]	卷一泰部
30	夬	夬[口決]	2	[齧噬]→[齮齧]→[齕齧]→[齦齧]	卷一泰部

目次	條目	孳乳義項	層級	字頭義項	卷數
30	夬	夬[決絕]	2	[棄捐]	卷一泰部
30	夬	夬[分別]	2	[柬擇]、[計會]	卷一泰部
30	夬	夬[割斷]	2	[銛斷]、[桀磔]、[害傷]	卷一泰部
30	夬	潰[潰漏]	3	[殨爛]、[中止]	卷一泰部
30	夬	缺[器破]	3	[玉玦]、[城缺]、[城闕]	卷一泰部
30	夬	圣[致力於地]	3	[治水]、[土室]→[堀突]、[窫穿]、[深抉]	卷一泰部
30	夬	丯[巧丯]	3	[栔刻]、[憲敏]	卷一泰部
30	夬	棄[棄捐]	3	[殑棄]	卷一泰部
30	夬	桀[桀磔]	3	[傑勢]→[气勢/大勇]→[奰大/拳勇]	卷一泰部
30	夬	害[害傷]	3	[禍害]	卷一泰部
30	夬	栔[栔刻]	4	[契約]→[券契]	卷一泰部
30	夬	契[契約]	5	[宗廟常器]、[麻一耑/絜束]→[括絜]→[絭束]	卷一泰部
30	夬	彝[宗廟常器]	6	[器皿]	卷一泰部
30	夬	絜[絜束]	6	[纕臂繩]、[小束]	卷一泰部
31	貴	貴[物不賤]	1	[物不賤]	卷一泰部
31	貴	貴[物不賤]	2	[繢餘]	卷一泰部
32	月	月[月闕]	1	[月闕]→[外遠]	卷一泰部
32	月	月[月闕]	2	[閒隙]→[壁閒隙]	卷一泰部
32	月	閒[閒隙]	3	[山夾水]	卷一泰部
33	乙	乙[玄鳥/請子之候/嘉美]	1	[玄鳥]→[周燕]	卷一泰部
33	乙	乙[請子之候]	2	[窀空]、[臀孔]、[馬白州]	卷一泰部
33	乙	燕[嘉美]	2	[安樂]→[所安]、[宴婉]	卷一泰部
33	乙	安[安樂]	3	[喜貌]	卷一泰部
33	乙	宜[所安]	3	[人所宜]	卷一泰部

目次	條目	孳乳義項	層級	字頭義項	卷數
34	自	自[自鼻]	1	[自鼻]→[詞言之气]	卷一泰部
34	自	自[自鼻]	2	[劓鼻玉]、[射準的/植立]、[刖劓]	卷一泰部
34	自	㿝[詞言之气]	2	[謁白]、[直言]、[臥息]	卷一泰部
34	自	臬[射準的]	3	[門梱]→[門橛]	卷一泰部
34	自	臬[植立]	3	[樹蓺]	卷一泰部
34	自	言[直言]	3	[弔生]、[議論]、[議罪]、[簡牒]	卷一泰部
34	自	眉[臥息]	3	[呬息]、[嘅歎]、[大息]	卷一泰部
34	自	簡[簡牒]	4	[篋存]	卷一泰部
34	自	愾[大息]	4	[怒戰]	卷一泰部
35	旡	旡[飲食气逆]	1	[飲食气逆]→[气啎]→[咽中息不利]→[欭嚘]	卷一泰部
35	旡	旡[飲食气逆]	2	[飯窒]、[壺中氣不得泄]、[塞口]、[嗢噎]	卷一泰部
36	歺	歺[列骨之殘/分解/殘穿/惡疾/死亡/殘破]	1	[列骨之殘/分解/殘穿/惡疾/死亡/殘破]	卷一泰部
36	歺	歺[列骨之殘]	2	[缺齒]、[伐木餘]、[戍滅]、[斷截]	卷一泰部
36	歺	歺[分解]	2	[分解/殘餘/條例]	卷一泰部
36	歺	歺[殘穿]	2	[殘穿]、[戔賊]→[殘賊]→[穿通]→[穿地]→[穿孔器]→[錢銚]→[食餘]	卷一泰部
36	歺	歺[惡疾]	2	[惡疾]→[畜疫病]→[民皆疾]	卷一泰部
36	歺	歺[死亡]	2	[死澌]	卷一泰部
36	歺	歺[殘破]	2	[碎礦]、[瓬破]、[貝聲]、[玉聲]、[流放]、[水散石]、[散聲]、[水索]→[器中空]	卷一泰部
36	歺	齾[缺齒]	3	[無齒]	卷一泰部
36	歺	㓞[分解]	3	[齒分骨聲]	卷一泰部
36	歺	㓞[殘餘]	3	[繒餘]	卷一泰部

目次	條目	孳乳義項	層級	字頭義項	卷數
36	歺	㓹[條例]	3	[例比]、[迾遮]→[門遮]	卷一泰部
36	歺	㱙[食餘]	3	[㱙薉田]、[裂肉]、[送去食]、[祭祀]、[餐食]→[吞咽]、[禽獸殘骨]、[殘帛]	卷一泰部
36	歺	死[死澌]	3	[大夫死]	卷一泰部
36	歺	㽄[散聲]	3	[悲聲]	卷一泰部
37	㦿	㦿[伐木餘]	1	[伐木餘]	卷一泰部
37	㦿	㦿[伐木餘]	2	[庶子]、[牙米]、[禽獸蟲蝗之怪]	卷一泰部
38	戌	戌[戌滅/地支]	1	[戌滅]→[利傷]	卷一泰部
38	戌	戌[戌滅]	2	[烕滅]、[滅盡]、[滅火器]、[刪㓹]	卷一泰部
38	戌	戌[地支]	2	[木星]	卷一泰部
38	戌	淬[滅火器]	3	[堅刀刃]	卷一泰部
39	絕	絕[斷絲]	1	[斷絲]	卷一泰部
39	絕	絕[斷絲]	2	[截斷]、[劈斷]、[折斷]、[折傷]、[制裁]、[斷截]、[切刌]、[小耎易斷]→[耎易破]	卷一泰部
39	絕	截[截斷]	3	[紹繼/斷]	卷一泰部
39	絕	折[折斷]	3	[摘取]	卷一泰部
39	絕	制[制裁]	3	[裁衣]	卷一泰部
39	絕	斷[斷截]	3	[斷截]、[斷齊]、[切肉]	卷一泰部
40	彑	彑[豕頭/銳]	1	[豕頭/銳]	卷一泰部
40	彑	彑[豕頭]	2	[豕走]→[遯逃]→[遂亡]→[遺亡]→[貇逸]→[逭逃]	卷一泰部
40	彑	彑[銳]	2	[銳芒]→[錐銳]	卷一泰部
40	彑	錐[錐銳]	3	[佩角銳耑]、[柲下銅]、[破木鐫]	卷一泰部
40	彑	鐫[破木鐫]	4	[兆瑑]	卷一泰部
40	彑	瑑[兆瑑]	5	[引書]	卷一泰部

目次	條目	孳乳義項	層級	字頭義項	卷數
41	大	大[人大]	1	[人大]	卷一泰部
41	大	大[人大]	2	[詷誕/大]、[張口/大貌]	卷一泰部
41	大	誕[詷誕]	3	[詑欺]	卷一泰部
42	少	少[少蹈]	1	[少蹈]→[躔踐]→[踐履]→[跧躡]→[蹋踐]→[楚足]	卷一泰部
42	少	踐[踐履]	2	[足迹]	卷一泰部
43	叕	叕[綴聯/約束]	1	[綴聯]→[合箸]→[以艸補缺]→[纘繼]	卷一泰部
43	叕	叕[綴聯]	2	[束茅表位]、[車小缺復合]、[隸人箸絳帛]、[似組而赤]→[五采繒]、[車轅五束]、[捕鳥覆車]、[帶紳]、[蝎子]	卷一泰部
43	叕	叕[約束]	2	[誓約]、[車樘結]	卷一泰部
43	叕	辭[五彩繒]	3	[萃聚]	卷一泰部
44	率	率[捕鳥畢/紼牽]	1	[捕鳥畢/紼牽]	卷一泰部
44	率	率[捕鳥畢]	2	[捕魚竹網]→[魚網]、[大索]→[車中把]、[以絲罟鳥]、[治理]、[冠織]、[捽持]	卷一泰部
44	率	率[紼牽]	2	[先導]、[將衛]	卷一泰部
44	率	達[先導]	3	[述循]→[遵循]、[隨從]、[從意]	卷一泰部
45	帶	帶[帶紳/約束]	1	[帶紳/約束]	卷一泰部
45	帶	帶[帶紳]	2	[瓜蒂]、[螮蝀]	卷一泰部
45	帶	帶[約束]	2	[撮取]→[隶及]、[引縱]	卷一泰部
45	帶	隶[隶及]	3	[逮及]、[附箸]	卷一泰部
46	蠆	蠆[蝎子]	1	[蝎子/毒]	卷一泰部
46	蠆	蠆[毒]	2	[痛瘌]、[藥毒]	卷一泰部
47	四	四[四分]	1	[四分]	卷一泰部
47	四	四[四分]	2	[駟乘]、[四歲牛]	卷一泰部
48	西	西[舌貌]	1	[舌貌]→[舌頭]	卷一泰部
48	西	西[舌貌]	2	[以舌取食]	卷一泰部

目次	條目	孳乳義項	層級	字頭義項	卷數
49	毳	毳[獸細毛]	1	[獸細毛]	卷一泰部
49	毳	毳[獸細毛]	2	[西胡毳布]	卷一泰部
49	毳	繝[西胡毳布]	3	[毛布]	卷一泰部
50	末	末[木上]	1	[木上]	卷一泰部
50	末	末[木上]	2	[散眇]、[枚條]、[尾梢]、[懱易]	卷一泰部
50	末	散[散眇]	3	[隱行]、[小雨]、[微識]	卷一泰部
51	貝	貝[海介蟲/貨幣]	1	[海介蟲/貨幣]	卷一泰部
51	貝	貝[海介蟲]	2	[賁飾]	卷一泰部
51	貝	貝[貨幣]	2	[購貨]	卷一泰部
52	宋	宋[屮木盛]	1	[屮木盛]→[屮葉多]→[寚孛]→[屮多]→[屮茂]	卷一泰部
52	宋	宋[屮木盛]	2	[旌旆]→[旗旛]、[羽翣]	卷一泰部
53	㡀	㡀[敗衣]	1	[敗衣]	卷一泰部
53	㡀	㡀[敗衣]	2	[一幅巾]→[拭觚布]、[幣帛]、[敗毀]	卷一泰部
53	㡀	帗[一幅巾]	3	[撆拭]、[抪撻]	卷一泰部
53	㡀	敗[敗毀]	3	[幓裂]、[敗瓦]	卷一泰部
54	市	市[蔽前/遮蔽]	1	[蔽前/遮蔽]	卷一泰部
54	市	市[遮蔽]	2	[足衣]、[瞂盾]、[箅蔽]、[藩屏]→[屏蔽]→[庰蔽]、[韠韍]	卷一泰部
55	癶	癶[足剌癶]	1	[足剌癶]→[走犬貌]→[步行獵跋]	卷一泰部
55	癶	癶[足剌癶]	2	[首至手]、[以足踏夷艸]、[艸舍/艸行]、[轢牲而行]、[蹎跋]	卷一泰部
55	癶	犮[走犬貌]	2	[馬縶]	卷一泰部

目次	條目	孳乳義項	層級	字頭義項	卷數
55	癶	發[以足踏夷艸]	3	[除治艸]、[拔擢]、[伐擊]、[鏺鐮]、[除惡祭]	卷一泰部
55	癶	跋[蹎跋]	3	[頓仆]、[屋頓]、[退崩]、[固疾]、[行貌/前頓]	卷一泰部
55	癶	絆[馬縶]	3	[馬轡]	卷一泰部
56	𡿨	𡿨[水小流]	1	[水小流]→[水流]→[流水]	卷一寒部
57	毌	毌[穿物持之/寶貨/持]	1	[穿物持之/寶貨/持]	卷一寒部
57	毌	毌[穿物持之]	2	[錢貫]、[擐貫]、[玉環]、[有舌環]、[以絲貫杼]→[發動機關]、[以木横持門戶]、[車軸耑鍵]、[轂耑錔]、[歫門]	卷一寒部
57	毌	毌[寶貨]	2	[玩弄]	卷一寒部
57	毌	毌[持]	2	[摜習]→[遦習]→[忕習]→[䵻習]→[閑體行姽姽]→[頭閑習]	卷一寒部
57	毌	環[玉環]	3	[有舌環]	卷一寒部
57	毌	絲[以絲貫杼]	3	[事已閉門]	卷一寒部
57	毌	關[以木横持門戶]	3	[外閉之關]、[舉鼎]	卷一寒部
57	毌	摜[摜習]	3	[嫺雅]→[僩嫺]、[宦仕]、[習猒]、[券勞]、[倦罷]、[勤勞]→[勸勞]	卷一寒部
57	毌	翫[習猒]	4	[餶猒]、[患悳]→[悹悳]→[悹悳]	卷一寒部
57	毌	勸[勸勞]	4	[惕息]	卷一寒部
58	干	干[干犯/刺]	1	[干犯]→[乾燥/上出]	卷一寒部
58	干	干[干犯]	2	[馬突]、[迁進/迁求]、[舉尾走]、[負舉]、[軒車]、[天雞/高]、[頭明飾]	卷一寒部
58	干	干[刺]	2	[姦私]、[犯淫]、[辛罪]、[告訐]	卷一寒部
58	干	乾[乾燥]	2	[乾熱]、[不雨]、[渴盡]、[高燥]、[瀾竭]、[高燥]、[傷暑]、[寒凍]、[乾革]	卷一寒部
58	干	乾[上出]	2	[健伉]、[剛直]、[悍勇]、[扞忮]	卷一寒部

目次	條目	孳乳義項	層級	字頭義項	卷數
58	干	迀[迀求]	3	[匄氣]、[謁白]	卷一寒部
58	干	竭[負舉]	3	[高舉]→[何儋]、[臣盡力之美]→[忓極/好]	卷一寒部
58	干	渴[渴盡]	3	[欲飲]、[口乾聲嘶]	卷一寒部
58	干	翰[天雞]	3	[雞肥]	卷一寒部
58	干	暍[傷暑]	3	[飯餲]、[飯傷熱]、[人液]	卷一寒部
58	干	訐[告訐]	3	[語相增加]	卷一寒部
58	干	扞[扞忮]	3	[敂止]、[戰盾]、[臂鎧]	卷一寒部
58	干	辛[辛罪]	3	[立朝律]	卷一寒部
58	干	揭[高舉]	4	[禾舉出苗]	卷一寒部
59	肩	肩[肩髆]	1	[肩髆]	卷一寒部
59	肩	肩[肩髆]	2	[高舉]、[何儋]	卷一寒部
60	犬	犬[大狗/鬥齧]	1	[大狗/鬥齧]	卷一寒部
60	犬	犬[鬥齧]	2	[兩犬相齧]	卷一寒部
60	犬	㹜[兩犬相齧]	3	[吠鬥聲]、[犬張齗怒]→[犬怒貌]、[妎訟]、[諍語]、[和說而諍]、[語聲/嚚訟]、[虎怒]、[虎行/殺]、[兩虎爭聲]、[分別]	卷一寒部
61	厂	厂[厓巖/高]	1	[厓巖/高]	卷一寒部
61	厂	厂[厓巖]	2	[岸高]、[水邊高地]、[水泉本]、[危高]、[山邊]、[高邊]、[高而懼]、[嵯峨]、[厜㕒]	卷一寒部
61	厂	厂[高]	2	[美士]、[眉目之間]、[駊騀/高大貌]、[檥榦]、[截高貌]	卷一寒部
62	卵	卵[蛋/圓/包/小/全]	1	[蛋/圓/包/小/全]	卷一寒部
62	卵	卵[圓]	2	[丸圜]、[𡰪丸]	卷一寒部
62	卵	卵[包]	2	[裹纏]	卷一寒部
62	卵	卵[小]	2	[蚰蟲/衆]	卷一寒部
62	卵	卵[全]	2	[梡木未薪]→[棞木薪]、[完全]、[俒完]、[昆同]、[掍同]、[昆干不可知]、[塞口]、[佸會]、[會合]	卷一寒部

目次	條目	孳乳義項	層級	字頭義項	卷數
62	卯	裹[裹纏]	3	[褎俠]→[褱藏]、[稛糠]、[棺稃]	卷一寒部
62	卯	蚰[衆]	3	[外博衆多視]	卷一寒部
62	卯	昆[昆同]	3	[轂齊等貌]、[羣居]、[羣輩]、[吏事君/衆]、[客舍]、[會合善言]、[芻藁之藏]、[艸多貌]、[會五彩繡]、[束髮骨器]、[絜髮]、[屈髮]、[舂粟不潰]	卷一寒部
62	卯	鰥[昆干不可知]	3	[憒亂]	卷一寒部
62	卯	會[會合]	3	[帶所結/領會]	卷一寒部
62	卯	褱[褎俠]	4	[念思]、[凡思]	卷一寒部
62	卯	繪[會五彩繡]	4	[韋繡]	卷一寒部
63	焉	焉[倉庚/黃黑]	1	[倉庚]→[離黃]→[黧黃]	卷一寒部
63	焉	焉[黃黑]	2	[黑有文]、[豆飴]、[蔫葱]	卷一寒部
63	焉	蔫[蔫葱]	3	[目無明]	卷一寒部
64	吅	吅[驚嘑]	1	[驚嘑]→[囂嘑]→[讙譁]→[高气多言]→[讙語]	卷一寒部
64	吅	吅[驚嘑]	2	[兒泣不止]	卷一寒部
65	幻	幻[相詐惑]	1	[相詐惑]	卷一寒部
65	幻	幻[相詐惑]	2	[諼詐]、[傆黠]、[譌言]、[譾譀]→[謾欺]、[流言]→[權詐]	卷一寒部
66	亘	亘[求亘]	1	[求亘]→[營求]	卷一寒部
66	亘	亘[求亘]	2	[行且賣]、[知處告言之]、[帀居]、[旬徧]、[亭郵表]	卷一寒部
66	亘	營[帀居]	3	[回飛]、[收豢]、[艸旋貌]、[塋墓]	卷一寒部
66	亘	旬[旬徧]	3	[行示]、[平徧]、[均適]、[陶鈞]、[周旋]	卷一寒部
66	亘	桓[亭郵表]	3	[桓圭]、[偏師]、[三軍之偏]、[旌旗所以指麾]	卷一寒部
66	亘	鈞[陶鈞]	4	[甄匋]、[紡專]	卷一寒部
66	亘	旋[周旋]	4	[圜爐]、[圜采]	卷一寒部
66	亘	絢[圜采]	5	[采成文]	卷一寒部

目次	條目	孳乳義項	層級	字頭義項	卷數
67	耑	耑[物初生之題/挺直]	1	[物初生之題]→[顓顆]	卷一寒部
67	耑	耑[物初生之題]	2	[旃表]、[車輨]、[口耑]	卷一寒部
67	耑	耑[挺直]	2	[端直]	卷一寒部
67	耑	軑[車輨]	3	[鐵鉗]	卷一寒部
67	耑	脣[口耑]	3	[脣瘍]	卷一寒部
67	耑	端[端直]	3	[衣正幅]	卷一寒部
68	旦	旦[旦明]	1	[旦明]→[早昧爽]	卷一寒部
69	丹	丹[赤石]	1	[赤石]	卷一寒部
69	丹	丹[赤石]	2	[丹縠衣]、[帛丹黄色]	卷一寒部
70	單	單[蟬聯相續]	1	[蟬聯相續]→[系繫]→[繫束]→[結不解]→[縣繫]→[補縫]→[繕補]	卷一寒部
70	單	單[蟬聯相續]	2	[蟬蜩]、[單衣]→[但裼]、[撚毛]、[纏繞]、[綫縷]	卷一寒部
70	單	系[系繫]	2	[提挈]→[提持]	卷一寒部
70	單	縣[縣繫]	2	[縣持]→[攜提]	卷一寒部
70	單	組[縫補]	2	[衣縫解]	卷一寒部
70	單	蟬[蟬蜩]	3	[蟬蛻]	卷一寒部
70	單	但[但裼]	3	[肉膻]、[野土/除地]、[不啻]	卷一寒部
70	單	裼[但裼]	3	[裎但]、[嬴但]	卷一寒部
70	單	墠[除地]	4	[祭天]	卷一寒部
70	單	啻[不啻]	4	[鳥一枚]	卷一寒部
71	𥄕	𥄕[目圍/目裹好]	1	[目圍/目裹好]	卷一寒部
71	𥄕	𥄕[目裹好]	2	[覝姡]、[嫚好]→[好貌]→[鬈好]、[娧好]、[體德好]、[娽妮]	卷一寒部
72	㫃	㫃[旌旗之游偃蹇貌]	1	[旌旗之游偃蹇貌]	卷一寒部

目次	條目	孳乳義項	層級	字頭義項	卷數
72	㫃	㫃[旌旗之游偃蹇貌]	2	[偃僵]、[日始出光倝倝]	卷一寒部
72	㫃	倝[日始出光倝倝]	3	[天清]、[星無雲]、[日見]、[赤色]	卷一寒部
73	㕣	㕣[山間陷泥地]	1	[山間陷泥地]→[兩自之間]→[墓道]→[成蹊]→[邑中道]	卷一寒部
73	㕣	㕣[山間陷泥地]	2	[慕欲口液]	卷一寒部
73	㕣	兊[成蹊]	2	[行不相遇]、[馬行疾來]、[輜車旁推戶]	卷一寒部
73	㕣	次[慕欲口液]	3	[貪欲]	卷一寒部
74	叀	叀[專小謹/紾轉]	1	[專小謹/紾轉]	卷一寒部
74	叀	叀[專小謹]	2	[嫥壹]、[頭顓顓謹貌]、[恮謹]、[安步延延]	卷一寒部
74	叀	叀[紾轉]	2	[鉤門戶樞]、[纏繞]、[轉還]→[展轉]、[礙不行]、[礙止]、[足械]、[紾轉]、[礙車]、[馬載重難行]、[水不利]、[繯落]、[羉網/綰]	卷一寒部
74	叀	嫥[嫥壹]	3	[專教]、[擅專]	卷一寒部
74	叀	轉[轉還]	3	[傳遽]	卷一寒部
74	叀	展[展轉]	3	[馬轉臥土中]	卷一寒部
74	叀	繯[繯落]	3	[牛鼻上環]	卷一寒部
75	珏	珏[極巧視之/齊]	1	[極巧視之]→[診視]	卷一寒部
75	珏	珏[極巧視之]	2	[揣量]→[娺量]、[瞭察]→[覆審]→[言微親察]	卷一寒部
75	珏	珏[齊]	2	[竱等]	卷一寒部
75	珏	娺[娺量]	3	[銓衡]	卷一寒部
76	吅	吅[二卪/具合]	1	[具合]→[選具]→[顨巺]→[僎具]→[孱具]→[全完]→[詮具]	卷一寒部
76	吅	吅[具合]	2	[具食]、[計數]、[筭籌]	卷一寒部

目次	條目	孳乳義項	層級	字頭義項	卷數
76	吧	巺[羿巺]	2	[選遣]	卷一寒部
76	吧	全[完全]	2	[全羽旗]、[牛純色]	卷一寒部
77	山	山[高山]	1	[高山]→[高峻]→[陮隗]→[嵯峨]→[厜㕒]→[嶕嶢]	卷一寒部
77	山	山[高山]	2	[二山]、[尤高]	卷一寒部
77	山	陖[高峻]	2	[材千人]、[馬之良材]	卷一寒部
78	泉	泉[水原]	1	[水原]	卷一寒部
78	泉	泉[水原]	2	[三泉]、[洫溝]、[慕欲口液]	卷一寒部
78	泉	次[慕欲口液]	3	[貪欲]	卷一寒部
79	孨	孨[孨謹/衆盛]	1	[孨謹/衆盛]	卷一寒部
79	孨	孨[孨謹]	2	[孱迮]	卷一寒部
79	孨	孨[衆盛]	2	[盛皃]	卷一寒部
80	羴	羴[羊臭]	1	[羊臭]	卷一寒部
80	羴	羴[羊臭]	2	[羊相廁]→[羊相羵積]	卷一寒部
81	華	華[箕屬]	1	[箕屬]→[大箕]	卷一寒部
81	華	華[箕屬]	2	[揚米去糠]、[棄除]、[埽除]、[拌棄]、[排推]→[勃排]→[擯斥]	卷一寒部
81	華	簸[揚米去糠]	3	[淅米汁]	卷一寒部
81	華	排[排推]	3	[止行]→[姘除]、[般辟]	卷一寒部
81	華	潘[淅米汁]	4	[大波]、[水涌流]	卷一寒部
82	釆	釆[獸指爪分別]	1	[獸指爪分別]→[獸足]	卷一寒部
82	釆	釆[獸指爪分別]	2	[辠人相與訟/辯論]、[辨判]、[播種/布]	卷一寒部
82	釆	辡[辯論]	3	[便巧言]、[譬諭]、[辯治]	卷一寒部
82	釆	辨[辨判]	3	[分瑞玉]、[瓜中實]	卷一寒部
82	釆	辯[辯治]	4	[辟法]→[嬖治]、[徧帀]	卷一寒部

目次	條目	孳乳義項	層級	字頭義項	卷數
83	片	片[判木]	1	[判木]→[版判]→[方木]→[牀版]	卷一寒部
83	片	片[判木]	2	[署門戶之文]	卷一寒部
83	片	版[版判]	2	[篇書]	卷一寒部
84	奐	奐[奐冕\大]	1	[奐冕\大]	卷一寒部
84	奐	奐[奐冕]	2	[大夫以上冠]、[馬髦飾]、[承槃]、[拊手]、[門欂櫨]	卷一寒部
84	奐	奐[大]	2	[昄大]、[大貌]、[襞奢]、[盈溢]、[以囊盛穀大滿而裂]、[壯大]、[牛百葉/厚]、[人膭/厚]	卷一寒部
84	奐	冕[大夫以上冠]	3	[低頭]	卷一寒部
84	奐	滿[盈溢]	3	[懣煩]→[悶懣]	卷一寒部
84	奐	贔[壯大]	3	[癲滿]	卷一寒部
85	丮	丮[丮引]	1	[丮引]	卷一寒部
85	丮	丮[丮引]	2	[鶩不行]、[馬繫]、[馬轡]、[楙藩]→[藩落]	卷一寒部
86	面	面[顏前]	1	[顏前]	卷一寒部
86	面	面[顏前]	2	[偭鄉/背]、[沉於酒]	卷一寒部
87	反	反[反覆]	1	[反覆]	卷一寒部
87	反	反[反覆]	2	[變更]、[半反]、[返還]、[車耳反出]	卷一寒部
88	扶	扶[並行]	1	[並行]→[相從]→[併並]	卷一寒部
88	扶	幷[相從]	2	[與妻婢姦]、[駕二馬]、[幷脅]、[氐人殊縷布]→[紕罽]、[麫餈]→[鍊鉼黃金]、[韏衣]、[裨接/偏裨]、[餅益]、[埤增]、[卑賤]、[俾益/俾從/使役]	卷一寒部
88	扶	裨[偏裨]	3	[禾別]、[黍屬]	卷一寒部
88	扶	卑[卑賤]	3	[中伏舍]、[矮人竨竨貌]、[短脛狗]、[婢女]	卷一寒部
88	扶	俾[使役]	3	[德使]→[命使]	卷一寒部
88	扶	命[命使]	4	[聘訪]	卷一寒部
88	扶	聘[聘訪]	5	[娉問]	卷一寒部
89	兀	兀[高而上平/高遠]	1	[高遠]→[遠遼]→[元始/元首]	卷二隊部

目次	條目	孳乳義項	層級	字頭義項	卷數
89	兀	兀[高而上平]	2	[高平]、[石山戴土]、[崔嵬/高平]→[隆隗]→[巍高]、[車轅耑持衡者]、[髡髮]→[頌禿]→[無髮]→[少髮]→[鬜禿]→[禿貌]	卷二隊部
89	兀	元[元首]	2	[顛頂]、[棞頭]、[大頭]→[頭頵頵大]→[頭大貌]	卷二隊部
89	兀	嵬[崔嵬]	3	[隉危]、[槷魁不安]	卷二隊部
90	甶	甶[鬼頭]	1	[鬼頭]→[老精物]→[鬮鬮]	卷二隊部
90	甶	甶[鬼頭]	2	[人所歸]→[夔魖]	卷二隊部
90	甶	鬼[人所歸]	3	[畏惡]、[傀偉]→[怪異]→[豗大]→[偉奇]、[鬼俗]	卷二隊部
90	甶	豗[豗大]	3	[夥多]	卷二隊部
91	虫	虫[虫蝮]	1	[虫蝮]→[虺蜥]→[榮蚖]→[雖蜥]	卷二隊部
92	曰	曰[口气出]	1	[口气出]	卷二隊部
92	曰	曰[口气出]	2	[詮詞]、[謂報]、[說釋]、[粵于]、[聿筆]、[出气詞/佩]→[吹起]→[笏版]	卷二隊部
92	曰	說[說釋]	3	[具數於門中]	卷二隊部
92	曰	聿[聿筆]	3	[律管]、[管樂]	卷二隊部
92	曰	欻[吹起]	3	[𠦬疾]、[疾風]、[大風]、[小風]→[小飛]、[噴吒]、[吹气]、[滭沸]、[灪淈]、[炊釜溢]、[羌人所吹角]、[譤聲]、[車鑾聲]、[飛聲]	卷二隊部
92	曰	笏[笏版]	3	[忽忘]	卷二隊部
92	曰	閱[具數於門中]	4	[稅租]	卷二隊部
92	曰	𠦬[𠦬疾]	4	[奔走]	卷二隊部
92	曰	沸[滭沸]	4	[水流]	卷二隊部
92	曰	忽[忽忘]	4	[見不審]、[若似]	卷二隊部
93	卉	卉[百艸]	1	[百艸]	卷二隊部
93	卉	卉[百艸]	2	[艸多貌]→[穊稠]	卷二隊部
93	卉	薈[艸多貌]	3	[沃黑色]、[木叢生]、[雜香艸]	卷二隊部
93	卉	黵[沃黑色]	4	[女黑色]	卷二隊部

目次	條目	孳乳義項	層級	字頭義項	卷數
94	䡜	䡜[車軸耑]	1	[車軸耑]	卷二隊部
94	䡜	䡜[車軸耑]	2	[接軸車]、[相轂中]、[車軸耑鍵]	卷二隊部
94	䡜	轂[相轂中]	3	[車轄相擊]、[擊支]、[車聲/鍵]	卷二隊部
95	𠫓	𠫓[不順忽出/滑利]	1	[不順忽出/滑利]	卷二隊部
95	𠫓	𠫓[不順忽出]	2	[犬從穴中暫出]	卷二隊部
95	𠫓	𠫓[滑利]	2	[泰滑]	卷二隊部
96	丨	丨[下上通/復/小]	1	[復]→[復卻]	卷二隊部
96	丨	丨[下上通]	2	[成蹊]、[行不相遇]、[兩自之間]、[豖頭]、[頭會匘蓋]、[屮木初生]	卷二隊部
96	丨	丨[復]	2	[下隊]→[從高隊]→[從高下]→[磒落]、[磙陊]、[遁遷]、[下首]、[行遲曳]	卷二隊部
96	丨	丨[小]	2	[艸生貌]→[小艸]、[莌小]、[鋭小]、[小餟]、[子之子]	卷二隊部
96	丨	隕[從高下]	3	[有所失]→[損減]、[壞敗]→[毀缺]	卷二隊部
96	丨	蒍[小艸]	3	[季少]	卷二隊部
96	丨	損[損減]	4	[馬腹蟄]→[气損]	卷二隊部
96	丨	毀[毀缺]	4	[毀垣]	卷二隊部
96	丨	季[季少]	4	[幼禾]	卷二隊部
97	夊	夊[行遲曳]	1	[行遲曳]→[徐行]→[邌徐]→[徲久]	卷二隊部
97	夊	夊[行遲曳]	2	[口气/重遲之貌]、[語譂遲]	卷二隊部
98	秝	秝[稷之黏者]	1	[稷之黏者]	卷二隊部

目次	條目	孳乳義項	層級	字頭義項	卷數
98	秫	秫[稷之黏者]	2	[稉稻]、[黐粘]	卷二隊部
98	秫	黐[黐粘]	3	[履黏]、[反頂受水丘/泥濘]→[黑土在水者/涅泥]	卷二隊部
98	秫	泥[泥濘]	4	[王者印]	卷二隊部
99	入	入[从上俱下]	1	[从上俱下]→[內入]	卷二隊部
99	入	內[內入]	2	[水相入]、[內轡]、[言之難]→[言之訥]→[訒頓]、[以錐有所穿]、[綦鍼]、[邇近]→[邇近]	卷二隊部
99	入	邇[邇近]	3	[從後近之]、[日近]→[日狎習相嫚]	卷二隊部
99	入	暬[日狎習相嫚]	4	[私服]→[日日所常衣]、[媟嬻]	卷二隊部
100	出	出[益茲上出/青色]	1	[益茲上出]→[艸初生地貌]→[茁蕣]	卷二隊部
100	出	出[益茲上出]	2	[艸生貌]、[月未盛之明]、[趉走]→[趉動→[狂走]→[走意]、[水湧出]、[從穴中猝出]、[犬暴出逐人]、[追逐]	卷二隊部
100	出	出[青色]	2	[青羽雀]→[知天將雨鳥]	卷二隊部
100	出	翠[青羽雀]	3	[絀絳]	卷二隊部
100	出	鷸[知天將雨鳥]	3	[赤玉]	卷二隊部
101	衰	衰[艸雨衣]	1	[艸雨衣]	卷二隊部
101	衰	衰[艸雨衣]	2	[縗服]	卷二隊部
102	豕	豕[豕彘]	1	[豕彘]→[彖豨]→[豚黴]	卷二隊部
102	豕	豕[豕彘]	2	[小豕]	卷二隊部
102	豕	豚[小豕]	3	[豕肥]	卷二隊部
103	㇏	㇏[左戾]	1	[左戾]→[弗矯/箄]	卷二隊部
103	㇏	㇏[左戾]	2	[刜擊]→[刎刭]、[過擊]、[咈違]、[誖亂]、[黹黻]、[頭偏]→[傾首]、[痛病]、[尪蹇]→[不能行]、[從旁持]→[從旁牽]、[刺癶]、[反覆]、[弼輔]、[般	卷二隊部

目次	條目	孳乳義項	層級	字頭義項	卷數
				辟]、[轉目視]、[臥弄]、[大帶]、[擊擭不正]	
103	乀	咈[咈違]	3	[怫鬱]、[色艴如]	卷二隊部
103	乀	誖[誖亂]	3	[亂系]	卷二隊部
103	乀	頗[頭偏]	3	[坡陂]→[坡阪]	卷二隊部
104	勿	勿[雜帛旗/趣民]	1	[雜帛旗/趣民]	卷二隊部
104	勿	勿[雜帛旗]	2	[雜毛牛/毛物]	卷二隊部
104	勿	勿[趣民]	2	[忞強]→[勉力]→[勉強]→[務趣]	卷二隊部
105	𠂤	𠂤[小𨸏/衆聚]	1	[小𨸏/衆聚]	卷二隊部
105	𠂤	𠂤[小𨸏]	2	[𡨄𡋯]、[脽屍]	卷二隊部
105	𠂤	𠂤[衆聚]	2	[二千五百人]、[重聚]、[兵車]	卷二隊部
106	隹	隹[短尾鳥]	1	[短尾鳥]	卷二隊部
106	隹	隹[短尾鳥]	2	[祝鳩]、[無尾/短]、[椎擊]→[以木有所擣]→[千斤椎]→[柲下銅鐏]→[木杖]→[投殳]	卷二隊部
106	隹	屈[無尾]	3	[鶌鳩]	卷二隊部
106	隹	屈[短]	3	[山短高]、[無前足獸]、[斷木]、[短面]、[梁上短柱]、[䳐短]、[不巧]、[貶下]	卷二隊部
106	隹	拙[不巧]	4	[無知]、[無心]	卷二隊部
107	靁	靁[靁雨/生物/回轉]	1	[靁雨]→[靁賈]	卷二隊部
107	靁	靁[生物]	2	[物數]→[紛𧵍亂]、[種類相似]→[難曉]	卷二隊部
107	靁	靁[回轉]	2	[勵推]、[玉鹿盧]、[龜目酒尊]、[輻輪]、[弼戾]→[戾曲]→[剌戾]、[蜾贏/虒蝓]→[蝸贏]	卷二隊部
107	靁	𧵍[紛𧵍亂]	3	[葛藟]→[蘽木]	卷二隊部
107	靁	類[種類相似]	3	[以事類祭天神]、[侖思]、[倫輩]、[論議]、[綴得理/大索]→[青絲綬/綸繩]→[繘綆]	卷二隊部
107	靁	贏[虒蝓]	3	[瘘𤻮/不均]	卷二隊部

目次	條目	孳乳義項	層級	字頭義項	卷數
107	畾	纍[大索]	4	[車蓋系]→[維綱中繩]→[持綱紐]→[維綱]	卷二隊部
108	几	几[尻几]	1	[尻几]	卷二脂部
108	几	几[尻几]	2	[層尻]、[跪拜]	卷二脂部
108	几	層[層尻]	3	[下首]→[頁頭]	卷二脂部
109	禾	禾[木曲不能上/限止]	1	[木曲不能上]→[褭輆]	卷二脂部
109	禾	禾[限止]	2	[留止]、[訖止]、[訖事之樂]、[稽秵]、[限阻]、[地垠]、[近附]、[行難]→[蹇尬/難]、[杚平]→[杚斗斛]	卷二脂部
109	禾	稽[留止]	3	[傳信/過所]、[微殆/幾察]→[譏誹/訶察]→[諫證]	卷二脂部
109	禾	幾[幾察]	4	[王畿]、[精謹/小少]、[候至]	卷二脂部
109	禾	僟[小少]	5	[才能]、[少劣之尻]、[穀不熟]→[疏不熟]、[蝨子]	卷二脂部
109	禾	饑[穀不熟]	6	[飢餓]→[餽飢]、[小食]	卷二脂部
110	气	气[雲气]	1	[雲气/气息]	卷二脂部
110	气	气[气息]	2	[膽气滿聲在人上]	卷二脂部
111	囗	囗[回帀]	1	[回帀]	卷二脂部
111	囗	囗[回帀]	2	[圍守]、[圜全]、[天體]、[圓規]、[圜圍]、[逶徙]、[日暉]、[寰畿]、[垣牆]→[周垣]→[井垣]、[宣室]、[果園]、[宮室深曲/屈艸自覆]→[室西南隅]、[養畜之閑]→[豕廁]、[閑闌]、[女牢]、[帷圍]、[幃囊]→[橐橐]、[蔽膝]、[幝幒]、[下裳]、[蜎肙/空]、[廩之圜者]	卷二脂部
111	囗	圜[天體]	3	[圜案]	卷二脂部
111	囗	圍[圍守]	3	[宿衛]	卷二脂部
111	囗	暉[日暉]	3	[輝光]、[盛赤]	卷二脂部
111	囗	垣[垣牆]	3	[宮中道]、[故廬/困窮]	卷二脂部
111	囗	宛[屈艸自覆]	3	[小盂]、[琬圭]、[冤屈]	卷二脂部
111	囗	奥[室西南隅]	3	[熱在中]	卷二脂部

目次	條目	孳乳義項	層級	字頭義項	卷數
111	口	圈[養畜之閑]	3	[以穀圈養豕]	卷二脂部
111	口	㝠[空]	3	[窾空]	卷二脂部
111	口	囷[廩之圜者]	3	[穀府]→[牛百葉]	卷二脂部
111	口	壼[宮中道]	4	[宮中之門]、[門槩]	卷二脂部
111	口	困[困窮]	4	[窘迫]	卷二脂部
111	口	冤[冤屈]	4	[怨恚]→[恨忿]→[不說貌]→[恨視]	卷二脂部
111	口	窾[窾空]	4	[物在穴中]、[挑取/窒]→[刮去惡創肉]	卷二脂部
111	口	胃[穀府]	4	[胃脘]、[以胃鳴的龜]	卷二脂部
112	回	回[回轉/乖違/轉動/回歸]	1	[回轉/乖違/轉動/回歸]	卷二脂部
112	回	回[回轉]	2	[湋回]→[深水處]、[澬洄]、[靁雨]	卷二脂部
112	回	回[乖違]	2	[相背]、[褱衺]、[韍戾]、[回避]	卷二脂部
112	回	回[轉動]	2	[轉臥]、[門樞]	卷二脂部
112	回	回[回歸]	2	[還復]、[女嫁/饋遺]→[𠂤歸]	卷二脂部
112	回	淚[深水處]	3	[入水有所取]、[内頭水中]、[沒沈]→[溷沒]→[搵沒]	卷二脂部
112	回	韋[相背]	3	[緯緷]、[衺幅]、[骫𡴞]、[韋曲]	卷二脂部
112	回	歸[饋遺]	3	[饋餉]→[饋客芻米]、[野饋]、[鑎饋]、[祭鬼]、[衣死人]	卷二脂部
112	回	𠂤[𠂤歸]	3	[作樂之盛]→[還師振旅樂/欲]	卷二脂部
112	回	豈[還師振旅樂]	4	[愷康]→[訢喜]→[忻闓]→[快喜]→[喜樂]→[喜款]→[喜貌]	卷二脂部
112	回	豈[欲]	4	[覬钦]→[祈福]→[意有所欲]	卷二脂部
113	癸	癸[揆度/剌癶]	1	[揆度]	卷二脂部
113	癸	癸[揆度]	2	[日葵]、[馬行威儀]	卷二脂部
113	癸	癸[剌癶]	2	[左右兩視]、[目不相聽]、[違離]、[踶躛]、[牛踶躛]、[趆踶]、[駃踶]	卷二脂部

目次	條目	孳乳義項	層級	字頭義項	卷數
114	火	火[火燬]	1	[火燬]→[焜火]→[㷉火]→[舉火]	卷二脂部
114	火	火[火燬]	2	[鬱煙]、[火煙上出/溫仁]、[盆中火]、[火申繒]、[以微火溫肉]	卷二脂部
114	火	㷉[㷉火]	2	[然火]→[然燒]	卷二脂部
114	火	爟[舉火]	2	[焚燒田]、[燔爇]	卷二脂部
114	火	煴[鬱煙]	3	[火气]、[煙貌]、[鬱鬯]	卷二脂部
114	火	熏[火煙上出]	3	[淺絳]、[薰艸]、[羊臐]、[臭菜]、[醺醉]	卷二脂部
114	火	熏[溫仁]	3	[㿂仁]→[惠仁]→[恩惠]→[惡惠]	卷二脂部
114	火	尉[火申繒]	3	[褽衽]、[按下]	卷二脂部
114	火	衮[以微火溫肉]	3	[溫器]、[轀輬車]	卷二脂部
114	火	焌[然火]	3	[熱溫]、[爇燒]、[陽鐩]、[烽䥢]	卷二脂部
114	火	然[然燒]	3	[燒木未灰]	卷二脂部
114	火	燔[燔爇]	3	[宗廟火熟肉]、[熱頭痛]	卷二脂部
114	火	鬱[鬱鬯]	4	[醞釀]、[蘊積]	卷二脂部
114	火	纁[淺絳]	4	[黃盛]→[黃華木]、[橘子]、[茅蒐]、[茜艸]、[茅蒐染草]	卷二脂部
114	火	炭[燒木未灰]	4	[束炭]	卷二脂部
114	火	薀[薀聚]	5	[牛藻]、[緼紼]	卷二脂部
115	㸚	㸚[光景交叉]	1	[光景交叉]	卷二脂部
115	㸚	㸚[光景交叉]	2	[麗爾]、[㷋火]→[火貌]、[然燒]	卷二脂部
115	㸚	爾[麗爾]	3	[華盛]	卷二脂部
115	㸚	粦[㷋火]	3	[目精]	卷二脂部
115	㸚	然[然燒]	3	[爤熟]、[火猛/光]	卷二脂部
115	㸚	烈[火猛]	4	[烈風]→[風雨暴疾]	卷二脂部
116	夂	夂[从後	1	[从後至]→[氐至/氐本/在下]→[送詣]	卷二脂部

目次	條目	孳乳義項	層級	字頭義項	卷數
		至]			
116	夊	氐[氐至]	2	[止居]、[屬國舍]、[牴觸]→[跌觸]、[坻箸]、[泜止]、[堤滯]、[滯凝]、[坐止]、[侳安]、[耆老]	卷二脂部
116	夊	氐[氐本]	2	[木根]→[瓜蒂]、[柱砥]	卷二脂部
116	夊	氐[在下]	2	[大車後]、[小渚]	卷二脂部
116	夊	榰[柱砥]	3	[抵擠]→[推排]→[摧擠]→[捼推]→[捘推]→[挫摧]	卷二脂部
116	夊	推[推排]	4	[手耕曲木]	卷二脂部
116	夊	捘[捘推]	4	[農夫]	卷二脂部
116	夊	摧[摧擠]	4	[催迫/相擣]→[怒詆/敦迫/誰何]→[呧苛]→[詆苛]→[譑數/相讓]	卷二脂部
116	夊	耒[手耕曲木]	5	[耕多艸]、[黍耕]	卷二脂部
116	夊	催[相擣]	5	[碓舂]	卷二脂部
117	黹	黹[箴縷所紩衣]	1	[箴縷所紩衣]→[紩衣]→[紩縫]	卷二脂部
117	黹	黹[箴縷所紩衣]	2	[細葛]	卷二脂部
117	黹	紩[紩縫]	2	[禪繩/紉鍼]	卷二脂部
117	黹	絺[細葛]	3	[緻密]、[細布]→[蜀細布]	卷二脂部
117	黹	緒[蜀細布]	4	[細疏布]	卷二脂部
118	二	二[耦一]	1	[耦一]	卷二脂部
118	二	二[耦一]	2	[副益]、[貳當]	卷二脂部
119	矢	矢[弓弩矢/直出]	1	[弓弩矢/直出]→[箭矢]	卷二脂部
119	矢	矢[直出]	2	[菌糞]	卷二脂部
120	尸	尸[尸陳/傷]	1	[尸陳]→[終主]	卷二脂部
120	尸	尸[傷]	2	[痍傷]→[胴瘢]→[胝瘢/創瘢]→[胝腄]、[疵病]	卷二脂部
120	尸	屍[終主]	2	[伊尹]	卷二脂部

目次	條目	孳乳義項	層級	字頭義項	卷數
120	尸	痍[痍傷]	3	[創肉反出]、[毆傷]	卷二脂部
121	示	示[三光/神明/示人]	1	[三光]→[三辰]→[日月合宿]	卷二脂部
121	示	示[神明]	2	[地祇]→[天神]	卷二脂部
121	示	示[示人]	2	[視瞻]→[題顯]、[諦視]、[見視]、[看睎]、[眷顧]	卷二脂部
121	示	辰[三辰]	2	[房星]	卷二脂部
121	示	神[天神]	3	[鬼神]	卷二脂部
121	示	視[視瞻]	3	[迎視]、[睎望]、[仰目]	卷二脂部
121	示	見[見視]	3	[男巫]→[靈巫]	卷二脂部
122	水	水[水流/水準]	1	[水流/水準]	卷二脂部
122	水	水[水流]	2	[二水]、[飧餔/水澆飯]	卷二脂部
122	水	水[水準]	2	[準平]	卷二脂部
122	水	準[準平]	3	[射臬]→[門側堂]	卷二脂部
123	齊	齊[禾麥/上平]	1	[禾麥/上平]	卷二脂部
123	齊	齊[禾麥]	2	[私禾]、[秦禾]、[齋稷]、[黍稷在器以祀者]	卷二脂部
123	齊	齊[上平]	2	[妻齊]、[齎等]、[等輩]、[齋齊]、[劑齊]→[齊斷]	卷二脂部
123	齊	劑[劑齊]	3	[韲墜]、[稄刈]、[銻利]→[利銛/貨利]	卷二脂部
123	齊	剃[齊斷]	3	[女鬢垂]、[戩滅]	卷二脂部
123	齊	韲[韲墜]	4	[芥脃]	卷二脂部
123	齊	穧[稄刈]	4	[禾五稷]、[資貨/取]	卷二脂部
123	齊	利[貨利]	4	[賈有餘利]、[賴贏/取]	卷二脂部
123	齊	資[資貨]	5	[持遺]、[會禮]	卷二脂部
123	齊	賴[取]	5	[五指持]、[曼撮]、[取易]	卷二脂部
124	屰	屰[横止]	1	[横止]	卷二脂部
124	屰	屰[横止]	2	[雨止]、[艸盛]、[艸多]	卷二脂部
125	舄	舄[野牛青色]	1	[野牛青色]	卷二脂部

目次	條目	孳乳義項	層級	字頭義項	卷數
125	𤉡	𤉡[野牛青色]	2	[犀牛]	卷二脂部
126	次	次[次舍/不前/比次]	1	[次舍]→[以茅蓋屋]→[棧棚]	卷二脂部
126	次	次[不前]	2	[趑趄]、[此止]	卷二脂部
126	次	次[比次]	2	[用梳比]、[績所緝]→[績緝]、[雌積]→[積禾]→[積聚]	卷二脂部
126	次	棧[棧棚]	2	[以柴木離]、[薦席]	卷二脂部
126	次	此[此止]	3	[呰窳]、[不思稱意]	卷二脂部
126	次	積[積聚]	3	[牀棧]→[笫簀]	卷二脂部
127	厶	厶[姦衺]	1	[姦衺]	卷二脂部
127	厶	厶[姦衺]	2	[篡取/陰器]→[赤子陰]、[盜竊]、[犯取]、[強取]、[訹誘]、[目不正]→[目小衺視]	卷二脂部
127	厶	訹[訹誘]	3	[舉目使人]	卷二脂部
128	匕	匕[側人\相比\比敍\輔佐\順從\匹配\取飯]	1	[側人]→[臂手/在旁]→[髕膝]→[髀股/日晷]	卷二脂部
128	匕	匕[相比]	2	[比密]、[非違]、[二家]、[並行]、[相當]	卷二脂部
128	匕	匕[比敍]	2	[㠯識]→[知詞]→[識詞]、[哲知]、[手指]、[次坒]、[棍梠]、[梐枑]、[車百輛]、[水瀕/不前]、[次簡]	卷二脂部
128	匕	匕[輔佐]	2	[輔信]、[棐輔]、[弼輔]、[頻髮]、[儐導]	卷二脂部
128	匕	匕[順從]	2	[娓順]、[媚悅]→[嫵媚]	卷二脂部
128	匕	匕[匹配]	2	[妃匹]→[媲妃]	卷二脂部
128	匕	匕[取飯]	2	[柶匕]→[匙匕]、[飯食]	卷二脂部
128	匕	臂[在旁]	2	[壁垣]→[廦牆]	卷二脂部
128	匕	髕[髕膝]	2	[踀跀]	卷二脂部
128	匕	髀[日晷]	2	[豎石]	卷二脂部
128	匕	指[手指]	3	[恉意]、[詣訐]、[呰苛]	卷二脂部
128	匕	瀕[不前]	3	[涉水顰戚]、[恨張目]	卷二脂部

目次	條目	孳乳義項	層級	字頭義項	卷數
128	匕	編[次簡]	3	[辮交]	卷二脂部
128	匕	壁[壁垣]	3	[女牆]、[辟仄]	卷二脂部
128	匕	妃[妃匹]	3	[畜母]、[鳥母]、[母妣]	卷二脂部
129	飛	飛[鳥翥]	1	[鳥翥]→[疾飛]→[翻飛]	卷二脂部
129	飛	飛[鳥翥]	2	[奮飛]→[大飛]→[小飛]、[馬逸足]	卷二脂部
129	飛	翩[疾飛]	2	[媥輕]→[亟詞/輕財者]→[俜俠]、[頭姸]	卷二脂部
129	飛	翬[大飛]	3	[揮奮]	卷二脂部
129	飛	揮[揮奮]	4	[揮角貌]	卷二脂部
130	非	非[非違/兩翼/飛色/翩飛]	1	[非違/兩翼/飛色/翩飛]	卷二脂部
130	非	非[非違]	2	[啙別]、[陛牢]、[仳別]、[誹謗]	卷二脂部
130	非	非[兩翼]	2	[戶扇]、[兩壁耕]、[騑馬]	卷二脂部
130	非	非[飛色]	2	[分別文]、[毛紛紛]、[赤羽雀]	卷二脂部
130	非	非[翩飛]	2	[俳戲]、[長衣貌]、[蠶蜉]、[蜚塵]→[坋塵]	卷二脂部
131	未	未[未味/木重枝葉/坼裂]	1	[未味/木重枝葉/坼裂]	卷二脂部
131	未	未[未味]	2	[滋味]、[美甘]→[旨美]	卷二脂部
131	未	未[木重枝葉]	2	[昧爽]→[尚冥]	卷二脂部
131	未	未[坼裂]	2	[血祭]	卷二脂部
131	未	美[美甘]	3	[色好]	卷二脂部
131	未	旨[旨美]	3	[戴角者脂]、[多肉]→[肥肉]、[嗜欲]	卷二脂部
131	未	昧[昧爽]	3	[庇蔭]、[扉隱]、[迷惑]、[艸入目中]、[目不明]→[目冥遠視]、[寐臥]、[寐而厭]	卷二脂部
131	未	釁[血祭]	3	[赤苗]、[玉䵷色]、[以毳爲繝色如虋]、[茅蒐染韋]	卷二脂部
131	未	脂[戴角者脂]	4	[鳥肉肥美]	卷二脂部
131	未	扉[扉隱]	4	[車笭]	卷二脂部
131	未	寐[寐臥]	4	[殁終]	卷二脂部

目次	條目	孳乳義項	層級	字頭義項	卷數
132	米	米[粟實]	1	[粟實]	卷二脂部
132	米	米[粟實]	2	[繡文如聚細米]	卷二脂部
132	米	絥[繡文如聚細米]	3	[網罟/綳縫]	卷二脂部
133	眉	眉[目上毛]	1	[目上毛]	卷二脂部
133	眉	眉[目上毛]	2	[屋櫋聯]、[水艸交]	卷二脂部
134	豊	豊[禮器]	1	[禮器]	卷二脂部
134	豊	豊[禮器]	2	[禮履]、[醴酒]	卷二脂部
135	斤	斤[斫木斧]	1	[斫木斧]	卷二諄部
135	斤	斤[斫木斧]	2	[釿劑/分劑]	卷二諄部
136	乚	乚[乚匿/迟曲]	1	[乚匿]→[隱蔽]	卷二諄部
136	乚	乚[乚匿]	2	[上衣/障蔽]、[㣇依/安㣇]→[依倚]、[盛弓弩矢器]、[匽匿/路廁]、[幽薶]→[�瘞]→[道中死人人所覆]、[蔽不見]、[仿佛/見不明]、[塵埃]、[天陰塵起]、[陰而風]	卷二諄部
136	乚	乚[迟曲]	2	[水曲]→[水隈厓]、[角曲中]、[痛聲/曲]→[犬吠聲/曲]、[檃栝]	卷二諄部
136	乚	衣[障蔽]	3	[韍衣]、[戶牖之閒屏風]	卷二諄部
136	乚	㣇[㣇依]	3	[檼棟]、[案几]、[馬鞍具]	卷二諄部
136	乚	㣇[安㣇]	3	[慇謹]→[㥯靜]、[重厚]、[悃愊]	卷二諄部
136	乚	医[盛弓弩矢器]	3	[華蓋]	卷二諄部
136	乚	匽[路廁]	3	[椷窬]	卷二諄部
136	乚	隩[水隈厓]	3	[四方上下可居者]	卷二諄部
136	乚	悠[痛聲]	3	[哀閔]→[慇痛]	卷二諄部
137	雲	雲[山川	1	[山川气/回轉]	卷二諄部

目次	條目	孳乳義項	層級	字頭義項	卷數
		气/回轉]			
137	雲	雲[回轉]	2	[囩回]、[轉流]、[芸艸]、[陽气]、[回泉]、[船舟]	卷二諄部
137	雲	沄[轉流]	3	[江水大波]、[豐流]、[混流聲]、[貟大]	卷二諄部
137	雲	船[船舟]	3	[緣水而下]	卷二諄部
137	雲	沿[緣水而下]	4	[澼洄]、[掾緣]→[揗摩]→[衣純]	卷二諄部
138	屯	屯[艸木初生/屯難/屯厚]	1	[艸木初生/屯難/屯厚]	卷二諄部
138	屯	屯[艸木初生]	2	[萅推/春天]	卷二諄部
138	屯	屯[屯難]	2	[鈍錭]	卷二諄部
138	屯	屯[屯厚]	2	[惇厚]、[偆富]、[奄大]、[窀穸]	卷二諄部
138	屯	萅[春天]	3	[曓溫]→[煗溫]→[渜湯]→[熱溫]→[煖溫]→[暄溫]→[渜水]、[蠢動]→[蝡動]	卷二諄部
138	屯	鈍[鈍錭]	3	[謹鈍目]、[馬載重難行]、[馬行頓遲]、[團圜]→[摶圜]	卷二諄部
138	屯	蠢[蟲動]	4	[惷亂]	卷二諄部
138	屯	團[團圜]	4	[圓竹器]、[笹箸]、[載米畤]、[篿笥]、[椽榱]、[車笭中橢橢器]	卷二諄部
138	屯	摶[摶圜]	4	[摶飯]	卷二諄部
138	屯	篿[篿笥]	5	[盛主器]	卷二諄部
138	屯	橢[車笭中橢橢器]	5	[山之墮墮者]→[山巒]	卷二諄部
139	殄	殄[殄盡]	1	[殄盡]→[殫盡]	卷二諄部
139	殄	殄[殄盡]	2	[勞病]、[喘息]→[疾息]、[車敝貌]	卷二諄部
139	殄	癉[勞病]	3	[馬病/疲]	卷二諄部
139	殄	瘆[疲]	4	[偏緩/攤緩]	卷二諄部
140	舛	舛[對臥/背伏]	1	[對臥/背伏]	卷二諄部
140	舛	舛[對臥]	2	[應無方/讎對]、[坐寐]	卷二諄部

目次	條目	孳乳義項	層級	字頭義項	卷數
140	舛	舛[背伏]	2	[夋倨]、[竣蹲]、[踆蹲]、[蹲踞]、[跧伏]、[墫舞]	卷二諄部
141	舜	舜[舜艸]	1	[舜艸]→[蕣茅]→[木槿]→[艸之皇榮]	卷二諄部
142	寸	寸[十分/法度]	1	[十分/法度]	卷二諄部
142	寸	寸[法度]	2	[酒尊]、[剸減]	卷二諄部
143	川	川[通流水]	1	[通流水]	卷二諄部
143	川	川[通流水]	2	[深通川]→[浚抒]、[順理]→[遜順]→[从意]→[惠順]→[歡噉]	卷二諄部
143	川	睿[深通川]	3	[深明/通]	卷二諄部
143	川	順[順理]	3	[馬順]、[說教/順]	卷二諄部
143	川	叡[深明]	4	[慧儇]→[譞慧]	卷二諄部
144	本	本[木根/本大]	1	[木根]→[艸根]、[本大]→[苯蓴]	卷二諄部
144	本	本[木根]	2	[僨僵]	卷二諄部
144	本	本[本大]	2	[奔大]、[大防]→[水厓]、[大鼓]、[轒輼]、[憤懣]、[忿悁]、[大頭]、[大巾]、[覆衣大巾]、[大帶]	卷二諄部
145	文	文[錯畫]	1	[錯畫]	卷二諄部
145	文	文[錯畫]	2	[彣鹹]、[文質備]、[駁文]、[分別文]、[賁飾]、[毛物]	卷二諄部
145	文	彣[彣鹹]	3	[畫馬]、[馬尾韜]	卷二諄部
145	文	彬[文質備]	3	[虎文彪]	卷二諄部
145	文	辩[駁文]	3	[鬚髮半白]	卷二諄部
146	門	門[門戶]	1	[門戶]	卷二諄部
146	門	門[門戶]	2	[知聲]	卷二諄部
146	門	聞[知聲]	3	[問訊]	卷二諄部
146	門	問[問訊]	4	[閔弔]→[愍痛]	卷二諄部
146	門	閔[閔弔]	5	[旻天]、[捫持]、[播撫]	卷二諄部
147	豩	豩[二豕/	1	[二豕/重覆]	卷二諄部

目次	條目	孳乳義項	層級	字頭義項	卷數
		重覆]			
147	豩	豩[二豕]	2	[鬥連結繽紛相牽]	卷二諄部
147	豩	豩[重覆]	2	[複屋棟]	卷二諄部
147	豩	闠[鬥連結繽紛相牽]	3	[紊亂]、[緍冤]	卷二諄部
148	盾	盾[盾瞂]	1	[盾瞂]	卷二諄部
148	盾	盾[盾瞂]	2	[闌楯]	卷二諄部
149	一	一[一]	1	[一]	卷三至部
149	一	一[一]	2	[專壹]、[壹壺]、[勻少]、[馬一歲]	卷三至部
149	一	壹[專壹]	3	[壹發而死]、[專久而美/懿親]	卷三至部
149	一	勻[勻少]	3	[少少飲]→[吮欶]→[漘吮]→[啐飲]→[歠飲]、[獨行]	卷三至部
149	一	懿[懿親]	4	[壻家]	卷三至部
150	乙	乙[乙履]	1	[乙履]→[乿履]→[歷過]	卷三至部
150	乙	乙[乙履]	2	[履石渡水]→[正絕流]、[軋輾]、[蹸轢]、[轢田]→[躪踐]、[鬲登]、[箸地]	卷三至部
150	乙	歷[歷過]	2	[履下]、[更易]→[更迭]	卷三至部
150	乙	軋[軋輾]	3	[旱石]、[厤治]、[柔石]	卷三至部
150	乙	遞[更易]	3	[木階]、[女弟]、[妻之女弟]、[兄之女/迭]	卷三至部
150	乙	厲[旱石]	4	[糲米]	卷三至部
150	乙	厤[厤治]	4	[石聲]	卷三至部
151	中	中[艸木初生/通達]	1	[艸木初生]→[挺生]→[枝條]→[莛莖]	卷三至部
151	中	中[艸木初生]	2	[瓜紹]、[去竹枝]→[斯析]、[旗杠]	卷三至部
151	中	中[通達]	2	[徹通]→[聖通]→[聽聆]、[甹發]、[騁馳]→[馬有疾足]→[車相出]	卷三至部
151	中	枝[枝條]	2	[肢體]、[翄翼]、[跂趾]	卷三至部
151	中	支[去竹	3	[小木散柴]	卷三至部

目次	條目	孳乳義項	層級	字頭義項	卷數
		枝]			
151	中	析[斯析]	3	[取木]、[析羽]	卷三至部
151	中	柴[小木散柴]	4	[薪蕘]	卷三至部
151	中	薪[薪蕘]	5	[火餘]	卷三至部
151	中	聿[火餘]	6	[火熱]→[瓷器]	卷三至部
152	至	至[到下/親密/周密/大/重/實]	1	[到下]→[銍到]→[臻至]→[到至]→[迾至]→[㞋至]→[弔至]→[氐至]→[底止]、[親密]→[親至/親自/親愛]→[竀至]、[周密]→[周至]	卷三至部
152	至	至[到下]	2	[一家之居]、[躓跲]、[跌踼]、[䆿廢]、[蹎跋]、[趚頓]、[失縱]→[手持隹失之]	卷三至部
152	至	至[周密]	2	[至盛貌]→[艸稠]、[稹密]→[艸大]→[稠多]→[綢繆/密]、[稠髮]→[髮多]	卷三至部
152	至	至[大]	2	[郅大]→[晊大]、[戴大]、[大笑]、[腹張]、[膹起]、[謓恚]、[張目]、[瞋大]	卷三至部
152	至	至[重]	2	[質贅]、[鎮壓]、[車後橫木]、[輊抵]→[輖重]、[縋縣]、[黰㢟]→[澱㢟]	卷三至部
152	至	至[實]	2	[窒塞]→[實塞]→[填塞]→[垔塞]→[慎誠]、[實富]→[賑富]→[牣滿]→[盛气]→[盛貌]、[室實]	卷三至部
152	至	臻[臻至]	2	[水至]	卷三至部
152	至	親[親至]	2	[櫬棺]、[足親地]	卷三至部
152	至	親[親自]	2	[詳盡]	卷三至部
152	至	親[親愛]	2	[恤憂]、[卹憂]	卷三至部
152	至	蹎[蹎跋]	3	[瘨病]	卷三至部
152	至	失[失縱]	3	[逸失]、[詄忘]、[骨差]	卷三至部
152	至	質[質贅]	3	[礩礎]	卷三至部
152	至	鎮[鎮壓]	3	[碪礎]	卷三至部
152	至	黰[黰㢟]	3	[黃濁黑]、[黃牛黑唇]	卷三至部
152	至	實[實塞]	3	[玉瑱]	卷三至部
152	至	垔[垔塞]	3	[湮沒]	卷三至部

目次	條目	孳乳義項	層級	字頭義項	卷數
152	至	恤[恤憂]	3	[恤問]	卷三至部
152	至	逸[逸失]	4	[佚民]	卷三至部
153	日	日[太陽]	1	[太陽]	卷三至部
154	瑟	瑟[庖犧所作弦樂]	1	[庖犧所作弦樂]→[鼓弦竹身樂]	卷三至部
154	瑟	瑟[庖犧所作弦樂]	2	[玉英華相帶如瑟弦]、[櫛梳]	卷三至部
155	所	所[二斤]	1	[二斤]→[戚戉]	卷三至部
156	七	七[七]	1	[七]	卷三至部
156	七	七[七]	2	[毀齒]	卷三至部
156	七	齔[毀齒]	3	[齒差]	卷三至部
157	卩	卩[瑞信/約劑/分合/高]	1	[瑞信]→[瑞玉]	卷三至部
157	卩	卩[瑞信]	2	[札牒]、[璽印]、[珍圭]、[信誠]→[允信/佞]	卷三至部
157	卩	卩[約劑]	2	[竹約]	卷三至部
157	卩	卩[分合]	2	[厀脛]	卷三至部
157	卩	卩[高]	2	[高山之卩]	卷三至部
157	卩	印[璽印]	3	[归按]	卷三至部
157	卩	信[信誠]	3	[信心]	卷三至部
157	卩	允[佞]	3	[巧讇高材]	卷三至部
158	桼	桼[木汁]	1	[木汁]	卷三至部
158	桼	桼[木汁]	2	[赤黑漆]、[牸羊]	卷三至部
159	丿	丿[右戾]	1	[右戾]	卷三至部
159	丿	丿[右戾]	2	[聿筆]、[偏頗]→[僻辟/從旁牽]、[傾首]、[避回]	卷三至部
159	丿	偏[偏頗]	3	[半枯]、[足不正]→[不能行]→[足气不至]	卷三至部
159	丿	僻[僻辟]	3	[便辟]	卷三至部
160	八	八[八別/八]	1	[八別]→[穴別]→[分敓]→[分極/約束/限極]→[田罔]→[覆車]	卷三至部

目次	條目	孳乳義項	層級	字頭義項	卷數
160	八	八[八別]	2	[𠜶分]→[𤗪別]→[擘撝]→[劈破]→[䀋宰]→[副判]、[賦事]、[目白黑分]、[財分少]、[粉末]、[披靡]、[散財]	卷三至部
160	八	八[八]	2	[馬八歲]	卷三至部
160	八	必[約束]	2	[車束]、[縪止/組約]	卷三至部
160	八	必[限極]	2	[斁盡]、[飲酒俱盡]、[閉門]、[門限]、[佩刀下飾/鞞]	卷三至部
160	八	畢[田罔]	2	[彈射]→[抨彈]→[以石箸隹繳]→[射發]	卷三至部
160	八	粉[粉末]	3	[麥末]→[糂末]→[糷碎]、[氛气]、[衮衣畫粉]	卷三至部
160	八	靡[披靡]	3	[礳磑]、[爢爛]、[糜糁]、[塺塵]	卷三至部
160	八	發[射發]	3	[弋射收繳具]	卷三至部
161	血	血[牲血]	1	[牲血]→[衁血]	卷三至部
161	血	血[牲血]	2	[血祭肉]、[气液]、[汙血]→[婦人汙]、[血祭]	卷三至部
162	巾	巾[佩巾]	1	[佩巾]	卷三真部
162	巾	巾[佩巾]	2	[攆拭]、[澡手]、[瀚濯]→[摡滌]、[洒面]、[墐涂]→[垷涂]→[仰涂]	卷三真部
162	巾	墐[墐涂]	3	[釁祭]	卷三真部
162	巾	釁[釁祭]	4	[劃傷]、[墀地以巾撋之]、[涂地]	卷三真部
163	臣	臣[牽引/奴隸/屈服]	1	[牽引]→[引前]、[奴隸]→[女隸]	卷三真部
163	臣	臣[牽引]	2	[臤堅]→[掔固]→[劼慎/固]→[謹慎]→[愿謹]→[精謹]	卷三真部
163	臣	臣[屈服]	2	[伏貌]→[伏崖下]、[縮辱]、[忝辱]、[媿慙]	卷三真部
163	臣	臤[臤堅]	3	[纏絲急]、[牛很不從牽]→[不聽從]→[很戾]、[土剛]→[黏土]→[土難治]→[堅黑土]→[堅土]→[深堅意]→[有所治]→[墾田]、[餘堅]、[豎剛]、[多才/多力/多勞]、[水藏/堅]	卷三真部
163	臣	謹[謹慎]	3	[謹莊貌]	卷三真部
163	臣	緊[纏絲急]	4	[結締]→[緭結]、[緻繒]	卷三真部
163	臣	掔[不從	4	[恨怨]、[很視]、[急戾]、[尷尬]、[妎妒]、[忍怒]	卷三真部

目次	條目	孳乳義項	層級	字頭義項	卷數
		牽]			
163	臣	硻[餘堅]	4	[石堅]→[磬堅]、[齒堅聲]→[齒相切]	卷三真部
163	臣	鋻[鋻剛]	4	[大鎌/礲刀]、[刀不利於瓦石上㓟之]	卷三真部
163	臣	賢[多力]	4	[肉之力]→[劤力]、[材緊]	卷三真部
163	臣	賢[多勞]	4	[手口共作]、[勤勞]、[黑皴]	卷三真部
163	臣	結[結締]	5	[系馬尾]、[簪結]→[髮髻]	卷三真部
163	臣	覸[很視]	5	[眼目/瞋目視]→[大目]	卷三真部
163	臣	忍[忍怒]	5	[豕怒毛豎]、[妄怒]	卷三真部
163	臣	剴[礲刀]	5	[磑礲]、[齸牙]	卷三真部
163	臣	筋[肉之力]	5	[筋之本]	卷三真部
164	玄	玄[縣牽/幽遠]	1	[縣牽]→[引前]	卷三真部
164	玄	玄[縣牽]	2	[弓弦/急/軫]、[繫緳/維]、[繫緳/劣絜]→[繭滓絓頭]	卷三真部
164	玄	玄[幽遠]	2	[玆黑]、[玄服]	卷三真部
164	玄	弦[急]	3	[慈急]→[懁急]、[急走]→[趯急]→[疾跳]	卷三真部
164	玄	弦[軫]	3	[伭很]、[䋘繙]	卷三真部
164	玄	繫[繫緳]	3	[系繫]	卷三真部
164	玄	緳[繫緳]	3	[絜一笴]	卷三真部
165	廴	廴[長行]	1	[長行]	卷三真部
165	廴	延[長行]	2	[挻長]、[木長]、[竹席]、[長衣貌]→[衣長]、[長流]、[申伸]、[開弓/牽引]	卷三真部
165	廴	演[長流]	3	[水脈行地中]、[水朝宗於海]、[長槍]	卷三真部
165	廴	引[開弓]	3	[持弓關矢]、[角弓]	卷三真部
165	廴	引[牽引]	3	[爰引/綬]→[援引]→[相援]、[引軸]、[當膺]、[著掖鞥]、[牛系]、[引車]、[引爲賈]、[況詞]	卷三真部
165	廴	爰[爰引]	4	[轅靷]、[大孔璧]、[美女]	卷三真部
165	廴	爰[綬]	4	[緩綽]→[組綬]	卷三真部
165	廴	輓[引車]	4	[車裂人]	卷三真部

目次	條目	孳乳義項	層級	字頭義項	卷數
166	申	申[申伸/申束/靁電]	1	[申伸]→[屈伸]→[㞋伸]→[㑥理]	卷三真部
166	申	申[申伸]	2	[敶列]→[設敶]→[極敶/肆極/肆恣]→[敐敶]、[身躬/中]、[擊小鼓引樂聲]、[矢敶]、[呻吟]→[唸吚]	卷三真部
166	申	申[申束]	2	[大帶]、[發號]、[敬惕]	卷三真部
166	申	申[靁電]	2	[陰陽激耀]→[靁餘聲]	卷三真部
166	申	敶[敶列]	3	[置祭]、[屢侍]	卷三真部
166	申	肆[肆極]	3	[邃深]、[㥏深]	卷三真部
166	申	肆[肆恣]	3	[㥏肆]、[奞奞]、[姿婎]、[仰目]、[卬鼻長尾猴]、[恣縱]	卷三真部
166	申	身[身躬]	3	[身體]、[姿態]、[㑴重]→[女妊身動]、[夾脊肉]	卷三真部
166	申	身[中]	3	[佃中]	卷三真部
166	申	令[發號]	3	[令丁]、[弄臣]	卷三真部
166	申	㑴[㑴重]	4	[子孫相承續]、[竹胎]	卷三真部
166	申	鈴[令丁]	4	[鈴在車衡者]	卷三真部
166	申	胤[子孫相承續]	5	[子之子]	卷三真部
167	尹	尹[尹治]	1	[尹治]→[君尊]	卷三真部
168	淵	淵[回水/憑依]	1	[回水]→[不流濁]→[溷濁]→[溷濁]	卷三真部
168	淵	淵[憑依]	2	[因就]、[捆就]	卷三真部
168	淵	因[因就]	3	[車重席]	卷三真部
169	田	田[田地]	1	[田地]	卷三真部
169	田	田[田地]	2	[王甸]、[平田]、[井田間陌]→[兩陌間道]	卷三真部
169	田	畋[平田]	3	[趁䢈]	卷三真部
169	田	趁[趁䢈]	4	[鹿行揚土]	卷三真部
170	刃	刃[刀堅]	1	[刀堅]	卷三真部
170	刃	刃[刀堅]	2	[忍能/堅忍]、[韌黏/柔忍]	卷三真部
170	刃	忍[忍能]	3	[荵冬艸]	卷三真部

目次	條目	孳乳義項	層級	字頭義項	卷數
171	人	人[人/衆]	1	[人]→[仁人]	卷三真部
171	人	人[人]	2	[伸臂一尋八尺/辨認]→[識認]	卷三真部
171	人	人[衆]	2	[十百]	卷三真部
171	人	儿[仁人]	2	[仁親]、[東方之人/平]	卷三真部
171	人	仞[辨認]	3	[舉目視人貌]	卷三真部
171	人	千[十百]	3	[盛貌]、[馬衆多貌]、[衆盛]	卷三真部
171	人	夷[平]	3	[行平易]	卷三真部
172	丨	丨[引而上行/小]	1	[引而上行]→[升高]→[進登]→[晉登/日出]→[遷登]→[躋登]→[前進]→[兟進]→[駪進]	卷三真部
172	丨	丨[引而上行]	2	[不行而進]、[自進極]、[人在山上]、[長生者僊去]→[遷人變形而登天]、[辛辠]、[姊妹]→[女弟]、[長行]、[申伸]、[頭會匘蓋]、[屮初生]	卷三真部
172	丨	丨[小]	2	[囟小]→[仳小]→[細微]	卷三真部
172	丨	遷[遷高]	2	[徙迻]	卷三真部
172	丨	駪[駪進]	2	[馬之良材]	卷三真部
172	丨	先[前進]	2	[行貌]、[致言]	卷三真部
172	丨	晉[日出]	2	[帛赤色]→[紬絳]	卷三真部
172	丨	前[不行而進]	3	[水渡]	卷三真部
172	丨	真[遷人變形而登天]	3	[以真受福]	卷三真部
172	丨	辛[辛辠]	3	[犯法]	卷三真部
172	丨	囟[囟小]	3	[婦人小物]、[幼禾]、[小頭蕪蕪]、[尟少]、[不深]、[俴淺]	卷三真部
172	丨	妓[婦人小物]	4	[小心態]、[小聲]、[絕小水]、[小瓜]	卷三真部
172	丨	淺[不深]	4	[淺毛虎]、[淺渡]	卷三真部
173	囟	囟[頭會匘蓋/脺埱]	1	[頭會匘蓋]→[天顛]→[頂顛]、[脺埱]→[堔埱]	卷三真部

目次	條目	孳乳義項	層級	字頭義項	卷數
173	囟	天[天顛]	2	[帝諦/上帝]→[諦審]、[禋祭]→[慎謹]	卷三真部
173	囟	頂[頂顛]	2	[題額]、[木頂]	卷三真部
173	囟	顛[頂顛]	2	[螘封]	卷三真部
173	囟	脺[脺塚]	2	[高墳]→[丘壟]	卷三真部
173	囟	帝[上帝]	3	[敟主]、[禘祭]	卷三真部
174	西	西[鳥在巢上]	1	[鳥在巢上]	卷三真部
174	西	西[鳥在巢上]	2	[屖遲]、[佡靜]	卷三真部
175	卂	卂[疾飛]	1	[疾飛]→[疾飛貌]→[奮奞]	卷三真部
175	卂	卂[疾飛]	2	[迅疾]、[侚疾]、[僤疾]、[往來數]、[振佮]、[肸蠁]、[動作切切]、[振奮]、[靁震]、[踬動]、[唇驚]、[顫動]、[彈射]、[湍瀨]、[扇箑]、[疾病]、[炊餔疾]→[煎熬/迫]	卷三真部
175	卂	佮[振佮]	3	[佾舞]、[偲聲]→[聲音]、[鴃聲]→[謦欬]、[汛灑]、[洒滌]、[馭拭]、[刷刮]、[佩巾]、[禮巾]、[埽竹]、[王彗]	卷三真部
175	卂	扇[扇箑]	3	[蠅醜蝙搖翼]、[扇火使盛]	卷三真部
175	卂	汛[汛灑]	4	[清腴]→[無垢]→[水清底見]→[泚清]→[滜新]、[手滌之]、[洒足]、[聿飾]、[金光澤]、[毛羽齊美]→[羽生齊整]、[寒病]→[冷寒]→[溧寒]→[瀨寒]	卷三真部
175	卂	彗[埽竹]	4	[凝雨]	卷三真部
175	卂	清[清腴]	5	[清寒]→[瀩寒]→[滄寒]→[滄寒]	卷三真部
176	丏	丏[不見]	1	[不見]→[冥合]→[宮不見]→[冥寪]→[蔽不相見]	卷三真部
176	丏	丏[不見]	2	[目偏合]→[翕目]、[日冥]→[冥幽]→[晚莫]、[火不明]、[勞目無精]、[目眵]、[屏蔽]、[庰蔽]、[藩落]、[殯葬]	卷三真部
176	丏	昏[日冥]	3	[日且昏時]、[以昏閉門隸]、[昏時娶婦]	卷三真部
176	丏	屏[屏蔽]	3	[輜車]、[刀室]	卷三真部
176	丏	箄[藩落]	3	[行垂厓]	卷三真部
177	宀	宀[交覆深屋/諦慎/寧靜]	1	[交覆深屋/諦慎/寧靜]	卷三真部

目次	條目	孳乳義項	層級	字頭義項	卷數
177	宀	宀[交覆深屋]	2	[山如堂者]	卷三真部
177	宀	宀[諦慎]	2	[㟴慎]	卷三真部
177	宀	宀[寧靜]	2	[靜語]、[宓安]、[祕神]	卷三真部
178	民	民[萌芽/黎民]	1	[萌芽]→[芔芽]→[芔耑]、[黎民]→[氓民]→[田民]	卷三真部
178	民	民[萌芽]	2	[灌渝]	卷三真部
178	民	民[黎民]	2	[南蠻]、[東南越]	卷三真部
179	芇	芇[相當]	1	[相當]→[顮雙]→[匹配]→[讐匹]→[平齊]→[㒼平]	卷三真部
179	芇	芇[相當]	2	[嬪婦]、[賓客]、[生子齊均]、[買賣]	卷三真部
179	芇	平[平齊]	2	[地平]、[棊枰]	卷三真部
179	芇	㒼[㒼平]	2	[平目]	卷三真部
180	朩	朩[分枲莖皮]	1	[分枲莖皮]→[𣏟葩]→[麻枲]	卷三真部
180	朩	朩[分枲莖皮]	2	[交枲]、[竹膚]、[簹箁]	卷三真部
180	朩	𣏟[𣏟葩]	2	[散絲]	卷三真部
180	朩	麻[麻枲]	2	[披靡]、[幺麼]	卷三真部
180	朩	靡[披靡]	3	[礦磑]、[糜碎]、[糜糝]、[爢爛]、[塺塵]	卷三真部
181	圭	圭[土圭土地]	1	[土圭土地]	卷四支部
181	圭	圭[土圭土地]	2	[法度/見]、[畫畍]→[挂畫]→[形象]→[劃刻]→[封剌]→[刑剄]、[街道]、[田畦]→[場疆]→[田町]→[田頃]	卷四支部
181	圭	規[法度]	3	[車輮規]、[帀居]	卷四支部
181	圭	規[見]	3	[窺視]、[闚探]、[閞見]	卷四支部
181	圭	畫[畫畍]	3	[卦筮]、[經綫]	卷四支部
181	圭	劃[劃刻]	3	[桂叉]	卷四支部
181	圭	畦[田畦]	3	[畹田]、[耕田]	卷四支部
181	圭	窺[窺視]	4	[知處告言之]	卷四支部

目次	條目	孳乳義項	層級	字頭義項	卷數
182	巫	巫[背呂]	1	[背呂]→[脊背]	卷四支部
182	巫	巫[背呂]	2	[龍脊]→[獸脊]→[魚脊]、[樂石/磬折]、[盾握]	卷四支部
182	巫	磬[磬折]	3	[敬肅]→[慜敬]	卷四支部
182	巫	敬[敬肅]	4	[儆戒]、[警戒]、[馬駭]	卷四支部
182	巫	驚[馬駭]	5	[目驚視]	卷四支部
183	厂	厂[厂抴/光明]	1	[厂抴]→[臾曳]→[爭引]→[抴捈]、[光明]→[回行/囧明]	卷四支部
183	厂	厂[厂抴]	2	[奪衣]→[拕曳]	卷四支部
183	厂	厂[光明]	2	[燈燭光]、[炯光]、[火光]、[爛耀]	卷四支部
183	厂	爭[爭引]	2	[紆未縈繩]	卷四支部
183	厂	囧[囧明]	2	[光潤]、[液津]、[潤澤]、[漸溼]	卷四支部
183	厂	熒[燈燭光]	3	[陶竈窻]	卷四支部
184	氏	氏[危岸/旁箸/落墮]	1	[危岸]→[陵阪]→[大陵/曲阜/偏高]→[敧傴]、[落墮]→[氏至]	卷四支部
184	氏	氏[旁箸]	2	[坻箸]、[泜箸]、[堤滯]、[屋宇]、[水厓]、[水自]、[隄唐]、[倚依]、[偏引]、[側擊]、[側行]	卷四支部
184	氏	氏[落墮]	2	[小崩]、[敗城]、[陊落]	卷四支部
184	氏	阺[陵阪]	2	[樓墻]	卷四支部
184	氏	阿[偏高]	2	[庪檐]、[門傾]	卷四支部
184	氏	庉[樓墻]	3	[道邊庳垣]	卷四支部
185	匸	匸[衺徯/俠藏]	1	[衺徯/俠藏]	卷四支部
185	匸	匸[衺徯]	2	[跂傾]→[頭不正]→[傾仄]→[陾仄]、[骫曳]→[面目不正貌]→[頭傾]、[曲行]、[逶迆]、[回避]、[水脈]、[側出泉]、[芰蔆]、[薢茩]、[角傾]、[委虒]、[俔俾]、[衺視]、[旁視]、[目小衺視]	卷四支部
185	匸	匸[俠藏]	2	[以衽扱物]、[執衽]、[大腹]	卷四支部
185	匸	袺[執衽]	3	[摳衣]	卷四支部
185	匸	奚[大腹]	3	[山隫無所通]、[生三月豚腹奚奚貌]、[蝦蟆]→[鼃黽]、[知時畜]	卷四支部

目次	條目	孳乳義項	層級	字頭義項	卷數
186	嗌	嗌[嗌咽]	1	[嗌咽]→[頭莖]→[領項]	卷四支部
186	嗌	嗌[嗌咽]	2	[隘陋]、[庀隘]、[阸塞]、[曲城]、[大車扼]、[軶前]、[搹把]、[搤捉]→[攖擾]、[麋鹿粻]、[謍聲]、[鳥鳴聲]、[呝喔]、[嫛婗]、[勵聲]、[擊中聲]、[謟聲]、[雉雞]	卷四支部
186	嗌	頸[頭莖]	2	[備火長頸瓶]、[頸瘤]	卷四支部
186	嗌	雉[雉雞]	3	[雉入海化爲蜃]	卷四支部
186	嗌	蜃[雉入海化爲蜃]	4	[社肉盛以蜃]	卷四支部
187	易	易[蜥易]	1	[蜥易]→[蝘蜓]	卷四支部
187	易	易[蜥易]	2	[似蜥易長大者]、[似蜥易長一丈]	卷四支部
187	易	鼉[似蜥易長大者]	3	[青驪白鱗文如鼉魚]	卷四支部
188	兒	兒[孺子]	1	[孺子]→[嫛婗]	卷四支部
188	兒	兒[孺子]	2	[鬩訟]、[齯齒]、[鯢魚]	卷四支部
189	疒	疒[倚箸]	1	[倚箸]→[倚依]→[臥伏]→[疴病]	卷四支部
189	疒	疒[倚箸]	2	[痿痹]→[蹇尳]	卷四支部
189	疒	倚[倚依]	2	[車旁可倚者]	卷四支部
189	疒	臥[臥伏]	2	[嬾䜭]	卷四支部
190	彳	彳[小步/足]	1	[小步]→[蹢躅]→[跐尌]→[蹐步]、[足]→[蹶足]	卷四支部
190	彳	彳[小步]	2	[嫡嬭/謹]、[行貌]、[適之]、[乍行乍止]、[峙躍]	卷四支部
190	彳	彳[足]	2	[踶躗]、[革履]、[步處]	卷四支部
190	彳	踶[踶躗]	3	[駃騠]	卷四支部
190	彳	鞮[革履]	3	[趧婁]	卷四支部
191	厽	厽[絫坺土/厽增]	1	[絫坺土]→[壘墼]→[軍壁]	卷四支部
191	厽	厽[絫坺土]	2	[衆石]、[磊砢]	卷四支部
191	厽	厽[厽增]	2	[絫增]	卷四支部

目次	條目	孳乳義項	層級	字頭義項	卷數
191	厽	絫[絫增]	3	[賈有餘利]、[滿器/水名]→[益饒]→[器滿]、[絫功德以求福]、[誄謚]	卷四支部
191	厽	盈[水名]	4	[嬴姓]	卷四支部
191	厽	益[益饒]	4	[行之迹]	卷四支部
191	厽	溢[器滿]	4	[水所蕩泆]	卷四支部
192	鬲	鬲[鬲鼎]	1	[鬲鼎]	卷四支部
192	鬲	鬲[鬲鼎]	2	[三足鍑]、[三足釜]、[三腳釜]、[土釜]、[鏤鑴]	卷四支部
192	鬲	融[三足鍑]	3	[行竈]	卷四支部
193	秝	秝[稀疏適歷/調適/秝數]	1	[秝數]→[料量/數]	卷四支部
193	秝	秝[調適]	2	[治病艸/調藥]、[飯剛柔不調]	卷四支部
193	秝	藥[治病艸]	3	[瘵治]	卷四支部
193	秝	瘵[瘵治]	4	[疾瘉]→[病瘳]	卷四支部
194	豸	豸[長脊獸/無足蟲/懈弛]	1	[長脊獸]→[修豪獸]、[無足蟲]→[它虫]	卷四支部
194	豸	豸[長脊獸]	2	[貚貒]、[解廌]	卷四支部
194	豸	豸[無足蟲]	2	[蟲曳行]、[夗蟺]→[蟺螾]	卷四支部
194	豸	豸[懈弛]	2	[懈怠]、[伿惰]、[弓解弦]、[弛弓]	卷四支部
195	希	希[修豪獸/殺]	1	[修豪獸]→[長脊獸]	卷四支部
195	希	希[殺]	2	[殺戮]、[君殺大夫]、[殺艸]、[鬀髮]、[鬄髮]、[刀解牛角]、[戣利/剔]	卷四支部
195	希	殺[殺戮]	3	[秋田/杀]	卷四支部
196	廌	廌[解廌/豒]	1	[解廌/豒]	卷四支部
196	廌	廌[解廌]	2	[廌所食艸]	卷四支部

目次	條目	孳乳義項	層級	字頭義項	卷數
196	鬲	鬲[瞅]	2	[瞅列]	卷四支部
197	朿	朿[木芒]	1	[木芒]→[茦莿]	卷四支部
197	朿	朿[木芒]	2	[直傷/箴刺/刺探]→[揿刺]、[瘷瘦]→[羸瘦]→[彲釃]	卷四支部
197	朿	刺[直傷]	3	[馬箠]→[羊車騶箠]→[擊馬]→[筞箠]→[以杖擊]、[笞擊]	卷四支部
197	朿	刺[箴刺]	3	[數諫]、[謫罰]	卷四支部
197	朿	刺[刺探]	3	[偵問]、[窺窺]	卷四支部
197	朿	箠[筞箠]	4	[撻支]	卷四支部
198	冊	冊[冊札/不齊]	1	[冊札]→[典冊]→[籍簿]	卷四支部
198	冊	冊[冊札]	2	[冊告]	卷四支部
198	冊	冊[不齊]	2	[嫧齊]、[編樹木]→[杝落]→[門遮]	卷四支部
198	冊	冊[冊告]	3	[嘖呼]	卷四支部
199	只	只[語已詞]	1	[語已詞]	卷四支部
200	卮	卮[圜器]	1	[圜器]→[小觶]→[小卮有耳蓋者]→[鄉飲酒觶]	卷四支部
200	卮	卮[圜器]	2	[即食]	卷四支部
201	𠂢	𠂢[衺流/別流]	1	[別流]→[別水]	卷四支部
201	𠂢	𠂢[衺流]	2	[血衇]、[衺視]→[目衺視]→[小視]→[目不正]	卷四支部
201	𠂢	𠂢[別流]	2	[禾別]、[穛黍]、[裨冕]	卷四支部
202	冖	冖[冖覆]	1	[冖覆]→[幎幔/涂杇]→[幔幕]→[幠覆]→[蓋幭]	卷四支部
202	冖	冖[冖覆]	2	[鬃布]、[重覆]、[頭衣]、[敗衣]、[蔽前]、[交覆深屋]、[不見]	卷四支部
202	冖	幎[涂杇]	2	[拭器]、[槾杇]、[鏝杇]、[瀎泧]→[抹滅]、[搣批]	卷四支部
202	冖	幔[幔幕]	2	[衣車蓋]、[履空/覆]	卷四支部
202	冖	瀎[瀎泧]	3	[污血]→[浼污]→[婦人污]	卷四支部
203	糸	糸[細絲/束絲]	1	[細絲]→[微絲]→[聯微/緜長]→[蠶衣]	卷四支部
203	糸	糸[細絲]	2	[霢霂]→[小雨溟溟]、[小見]、[蟲食穀心者]、[小	卷四支部

目次	條目	孳乳義項	層級	字頭義項	卷數
				人貌]	
203	糸	糸[束絲]	2	[釣魚繳]、[牛轡]	卷四支部
203	糸	緜[緜長]	2	[久長]、[行垂厓]	卷四支部
203	糸	繭[蠶衣]	2	[袍衣]	卷四支部
203	糸	䌨[久長]	3	[遠行]	卷四支部
204	芈	芈[羊鳴]	1	[羊鳴]	卷四支部
204	芈	芈[羊鳴]	2	[鳥鳴]、[自命]→[命使]	卷四支部
205	冂	冂[遠界/綿聯]	1	[遠界]→[介畫]→[界境]	卷四清部
205	冂	冂[遠界]	2	[畫界]、[牧馬苑]→[所以養禽獸]、[距國百里]、[迥遠]→[逷遠]	卷四清部
205	冂	冂[綿聯]	2	[耳箸頰]	卷四清部
205	冂	介[介畫]	2	[門扇]	卷四清部
205	冂	駉[牧馬苑]	3	[乾芻]	卷四清部
205	冂	迥[迥遠]	3	[戍邊]	卷四清部
206	幵	幵[對構上平]	1	[對構上平]	卷四清部
206	幵	幵[對構上平]	2	[岐山]、[笄簪]、[屋櫋櫨]、[車兩轓]、[研礦]→[揅摩]、[獸足企]→[舉踵]、[舉頭]、[羽之羿風]、[槎識]、[妍技]→[技巧]、[開張]→[启開]→[闓開]、[階陛]、[俱詞]、[楹柱]	卷四清部
206	幵	研[研礦]	3	[玉色]、[以石扞繒]、[摩展衣]、[石滑]→[硎石]	卷四清部
206	幵	启[启開]	3	[啓教]	卷四清部
206	幵	開[開張]	3	[抧開]	卷四清部
206	幵	皆[俱詞]	3	[諧詥]、[龤和]、[馬和]	卷四清部
206	幵	抧[抧開]	4	[口張齒見]、[中婦人手長八寸]	卷四清部
207	賏	賏[頸飾]	1	[頸飾]	卷四清部
207	賏	賏[頸飾]	2	[冠系]、[縊經]、[頸靼]→[馬紲]	卷四清部
207	賏	縊[縊經]	3	[縊女]	卷四清部
208	壬	壬[挺生/	1	[挺生]→[莛莖]	卷四清部

目次	條目	孳乳義項	層級	字頭義項	卷數
		挺直/初生/美善/通達]			
208	壬	壬[挺生]	2	[挺拔]→[拔取]、[陰挺出]	卷四清部
208	壬	壬[挺直]	2	[木梃]、[維絲筦]、[牀前几]、[珽圭]、[脡脠]、[頭莖]、[經綫]、[徑道]、[朝中]、[宮中/直]、[陜頭頸/直]、[侹長]、[長好]→[佳善]→[好娃]、[勁彊]→[偕彊]→[勇壯]、[呈平]、[彊急]、[痙病]、[悻恨]、[婞很]、[忮很]、[水脈]	卷四清部
208	壬	壬[初生]	2	[銅鐵樸]	卷四清部
208	壬	壬[美善]	2	[善吉]→[吉而免凶]	卷四清部
208	壬	壬[通達]	2	[逞通/疾]、[徑行]、[戥利]、[聖通]、[聆聽]、[輕車/輕蔑]	卷四清部
208	壬	莖[莛莖]	2	[羽莖]	卷四清部
208	壬	梃[木梃]	3	[直木]	卷四清部
208	壬	頸[頭莖]	3	[直項]	卷四清部
208	壬	經[經綫]	3	[綷直]	卷四清部
208	壬	頲[頲直]	3	[佶正]	卷四清部
208	壬	勁[勁強]	3	[馬彊]、[鳥之彊羽猛者]、[車堅]	卷四清部
208	壬	鋌[銅鐵樸]	3	[鐵鍇]、[錫銒]	卷四清部
208	壬	善[吉善]	3	[繕補]、[倨視人]、[好枝格人語]	卷四清部
208	壬	幸[吉而免凶]	3	[寍安]、[願詞]、[所願]	卷四清部
208	壬	輕[輕蔑]	3	[傷輕]、[歁瘉]、[趚䧢]	卷四清部
208	壬	翮[羽莖]	3	[翄翼]	卷四清部
208	壬	佶[佶正]	4	[頭傾]	卷四清部
208	壬	鐵[鐵鍇]	4	[馬赤黑色]	卷四清部
208	壬	繕[繕補]	4	[補履下]	卷四清部
209	丁	丁[擊伐/丁實/相當]	1	[擊伐]→[矢鏠]→[朾撞]→[擊刺]→[揨刺]→[擊聲]→[篋榜]→[椎物]→[椯箠]→[笪笞]→[鏜擊]→[戰鬥]、[相當]→[敵仇]	卷四清部

目次	條目	孳乳義項	層級	字頭義項	卷數
209	丁	丁[擊伐]	2	[玉聲]、[金聲]、[鐘聲]、[鼓聲]	卷四清部
209	丁	丁[丁實]	2	[誠信]→[諦審]→[媞諦]→[慎謹]、[剛木]	卷四清部
209	丁	丁[相當]	2	[田相值]、[汀平]、[平議]、[卜問]	卷四清部
209	丁	段[椎物]	2	[鍛冶]、[鍊鉼黃金]	卷四清部
210	霝	霝[雨零]	1	[雨零]→[餘雨/奇零]→[滴瀝]→[小雨零]	卷四清部
210	霝	霝[雨零]	2	[粼粼]→[漏流]→[水流㕯㕯]→[水流沙上]、[湅瀾]	卷四清部
210	霝	零[奇零]	2	[閏月]、[潤下/益]	卷四清部
210	霝	滴[滴瀝]	2	[涕泣]、[檐樀]、[下酒]、[莤酒]	卷四清部
210	霝	湅[小雨零]	2	[汏米]→[漬米]→[浸沃]→[久泔]	卷四清部
210	霝	湅[湅瀾]	3	[練繒]、[楝木]、[冶金]、[瀾淅]→[瀾潘]	卷四清部
210	霝	潤[潤下]	3	[膩肥]	卷四清部
210	霝	涕[涕泣]	3	[鼻液]	卷四清部
210	霝	楝[楝木]	4	[欒木]	卷四清部
210	霝	鍊[冶金]	4	[辟湅鐵]	卷四清部
211	正	正[疑立/中正]	1	[疑立]→[立竫]→[亭安]→[竦立]	卷四清部
211	正	正[疑立]	2	[定安]、[定息]、[整齊]	卷四清部
211	正	正[中正]	2	[正行]、[延行]、[政正]、[証諫]、[静止]、[是直]	卷四清部
211	正	竫[立竫]	2	[姘靜]	卷四清部
211	正	定[定安]	3	[民所安定]、[錠鐙]	卷四清部
211	正	是[是直]	3	[寔止]、[諟理]	卷四清部
212	井	井[陷阱/法]	1	[陷阱]→[㓝阬]	卷四清部
212	井	井[陷阱]	2	[陘谷]、[山絕坎]、[深池]→[瀛海]	卷四清部
212	井	井[法]	2	[罰罪/法]	卷四清部
212	井	穽[深池]	3	[窒下]、[窐窊]	卷四清部
212	井	刑[法]	3	[鑄器之法]	卷四清部
213	生	生[生出/	1	[生出]→[屮木初生]→[產生]	卷四清部

目次	條目	孳乳義項	層級	字頭義項	卷數
		不熟]			
213	生	生[生出]	2	[青色/赤色]→[艸色]、[生之所以然]、[人所生]、[外甥]→[壻倩]、[牛完全]	卷四清部
213	生	生[不熟]	2	[犬膏臭/不熟]、[魚臭]、[新魚精]	卷四清部
213	生	產[產生]	2	[畜牲]	卷四清部
213	生	青[青色]	3	[清飾]→[妝飾]→[襐飾]、[靜審/素絢]、[蒼白色]、[韭華]、[望山谷谸谸青]	卷四清部
213	生	青[赤色]	3	[赤繒]、[帛赤色]、[茅蒐]、[赤剛土]	卷四清部
213	生	性[生之所以然]	3	[性之好惡喜怒哀樂]	卷四清部
213	生	牲[畜牲]	3	[祭祀奉犬]→[宗廟之牲]、[衆生並立貌]	卷四清部
214	晶	晶[精光]	1	[精光]	卷四清部
214	晶	晶[精光]	2	[列星]、[雨而夕除星見]、[精米]→[白粲]、[省視]	卷四清部
214	晶	粲[白粲]	3	[白好]、[美物]	卷四清部
214	晶	省[省視]	3	[詳審]	卷四清部
215	瓜	瓜[瓜蓏]	1	[瓜蓏]	卷五魚部
215	瓜	瓜[瓜蓏]	2	[瓠匏]	卷五魚部
215	瓜	瓠[瓠匏]	3	[昆吾圜器]	卷五魚部
215	瓜	壺[昆吾圜器]	4	[鼓郭]、[陶器似豆者]	卷五魚部
216	車	車[輿輪]	1	[輿輪]	卷五魚部
216	車	車[輿輪]	2	[馬在軶中]、[使馬]、[兵車藏]	卷五魚部
217	呂	呂[脊骨/背負]	1	[脊骨/背負]	卷五魚部
217	呂	呂[脊骨]	2	[山脊]、[特牛/脊]、[牛長脊]、[魚骨]、[食骨留咽中]、[水橋/屋梁]	卷五魚部
217	呂	呂[背負]	2	[鐘鼓柎]、[負兒衣]	卷五魚部
217	呂	骾[食骨留咽中]	3	[山枌榆]、[語爲舌所介]	卷五魚部
218	丮	丮[丮持]	1	[丮持]→[杖持]→[爪持]→[榦搹]→[攫扟]	卷五魚部
218	丮	丮[丮持]	2	[人欲去以力脅止]→[脅持]、[鬥相丮不解]、[規	卷五魚部

目次	條目	孳乳義項	層級	字頭義項	卷數
				巨]、[收繩器]、[舉杖]	
218	丮	攫[攫扤]	2	[虎所攫畫明文]	卷五魚部
218	丮	豦[鬥相丮不解]	3	[角力]、[勮務]	卷五魚部
218	丮	虢[虎所攫畫明文]	3	[水裂去]	卷五魚部
218	丮	勮[勮務]	4	[㣙勞]、[御倦]	卷五魚部
219	巨	巨[規巨/大]	1	[規巨/大]	卷五魚部
219	巨	巨[規巨]	2	[柂棱]、[觴受三升者]、[雞距]	卷五魚部
219	巨	巨[大]	2	[奆大]、[吳大]、[俁大]、[大剛/金剛]	卷五魚部
219	巨	鉅[金剛]	3	[黔黎/炱煤]、[彊斷]	卷五魚部
219	巨	黔[黔黎]	4	[黃黑]→[淺黃黑]	卷五魚部
219	巨	剛[彊斷]	4	[秔稻]	卷五魚部
220	笠	笠[收繩器]	1	[收繩器]→[收絲器]→[紡車]	卷五魚部
220	笠	笠[收繩器]	2	[維紘繩]	卷五魚部
220	笠	綱[維紘繩]	3	[罝罟]、[罟網]、[魚罟]	卷五魚部
221	父	父[舉杖/巨大/率教]	1	[舉杖/巨大/率教]	卷五魚部
221	父	父[舉杖]	2	[把握]、[捕取]、[索持]、[捫持]	卷五魚部
221	父	父[巨大]	2	[男子美稱/甫大/甫始]→[日初明]	卷五魚部
221	父	父[率教]	2	[模法]、[摹規/摹仿]、[傅相]、[俌輔]、[扶佐]	卷五魚部
221	父	把[把握]	3	[轡革]、[禾束/把]	卷五魚部
221	父	捬[捫持]	3	[箸門捬首]	卷五魚部
221	父	甫[甫大]	3	[尃布]、[敷攱]、[誧大]、[博大]、[溥大]→[旁溥]	卷五魚部
221	父	模[模法]	3	[議謀]	卷五魚部

目次	條目	孳乳義項	層級	字頭義項	卷數
221	父	摹[摹仿]	3	[慕習]、[撫揗/矜憐]、[攺撫]、[慔勉]	卷五魚部
221	父	秉[把]	4	[柄柯]	卷五魚部
221	父	尃[尃布]	4	[華葉布]、[鐘上横木上金華]、[𣏾織]、[放縱]	卷五魚部
221	父	博[博大]	4	[大鐘]	卷五魚部
221	父	旁[旁溥]	4	[滂沛]、[馬盛]、[量物溢]、[雨濡革]	卷五魚部
221	父	憮[矜憐]	4	[憮愛]	卷五魚部
221	父	柄[斧柯]	5	[斧斫]	卷五魚部
221	父	蒪[華葉布]	5	[林薄]、[枎疏四布]、[菜圃]	卷五魚部
221	父	斧[斧斫]	6	[白與黑相次文]	卷五魚部
222	𩫖	𩫖[度居/恢郭]	1	[度居/恢郭]	卷五魚部
222	𩫖	𩫖[度居]	2	[凥處]→[処止]	卷五魚部
222	𩫖	𩫖[恢郭]	2	[葬有木郭]、[弓急張]→[滿弩]、[桄充/横木]→[闌木]、[兕牛角可以飲者]、[侊大]、[廓閣/大]	卷五魚部
222	𩫖	凥[凥處]	3	[居蹲]、[假至]、[家居]	卷五魚部
222	𩫖	横[闌木]	3	[牛角上衡木]	卷五魚部
222	𩫖	居[居蹲]	4	[不遜]	卷五魚部
222	𩫖	家[家居]	4	[家事]、[怙恃]	卷五魚部
222	𩫖	衡[牛角上衡木]	4	[佩上玉]	卷五魚部
222	𩫖	怙[怙恃]	5	[山有艸木/恃]	卷五魚部
223	兆	兆[廱蔽]	1	[廱蔽]→[四塞]	卷五魚部
223	兆	兆[廱蔽]	2	[鑄塞]、[宧閉]、[目但有眹]、[久病]、[詎欺]、[惡誤]	卷五魚部
223	兆	詎[詎欺]	3	[非真]、[腹中蟲/蠱惑]→[女病]	卷五魚部
224	亼	亼[亼盧]	1	[亼盧]→[筥箱]→[飯器筥]	卷五魚部
224	亼	匡[飯器筥]	2	[飲牛匡]	卷五魚部
225	谷	谷[口上阿]	1	[口上阿]	卷五魚部

目次	條目	孳乳義項	層級	字頭義項	卷數
225	谷	谷[口上阿]	2	[大笑]→[啞笑]	卷五魚部
226	目	目[左右視]	1	[左右視]→[目衺]→[舉目驚視]→[還視/顧使]→[規蒦/視遽貌]→[大視/驚視]	卷五魚部
226	目	目[左右視]	2	[走顧]、[鷹隼之視]、[隹欲逸走左右視]、[懼恐]→[虩恐]→[惶恐]→[恇怯]、[衢道]	卷五魚部
226	目	顧[還視]	2	[母猴]、[救視]	卷五魚部
226	目	顧[顧使]	2	[使爲之/雇庸]→[更改/更役]	卷五魚部
226	目	蒦[視遽貌]	2	[司視]	卷五魚部
226	目	衢[衢道]	3	[足躩如/盤辟]	卷五魚部
226	目	更[更役]	3	[兵械/士卒]	卷五魚部
226	目	罜[司視]	3	[獵所獲]	卷五魚部
226	目	獲[獵所獲]	4	[刈穀]	卷五魚部
227	五	五[交午/萌芽/五]	1	[交午/萌芽/五]	卷五魚部
227	五	五[交午]	2	[午啎]、[牡齒]	卷五魚部
227	五	五[萌芽]	2	[芽萌]	卷五魚部
227	五	五[五]	2	[相參伍]	卷五魚部
228	午	午[午啎]	1	[午啎]→[舂杵]→[啎屰]→[不順]	卷五魚部
228	午	午[午啎]	2	[異辭]、[吾我/抵禦]、[論難]、[論訟]、[譁訟]、[挌擊]、[跨斪]、[節卻]、[禦禁]、[抗扞/禦]、[歫槍]、[圄守]、[敔禁]、[刀劍刃]→[彊斷]→[大剛]、[行馬]、[囹圄/禁]、[聽言]、[辜罪]、[滹沲]、[望欲有所庶及]、[仰望]	卷五魚部
228	午	杵[舂杵]	2	[臿舂]	卷五魚部
228	午	屰[不順]	2	[逆迎]→[迎逢]、[訝迎]	卷五魚部
228	午	語[論難]	3	[寐覺而有言]	卷五魚部
228	午	卻[節卻]	3	[卻屋]	卷五魚部
228	午	逆[迎逢]	3	[相遇驚]→[驚愕]、[朔日/日月相遇]	卷五魚部
228	午	訝[訝迎]	3	[客寄]→[寄託]	卷五魚部

目次	條目	孳乳義項	層級	字頭義項	卷數
228	午	寤[寐覺而有言]	4	[悟覺]→[覺悟]	卷五魚部
228	午	客[客寄]	4	[寋敬]	卷五魚部
229	牙	牙[牡齒/交錯/迦牙]	1	[牡齒/交錯/迦牙]	卷五魚部
229	牙	牙[牡齒]	2	[齰齧]、[蟲行毒]、[騶虞/山澤之材]	卷五魚部
229	牙	牙[交錯]	2	[齟齬]→[鉏鋙]、[鉏鋙]、[衺行]、[衺寏]、[金涂]	卷五魚部
229	牙	牙[迦牙]	2	[禁苑]	卷五魚部
229	牙	虞[山澤之材]	3	[把取禾若]	卷五魚部
229	牙	鋙[鉏鋙]	3	[鋸子]	卷五魚部
229	牙	篽[禁苑]	3	[雉射所蔽者/射苑]	卷五魚部
230	魚	魚[水蟲]	1	[水蟲]→[二魚]	卷五魚部
230	魚	魚[水蟲]	2	[捕魚]	卷五魚部
231	烏	烏[孝鳥]	1	[孝鳥]	卷五魚部
231	烏	烏[孝鳥]	2	[楚烏]→[卑居]	卷五魚部
232	亞	亞[亞醜]	1	[亞醜]→[尣尳/尣僂]	卷五魚部
232	亞	亞[亞醜]	2	[惡過]	卷五魚部
232	亞	惡[惡過]	3	[殃凶]、[詆毀]、[蜇䖸]、[心有所惡若吐]→[不服懟]	卷五魚部
233	虍	虍[虎文]	1	[虎文]→[山獸之君]	卷五魚部
233	虍	虍[虎文]	2	[騶虞]、[哮呼]、[發兵瑞玉爲虎文]	卷五魚部
234	襾	襾[襾覆/大]	1	[襾覆/大]	卷五魚部
234	襾	襾[襾覆]	2	[屋櫓]、[梠楣]、[堂下周屋]、[殿之大屋]→[臺榭]、[市居]、[幠覆]、[殷冠]、[以羽翳首]	卷五魚部
234	襾	襾[大]	2	[中國之人/大]	卷五魚部
234	襾	翌[以羽翳首]	3	[設色之工/覆]	卷五魚部
235	禹	禹[禹蟲/	1	[蠁蟲]→[知聲蟲]	卷五魚部

目次	條目	孳乳義項	層級	字頭義項	卷數
		蠁蟲]			
235	禹	禹[蠁蟲]	2	[響聲]	卷五魚部
235	禹	響[響聲]	3	[門響]、[張耳有所聞]	卷五魚部
236	于	于[气舒/大/曲/往]	1	[气舒]→[語餘]→[語舒/我]→[粵亏/往]、[曲]→[尢尪]	卷五魚部
236	于	于[气舒]	2	[外息]、[溫吹]、[評召]、[謼召]、[嘑號]、[安气]、[驚語]	卷五魚部
236	于	于[大]	2	[詭譌/大]、[誇譀]、[妄言]、[譁讙]、[大言]、[夸奢/大]、[奕大]、[張目]、[滿弓有所鄉]、[大掖衣]、[芋莒]、[大笙]→[笙簧]	卷五魚部
236	于	于[曲]	2	[迂避]、[紆詘]、[股尪]	卷五魚部
236	于	于[往]	2	[往之]→[迂往]→[人相違]、[置騎]→[遽傳]	卷五魚部
236	于	余[我]	2	[女子自稱]	卷五魚部
236	于	粵[往]	2	[越度]、[逃逾]、[朅去]	卷五魚部
236	于	夸[大]	3	[刳判]	卷五魚部
236	于	往[往之]	3	[女適人/嫁往]、[古故]	卷五魚部
236	于	去[人相違]	3	[犬�不可附]	卷五魚部
236	于	刳[刳判]	4	[殆枯]	卷五魚部
236	于	古[古故]	4	[大遠]→[遐遠]、[訓故言]	卷五魚部
236	于	椵[大遠]	5	[祜福]、[夫母/故]	卷五魚部
237	羽	羽[鳥長毛]	1	[鳥長毛]	卷五魚部
237	羽	羽[鳥長毛]	2	[回飛]、[飛舉]→[飛揚]、[共舉]、[賜予]、[推予]	卷五魚部
237	羽	揚[飛舉]	3	[風所飛揚]、[譽偁]	卷五魚部
237	羽	舁[共舉]	3	[黨與]、[旟旗]、[車輿]、[對舉]	卷五魚部
238	与	与[賜予]	1	[賜予]→[斜抒]→[抒挹]→[斞挹]→[客酌主人]→[揚舉]	卷五魚部
238	与	与[賜予]	2	[解實/餉]、[餘饒]、[寄食]、[斝爵]→[盌杯]	卷五魚部

目次	條目	孳乳義項	層級	字頭義項	卷數
238	与	觴[餉]	3	[餉饋]	卷五魚部
239	予	予[推予]	1	[推予]→[賜予]	卷五魚部
239	予	予[推予]	2	[舒伸/舒緩]、[賞賜]、[兄長/賜]→[貺賜]、[市買多得]、[攘推]、[解衣耕]、[滌器]	卷五魚部
239	予	舒[舒伸]	3	[捨釋]、[釋解]、[斁解]、[赦置]、[措置]、[置物]、[舍車解馬]、[射捨]、[辭去]	卷五魚部
239	予	舒[舒緩]	3	[紓緩]、[安行]	卷五魚部
239	予	賞[賞賜]	3	[償還]	卷五魚部
239	予	及[市買多得]	3	[賈市]、[買酒]、[叚借]、[貰買]	卷五魚部
239	予	襄[解衣耕]	3	[三歲治田]、[柔土]、[治穀田]、[艸不生]、[磔禳祀除厲殃]	卷五魚部
239	予	釋[釋解]	4	[傳譯四夷之言]、[悆喜]→[悦懌]、[愓放]、[像放]	卷五魚部
239	予	場[治穀田]	4	[螾場]	卷五魚部
239	予	暘[艸不生]	4	[艸茂]	卷五魚部
240	雨	雨[下雨]	1	[下雨]	卷五魚部
240	雨	雨[下雨]	2	[雨皃]、[水音]、[雨流霤下]、[雩祭]	卷五魚部
241	亦	亦[臂亦]	1	[臂亦]→[亦下]	卷五魚部
241	亦	亦[臂亦]	2	[袂末]、[掖持/臂下]、[東西墻]→[垣蔽]→[所以盛民]、[圍棋]	卷五魚部
242	戶	戶[半門]	1	[半門]→[槺戶]	卷五魚部
242	戶	戶[半門]	2	[穿壁以木爲交窻]→[北出牖]	卷五魚部
243	丅	丅[丅底]	1	[丅底]	卷五魚部
243	丅	丅[丅底]	2	[汙衺下]、[窊下]、[中央]、[汙池]→[汪池]、[大陂]→[積水池]、[叡溝]→[城池]	卷五魚部
243	丅	窊[汙衺下]	3	[澱滓濁泥]	卷五魚部
243	丅	汪[汪池]	3	[埂坑]、[莽沆/大澤]	卷五魚部
243	丅	淤[澱滓濁泥]	4	[遮攡]	卷五魚部

目次	條目	孳乳義項	層級	字頭義項	卷數
243	丅	閉[遮攤]	5	[隖障]、[積血]	卷五魚部
244	苿	苿[兩刃臿/船楫]	1	[兩刃臿]→[稟臿]→[銚臿]	卷五魚部
244	苿	苿[船楫]	2	[吪動]	卷五魚部
244	苿	吪[吪動]	3	[船行不安]	卷五魚部
245	土	土[土地/量度/封塞]	1	[土地/量度/封塞]	卷五魚部
245	土	土[土地]	2	[赤色]→[赤土]→[大赤貌]、[土神/母親]→[姐母]	卷五魚部
245	土	土[量度]	2	[法制/度居/度越]、[畫計難/謀畫]、[簡選]、[從外知內]	卷五魚部
245	土	土[封塞]	2	[斁閉]	卷五魚部
245	土	赭[赤土]	3	[不鮮明]→[赤黑色]	卷五魚部
245	土	度[法制]	3	[十寸]、[十尺]、[五版]、[根杖/法]、[杖持]、[田相值/相配]	卷五魚部
245	土	度[度居]	3	[所託居]	卷五魚部
245	土	度[度越]	3	[渡濟]→[宕過]	卷五魚部
245	土	擇[簡選]	3	[擇菜]	卷五魚部
245	土	商[從外知內]	3	[行賈]	卷五魚部
245	土	當[相配]	4	[朋羣]→[步行/徒衆]	卷五魚部
245	土	宅[所託居]	4	[侂寄]、[託寄]	卷五魚部
245	土	侂[侂寄]	5	[奠酒爵]	卷五魚部
246	乇	乇[艸葉/甲乇/伸舒]	1	[艸葉/甲乇/伸舒]	卷五魚部
246	乇	乇[甲乇]	2	[頊顱]→[顙額]	卷五魚部
246	乇	乇[伸舒]	2	[㧙裂]、[㮩判]、[吒嘖]→[炸裂]→[吐寫]、[哆口魚]、[開張屋]、[磔辜]→[剫判]→[屠剳]、[趚距]→[踱距]、[蘀落]→[木葉陊]→[竹皮]→[秧穲]→[禾皮]	卷五魚部

目次	條目	孳乳義項	層級	字頭義項	卷數
246	乇	榜[榜判]	3	[夜行所擊者]、[蠹蟲]	卷五魚部
246	乇	吒[吒噴]	3	[口液]、[悟解气]	卷五魚部
246	乇	踅[踅距]	3	[衺柱]、[久遠]、[奢張]、[施弓弦]	卷五魚部
246	乇	落[蘀落]	3	[雨下零]	卷五魚部
246	乇	蠹[蠹蟲]	4	[殬敗]	卷五魚部
246	乇	長[久遠]	4	[角長貌]、[長脛行]、[長眙]	卷五魚部
246	乇	張[施弓弦]	4	[帳張]	卷五魚部
247	兔	兔[兔子]	1	[兔子]	卷五魚部
248	宁	宁[辨積物]	1	[辨積物]→[貯積]→[窒䩣]→[裝裹]	卷五魚部
248	宁	宁[辨積物]	2	[儲偫]、[屋下衆]、[廣多]、[齡䲙]、[貯藏器]、[橐囊]→[欓桶]、[金幣所藏]、[篓籠]、[都會]、[所以雝水]	卷五魚部
248	宁	儲[儲偫]	3	[臧獲/府藏]、[穀藏]	卷五魚部
248	宁	篓[篓籠]	3	[籑裛]	卷五魚部
249	旅	旅[軍旅/堂涂]	1	[軍旅]→[褚卒/題識衣]→[下帬/旗幟]、[堂涂]→[途路]	卷五魚部
249	旅	旅[軍旅]	2	[勴助]	卷五魚部
249	旅	旅[堂涂]	2	[路道/大]、[治穀田/祭神道]、[殿陛]、[廬寄/蘧廬]	卷五魚部
249	旅	常[旗幟]	2	[別事詞]→[區別詞/衆詞]	卷五魚部
249	旅	路[大]	3	[箘簬]	卷五魚部
249	旅	場[祭神道]	3	[道上祭]	卷五魚部
249	旅	者[別事詞]	3	[書箸]、[部署/表位]、[睹見]、[旦明]→[爽明]	卷五魚部
249	旅	書[書箸]	4	[飯攲]	卷五魚部
250	鹵	鹵[鹹地]	1	[鹹地]→[鹽池/味薄]→[鹽醶]→[蓹鹹]	卷五魚部
250	鹵	鹵[鹹地]	2	[鹹衜]、[黑剛土]	卷五魚部
250	鹵	鹽[鹽池]	2	[涸渴]→[水乾]→[炕乾]→[水虛]	卷五魚部

目次	條目	孳乳義項	層級	字頭義項	卷數
250	鹵	鹽[味薄]	2	[雜味]、[薄酒]	卷五魚部
250	鹵	鹺[鹺鹹]	2	[臧魚]	卷五魚部
250	鹵	鹹[鹹銜]	3	[苦苓]	卷五魚部
250	鹵	壚[黑剛土]	3	[黸黑]	卷五魚部
250	鹵	醇[雜味]	3	[涼薄]、[瘬薄]、[犣牛]	卷五魚部
250	鹵	苦[苦苓]	4	[酒味苦]	卷五魚部
251	女	女[婦人/柔順]	1	[婦人/柔順]	卷五魚部
251	女	女[柔順]	2	[從隨/連帶]	卷五魚部
251	女	如[從隨]	3	[諾應]、[奴婢]、[不順]、[怒恚]、[恕仁/如]	卷五魚部
251	女	如[連帶]	3	[牽引]→[拏持]、[挐持]、[巾帤]、[敝衣]、[絮縕]、[敝緜]、[布縷]、[䰍鬣]、[弓有臂者]	卷五魚部
252	㗊	㗊[衆口]	1	[衆口]	卷五魚部
252	㗊	㗊[衆口]	2	[讙聲]、[怓亂]→[䛒亂]、[煩役]	卷五魚部
252	㗊	孃[煩役]	3	[相責讓]	卷五魚部
253	叒	叒[叒木]	1	[叒木/小桑]	卷五魚部
253	叒	叒[小桑]	2	[桑木]、[柘桑]	卷五魚部
254	石	石[山石/大]	1	[山石/大]	卷五魚部
254	石	石[山石]	2	[宗廟主]、[百二十斤]	卷五魚部
254	石	石[大]	2	[頭大]	卷五魚部
255	夕	夕[夕莫]	1	[夕莫]→[夜舍]→[日且冥]	卷五魚部
255	夕	夕[夕莫]	2	[窀穸]、[㚔日]、[乾肉/往日]→[脩脯]→[無骨腊]→[膞肉]、[酢醶]→[醶酢]	卷五魚部
255	夕	莫[日且冥]	2	[墓丘]、[募宗]、[啾嘆]、[死宋募]	卷五魚部
255	夕	穸[窀穸]	3	[葬臧]	卷五魚部
255	夕	昔[乾肉]	3	[祭福肉]、[炮肉]、[菹醢]→[醬醢]、[酢菜]、[饐魚]、[含味]、[蠅胆]→[蠅乳肉中]	卷五魚部
255	夕	脩[脩脯]	3	[乾魚尾肅肅]	卷五魚部

目次	條目	孳乳義項	層級	字頭義項	卷數
255	夕	酢[酢醶]	3	[齒傷酢]	卷五魚部
255	夕	醶[醶酢]	3	[酢漿]	卷五魚部
255	夕	薀[薀醢]	4	[蟹醢]	卷五魚部
256	舄	舄[舄誰]	1	[舄誰]	卷五魚部
257	疋	疋[疋足/疋記/疋刻/交通]	1	[疋足]→[步処]、[疋記]→[書箸]	卷五魚部
257	疋	疋[疋刻]	2	[門戶青疏窻/鋃鐺]、[木工]、[事好]、[琮玉之瑑]、[組綬/織組]、[會五彩鮮貌]	卷五魚部
257	疋	疋[疋通]	2	[娖通]→[疏通]→[爽明]、[梳理]	卷五魚部
257	疋	鹹[鋃鐺]	3	[繩索]→[冠織/纚綾]	卷五魚部
257	疋	疏[疏通]	3	[慉知]、[諝知]	卷五魚部
257	疋	索[繩索]	4	[筰筊]	卷五魚部
258	鼠	鼠[穴蟲]	1	[穴蟲]	卷五魚部
258	鼠	鼠[穴蟲]	2	[牟毋]	卷五魚部
259	且	且[且薦/且几/苟且]	1	[且几]→[爿牀]	卷五魚部
259	且	且[且薦]	2	[禮俎]、[履中艸]、[茅藉]→[祭藉]→[莊藉]、[席藉]、[礎礩]、[碢礩]、[木欄]、[助左]→[胼扶]→[將帥/引導/將請]	卷五魚部
259	且	且[苟且]	2	[且往]、[拘觀]、[粗疏/作始]、[伹拙]、[麤牖]	卷五魚部
259	且	牀[爿牀]	2	[槍歫/木攤槍]	卷五魚部
259	且	苴[履中艸]	3	[屛履]	卷五魚部
259	且	藉[祭藉]	3	[主階]	卷五魚部
259	且	柤[木欄]	3	[遮遏]→[阻險]→[障隔]→[墇攤]	卷五魚部
259	且	助[助左]	3	[耤稅]→[使民如借]→[借假]	卷五魚部
259	且	將[將請]	3	[嗾犬厲之/相勸/相被飾]、[請謁]、[靚召]	卷五魚部
259	且	覰[且往]	3	[他國臣來弒君]	卷五魚部
259	且	粗[粗疏]	3	[壯馬/粗大]→[壯大]→[駔大]	卷五魚部

目次	條目	孳乳義項	層級	字頭義項	卷數
259	且	粗[作始]	3	[作起/詐僞]、[迮起]、[初始]、[造法刱業]、[唱導]、[始廟/送行祭]	卷五魚部
259	且	槍[木攙槍]	3	[戕槍]	卷五魚部
259	且	遮[遮阻]	4	[止亡]、[止語]、[詛詶]、[屋笮]、[人相詎]、[岨矑]	卷五魚部
259	且	耡[耤稅]	4	[田賦]、[責求]→[債負]	卷五魚部
259	且	奘[相被飾]	4	[美言]	卷五魚部
259	且	駔[壯馬]	4	[妄彊犬]、[行超遠]	卷五魚部
259	且	駔[粗大]	4	[傖鄙]	卷五魚部
259	且	作[詐僞]	4	[詐欺]、[虎不柔不信]、[妝飾]、[佯詐]	卷五魚部
259	且	唱[唱導]	4	[倡樂]	卷五魚部
259	且	祖[送行祭]	4	[退往]	卷五魚部
259	且	詎[人相詎]	5	[怚驕]、[嫭嬌]	卷五魚部
259	且	責[責求]	5	[小罰以財自贖]	卷五魚部
260	巴	巴[巴蛇]	1	[巴蛇]→[蟒蛇]	卷五魚部
260	巴	巴[巴蛇]	2	[搃擊]	卷五魚部
260	巴	祀[搃擊]	3	[掐拊]→[兩手擊]→[反手擊]→[搏擊]	卷五魚部
260	巴	搏[搏擊]	4	[搏埴之工]	卷五魚部
261	白	白[日光/白色/明白/徒空]	1	[日光/白色/明白/徒空]	卷五魚部
261	白	白[白色]	2	[月始生]、[日無色]、[艸華白]、[帛繒]、[璧玉]、[碧石]、[陰神/白]	卷五魚部
261	白	白[明白]	2	[十十/白]、[伯長/明]	卷五魚部
261	白	白[徒空]	2	[淺水/淡洦]	卷五魚部
261	白	普[日無色]	3	[衣無色]	卷五魚部
261	白	皅[艸華	3	[葩華]	卷五魚部

目次	條目	孳乳義項	層級	字頭義項	卷數
		白]			
261	白	百[十十]	3	[什佰]、[兵車]→[兵械]	卷五魚部
261	白	洦[淡洦]	3	[無爲]	卷五魚部
261	白	佰[什佰]	4	[師祭]	卷五魚部
262	夫	夫[丈夫]	1	[丈夫]	卷五魚部
262	夫	夫[丈夫]	2	[戢兵/武夫]、[畜父]	卷五魚部
262	夫	武[戢兵]	3	[襲袯/劍衣]	卷五魚部
263	馬	馬[馬]	1	[馬]	卷五魚部
263	馬	馬[馬]	2	[賦斂/賦兵]	卷五魚部
264	步	步[步行]	1	[步行]	卷五魚部
264	步	步[步行]	2	[踄蹈]、[鼓聲/行貌]	卷五魚部
265	巫	巫[巫祝]	1	[巫祝]	卷五魚部
265	巫	巫[巫祝]	2	[舞樂]、[誣加]→[罵詈]→[謗譭]、[夢言]、[妄亂]、[易卦用蓍]	卷五魚部
265	巫	妄[妄亂]	3	[艸木妄生]、[狾犬]	卷五魚部
265	巫	狂[狾犬]	4	[狂貌]	卷五魚部
266	䒠	䒠[衆艸/大/疾]	1	[衆艸/大/疾]	卷五魚部
266	䒠	䒠[衆艸]	2	[𦵠豐]	卷五魚部
266	䒠	䒠[大]	2	[北方流沙]→[水廣]、[廣求]	卷五魚部
266	䒠	䒠[疾]	2	[犬善逐兔艸中]、[上馬/猝]	卷五魚部
266	䒠	𦵠[𦵠豐]	3	[蕪薉]→[荒蕪]→[木盛]→[艸豐盛]→[蔓艸]→[艸覆蔓]→[細艸叢生]→[艸盛上出]	卷五魚部
266	䒠	莽[犬善逐兔艸中]	3	[健犬]	卷五魚部
266	䒠	每[艸盛上出]	4	[百步]	卷五魚部
267	毋	毋[毋止/私逸]	1	[毋止/私逸]	卷五魚部
267	毋	毋[私逸]	2	[亡逃]、[逋亡]、[𩆂亡]	卷五魚部

目次	條目	孳乳義項	層級	字頭義項	卷數
267	毋	亡[亡逃]	3	[喪亡]、[出亡在外望其還/期望]	卷五魚部
267	毋	霦[霦亡]	3	[虛無食]、[目無眸子]、[縉無文]、[弓無緣可以解轡紛者]	卷五魚部
267	毋	望[期望]	4	[責望]、[望恨]	卷五魚部
268	磺	磺[銅鐵樸石]	1	[銅鐵樸石]	卷五陽部
268	磺	磺[銅鐵樸石]	2	[鹹地]、[鹽池]	卷五陽部
269	京	京[高丘/大/特立]	1	[高丘/大/特立]	卷五陽部
269	京	京[高丘]	2	[大丘]、[壙野]、[郊外]	卷五陽部
269	京	京[大]	2	[海大魚]、[大麃]、[大貝]	卷五陽部
269	京	京[特立]	2	[木長貌/木立死]→[殭死]→[枯槀]	卷五陽部
269	京	枯[枯槀]	3	[殆枯]、[鳥腊]、[榖之皮]	卷五陽部
270	畕	畕[比田]	1	[比田]→[畺畍]→[甿竟]→[依山谷爲牛馬圈]→[經略土地/鈔略]→[撈取]→[撮持]	卷五陽部
270	畕	略[經略土地]	2	[謀思]、[保任/媎摧]、[路道]→[甿陌]	卷五陽部
270	畕	略[鈔略]	2	[虜獲]→[掠奪]	卷五陽部
270	畕	慮[謀思]	3	[稱輕重]	卷五陽部
270	畕	路[路道]	3	[獸迹]	卷五陽部
271	亢	亢[人頸/高/閣/仰/縣]	1	[人頸]→[牛頠垂/頸]→[喉咽]→[頭後]→[頸毛/頸]→[脰頸]→[嚨喉]	卷五陽部
271	亢	亢[人頸]	2	[直項莽斻貌]	卷五陽部
271	亢	亢[高]	2	[阬閬]→[門高]、[伉高/健]	卷五陽部
271	亢	亢[閣]	2	[竹列]→[衣架]、[所以几器]→[庋閣]→[杭极]→[驢上負]	卷五陽部
271	亢	亢[仰]	2	[望欲有所庶及]、[仰舉]、[僵偃]	卷五陽部
271	亢	亢[縣]	2	[汲井綆]	卷五陽部
271	亢	喉[喉咽]	2	[厚怒聲]、[雞鳴]、[雝渠/聲]、[歐吐]、[吐貌]	卷五陽部

目次	條目	孳乳義項	層級	字頭義項	卷數
271	亢	阬[阬閬]	3	[屋康㝗/空]	卷五陽部
271	亢	伉[健]	3	[健犬]	卷五陽部
271	亢	笐[竹列]	3	[竹枚]	卷五陽部
272	囧	囧[麗廔闓明]	1	[麗廔闓明]→[帷屏風之屬]→[北出牖]	卷五陽部
272	囧	囧[麗廔闓明]	2	[炗明]、[晃明]、[曠明]、[景光]、[美光]、[煌煇]、[昜開]、[日出]、[高明]、[地之色]、[水涌光]、[明照]、[炳明]、[月滿]、[莔翌]、[盟明]、[孟長/明]	卷五陽部
272	囧	炗[炗明]	3	[隙見之白]、[壁際孔]	卷五陽部
272	囧	景[景光]	3	[鏡景]	卷五陽部
272	囧	暘[日出]	3	[雨止雲罷貌]、[金之美者]、[馬頭飾]、[文石]、[炙燥]、[熱水]	卷五陽部
272	囧	陽[高明]	3	[崵谷]	卷五陽部
273	尣	尣[尳曲脛/廢疾]	1	[尳曲脛]→[股尪]→[馬曲脛]	卷五陽部
273	尣	尣[尳曲脛]	2	[衺曲]、[車戾]、[弫乖]	卷五陽部
273	尣	尣[廢疾]	2	[惰詞]	卷五陽部
274	弜	弜[弜彊/重]	1	[弜彊]→[弓有力]→[木弓]→[弓急張]、[重]→[檄榜]	卷五陽部
274	弜	弜[弜彊]	2	[倞彊]、[勍彊]、[甥迫]、[競言]、[彊語]	卷五陽部
275	卯	卯[事之制]	1	[事之制]→[卿章]→[鄉邑]→[璋圭]	卷五陽部
275	卯	卯[事之制]	2	[樂竟]、[樂曲盡]、[將帥]	卷五陽部
275	卯	章[樂竟]	3	[彣彰]	卷五陽部
276	羊	羊[羊祥/給膳]	1	[羊祥/給膳]	卷五陽部
276	羊	羊[羊祥]	2	[五月生羔]、[西戎牧羊人]	卷五陽部
276	羊	羊[給膳]	2	[五味盉羹]、[鬺煮]→[亯煮]→[鬺享]、[供養]	卷五陽部
276	羊	羌[西戎	3	[姜姓]	卷五陽部

目次	條目	孳乳義項	層級	字頭義項	卷數
		牧羊人]			
276	羊	養[供養]	3	[祥福]	卷五陽部
277	永	永[水長/水理]	1	[水長]→[水衇]→[水渠]	卷五陽部
277	永	永[水長]	2	[詠歌]	卷五陽部
277	永	永[水理]	2	[潛行水中]	卷五陽部
278	王	王[天下所歸往/大]	1	[天下所歸往/大]→[皇大]	卷五陽部
278	王	皇[皇大]	2	[小兒聲]→[小兒嗁聲]、[玉聲]、[鐘聲]、[暇閒]	卷五陽部
279	亯	亯[亯獻]	1	[亯獻]	卷五陽部
279	亯	亯[亯獻]	2	[鄉人飲酒]、[口味]、[神食气]	卷五陽部
280	皀	皀[穀之馨香/嘉穀]	1	[穀之馨香]→[香芳]→[艸香]	卷五陽部
280	皀	皀[嘉穀]	2	[禾米]、[禾屬而黏者]、[黑黍]、[穀食]→[糈糧]	卷五陽部
280	皀	香[香芳]	2	[香之遠聞]、[禦溼之菜]	卷五陽部
280	皀	鬯[黑黍]	3	[鬯酒]	卷五陽部
280	皀	糈[糈糧]	3	[祭神精米]、[齎財卜問]	卷五陽部
280	皀	鬯[鬯酒]	4	[釀醞]	卷五陽部
281	行	行[步趨]	1	[步趨]	卷五陽部
281	行	行[步趨]	2	[脛耑]→[腳脛]、[行賀人]、[溝行水]、[遠行]、[往來]	卷五陽部
282	从	从[二入]	1	[二入]→[网再]	卷五陽部
282	从	网[网再]	2	[二十四銖]	卷五陽部
283	良	良[良善\高厚]	1	[高厚]→[久遠]	卷五陽部
283	良	良[良善]	2	[諒信]	卷五陽部
283	良	良[高厚]	2	[門高]、[高木]、[朗明]	卷五陽部
283	良	閬[門高]	3	[天門]、[盛貌]	卷五陽部
284	丄	丄[丄高]	1	[丄高]	卷五陽部

目次	條目	孳乳義項	層級	字頭義項	卷數
284	丄	丄[丄高]	2	[尚曾]→[詞之舒]	卷五陽部
284	丄	尚[尚曾]	3	[平治高土可以遠望]、[堂殿]、[馬之低印/上]	卷五陽部
285	象	象[大象]	1	[大象]→[象之大者]	卷五陽部
285	象	象[大象]	2	[像象]	卷五陽部
285	象	像[像象]	3	[犬形]、[冀思]	卷五陽部
286	爪	爪[爪掌/丮據]	1	[爪掌]→[手掌]	卷五陽部
286	爪	爪[丮據]	2	[叉卑]、[扭抱]、[拓拾]	卷五陽部
286	爪	掌[手掌]	2	[足下]	卷五陽部
287	刅	刅[刅傷/寒]	1	[刅傷]→[鴙傷]→[傷創]	卷五陽部
287	刅	刅[刅傷]	2	[方銎斧]、[礲斫]→[槢斫]→[斫擊]、[斮斬]、[伐木聲]、[矠矛]→[簎刺]、[鋤鏄]、[頭創]→[痒瘍]、[疽瘫]、[不成人死/兵死者]、[惕悤]、[愴傷]、[恙悤]、[惜痛]、[忏悤]	卷五陽部
287	刅	刅[寒]	2	[滄寒]、[滄寒]、[霜喪]	卷五陽部
287	刅	瘍[頭創]	3	[搔蛘]	卷五陽部
287	刅	霜[霜喪]	3	[白致繒]	卷五陽部
288	皿	皿[飲食器]	1	[飲食器]→[䀁鍑]→[黍稷圜器]	卷五陽部
288	皿	皿[飲食器]	2	[哺咀]、[申時食]	卷五陽部
289	黽	黽[鼃黽]	1	[鼃黽]→[蝦蟆]	卷五陽部
290	匚	匚[受物器/方版]	1	[方版]→[規巨]	卷五陽部
290	匚	匚[受物器]	2	[黍稷方器]、[方鐘]	卷五陽部
290	匚	匚[方版]	2	[譜牒]→[手版]→[菵爰]	卷五陽部
291	方	方[併船/比方]	1	[併船/比方]	卷五陽部
291	方	方[併船]	2	[船師]、[編木以渡水]→[海中大船]、[輔弓弩器]、[併絲織]、[輔車]、[醽頻]、[俌輔]、[副馬]	卷五陽部

目次	條目	孳乳義項	層級	字頭義項	卷數
291	方	方[比方]	2	[仿佛]、[迫近]、[敀迮]、[忽見]	卷五陽部
291	方	迫[迫近]	3	[局戲]、[妨害]	卷五陽部
291	方	髣[忽見]	3	[臥驚病]→[悑惶]、[鬃祭]	卷五陽部
291	方	病[臥驚病]	4	[怲惪]、[疾加]→[痛病]	卷五陽部
292	丙	丙[丙肩/側]	1	[丙肩]→[肩甲]→[膀脅]	卷五陽部
292	丙	丙[側]	2	[附行]、[傍附]、[室在旁]、[防隄]、[水瀕]	卷五陽部
293	网	网[漁网]	1	[漁网]	卷五陽部
293	网	网[漁网]	2	[网絲]、[縛束]、[牖中网]、[胲膜]	卷五陽部
293	网	縛[縛束]	3	[車下索]	卷五陽部
293	网	膜[胲膜]	3	[臚皮]、[心下鬲上]、[肪肥]	卷五陽部
294	冓	冓[交積材]	1	[交積材]	卷六侯部
294	冓	冓[交積材]	2	[構蓋]、[屋居]、[篝笿]、[二伐]、[遇見/對交]、[重婚]、[和解]	卷六侯部
294	冓	屋[屋居]	3	[木帳]、[幬帳]	卷六侯部
294	冓	篝[篝笿]	3	[烘贅]	卷六侯部
294	冓	耦[二伐]	3	[遇逢]→[遘遇]	卷六侯部
294	冓	覯[遇見]	3	[司望]、[價見]、[購求]	卷六侯部
294	冓	烘[烘贅]	4	[日出溫]、[煦蒸/溫潤]	卷六侯部
294	冓	遘[遘遇]	4	[寇暴]→[鬬鬥]	卷六侯部
294	冓	購[購求]	4	[賣衒]、[贖貿]	卷六侯部
295	角	角[獸角]	1	[獸角]	卷六侯部
295	角	角[獸角]	2	[觸牴]、[舉角]、[䵷雞]、[蔛莕]、[隅陬]、[椽方]、[盛觵卮]、[杖耑角]	卷六侯部
296	口	口[口]	1	[口]→[噭口]	卷六侯部
296	口	口[口]	2	[竅空]、[金飾器口]	卷六侯部
296	口	空[竅空]	3	[斤斧穿]	卷六侯部
297	谷	谷[泉出	1	[泉出通川/容受]	卷六侯部

目次	條目	孳乳義項	層級	字頭義項	卷數
		通川/容受]			
297	谷	谷[泉出通川]	2	[注谷]、[通溝以防水]、[瀆溝]、[竇空]、[大長谷]、[通達]、[迵迭]、[疾流/洞渫]→[屋穿水入]→[屋水流]→[暴雨]→[雨瀧瀧]→[雨霡]→[流下滴/陰器]→[注灌]→[時雨]、[孔通]→[好美/璧孔]	卷六侯部
297	谷	谷[容受]	2	[容盛]、[空中木爲舟]、[絝踦]、[躬臂決]、[淶裹衣]、[屦履]、[弓矢韥]、[弓衣]、[櫝匵]、[匵匵]、[受錢器]、[甌甂]、[瓮罌]、[瓨罌]、[輻所湊]、[車轂中鐵]、[通簫]、[斷竹]→[大竹筩]→[大竹]、[戶樞]、[扶渠根]→[蕅根]	卷六侯部
297	谷	竇[竇空]	3	[山穴]	卷六侯部
297	谷	涿[陰器]	3	[屬連/孳尾]、[去陰之刑]	卷六侯部
297	谷	屚[屋穿水入]	3	[以銅受水刻節]	卷六侯部
297	谷	好[好美]	3	[貪欲]→[覦欲]	卷六侯部
297	谷	俞[空中木爲舟]	3	[築牆短版/鑿木空中]、[穿木戶]	卷六侯部
297	谷	欲[貪欲]	4	[俗習]、[媟嬻]	卷六侯部
297	谷	嬻[媟嬻]	5	[握持垢]	卷六侯部
297	谷	黷[握持垢]	6	[垢濁]	卷六侯部
297	谷	垢[垢濁]	7	[孌汙]、[謑詬]	卷六侯部
298	曲	曲[器曲/蠶薄]	1	[器曲]→[散曲]	卷六侯部
298	曲	曲[器曲]	2	[局促/棋局]、[藏匿]、[句曲/章句]	卷六侯部
298	曲	曲[蠶薄]	2	[蠶薄]	卷六侯部
298	曲	區[藏匿]	3	[軀體]、[傴僂]→[僂尼]→[皾隔]	卷六侯部
298	曲	句[句曲]	3	[曲竹捕魚]、[鉤曲]、[斪鐮]、[軶下曲]、[羽曲]、[雊句頸鳴]、[曲脯]、[榰椒]、[足跔]、[曲脊]→[罷病]	卷六侯部
298	曲	句[章句]	3	[拘止]、[齊歌]	卷六侯部
298	曲	傴[傴僂]	4	[蹴鼻]	卷六侯部

目次	條目	孳乳義項	層級	字頭義項	卷數
298	曲	僂[僂㞋]	4	[曲脊行]	卷六侯部
298	曲	痀[曲脊]	4	[耇壽]	卷六侯部
298	曲	謳[齊歌]	4	[吳歌]	卷六侯部
299	玉	玉[玉石]	1	[玉石]	卷六侯部
299	玉	玉[玉石]	2	[二玉相合]	卷六侯部
300	㫗	㫗[上賜下/㫗味]	1	[上賜下/㫗味]	卷六侯部
300	㫗	㫗[上賜下]	2	[縠續/縠祿]	卷六侯部
300	㫗	㫗[㫗味]	2	[酒厚味]、[渥霑/厚渥]、[久漬]、[漬肉]、[山陵之厚/厚大]→[豐大]、[厚怒聲]、[衣物饒]、[張弩]、[夠多]、[大腹]→[腹下肥]、[鳥肥大]、[鴻鵠]→[鶴]、[大赤]	卷六侯部
300	㫗	縠[縠祿]	3	[祿福]	卷六侯部
300	㫗	厚[厚大]	3	[洚水/洪大]→[水不遵道]	卷六侯部
300	㫗	隆[豐大]	3	[雲气起]→[雲興貌]→[炏气上出]	卷六侯部
300	㫗	腴[腹下肥]	3	[鼉醜鲎垂腴]	卷六侯部
300	㫗	絳[大赤]	3	[帛赤白色]、[日出之赤]	卷六侯部
300	㫗	洪[洚水]	4	[訌潰]	卷六侯部
300	㫗	洚[水不遵道]	4	[蝃蝀]	卷六侯部
300	㫗	泱[雲气起]	4	[濁酒]、[坱塵]、[坲塵]	卷六侯部
300	㫗	縠[日出之赤]	4	[玉小赤]、[馬赤白雜毛]、[鰕魵]、[赧赤]→[霞赤]	卷六侯部
301	瓜	瓜[本不勝末]	1	[本不勝末]	卷六侯部
302	后	后[繼體君]	1	[繼體君]→[無父]→[㝅乳/子]	卷六侯部
302	后	后[繼體君]	2	[後卻]、[犬未成豪]→[犬子]→[少犬]、[羊子]→[幼麋]、[木少盛]、[小豚]、[牛子]、[馬駒]、[鳥子]、[射侯]	卷六侯部

目次	條目	孳乳義項	層級	字頭義項	卷數
302	后	矦[射矦]	3	[㑦人]、[寓寄]、[母猴]→[猴夒]→[猶玃]	卷六侯部
302	后	禺[母猴]	4	[大頭]	卷六侯部
302	后	顒[大頭]	5	[頌貌]、[愚戇]→[佝瞀]→[惷愚]	卷六侯部
303	斗	斗[十升/斗絕]	1	[十升/斗絕]	卷六侯部
303	斗	斗[十升]	2	[枓勺]、[十龠]、[十斗]、[斞量]、[木方受六升]、[相易物俱等]、[平斗斛]	卷六侯部
303	斗	斗[斗絕]	2	[卓高]	卷六侯部
303	斗	卓[卓高]	3	[特止/卓立]、[趠遠]、[逴遠]、[倬大]、[卲高]	卷六侯部
304	鬥	鬥[爭鬥]	1	[爭鬥]	卷六侯部
304	鬥	鬥[爭鬥]	2	[犬相得而鬥]、[鬬遇]、[椎擊物]、[椓擊]、[繇擊]、[投擿]、[斲斫]、[丮擣]、[痛病]→[俑痛]	卷六侯部
304	鬥	椓[椓擊]	3	[啄食]	卷六侯部
304	鬥	撞[丮擣]	3	[陷陣車]	卷六侯部
304	鬥	痛[痛病]	3	[恫痛/呻吟]、[痛怨]	卷六侯部
304	鬥	啄[啄食]	4	[鳥口]→[噣口]、[雕𪇰]、[鷲雕]	卷六侯部
305	豆	豆[食肉器/正立]	1	[食肉器/正立]	卷六侯部
305	豆	豆[食肉器]	2	[木豆]→[瓦豆]	卷六侯部
305	豆	豆[正立]	2	[侸立]、[尌立]、[堅立/豎子]、[陳樂立而上見]	卷六侯部
305	豆	登[瓦豆]	3	[鐙錠/膏鐙]	卷六侯部
305	豆	侸[侸立]	3	[馬立]、[柱楹]、[樹木]	卷六侯部
305	豆	豎[豎子]	3	[有罪爲奴]、[未冠]、[孺子]	卷六侯部
305	豆	壴[陳樂立而上見]	3	[擊鼓]、[樂鐘]、[重厚]、[充長/充高/充滿]、[尊祖廟]、[崇高]	卷六侯部
305	豆	樹[樹木]	4	[穜蓺]→[埱穜]	卷六侯部
305	豆	僮[未冠]	4	[無髮]	卷六侯部
305	豆	鐘[樂鐘]	4	[鏞鐘]、[鐲鉦]→[鐸鈴]→[鐃鉦]	卷六侯部
305	豆	重[重厚]	4	[增益]、[憧遲]	卷六侯部

目次	條目	孳乳義項	層級	字頭義項	卷數
305	豆	充[充滿]	4	[兼有]	卷六侯部
305	豆	崇[崇高]	4	[尊居]	卷六侯部
306	鋀	鋀[酒器]	1	[酒器]→[大尊/鍾聚]	卷六侯部
307	、	、[句逗/孑特/柱距]	1	[句逗/孑特/柱距]	卷六侯部
307	、	、[句逗]	2	[誦書]→[誦諷]、[讀書]	卷六侯部
307	、	、[孑特]	2	[犬相得而鬥]、[宗廟主祏]	卷六侯部
307	、	、[柱距]	2	[相與語唾而不受]	卷六侯部
308	主	主[鐙中火主]	1	[鐙中火主]→[庭燎大燭]	卷六侯部
308	主	主[鐙中火主]	2	[鐙錠]、[所以然持火]→[火所傷/然持火]→[熮焦]→[天火]、[焯明]、[照明]、[日明]	卷六侯部
308	主	燭[庭燎大燭]	2	[然麻蒸]	卷六侯部
308	主	爨[火所傷]	3	[灼龜不兆]、[灼灸]、[面焦枯小]	卷六侯部
308	主	爨[然持火]	3	[苣火祓]	卷六侯部
308	主	裁[天火]	3	[精气感祥]	卷六侯部
309	朱	朱[赤心木]	1	[赤心木]→[松木]	卷六侯部
309	朱	朱[赤心木]	2	[絑赤]→[絀絳]→[絉赤]	卷六侯部
309	朱	松[松木]	2	[樅木]	卷六侯部
309	朱	絑[絑赤]	3	[丹飾]、[東方/日明]→[朝旦]→[早晨]→[昀明]→[昭明]	卷六侯部
309	朱	東[日明]	4	[日之出入與夜爲界]、[早敬]	卷六侯部
309	朱	昀[昀明]	4	[馬白額]	卷六侯部
309	朱	夙[早敬]	5	[持事振敬]	卷六侯部
310	亍	亍[步止/足]	1	[步止]→[逗止]→[蹢躅]→[不行]、[足]→[人足/止足]	卷六侯部

目次	條目	孳乳義項	層級	字頭義項	卷數
310	亍	亍[步止]	2	[老人行才相逮]、[孎謹]、[需待]、[頦待]	卷六侯部
310	亍	亍[足]	2	[禽獸所踐處]、[蹈踐]→[蹴躡]、[走趨]	卷六侯部
310	亍	足[人足]	2	[踵跟]	卷六侯部
310	亍	足[止足]	3	[浞濡]、[濡漬]	卷六侯部
310	亍	走[走趨]	3	[奏進]、[趣疾]、[馬疾步]、[廄御]	卷六侯部
310	亍	奏[奏進]	4	[水上人所會]	卷六侯部
310	亍	趣[趣疾]	4	[促迫]	卷六侯部
311	豖	豖[豖絆足]	1	[豖絆足]	卷六侯部
311	豖	豖[豖絆足]	2	[絆前兩足]、[捉搤]、[絝上]	卷六侯部
312	馵	馵[馬後左足白]	1	[馬後左足白]	卷六侯部
313	彔	彔[刻木/記錄/束約]	1	[刻木/記錄/束約]	卷六侯部
313	彔	彔[刻木]	2	[剛鐵]、[治玉]	卷六侯部
313	彔	彔[記錄]	2	[數計]、[書版]	卷六侯部
313	彔	彔[束約]	2	[縷綫/束]、[摟曳/牽]→[束縛捽抴]、[罜麗]、[簍笱]、[罿罬]、[絡絮/緜絡]、[生革可以爲縷束]、[杯客]、[行謹逯逯]、[目睞謹]、[隨從]、[婁務]、[僂疕]、[曲脊行]	卷六侯部
313	彔	琱[治玉]	3	[琢文]	卷六侯部
313	彔	僂[僂疕]	3	[陒陜]	卷六侯部
313	彔	彫[琢文]	4	[畫弓]	卷六侯部
313	彔	陋[陒陜]	4	[無禮居]	卷六侯部
314	鹿	鹿[鹿/守山林之官]	1	[鹿/守山林之官]	卷六侯部
314	鹿	鹿[守山林之官]	2	[守山林吏/林屬於山]	卷六侯部
315	几	几[鳥短	1	[鳥短羽]→[水鳥]→[舒鳧]	卷六侯部

目次	條目	孳乳義項	層級	字頭義項	卷數
		羽/短/鈍]			
315	几	几[短]	2	[不長]、[裋褕]、[短衣]、[衹裯]、[焦僥]、[木根]→[檮柮]	卷六侯部
315	几	几[鈍]	2	[錭鈍]、[馬行頓遲]、[殳杸]	卷六侯部
315	几	殳[殳杸]	3	[手推]→[築擣]、[毆擊]、[引擊]→[炈擊]→[抌擊]	卷六侯部
315	几	擣[手推]	4	[擣米]	卷六侯部
315	几	舂[擣米]	5	[舂去麥皮]、[糲米一舂爲九斗/舂]、[舂已復擣]	卷六侯部
316	蜀	蜀[葵中蠶]	1	[葵中蠶]	卷六侯部
316	蜀	蜀[葵中蠶]	2	[任絲蟲]、[南蠻賦]→[賨寶]→[夷人以財贖罪]	卷六侯部
317	丵	丵[叢生艸]	1	[叢生艸]→[叢聚]→[艸叢生貌]→[陳艸復生]→[艸茸茸貌]	卷六侯部
317	丵	丵[叢生艸]	2	[藪澤]	卷六侯部
317	丵	叢[叢聚]	2	[聚會]、[冣積]、[矢鏃]	卷六侯部
317	丵	蓐[陳艸復生]	2	[行蠶蓐]、[薅器]、[檷斫]	卷六侯部
317	丵	聚[聚會]	3	[積土]、[聚謀]	卷六侯部
317	丵	族[矢鏃]	3	[鏃利]→[鏉利]	卷六侯部
317	丵	蔟[行蠶蓐]	3	[繁采色]、[縟采色]	卷六侯部
317	丵	槈[薅器]	3	[刈艸]、[木薪]	卷六侯部
317	丵	堅[積土]	4	[琮玉/堅]	卷六侯部
317	丵	芻[刈艸]	4	[以芻莖養牛]	卷六侯部
318	丩	丩[丩卪/卯宰/卪高]	1	[丩卪/卯宰/卪高]	卷六侯部
318	丩	丩[卯宰]	2	[捕取]	卷六侯部
318	丩	丩[卪高]	2	[陬隅]	卷六侯部
318	丩	取[捕取]	3	[殊死]、[誅討]→[討治]、[取婦]	卷六侯部

目次	條目	孳乳義項	層級	字頭義項	卷數
319	卜	卜［灼剥龜］	1	［灼剥龜］	卷六侯部
319	卜	卜［灼剥龜］	2	［剥裂］→［剖判］、［爆灼］、［火飛］、［赴趨］、［疾有所趨/暴客］、［蟲疾］→［嘌疾］→［慓疾］→［僄輕］→［嫖輕］→［輕行］、［犬走貌/去疾貌］	卷六侯部
319	卜	剥［剥裂］	3	［木皮］	卷六侯部
319	卜	暴［暴客］	3	［勡劫］→［攴擊］→［摽擊］→［撲挨］	卷六侯部
319	卜	蟲［蟲疾］	3	［回風］、［扶搖風］、［疾雨］	卷六侯部
319	卜	攴［攴擊］	4	［棓棁］、［雨夊］	卷六侯部
319	卜	飄［回風］	4	［旌旗飛揚貌］、［旌旗旚繇］	卷六侯部
320	木	木［樹木/冠冃］	1	［樹木/冠冃］	卷六侯部
320	木	木［樹木］	2	［木素］	卷六侯部
320	木	木［冠冃］	2	［髳髺］、［濯髮］	卷六侯部
321	厈	厈［厈持］	1	［厈持］→［戟持］→［搤持］→［匊持］	卷六侯部
321	厈	厈［厈持］	2	［兩手盛］、［鞠撮］、［鈙持］、［急持衣裣］→［脅持］→［拈撫］、［持弩柎］	卷六侯部
321	厈	拑［脅持］	3	［箝籋］、［以鐵有所劫束］	卷六侯部
321	厈	拈［拈撫］	3	［鐵銸］→［銸鉆］	卷六侯部
321	厈	箝［箝籋］	4	［揉箭箝］	卷六侯部
321	厈	籋［箝籋］	4	［下取物縮藏之］、［引持］、［并持］	卷六侯部
321	厈	鉗［以鐵有所劫束］	4	［翹箎］	卷六侯部
321	厈	矯［揉箭箝］	5	［蟹螯］、［蟜蟲］	卷六侯部
322	工	工［巧飾/規榘］	1	［巧飾］→［竘匠/巧］→［巧技］→［媄巧］	卷六東部
322	工	工［巧飾］	2	［頌貌］、［攻擊/攻治/攻堅］→［敂擊］→［攷敂］	卷六東部
322	工	工［規榘］	2	［均直］、［牀前横木/杠直/徒杠］→［水梁］→［水上横木］、［棋檝］	卷六東部
322	工	攻［攻擊］	3	［捶擊物］、［從上擊下］、［擊頭］、［横擿］、［敲擊］、	卷六東部

目次	條目	孳乳義項	層級	字頭義項	卷數
				[旁擊]	
322	工	攻[攻治]	3	[功成/攻]、[以韋束]	卷六東部
322	工	攻[攻堅]	3	[礊石]、[堅不可拔]、[墽磽]、[鶩田]	卷六東部
322	工	毆[捶擊物]	4	[馬馳/驅馬]	卷六東部
322	工	确[礊石]	4	[水邊石]	卷六東部
323	収	収[竦手]	1	[竦手]	卷六東部
323	収	収[竦手]	2	[斂手]、[巩褱]、[攤褱]、[竦敬]、[奉承]→[付與]→[物落上下相付]→[拋棄]、[瀆僕]	卷六東部
323	収	拱[斂手]	3	[兩手共同械]、[恭肅]→[龔愨]→[愨謹]	卷六東部
323	収	竦[竦敬]	3	[愯懼]	卷六東部
323	収	奉[奉承]	3	[佩刀上飾]→[刀握]、[闌足]	卷六東部
323	収	付[付與]	3	[符信/付]	卷六東部
323	収	拋[拋棄]	3	[拋石]	卷六東部
323	収	菐[瀆菐]	3	[給事者/僕附]、[行㞒㞒/煩瀆]	卷六東部
323	収	愯[愯懼]	4	[慫驚]	卷六東部
323	収	符[符信]	4	[㫐治]	卷六東部
323	収	僕[僕附]	4	[拊揗]	卷六東部
324	共	共[共同]	1	[共同]→[橫關對舉]→[共置]	卷六東部
324	共	共[共同]	2	[供設/供給]→[龔給]、[平分/父]、[貢獻]→[贛賜]→[餉田]→[給足]、[可施行]、[庸用/庸衆]、[鄉道]→[里中道]	卷六東部
324	共	具[共置]	2	[俱偕]、[舉食者]、[亯用]、[玩弄]	卷六東部
324	共	公[平分]	3	[志及衆]、[訟爭]→[詾訟]	卷六東部
324	共	公[父]	3	[鳥父]、[牡羊]、[牡豕]→[㚇豕]	卷六東部
324	共	庸[庸衆]	3	[宂散]	卷六東部
324	共	䢼[鄉道]	3	[里中門]、[巷門]	卷六東部
324	共	訟[訟爭]	4	[獄訟]	卷六東部
325	䧹	䧹[城䧹之重]	1	[城䧹之重]→[城垣]	卷六東部

目次	條目	孳乳義項	層級	字頭義項	卷數
325	亯	亯[城亯之重]	2	[宮室]→[宋居]	卷六東部
325	亯	宋[宋居]	3	[寑臥/宮]→[宿止/居]	卷六東部
325	亯	寑[寑臥]	4	[病臥]、[枕頭]、[竹席]	卷六東部
326	凶	凶[凶惡/地穿]	1	[凶惡/地穿]	卷六東部
326	凶	凶[凶惡]	2	[擾恐]→[恐懼]→[戰栗]、[咎災/惡]、[怨仇]	卷六東部
326	凶	凶[地穿]	2	[小阱]、[坎中小坎]、[陷入]	卷六東部
327	从	从[相聽]	1	[相聽]→[隨從]	卷六東部
327	从	从[相聽]	2	[隨行/直]	卷六東部
327	从	䌛[隨從]	2	[行䌛徑]、[弓便利]、[開閉門利]、[輕車/輕]、[浸淫]、[冘行]→[散逕]→[趙行]→[趨行]、[私逸]	卷六東部
327	从	從[隨行]	3	[踵追]、[相迹]、[逐追]、[車迹]	卷六東部
327	从	從[直]	3	[縱緩/直]	卷六東部
327	从	縱[縱緩]	4	[縮亂/直]	卷六東部
328	囱	囱[屋囱/通孔/深入]	1	[屋囱/通孔]→[通孔]→[竈突/深]→[樓上戶]→[房室之疏]→[楯閒子]→[竂穿]→[婁空]→[屋麗廔]	卷六東部
328	囱	囱[屋囱]	2	[北地高樓無屋者]	卷六東部
328	囱	囱[通孔]	2	[舉土器/笭]→[竹籠]→[大篝]→[筤籃]→[宗廟盛肉器]→[籯笭]、[聰察]、[蔥菜]→[染青艸]	卷六東部
328	囱	囱[深入]	2	[大鑿中木]→[穿木]	卷六東部
328	囱	突[竈突]	2	[炊竈]	卷六東部
328	囱	突[深]	2	[杳窱]→[窵窅]→[深肆極]、[旁深]、[涉水/深]→[湛沒]→[浮行水上/沒]、[遠取]→[撢探]、[罙求]、[繹理/長]、[深視]、[深擊]、[深諫]	卷六東部
328	囱	櫺[楯閒子]	2	[車輪間横木]	卷六東部
328	囱	廔[屋麗廔]	2	[重屋]	卷六東部
328	囱	增[北地高樓無屋	3	[重屋]	卷六東部

目次	條目	孳乳義項	層級	字頭義項	卷數
		者]			
328	囪	蔥[蔥菜]	3	[帛青色]、[馬青白雜毛]、[帛青黄色]、[金色/綠色]	卷六東部
328	囪	竈[炊竈]	3	[行竈]	卷六東部
328	囪	瞕[深視]	3	[視近而志遠]、[内視]	卷六東部
329	丰	丰[艸盛]	1	[艸盛]→[苞本]→[樸聚]	卷六東部
329	丰	丰[艸盛]	2	[豐滿]→[盛器滿貌]、[石大/豐]、[高屋/充實]→[大屋]、[以土培樹]→[坿益]	卷六東部
329	丰	封[以土培樹]	3	[邦國]、[墣甴]、[附婁]、[培敦]、[重土/滿]	卷六東部
330	丂	丂[气出有礙/气舒出]	1	[气出有礙]→[語未定貌]→[吟呻]→[唸吚]→[囑呻]	卷七幽部
330	丂	丂[气出有礙]	2	[下徹聲]、[口閉]、[堅持意口閉]、[不能言]、[鼻窒]	卷七幽部
330	丂	丂[气舒出]	2	[气行貌]、[音聲]、[痛聲]、[號嘑]→[謕號]、[嗥咆]、[唬聲]、[恚呼]、[嘵懼]、[歊歌]、[嗷呼]、[痛呼]、[嗚聲]、[衆口愁]、[哭不止]、[謳聲]、[气升貌]、[語已詞]、[飽食息]、[吹气]、[屰气]、[譆痛]、[可惡之詞]、[欸訾]、[唉應]→[應當]→[聽言]、[哀聲]、[欨吹]、[齊歌]、[言意]、[气出貌]、[高气]、[叫呼]、[高聲]、[徒歌]、[告人]→[誥告]→[諭告]、[急告之甚]、[虎鳴]、[鹿鳴]、[念思]、[嫗母/煦嫗]→[姁嫗]→[母老稱]	卷七幽部
330	丂	噤[口閉]	3	[㪅塞]	卷七幽部
330	丂	音[音聲]	3	[意志]	卷七幽部
330	丂	嗥[嗥咆]	3	[豕驚聲]	卷七幽部
330	丂	應[應當]	3	[膺匈]→[匈肉]	卷七幽部
330	丂	嫗[煦嫗]	3	[痛聲]	卷七幽部
330	丂	媪[母老稱]	3	[威姑]	卷七幽部
331	丑	丑[叉手/動]	1	[叉手/治事]→[攪亂]、[叉手]→[獸足/蹂地]→[罵犍]→[守備者]→[走獸總名]→[有足蟲]、[動]→[俶作]→[早敬]	卷七幽部

目次	條目	孳乳義項	層級	字頭義項	卷數
331	丑	丑[叉手]	2	[手之疌巧]、[雜飯]、[紐系/結而可解]、[杽械]、[梏械]	卷七幽部
331	丑	丑[動]	2	[犬性忕/習]、[母猴]、[擾煩]→[妯動]	卷七幽部
331	丑	臼[治事]	2	[覺悟]、[覺寤]	卷七幽部
331	丑	内[蹂地]	2	[蹦蹈]、[車徹]	卷七幽部
331	丑	獸[守備者]	2	[田畜]、[牛柔謹]、[火田]、[食肉]、[進獻]	卷七幽部
331	丑	肀[手之疌巧]	3	[疌疾]→[居之速]→[飛之疾]、[鳥數飛]	卷七幽部
331	丑	紐[紐系]	3	[綺紐]、[印鼻]	卷七幽部
331	丑	狃[犬性忕]	3	[徠復]	卷七幽部
331	丑	擾[擾煩]	3	[獿狻]	卷七幽部
331	丑	蹦[蹦蹈]	3	[輮轢]、[機下足所履者]→[絡絲柎]	卷七幽部
331	丑	畜[田畜]	3	[蓄積]	卷七幽部
331	丑	習[鳥數飛]	4	[媟嬻]、[犬可習]	卷七幽部
331	丑	繻[綺紐]	4	[繫連]	卷七幽部
332	手	手[手拳/手持]	1	[手拳/手持]	卷七幽部
332	手	手[手拳]	2	[臂節]	卷七幽部
332	手	手[手持]	2	[守官/堅持/循行]	卷七幽部
332	手	守[堅持]	3	[守邊]	卷七幽部
332	手	守[循行]	3	[夜戒守有所擊]、[夜戒守鼓]	卷七幽部
333	叉	叉[手足甲]	1	[手足甲]	卷七幽部
333	叉	叉[手足甲]	2	[搔刮/創]、[車蓋玉瑵]、[齧人跳蟲]	卷七幽部
333	叉	搔[搔刮]	3	[擾摩馬/擾動]→[搔馬]	卷七幽部
333	叉	搔[創]	3	[瘙疥]、[敗創]、[痔瘡]	卷七幽部
333	叉	騷[擾動]	4	[慅動]	卷七幽部

目次	條目	孳乳義項	層級	字頭義項	卷數
334	九	九[屈曲究盡/九]	1	[屈曲究盡]→[究窮]→[竆窮]→[趜窮]→[窮極]→[貧病]	卷七幽部
334	九	九[屈曲究盡]	2	[尯迫]、[水醮]、[尻脾]、[遠荒]	卷七幽部
334	九	九[九]	2	[九達道]、[鞠華]	卷七幽部
334	九	究[究窮]	2	[窮理罪人]	卷七幽部
334	九	尯[尯迫]	3	[厬笮]	卷七幽部
334	九	厬[厬笮]	4	[壓壞/塞補]、[一指按]	卷七幽部
335	裘	裘[皮衣/毛丸/斂聚]	1	[皮衣/毛丸/斂聚]	卷七幽部
335	裘	裘[毛丸]	2	[蹋鞠]→[鞠丸]、[朩椒實裏如裘]、[櫟實]	卷七幽部
335	裘	裘[斂聚]	2	[逑聚]	卷七幽部
335	裘	逑[逑聚]	3	[以財物枉法相謝]	卷七幽部
336	臼	臼[臼舂]	1	[臼舂]	卷七幽部
336	臼	臼[臼舂]	2	[舂糗]、[老人齒如臼]	卷七幽部
336	臼	臭[舂糗]	3	[熬米麥]	卷七幽部
337	韭	韭[韭菜]	1	[韭菜]	卷七幽部
338	ㄐ	ㄐ[相糾繚/ㄐ起]	1	[相糾繚/ㄐ起]	卷七幽部
338	ㄐ	ㄐ[相糾繚]	2	[艸之相ㄐ]、[高木/木下句]→[下句]、[角貌/角曲中]、[繩三合]、[縛殺]→[經繆殺]、[絞殺]、[枲之十絜/綢繆/繆妄]、[捕罪人]→[鬥取]、[揉屈]、[腹中急痛]、[膠昵]、[蠍蟉]、[龍子有角者]	卷七幽部
338	ㄐ	ㄐ[ㄐ起]	2	[竦身]、[翕起]、[所以支鬲者]	卷七幽部
338	ㄐ	朻[木下句]	3	[稽稛而止]	卷七幽部
338	ㄐ	糾[繩三合]	3	[勼聚]、[鳥羣居者/鶻鳩]、[馬舍/聚]、[仇讎/仇敵]、[纏繩絇]、[刀劍緱]、[摳繑]、[纍約]、[衣系]、[交衽]→[衣袍]	卷七幽部
338	ㄐ	繆[繆妄]	3	[狂者之妄言]、[誇語]	卷七幽部
338	ㄐ	收[捕罪	3	[牽馬]→[控引]	卷七幽部

目次	條目	孳乳義項	層級	字頭義項	卷數
		人]			
338	丩	句[句聚]	4	[合口/對]	卷七幽部
338	丩	鳩[鶻鳩]	4	[鴿鳩]	卷七幽部
338	丩	仇[仇讎]	4	[嫪婟]、[畜父]、[牝鹿]	卷七幽部
338	丩	仇[仇敵]	4	[怨仇]、[咎毀]	卷七幽部
338	丩	扣[牽馬]	4	[揄引]	卷七幽部
338	丩	合[合口]	5	[合會]、[匌帀]、[佮合]、[詥諧]、[大合祭]	卷七幽部
339	幺	幺[束絲/幺小/子初生]	1	[幺小]→[丝微]	卷七幽部
339	幺	幺[子初生]	2	[繼體君]、[幼少/冥暗]、[木少盛貌]	卷七幽部
339	幺	幼[冥暗]	3	[幽隱]	卷七幽部
339	幺	幽[幽隱]	4	[杳冥]、[窅冥]、[望遠合]、[窔深]、[窈深]、[微青黑色]→[深黑]→[果實黑]→[中黑]→[青黑色]→[雖皙而黑]→[小黑]→[淺青黑色]→[桑葚之黑]、[雲覆日]、[日無光]→[不明]、[幽溼]→[浥溼]→[洽霑]→[澤多]、[惪愁]→[悠惪]	卷七幽部
339	幺	侌[雲覆日]	5	[陰闇]、[艸陰地]、[罯覆]	卷七幽部
339	幺	瀀[澤多]	5	[溉灌]→[澆渶]→[渥灌]	卷七幽部
339	幺	惪[惪愁]	5	[惪貌]、[愁貌]、[不安]、[惪困]、[無聲出涕]	卷七幽部
340	丣	丣[閉門]	1	[閉門]→[闔閉]→[闔閉門者]	卷七幽部
340	丣	丣[閉門]	2	[留止]、[息止]、[窌窖/盛穀]→[地藏]→[地室]、[穀所振入]、[奅大]、[無聞]→[生而聾]→[聹聾]	卷七幽部
340	丣	窌[盛穀]	3	[水漕倉]	卷七幽部
340	丣	聾[無聞]	4	[耳鳴]	卷七幽部
341	酉	酉[酉酒/成就]	1	[酉酒]→[繹酒/終]→[三重醇酒]→[汁滓酒]	卷七幽部
341	酉	酉[酉酒]	2	[束茅莤酒]、[酒滓]、[飲歠]、[不澆酒]→[重釀酒]→[厚酒]	卷七幽部
341	酉	酉[成就]	2	[𩚬飌]→[食飪]→[飌食]→[飯气蒸]→[大飌]→	卷七幽部

目次	條目	孳乳義項	層級	字頭義項	卷數
				[腼爛]→[丸之䵚]→[䵚鞠]、[考老]→[壽考]→[叟老]→[僧終]	
341	酉	酒[酉酒]	2	[畝酒]→[畝歠]	卷七幽部
341	酉	酋[終]	2	[四時盡]	卷七幽部
341	酉	䵚[食飪]	3	[告曉之䵚]、[穀䵚]→[禾穀䵚]、[䵚肉醬]	卷七幽部
341	酉	醇[不澆酒]	3	[懥厚]、[筥厚]、[竺厚]	卷七幽部
341	酉	考[考老]	3	[脙臞]→[少肉]→[腊臞]、[歾腐/臭]、[木枯]、[久屋朽木]、[齒蠹/齒朽]、[年九十]、[舅老]	卷七幽部
341	酉	老[考老]	3	[善事父母]	卷七幽部
341	酉	壽[壽考]	3	[獻酬/上壽]、[瘦臞]	卷七幽部
341	酉	叟[叟老]	3	[兄妻]	卷七幽部
341	酉	冬[四時盡]	3	[涷仌]→[半傷]	卷七幽部
341	酉	酬[上壽]	4	[告事求福]	卷七幽部
341	酉	歾[歾腐]	4	[匱棺]	卷七幽部
341	酉	歾[臭]	4	[禽走臭]→[以鼻就臭]、[腐气]	卷七幽部
341	酉	槀[木枯]	4	[死人里]	卷七幽部
341	酉	齵[齒朽]	4	[牛羊無子]	卷七幽部
341	酉	孝[善事父母]	4	[媼媢]	卷七幽部
341	酉	禱[告事求福]	5	[祭主贊詞者]→[祝褶]→[詶詶]→[譸詶]→[詛詶]→[禱牲馬祭]	卷七幽部
341	酉	殠[腐气]	5	[蕕艸]	卷七幽部
342	𢎘	𢎘[木生條]	1	[木生條]→[小枝]	卷七幽部
342	𢎘	𢎘[木生條]	2	[艸盛皃]、[小竹]、[育生]、[胄胤]、[擂引]→[搐引]→[擢引]	卷七幽部
342	𢎘	蘨[艸盛皃]	3	[艸木華甬甬然]	卷七幽部
342	𢎘	擂[擂引]	3	[瘛瘲]、[繹繭爲絲]、[輈轅]	卷七幽部

目次	條目	孳乳義項	層級	字頭義項	卷數
342	𠳋	瘛[瘛瘲]	4	[引縱]、[狂犬]	卷七幽部
343	竹	竹[竹子]	1	[竹子]	卷七幽部
343	竹	竹[竹子]	2	[篸差]、[壺矢]、[七孔筩]、[参差管樂]、[吹筩]、[樂之竹管三孔以和衆聲]、[小籟]、[以竿擊人]、[竹曲五弦之樂]	卷七幽部
344	卣	卣[艸木實垂]	1	[艸木實垂]→[不榮而實]	卷七幽部
344	卣	卣[艸木實垂]	2	[嘉穀實]→[糶穀]、[禾危采]、[樹榣貌]、[樹動]、[搖動]→[動搈]→[摵搖]、[褎袂/長]	卷七幽部
344	卣	糶[糶穀]	3	[市穀]、[出穀]	卷七幽部
344	卣	柖[樹榣貌]	3	[掉搖]	卷七幽部
344	卣	搈[動搈]	3	[不安]	卷七幽部
344	卣	掉[掉搖]	4	[舟擢]	卷七幽部
345	畼	畼[耕治之田]	1	[耕治之田]→[初耕之田]	卷七幽部
345	畼	畼[耕治之田]	2	[燒種]、[稻田中畦埒]	卷七幽部
345	畼	畽[燒種]	3	[拔去田艸]	卷七幽部
346	舟	舟[舟船/下承]	1	[舟船]→[船總名]	卷七幽部
346	舟	舟[舟船]	2	[舳艫/船尾]、[船行]、[水轉轂]	卷七幽部
346	舟	舟[下承]	2	[相付]→[承受]	卷七幽部
346	舟	舳[船尾]	3	[持輪]	卷七幽部
346	舟	受[相付]	3	[授予]	卷七幽部
346	舟	軸[持輪]	4	[委輪]	卷七幽部
347	州	州[水中可居者]	1	[水中可居者]	卷七幽部
347	州	州[水中可居者]	2	[小州]、[小渚]、[小沚]、[海中往往有山可依止]、[壔保/土堡]	卷七幽部
347	州	渚[小州]	3	[水中高者]	卷七幽部
347	州	壔[土堡]	3	[再成丘]	卷七幽部

目次	條目	孳乳義項	層級	字頭義項	卷數
348	百	百[百頭/覆首/覆上/主領/百始]	1	[百頭]→[頭首]	卷七幽部
348	百	百[覆首]	2	[兜鍪]、[翳翳]→[幬翳]→[羽葆幢]、[負戴器]	卷七幽部
348	百	百[覆上]	2	[幬帳]→[帳極]→[合會]、[舟與所極覆/棟梁]→[棟極]→[屋霤]	卷七幽部
348	百	百[主領]	2	[所行道]→[通道]→[通衢]	卷七幽部
348	百	百[百始]	2	[俶始]、[气出於土/始]、[欒木椌]	卷七幽部
348	百	頭[頭首]	2	[髑髏]→[頊顱]、[首鎧]	卷七幽部
348	百	幬[幬翳]	3	[雝蔽]、[覆鳥令不得飛走]、[捕魚器]→[烝然罩罩]→[寡婦之笱]	卷七幽部
348	百	甾[負戴器]	3	[桙雙]	卷七幽部
348	百	同[合會]	3	[詷共]、[侗大]	卷七幽部
348	百	霤[屋霤]	3	[中庭]	卷七幽部
348	百	道[所行道]	3	[導引]、[迪道]、[馳馬洞去]→[馬行貌]	卷七幽部
348	百	顱[頊顱]	3	[舳艫/船頭]	卷七幽部
348	百	詷[詷共]	4	[調和]	卷七幽部
348	百	駋[馬行貌]	4	[行油油]、[行平易]	卷七幽部
349	尗	尗[尗豆]	1	[尗豆]	卷七幽部
349	尗	尗[尗豆]	2	[小尗]	卷七幽部
350	肉	肉[胾肉/柔]	1	[胾肉]→[嘉善肉]	卷七幽部
350	肉	肉[柔]	2	[面和]	卷七幽部
350	肉	脜[面和]	3	[木曲直]→[粱弱]	卷七幽部
350	肉	柔[木曲直]	4	[屈申木]、[鐵耎]、[革耎]、[和田]	卷七幽部
350	肉	粱[粱弱]	4	[下齎]	卷七幽部
351	六	六[穹隆]	1	[穹隆]	卷七幽部

目次	條目	孳乳義項	層級	字頭義項	卷數
351	六	六[穹隆]	2	[土凷坴坴]、[高平地]、[大自]	卷七幽部
352	雔	雔[雙鳥]	1	[雙鳥]→[隹二枚]	卷七幽部
352	雔	雔[雙鳥]	2	[讎應/讎匹]	卷七幽部
352	雔	讎[讎匹]	3	[獄兩曹]、[遭遇]、[召評]、[手評]	卷七幽部
352	雔	召[召評]	4	[詔告]	卷七幽部
353	艸	艸[百芔]	1	[百芔]	卷七幽部
353	艸	艸[百芔]	2	[艸薪]、[散木]	卷七幽部
354	牟	牟[牛鳴]	1	[牛鳴]	卷七幽部
354	牟	牟[牛鳴]	2	[咆嗥]、[大呼自冤]	卷七幽部
355	矛	矛[酋矛]	1	[酋矛]→[擊刺]	卷七幽部
355	矛	矛[酋矛]	2	[夆啎]	卷七幽部
355	矛	夆[夆啎]	3	[逢遇]、[兵耑]、[蓬蒿]、[不繇]、[亂馳]、[犯侵]	卷七幽部
355	矛	鏠[兵耑]	4	[螫人飛蟲]、[以鍼紩衣]	卷七幽部
355	矛	犯[犯侵]	4	[範軷]	卷七幽部
356	勹	勹[勹裹]	1	[勹裹/懷抱/覆抱/包盛/衣袍/飽足/外殼]	卷七幽部
356	勹	勹[勹裹]	2	[包妊]、[卵孚/化生/爪摩/憑伏]、[兒生裹]、[旁光]、[面生气]	卷七幽部
356	勹	勹[懷抱]	2	[褒褎]、[保養]、[小兒衣]	卷七幽部
356	勹	勹[覆抱]	2	[勼覆]、[宲藏]→[府藏]、[寶珍]、[郛郭]	卷七幽部
356	勹	勹[包盛]	2	[匏瓠]→[瓢蠡]、[杯匴]	卷七幽部
356	勹	勹[衣袍]	2	[袍襺]、[衣博裾]	卷七幽部
356	勹	勹[飽足]	2	[飽猒]→[醉飽]、[馬飽]、[庖廚]	卷七幽部
356	勹	勹[外殼]	2	[稃稽]	卷七幽部
356	勹	孚[化生]	3	[八風]	卷七幽部
356	勹	孚[爪摩]	3	[引取]、[掊杷]、[手行]	卷七幽部
356	勹	孚[憑伏]	3	[伏地]、[伏司]、[車絥]、[依几]、[俛病]	卷七幽部
356	勹	宲[宲藏]	3	[車笭間皮匧]、[弩矢箙]、[囊張大貌]	卷七幽部
356	勹	風[八風]	4	[扶搖風]、[回風]	卷七幽部
356	勹	捊[引取]	4	[軍所獲]、[箏筵]	卷七幽部

目次	條目	孳乳義項	層級	字頭義項	卷數
356	勹	伏[伏司]	4	[車伏兔]	卷七幽部
356	勹	箙[弩矢箙]	4	[所以覆矢]	卷七幽部
357	缶	缶[瓦器]	1	[瓦器]→[小缶]	卷七幽部
357	缶	缶[瓦器]	2	[未燒瓦器]→[瓦未燒]	卷七幽部
357	缶	䍃[瓦器]	2	[燒瓦窯竈]	卷七幽部
357	缶	䍣[小缶]	2	[瓿甂]	卷七幽部
357	缶	坏[瓦未燒]	3	[婦孕一月]	卷七幽部
358	卯	卯[開門]	1	[開門]	卷七幽部
358	卯	卯[開門]	2	[貿易]	卷七幽部
359	冃	冃[重覆]	1	[重覆]→[冡覆/欺冡]	卷七幽部
359	冃	冃[重覆]	2	[霚气]、[霿晦]、[微雨]→[小雨]、[犬多毛]、[蘿瘗]	卷七幽部
359	冃	冡[冡覆]	2	[蓋衣]、[童矇]、[冡而前]、[甍棟]→[宋棟]	卷七幽部
359	冃	冡[欺冡]	2	[謾欺]	卷七幽部
359	冃	霿[霿晦]	3	[風而雨土]、[月盡/晦冥]	卷七幽部
359	冃	尨[犬多毛]	3	[白黑雜毛牛]	卷七幽部
359	冃	幏[蓋衣]	3	[塗塗]	卷七幽部
359	冃	矇[童矇]	3	[目少精]、[氐目謹視]→[氐目視]	卷七幽部
359	冃	冒[冡而前]	3	[突前]	卷七幽部
359	冃	晦[晦冥]	4	[火所熏之色]、[目不明]、[不明]	卷七幽部
359	冃	冡[突前]	4	[犬暫逐人]	卷七幽部
359	冃	黑[火所熏之色]	5	[書墨/貪墨]	卷七幽部
359	冃	夢[不明]	5	[儚惽]、[寐而覺者]	卷七幽部
359	冃	𥧾[寐而覺者]	6	[公侯殍]	卷七幽部
360	冃	冃[頭衣/	1	[頭衣/覆蓋]	卷七幽部

目次	條目	孳乳義項	層級	字頭義項	卷數
		覆蓋]			
360	冃	冃[覆蓋]	2	[玉瑁]、[門樞之横梁]	卷七幽部
361	目	目[人眼]	1	[人眼]→[目童子]	卷七幽部
361	目	目[人眼]	2	[目順]	卷七幽部
362	自	自[土山/盛多/大]	1	[土山]→[丘再成者]→[附婁]→[重土]	卷七幽部
362	自	自[盛多]	2	[衆馬]、[衆盛]、[華盛]	卷七幽部
362	自	自[大]	2	[丕大]→[嚭大]	卷七幽部
363	邕	邕[邑四方有水]	1	[邑四方有水]	卷七冬部
363	邕	邕[邑四方有水]	2	[辟廱]、[癰腫]	卷七冬部
363	邕	腫[癰腫]	3	[脛气腫]、[腫血]、[中寒腫竅]、[頸腫]→[瘤腫]	卷七冬部
363	邕	癰[癰腫]	3	[瘺痛]、[動痛]	卷七冬部
364	中	中[冊籍\中內\中央]	1	[冊籍\中內\中央]	卷七冬部
364	中	中[中內]	2	[劍衣]、[弓矢衣]、[弓衣]	卷七冬部
364	中	中[中央]	3	[裹褻衣]、[背縫]、[衣躬縫]、[仲中]	卷七冬部
365	夅	夅[夅服]	1	[夅服]	卷七冬部
365	夅	夅[夅服]	2	[降下]、[低頭]、[䌛舞]	卷七冬部
365	夅	降[降下]	3	[減損]	卷七冬部
365	夅	頜[低頭]	3	[低頭疾行]	卷七冬部
366	終	終[纏絲急/綜織]	1	[纏絲急/綜織]	卷七冬部
366	終	終[纏絲急]	2	[機縷]、[作布帛之總名]、[綢繆]、[馬紂]→[馬緧]、[絢索\急迫]、[收束]、[隿射收繳具]、[揂聚]、[迺迫]、[囚繫]、[食槽]	卷七冬部
366	終	終[綜織]	2	[緝績]、[布八十縷]、[聚束]→[束縛]、[統紀]	卷七冬部
366	終	迺[迺迫]	3	[湫然]、[愀惪]→[愁惪]→[悄惪]→[愁不安]→[惪貌]→[忡惪]	卷七冬部

目次	條目	孳乳義項	層級	字頭義項	卷數
366	終	束[束縛]	3	[皺戚]、[速疾]、[餔旋促]、[多遽悤悤]、[婡謹]	卷七冬部
366	終	慽[慽悳]	4	[敨醜]→[醜惡]→[惨惡/好]	卷七冬部
367	琴	琴[七弦琴]	1	[七弦琴]	卷七侵部
368	㐺	㐺[衆立]	1	[衆立]	卷七侵部
368	㐺	㐺[衆立]	2	[陳輿服於庭]	卷七侵部
369	亩	亩[穀所振入]	1	[穀所振入]	卷七侵部
369	亩	亩[穀所振入]	2	[賜穀]、[一米]→[粒糕]	卷七侵部
369	亩	食[一米]	3	[飤糧]、[愛濇/收穀/亩牆]→[穀可收]、[酒食]、[食所居]	卷七侵部
369	亩	嗇[收穀]	4	[稷齋]、[早穜]	卷七侵部
369	亩	嗇[亩牆]	4	[車箱交革]	卷七侵部
370	林	林[叢木]	1	[叢木]	卷七侵部
370	林	林[叢木]	2	[木多貌]、[木枝條棽儷]、[長木貌]、[艸木至南方有枝任]	卷七侵部
371	壬	壬[褱妊]	1	[褱妊]→[妊孕]→[褱子]→[生子]→[妊娠]	卷七侵部
371	壬	壬[褱妊]	2	[魚子]、[鹿麛]→[鹿子]、[木耳]→[桑萸]、[桑實]	卷七侵部
371	壬	乳[生子]	2	[孺子]、[乳汁]、[厚酒]	卷七侵部
371	壬	嬀[妊娠]	2	[雞子]	卷七侵部
371	壬	蕈[桑萸]	3	[菌宊地蕈]、[寄生艸]	卷七侵部
371	壬	湩[乳汁]	3	[瀋汁]→[汁液]、[肉汁滓]、[血醢]	卷七侵部
371	壬	醲[厚酒]	3	[露多]、[衣厚貌]、[訒厚/因就]	卷七侵部
371	壬	汁[汁液]	4	[滓澱]、[淰濁]、[涔漬]、[瀸漬]、[滓垢]、[瀸和]	卷七侵部
371	壬	訒[訒厚]	4	[毒厚]	卷七侵部
371	壬	訒[因就]	4	[仍因]→[扔因]	卷七侵部
371	壬	毒[毒厚]	5	[毒鳥]	卷七侵部
372	羊	羊[羊撖]	1	[羊撖]→[戡刺/克]→[刺内]→[抽兵刃以習刺]→[肇擊]	卷七侵部

目次	條目	孳乳義項	層級	字頭義項	卷數
372	羊	羊[羊擻]	2	[綴衣箴]、[所以縫]→[郭衣鍼]、[斬截]、[劖斷]、[剿絕]、[釗刓]、[惨毒]、[憯痛]、[任儋/傳刃]→[儋何]→[勝任]、[戎兵/相助]、[尤安樂]、[夅辠]、[譖讒]→[譖加]	卷七侵部
372	羊	戡[戡刺]	2	[或殺]→[咸滅]、[戕絕]	卷七侵部
372	羊	鍼[所以縫]	3	[緅綫]、[鐕綴]、[銳意]→[鑱銳]→[銳利]→[銳細]	卷七侵部
372	羊	任[任儋]	3	[丈夫/任]→[農耕]	卷七侵部
372	羊	戎[相助]	3	[佴佽]、[賃庸]	卷七侵部
372	羊	甚[尤安樂]	3	[媅樂]、[私逸]	卷七侵部
372	羊	譖[譖讒]	3	[僭假/不信]	卷七侵部
372	羊	鑱[鑱銳]	4	[鐵器]、[櫼楔]、[小鑿]	卷七侵部
372	羊	剡[銳利]	4	[琰圭]	卷七侵部
372	羊	媅[媅樂]	4	[樂酒]	卷七侵部
372	羊	鏨[小鑿]	5	[牘樸]	卷七侵部
373	先	先[首笄]	1	[首笄]	卷七侵部
374	三	三[三數]	1	[三數]	卷七侵部
374	三	三[三數]	2	[參星/參驗]、[三歲牛]、[駕三馬]、[旌旗之游]、[旌旗之流]、[衆多]	卷七侵部
374	三	參[參驗]	3	[審悉]	卷七侵部
374	三	游[旌旗之流]	3	[垂玉]	卷七侵部
374	三	衆[衆多]	3	[小水入大水]、[豕生三]、[衆意]	卷七侵部
374	三	宷[審悉]	4	[誠諦]	卷七侵部
374	三	諶[誠諦]	5	[訦信]	卷七侵部
375	彡	彡[毛飾畫文/飾治]	1	[飾治]→[幟拭]	卷七侵部
375	彡	彡[毛飾畫文]	2	[面毛]、[五采備]	卷七侵部
375	彡	彡[飾治]	2	[修飾]→[飾椒]、[帚糞]→[埽糞/埽飾]、[鏝鏝]	卷七侵部

目次	條目	孳乳義項	層級	字頭義項	卷數
375	彡	飾[飾馭]	3	[顔气/采色]	卷七侵部
375	彡	埽[帚糞]	3	[漸進]、[畝棄]	卷七侵部
375	彡	埽[埽飾]	3	[滌洒/艸盡]→[濯滌]→[涑滌]	卷七侵部
375	彡	侵[漸進]	4	[刈艸]	卷七侵部
375	彡	滌[滌洒]	4	[清湛]	卷七侵部
375	彡	滌[艸盡]	4	[艸旱盡]→[艸木不生]	卷七侵部
375	彡	濯[濯滌]	4	[洒手]	卷七侵部
375	彡	涑[涑滌]	4	[盪口]	卷七侵部
376	心	心[心臧/纖小]	1	[心臧/纖小]	卷七侵部
376	心	心[心臧]	2	[息喘]	卷七侵部
376	心	心[纖小]	2	[樸楸/小]	卷七侵部
376	心	息[息喘]	3	[蓄火]	卷七侵部
377	品	品[衆庶/品節]	1	[衆庶/品節]	卷七侵部
377	品	品[衆庶]	2	[冣括而言]	卷七侵部
377	品	品[品節]	2	[相次/保任]	卷七侵部
377	品	凡[冣括而言]	3	[氾濫]	卷七侵部
377	品	濫[氾濫]	4	[過差]、[泛齊行酒]	卷七侵部
378	甲	甲[甲毛/甲胄]	1	[甲胄]→[鎧鍜]	卷七緝部
378	甲	甲[甲胄]	2	[盇覆]、[奄覆]、[弇蓋]、[夰大]、[奩曆]、[疥瘙]→[痂疥]	卷七緝部
378	甲	盇[盇覆]	3	[蓋苫]→[笠蓋]、[酒器]	卷七緝部
378	甲	奄[奄覆]	3	[俺大]	卷七緝部
378	甲	弇[弇蓋]	3	[覆蓋]	卷七緝部
378	甲	夰[夰大]	3	[大圭]	卷七緝部
378	甲	簦[笠蓋]	4	[簦無柄]	卷七緝部
378	甲	榼[酒器]	4	[士無市有袷制如榼]	卷七緝部

目次	條目	孳乳義項	層級	字頭義項	卷數
379	柙	柙[柙檻]	1	[柙檻]→[檻櫳]→[牛馬牢]	卷七緝部
379	柙	柙[柙檻]	2	[門旁戶]、[開閉門]、[檢柙]、[椷臧]→[椷匧]、[匣匱]、[劍柙]、[夾持]	卷七緝部
379	柙	檻[檻櫳]	2	[閑養牛馬圈]、[木囚]	卷七緝部
379	柙	梜[檢柙]	3	[書署/檢校]	卷七緝部
379	柙	匧[椷臧]	3	[束匧]	卷七緝部
379	柙	夾[夾持]	3	[俾持]、[陜隘]、[鋏鉗]、[蛺蜨]、[俠傳]、[兼并]、[複衣]	卷七緝部
379	柙	檢[書署]	4	[尺二書]、[斂收]	卷七緝部
379	柙	檢[檢校]	4	[譣問]→[覈實]	卷七緝部
379	柙	緘[束匧]	4	[堅持意口閉]	卷七緝部
379	柙	兼[兼并]	4	[并絲繒]、[車輢上曲鉤]	卷七緝部
379	柙	斂[斂收]	5	[撿拱]、[鏡籢]	卷七緝部
379	柙	覈[覈實]	5	[徼循]	卷七緝部
379	柙	籢[鏡籢]	6	[蠻夷以木皮爲匧狀如籢尊之形]	卷七緝部
380	及	及[及逮]	1	[及逮]→[迨遝]→[隸及]	卷七緝部
380	及	及[及逮]	2	[馬行相及]→[踏馺]、[急行]、[急褊]、[進足有所擷取]、[扱收]、[内息]→[吸呷]、[縮鼻]、[歙歠]、[引水於井]、[目相及]、[語相譝及]、[衆與詞]、[是時/急辭]	卷七緝部
380	及	急[急褊]	3	[絿急]、[教命急]、[口急]、[敏疾]	卷七緝部
380	及	扱[扱收]	3	[盛土於梩中/捊]	卷七緝部
380	及	絿[絿急]	4	[絿止]	卷七緝部
380	及	亟[敏疾]	4	[慲疾]、[鞕急]	卷七緝部
380	及	絿[絿止]	5	[吉凶之忌]、[救止]	卷七緝部
381	邑	邑[邑國]	1	[邑國]	卷七緝部
382	十	十[具備/十數]	1	[具備/十數]	卷七緝部
382	十	十[具備]	2	[同力]→[并力]、[詞之集]、[卙卙盛]	卷七緝部
382	十	十[十數]	2	[相什保]	卷七緝部

目次	條目	孳乳義項	層級	字頭義項	卷數
382	十	劦[同力]	3	[衆之和]、[同心之和]、[同思之和]、[燮和]、[諴和/感]、[兩膀]	卷七緝部
382	十	卙[詞之集]	3	[車和輯]	卷七緝部
382	十	諴[感]	4	[感動]	卷七緝部
382	十	脅[兩膀]	4	[脅肉]	卷七緝部
383	入	入[从上俱下/染]	1	[染]→[以繒染爲色]	卷七緝部
383	入	入[从上俱下]	2	[入山之深]、[墊下]→[下入]、[羊擲]、[二十并]	卷七緝部
383	入	墊[墊下]	3	[屋傾下]	卷七緝部
383	入	壖[下入]	3	[阪下溼]、[下漉]、[隘下]	卷七緝部
383	入	隰[阪下溼]	4	[幽溼]	卷七緝部
383	入	溼[幽溼]	5	[腹中有水气]	卷七緝部
384	廿	廿[二十并]	1	[二十并]	卷七緝部
384	廿	廿[二十并]	2	[籥笧]	卷七緝部
385	㬎	㬎[絆馬]	1	[絆馬]	卷七緝部
385	㬎	㬎[絆馬]	2	[捕罪人]→[握持]→[值持]	卷七緝部
385	㬎	執[捕罪人]	3	[擊殺鳥]	卷七緝部
385	㬎	持[握持]	3	[㝷取]	卷七緝部
385	㬎	㝷[㝷取]	4	[行有所㝷]	卷七緝部
386	立	立[立佴]	1	[立佴]→[列中庭之左右]→[逮臨]	卷七緝部
386	立	立[立佴]	2	[監臨]→[臨下]→[督察]	卷七緝部
386	立	監[臨下]	3	[瞷視]、[覽觀]	卷七緝部
387	亼	亼[三合]	1	[三合]	卷七緝部
387	亼	亼[三合]	2	[羣鳥]、[羣鳥在木上/往詣]、[五采相合]、[緁合]、[葺茨]、[緝績]、[緶衣]、[袷緣]、[續木]、[楪榻/楪薄]→[牒札]、[箑扇]、[楯羽飾]、[目旁毛]、[蛺	卷七緝部

目次	條目	孳乳義項	層級	字頭義項	卷數
				婕]、[接交]、[有罪女子給事之得接於君者]、[拾掇]→[叔拾]、[就高]、[三十并]	
387	亼	雧[往詣]	3	[造就/造舟]	卷七緝部
387	亼	緝[緝績]	3	[續連]	卷七緝部
387	亼	枼[枼薄]	3	[箕籥]→[書僮竹笘]→[小兒所書寫]、[艸木之葉]、[鍱鏶]	卷七緝部
387	亼	笘[小兒所書寫]	4	[帛書署]	卷七緝部
388	卅	卅[三十并]	1	[三十并]	卷七緝部
388	卅	卅[三十并]	2	[三十年/數]	卷七緝部
388	卅	世[數]	3	[閱持]	卷七緝部
388	卅	揲[閱持]	4	[理官決辠三日得其宜]、[飛龍]、[左衽袍]、[重衣]	卷七緝部
389	㗊	㗊[衆口]	1	[衆口]	卷七緝部
389	㗊	㗊[衆口]	2	[疾言]、[語多]→[多言]、[聶語]、[鳥羣鳴]、[譟擾]	卷七緝部
389	㗊	沓[語多]	3	[涫溢]	卷七緝部
390	帀	帀[帀周/臧藏]	1	[帀周]→[帀徧]	卷七緝部
390	帀	帀[帀周]	2	[井壁]、[周密/忠信]	卷七緝部
390	帀	帀[臧藏]	2	[蟄藏]、[俛伏]、[以金有所冒]、[縫指揞]、[射決]、[藏兵]	卷七緝部
390	帀	周[周密]	3	[啾嘆]	卷七緝部
390	帀	周[忠信]	3	[忠敬]	卷七緝部
390	帀	啾[啾嘆]	4	[無人聲]、[失气言]	卷七緝部
390	帀	讋[失气言]	5	[慹悑]→[慴懼]→[失气/懾服]→[讋服]、[鼓無聲]	卷七緝部
391	歰	歰[不滑]	1	[不滑]	卷七緝部
391	歰	歰[不滑]	2	[醶酢]→[酢漿]→[酢醶]→[酸酢]	卷七緝部
391	歰	澀[不滑]	2	[酢漿]	卷七緝部

目次	條目	孳乳義項	層級	字頭義項	卷數
391	蹬	醶[醶酢]	3	[酸痟頭痛]	卷七緝部
392	己	己[辟詘/曲謹]	1	[辟詘]→[曲脊]→[躬身]	卷八之部
392	己	己[辟詘]	2	[謹身有所承]、[長踞]	卷八之部
392	己	己[曲謹]	2	[自急敕]→[悈飭]→[諽悈]→[誡敕]→[諽飭]、[吉凶之忌/棜禁]	卷八之部
392	己	匑[曲脊]	2	[玉磬]、[冠飾貌/恭順貌]、[恭謹行]	卷八之部
392	己	茍[自急敕]	3	[駭驚]	卷八之部
392	己	禁[棜禁]	3	[竹木格]	卷八之部
393	久	久[從後灸/相距/仇怨/緜亘]	1	[相距]→[極竟]	卷八之部
393	久	久[從後灸]	2	[灸灼]	卷八之部
393	久	久[相距]	2	[疑定/疑戾/疑惑]、[礙止]、[外閉]	卷八之部
393	久	久[仇怨]	2	[憎惡]→[諅忌]→[惎毒]、[兢競/戒]→[戒警]	卷八之部
393	久	久[緜亘]	2	[兼晐八極地]、[或邦/疑惑]→[國邦]、[竟上行書舍/過所]、[苑有垣]、[百步]、[埴道]、[兼晐]、[撫有/九有]、[宥寬]	卷八之部
393	久	極[極竟]	2	[恆常/久]、[大索]	卷八之部
393	久	疑[疑惑]	3	[儗騃]→[譺騃]→[不慧]→[佁癡]→[馬行仡仡/癡]	卷八之部
393	久	戒[戒警]	3	[攻守之具]、[軍中約]	卷八之部
393	久	或[疑惑]	3	[惑亂]	卷八之部
393	久	郵[過所]	3	[訧罪/過]	卷八之部
393	久	有[撫有]	3	[賄財]、[有文章]	卷八之部
393	久	緪[大索]	3	[引急]、[擬度]	卷八之部
394	克	克[刻木/勝任/制勝/約]	1	[刻木]→[極楝]→[刻鏤/甚]	卷八之部

目次	條目	孳乳義項	層級	字頭義項	卷數
394	克	克[刻木]	2	[大版\刻畫]	卷八之部
394	克	克[勝任]	2	[地突/勝]	卷八之部
394	克	克[制勝]	2	[殛誅/殊]、[斷耳/獲]、[法有罪]	卷八之部
394	克	克[約]	2	[絯束]、[絲別/紀緒]、[冠卷維/綱維]	卷八之部
394	克	刻[甚]	2	[尤勮]、[恀苦]、[貧病]	卷八之部
394	克	劾[法有罪]	3	[擊背]、[笞擊]	卷八之部
394	克	絯[絯束]	3	[骨閒肉/肯綮]	卷八之部
394	克	紀[絲別]	3	[衣領]	卷八之部
394	克	紘[綱維]	3	[維紘繩]、[牏纇/錢貫]	卷八之部
394	克	挨[擊背]	4	[大剛卯以逐精彪]	卷八之部
395	龜	龜[龜舊]	1	龜[龜舊]	卷八之部
395	龜	龜[龜舊]	2	[黍稷方器]	卷八之部
396	棘	棘[小棗叢生/羸膌]	1	[小棗叢生/羸膌]	卷八之部
396	棘	棘[羸膌]	2	[䫏醜]、[娸醜]、[頦醜]	卷八之部
397	革	革[剝鳥皮毛/革更]	1	[剝鳥皮毛]→[翺翅]→[鞿靸]→[去毛皮]	卷八之部
397	革	革[革更]	2	[改更]→[代更]→[忒更]、[五色金]、[騰傳]、[迻書/傳]	卷八之部
397	革	賸[傳]	3	[倂送/倂女]→[遳遣]	卷八之部
397	革	倂[倂送]	4	[玩好相送]	卷八之部
397	革	倂[倂女]	4	[娶一國二國往媵]	卷八之部
397	革	媵[娶一國二國往媵]	5	[婦官]	卷八之部
398	丘	丘[四方高中央下/虛]	1	[四方高中央下]→[大丘]	卷八之部
398	丘	丘[虛]	2	[竅空]、[窠空]、[器中盡]、[器中空]、[窒空]、[水	卷八之部

目次	條目	孳乳義項	層級	字頭義項	卷數
				虛]、[飢虛]、[寡少]、[疏行貌]	
399	箕	箕[箕簸/離析]	1	[箕簸/離析]	卷八之部
399	箕	箕[離析]	2	[欺詐]、[諆欺]	卷八之部
400	丌	丌[下基]	1	[下基]	卷八之部
400	丌	丌[下基]	2	[墻始]、[階次]→[絲次第/階次]、[遒人以木鐸記詩言]、[記疏]	卷八之部
400	丌	記[記疏]	3	[旗幟]、[簙棊/簙箭]、[期會]	卷八之部
400	丌	棊[簙棊]	4	[馬青驪文如博棊]、[帛蒼艾色]、[死火餘婁]	卷八之部
400	丌	棊[簙箭]	4	[豆莖]→[稭稈]	卷八之部
400	丌	期[期會]	4	[復其時]、[日景]、[祴樂]	卷八之部
401	牛	牛[大牲]	1	[大牲]	卷八之部
401	牛	牛[大牲]	2	[角利貌]、[九嶷山]	卷八之部
402	弋	弋[弋橜\弋叉\弋衺\]	1	[弋橜]→[樴弋]	卷八之部
402	弋	弋[弋橜]	2	[式法/用]、[能立]→[興起]、[識常/記志/知識]→[記微/職志/官職]→[幟旗]、[士事/士師]	卷八之部
402	弋	弋[弋叉]	2	[繁射飛鳥]、[异舉]→[舁舉]	卷八之部
402	弋	弋[弋衺]	2	[失常\差]	卷八之部
402	弋	式[用]	3	[試用]	卷八之部
402	弋	興[興起]	3	[翕起]	卷八之部
402	弋	識[記志]	3	[詩志]	卷八之部
402	弋	識[知識]	3	[小兒有知]	卷八之部
402	弋	職[職志]	3	[記事者]	卷八之部
402	弋	職[官職]	3	[治人者]	卷八之部
402	弋	士[士事]	3	[仕學]	卷八之部
402	弋	士[士師]	3	[獄司空]、[辭訟]	卷八之部
402	弋	惟[繁射飛鳥]	3	[惟射矢]、[生絲縷]	卷八之部

目次	條目	孳乳義項	層級	字頭義項	卷數
402	弋	異[异舉]	3	[仔克]、[一舉而二]→[并舉]	卷八之部
402	弋	史[記事者]	4	[事職]	卷八之部
402	弋	吏[治人者]	4	[使令]	卷八之部
402	弋	仕[仕學]	4	[罪人在屋下執事者]	卷八之部
402	弋	辭[辭訟]	4	[意内言外]、[不受]	卷八之部
402	弋	再[并舉]	4	[偁揚]、[稱銓/相稱]	卷八之部
402	弋	使[使令]	5	[徵召]	卷八之部
402	弋	稱[相稱]	5	[齊簡/等齊]	卷八之部
402	弋	等[等齊]	6	[等畫物]	卷八之部
403	巳	巳[未成子]	1	[未成子]→[婦孕三月]→[褭子]	卷八之部
403	巳	巳[未成子]	2	[女之初]、[象肖]、[薾蟲]、[褭子]、[兒子]	卷八之部
403	巳	胎[婦孕三月]	2	[竹萌]、[水青衣]	卷八之部
403	巳	似[象肖]	3	[諸侯嗣國]→[臣司事於外者]	卷八之部
404	亥	亥[豕/褭子/向上]	1	[豕]→[豕四蹢白]、[向上]→[階次]	卷八之部
404	亥	亥[褭子]	2	[屮根]、[小兒笑]	卷八之部
405	子	子[兒子]	1	[兒子]	卷八之部
405	子	子[兒子]	2	[字乳]、[彶彶生]、[慈愛]、[李果]	卷八之部
406	臣	臣[臣頤]	1	[臣頤]→[頷頤]	卷八之部
406	臣	臣[臣頤]	2	[廣頤/堂廉]	卷八之部
406	臣	頤[臣頤]	2	[鱗貌]、[齒差]、[食不飽面黃起行]	卷八之部
406	臣	頷[頷頤]	2	[面旁]	卷八之部
406	臣	配[堂廉]	3	[圯橋]、[仄出泉]	卷八之部
406	臣	頰[面旁]	3	[頭頰長]	卷八之部
407	又	又[又手/相助]	1	[又手/相助]	卷八之部

目次	條目	孳乳義項	層級	字頭義項	卷數
407	又	又[相助]	2	[同志/有繼]、[婍耦]、[右助]	卷八之部
407	又	友[有繼]	3	[肬贅]	卷八之部
407	又	右[右助]	3	[祐助]	卷八之部
408	而	而[面毛/耎弱/溫厚]	1	[面毛/耎弱/溫厚]	卷八之部
408	而	而[面毛]	2	[罪不至髡]、[犬惡毛]、[艸多葉貌]、[屋枅上標]	卷八之部
408	而	而[耎弱]	2	[稍前大]、[需待/縮辱/遇雨/厚食]→[頦待]	卷八之部
408	而	而[溫厚]	2	[洏洝]、[渜湯]、[溼暑]、[襬衣]、[陳新艸相積]、[艸茸茸]	卷八之部
408	而	耎[稍前大]	3	[偄弱]→[意臑]、[媆好]	卷八之部
408	而	需[縮辱]	3	[儒柔]、[嬬弱]、[駑弱者]、[辱恥]→[恧慙]	卷八之部
408	而	需[遇雨]	3	[以繒染爲色]→[擩染]、[霚濡]→[雨霚]→[水汙]	卷八之部
408	而	需[厚食]	3	[飤馬]、[咀嚼貌]	卷八之部
408	而	擩[擩染]	4	[繒采色]、[緰采色]	卷八之部
409	耳	耳[主聽]	1	[主聽]	卷八之部
409	耳	耳[主聽]	2	[珥瑱]、[斷耳]、[耳垂]	卷八之部
410	來	來[麥辨/行來/齊等]	1	[麥辨]→[麥秝]→[來辨麥]	卷八之部
410	來	來[行來]	2	[芒穀/麥來]、[倈待]、[水別復入水]、[行聲]、[趨進趯如]、[內視]、[里尻]	卷八之部
410	來	來[齊等]	2	[倖齊]	卷八之部
410	來	里[里尻]	3	[家福]、[留意]、[俚聊]→[憀然]	卷八之部
410	來	釐[家福]	4	[禮吉]、[賚賜]	卷八之部
411	力	力[力筋/筋理/彊力/治功]	1	[力筋/筋理/彊力/治功]	卷八之部
411	力	力[筋理]	2	[膂骨]、[木理]→[棱柧]、[地理]、[水石理]→[仌出]→[薄冰]→[厲石]→[旱石]→[礱礲]、[治玉]、[埶拆]、[微畫]、[犛剝/犛劃]、[舟縫]	卷八之部

目次	條目	孳乳義項	層級	字頭義項	卷數
411	力	力[彊力]	2	[致堅]→[敕誡/固]、[馬勒]、[材十人/十分之一]	卷八之部
411	力	力[治功]	2	[勞勮]→[勳勞]	卷八之部
411	力	棱[棱柧]	3	[廉仄/薮]	卷八之部
411	力	阞[地理]	3	[隒崖]、[水行]	卷八之部
411	力	腾[仌出]	3	[凜寒]	卷八之部
411	力	理[治玉]	3	[治玉石]、[撩理]→[理持]、[治病工]	卷八之部
411	力	勢[勢劃]	3	[鐂殺]→[戮殺]	卷八之部
411	力	勒[馬勒]	3	[止馬]	卷八之部
411	力	朸[十分之一]	3	[所揲之餘]	卷八之部
411	力	勞[勞勮]	3	[勑勞]、[絲勞]	卷八之部
411	力	廉[薮]	4	[堂簾]、[嫌帷]	卷八之部
411	力	流[水行]	4	[行水]、[順流]	卷八之部
411	力	撩[撩理]	4	[橑椽]、[車蓋弓]	卷八之部
411	力	鐂[鐂殺]	4	[貍貓]	卷八之部
411	力	紿[絲勞]	4	[怠慢]	卷八之部
411	力	貍[貍貓]	5	[膢祭]	卷八之部
412	之	之[艸中/益大/上出/直立]	1	[益大]→[艸木多益/年歲]	卷八之部
412	之	之[艸中]	2	[更別種]、[神艸]、[枲麻]→[麻母]→[萁芓]→[生枲]	卷八之部
412	之	之[益大]	2	[滋益]→[增益]→[物相增加]、[彶彶生]、[俟大]、[爽盛]	卷八之部
412	之	之[上出]	2	[治稼畟畟進]→[譔起]、[慉興]、[買賣所之]、[觀四方而高者]、[水超涌]→[涌繇]→[涌滕]→[洶涌]→[水繇貌]、[熾盛]→[火气上行]、[飛盛貌]	卷八之部
412	之	之[直立]	2	[鼓刺]→[傳刺]→[剚刺]→[木立死]、[正見/不曲]、[直視]	卷八之部
412	之	茲[年歲]	2	[四時]	卷八之部
412	之	蒔[更別	3	[異分]	卷八之部

目次	條目	孳乳義項	層級	字頭義項	卷數
		穜]			
412	之	枲[枲麻]	3	[析麻中榦]→[麻蒸]→[麻藍]→[然麻蒸]	卷八之部
412	之	增[增益]	3	[玩好相送/增]	卷八之部
412	之	孳[伋伋生]	3	[孜孜伋伋]	卷八之部
412	之	直[不曲]	3	[戶植]、[築牆長版]、[大臠]、[繩索/直]、[栚槌]	卷八之部
412	之	時[四時]	3	[祭無已/時祀]	卷八之部
412	之	異[異分]	4	[分物得增益]、[從人求物]、[貸施]	卷八之部
412	之	胾[大臠]	4	[食所遺]	卷八之部
412	之	繩[繩索]	4	[縢緘]	卷八之部
412	之	栚[栚槌]	4	[槌之橫者]→[機持經者]	卷八之部
412	之	祀[時祀]	4	[春祠]→[夏礿]→[秋嘗]→[冬烝]	卷八之部
413	才	才[艸木之初/小]	1	[艸木之初/小]	卷八之部
413	才	才[艸木之初]	2	[木梃]	卷八之部
413	才	才[小]	2	[小鼎]、[在存/察]	卷八之部
413	才	材[木梃]	3	[𢦏傷]、[捊取]、[人所寶]	卷八之部
413	才	𢦏[𢦏傷]	4	[製衣]、[賊敗]	卷八之部
413	才	采[捊取]	4	[艸之可食者]	卷八之部
413	才	賊[賊敗]	5	[惻痛]	卷八之部
414	止	止[止足/下基/不行/等待/容止]	1	[止足]→[趾足]	卷八之部
414	止	止[下基]	2	[阯基]、[小渚]、[寺廷]、[天地五帝所基止祭地]→[垗畔]、[雞棲垣]	卷八之部
414	止	止[不行]	2	[峙躇]→[箎箸]→[趑趄]、[船箸不行]、[懲忎]、[澂清]、[水暫益且止未減]	卷八之部
414	止	止[等待]	2	[待竢]→[偫待]	卷八之部
414	止	止[容止]	2	[態意]	卷八之部

目次	條目	孳乳義項	層級	字頭義項	卷數
414	止	垗[垗畔]	3	[朓祭]	卷八之部
414	止	懲[懲忢]	3	[憎惡]	卷八之部
414	止	偫[偫待]	3	[儲置屋下]	卷八之部
415	齒	齒[口齗骨]	1	[口齗骨]	卷八之部
416	甾	甾[缶甾]	1	[缶甾]	卷八之部
416	甾	甾[缶甾]	2	[甑甗]→[鬸鬵]→[鬷釜]→[鐎斗]	卷八之部
417	巛	巛[巛害/雝巛]	1	[雝巛]→[遏遮]→[䆿窒]	卷八之部
417	巛	䆿[䆿窒]	2	[塞隔]、[雝禾本]、[行棊相䆿]、[寋實]	卷八之部
418	囟	囟[頭會𡿺蓋]	1	[頭會𡿺蓋]→[頭髗]	卷八之部
418	囟	囟[頭會𡿺蓋]	2	[高墳/山頂]→[丘壠]、[恖容]	卷八之部
418	囟	𡿺[頭髗]	2	[媢恨]	卷八之部
418	囟	壠[丘壠]	3	[天水大阪]	卷八之部
418	囟	恖[恖容]	3	[恖之意]、[角中骨/鰓理]	卷八之部
419	絲	絲[蠶所吐]	1	[蠶所吐]	卷八之部
419	絲	絲[蠶所吐]	2	[繒帛]、[十五升布/兩麻一絲布]	卷八之部
420	夨	夨[傾頭]	1	[傾頭]	卷八之部
420	夨	夨[傾頭]	2	[側傾]、[日在西方時側]、[側旁]	卷八之部
420	夨	側[側旁]	3	[廁清]	卷八之部
421	不	不[輕疾/輕浮/上翔/陵虛/鮮麗]	1	[鳥飛上翔不下來]→[否不]	卷八之部
421	不	不[輕疾]	2	[有力]、[行貌]、[馬行疾]→[馬疾步]	卷八之部
421	不	不[輕浮]	2	[浮氾]→[漂浮]、[無舟渡河]→[汎浮]→[泛浮]	卷八之部
421	不	不[上翔]	2	[樓車]、[棚棧/連閣]、[所以覆矢]、[眉棟]、[北乖]	卷八之部

目次	條目	孳乳義項	層級	字頭義項	卷數
421	不	不[陵虚]	2	[烰烝]、[火飛]、[爂熢]	卷八之部
421	不	不[鮮麗]	2	[白鮮衣貌/鮮絜貌]、[虎文]	卷八之部
422	北	北[北乖]	1	[北乖]	卷八之部
422	北	北[北乖]	2	[倍反]、[背脊]、[行故道]、[往來]	卷八之部
422	北	背[背脊]	3	[背肉]、[負恃/受貸不償]、[不見]	卷八之部
423	畐	畐[畐滿/畐逼]	1	[畐滿]→[富備]→[備具]、[畐逼]→[逼迫]	卷八之部
423	畐	畐[畐滿]	2	[服用]、[福備]、[啚嗇/不通]、[備慎]、[誠志]、[堛凷]、[布帛廣/廣滿]、[腹厚]、[如釜而大口者]→[鍪鍑]→[鬴鍑]、[輪轑]、[重衣]、[二百]	卷八之部
423	畐	畐[畐逼]	2	[以木有所畐束]、[機持繒者]、[車軸縛]、[犕束]、[緥束]、[佩帶]	卷八之部
423	畐	啚[啚嗇]	3	[五鄙/小邑]	卷八之部
423	畐	啚[不通]	3	[痞痛/痞結]	卷八之部
424	皀	皀[穀之馨香/嘉穀在裹中]	1	[穀之馨香]→[馥芬]→[食之馨香]→[馨香]→[屮初生其香分布]→[香木]	卷八之部
424	皀	皀[嘉穀在裹中]	2	[一稃二米]、[屮生於田者/嘉穀]→[穆禾]、[稃稃]	卷八之部
425	母	母[裹子/母牧]	1	[裹子/母牧]	卷八之部
425	母	母[裹子]	2	[婦胎孕腜兆]、[悔憮]、[憮愛]、[婦服/母]、[子母環]、[天池]	卷八之部
425	母	母[母牧]	2	[女師]、[養牛人]	卷八之部
425	母	腜[婦胎孕腜兆]	3	[慮難/始謀]	卷八之部
425	母	姆[女師]	3	[曉教]	卷八之部
425	母	謀[始謀]	4	[謀合二姓者]	卷八之部
425	母	誨[曉教]	4	[易卦上體]、[敏疾]	卷八之部
425	母	敏[敏疾]	5	[將指]→[足大指毛]	卷八之部
426	弓	弓[以近	1	[以近窮遠]	卷八蒸部

目次	條目	孳乳義項	層級	字頭義項	卷數
		窮遠]			
426	弓	弓[以近窮遠]	2	[穹窮/隆高]、[弓聲/彊]→[弓彊貌]	卷八蒸部
426	弓	穹[隆高]	3	[車軾中把]→[車軾]	卷八蒸部
426	弓	弘[弓聲]	3	[谷中響]、[屋深響/宏大]→[屋響]	卷八蒸部
426	弓	宏[屋深響]	4	[下深貌]	卷八蒸部
426	弓	宏[宏大]	4	[恢大]	卷八蒸部
426	弓	恢[恢大]	5	[奇侅非常]、[匡當]	卷八蒸部
427	厷	厷[臂上]	1	[臂上]	卷八蒸部
427	厷	厷[臂上]	2	[股髀]、[巷門]	卷八蒸部
428	乃	乃[曳詞之難/往]	1	[曳詞之難]→[驚聲]→[見鬼驚詞]	卷八蒸部
428	乃	乃[曳詞之難]	2	[詞之必然]	卷八蒸部
428	乃	乃[往]	2	[曩曏]→[不久]	卷八蒸部
429	升	升[十龠/仰承]	1	[十龠/仰承]	卷八蒸部
429	升	升[十龠]	2	[瓦豆]、[蓍蠡]	卷八蒸部
429	升	升[仰承]	2	[丞翊]、[承奉/承受]→[侍承]	卷八蒸部
429	升	豋[瓦豆]	3	[鐙錠]	卷八蒸部
429	升	承[承奉]	3	[設食]	卷八蒸部
429	升	承[承受]	3	[載乘]→[乘覆]→[登車/登高]	卷八蒸部
429	升	登[登高]	4	[陟登]、[德升]、[軺車後登]、[隥仰]、[上舉]	卷八蒸部
429	升	陟[陟登]	5	[牡馬]、[牛父]	卷八蒸部
430	鳳	鳳[神鳥/朋黨]	1	[神鳥/朋黨]	卷八蒸部
430	鳳	鳳[朋黨]	2	[倗輔]	卷八蒸部
431	仌	仌[仌凍]	1	[仌凍]→[雨仌]	卷八蒸部
431	仌	仌[仌凍]	2	[水堅]、[凝血]	卷八蒸部

目次	條目	孳乳義項	層級	字頭義項	卷數
431	仌	冰[水堅]	3	[羊凝血]、[涵寒]	卷八蒸部
432	高	高[高臺/長高/上見/登進/高明/材傑]	1	[高臺]→[土高]→[堯高]→[山高貌]	卷九宵部
432	高	高[長高]	2	[尾長毛]、[馬高六尺]、[豕鬣如筆管者]、[長喙犬]	卷九宵部
432	高	高[上見]	2	[岸上見]、[五嶽]、[高至]、[高長頭]、[嶅顠]、[前面峊峊]、[昦嫚]、[高气]、[气出]	卷九宵部
432	高	高[登進]	2	[夰放]→[敖游]、[舉足小高]、[行輕貌/舉足]、[屐屩]	卷九宵部
432	高	高[高明]	2	[大白澤]→[浩澆]→[水盛]→[久雨]、[气皋白之進]、[光景流]、[昦天]、[杲明]、[曉明]→[日之白]→[晧旰]→[日出貌]→[日旦出貌]、[月之白]、[玉石之白]、[白首]、[鮮巵/衣白色]、[鳥之白]→[鳥白肥澤貌]	卷九宵部
432	高	高[材傑]	2	[僑高]、[勢健]、[善緣木走之才]、[輕勁有才力]、[進取]→[勪气]、[駿馬]、[良馬]、[豣犬]	卷九宵部
432	高	昦[傲嫚]	3	[傲倨]、[侮傷]、[高气]	卷九宵部
432	高	敖[敖游]	3	[翱翔]→[翊飛]	卷九宵部
432	高	臭[大白澤]	3	[皛顯]→[衆明]	卷九宵部
433	県	県[到首]	1	[到首]	卷九宵部
433	県	県[到首]	2	[不孝鳥]	卷九宵部
434	爻	爻[爻交/錯謬/明見/麗爾]	1	[爻交]→[相雜錯]	卷九宵部
434	爻	爻[爻交]	2	[馬色不純]、[牛色不純]	卷九宵部
434	爻	爻[錯謬]	2	[視誤]	卷九宵部
434	爻	爻[明見]	2	[效象]→[季效]、[並視]、[恔憭]	卷九宵部
434	爻	爻[麗爾]	2	[姣好]→[好而長]→[孈好]→[好美]→[直好]	卷九宵部
434	爻	季[季效]	3	[上所施下所效]→[覺悟]	卷九宵部
435	交	交[交脛]	1	[交脛]	卷九宵部

目次	條目	孳乳義項	層級	字頭義項	卷數
435	交	交[交脛]	2	[这會]、[絞縊]、[竹索]、[交木然]、[交灼木]、[佼交]、[骹脛]→[脛骨]、[骹腈]	卷九宵部
435	交	絞[絞縊]	3	[蛟龍]、[身中/約束]	卷九宵部
435	交	要[約束]	4	[纏束/節約]→[褭纏]	卷九宵部
435	交	約[節約]	5	[仢約]、[儉約]	卷九宵部
436	樂	樂[樂音/樂喜]	1	[樂喜]→[笑喜]	卷九宵部
436	樂	樂[樂喜]	2	[女子笑貌]、[龢和]、[台說/說釋]→[喜樂]→[僖樂]→[憙說]→[嫛樂]→[卒喜]→[啻快]→[嗂喜]→[嬩說]、[怡和]	卷九宵部
436	樂	台[台說]	3	[娭戲]→[謔戲]、[悝啁]	卷九宵部
436	樂	台[說釋]	3	[冶消]、[銷金]→[鑠金]→[鑄銷]、[米糱煎]、[馬銜脫]	卷九宵部
436	樂	啻[啻快]	3	[意滿]、[億安]	卷九宵部
436	樂	怡[怡和]	3	[和之行]	卷九宵部
436	樂	娭[娭戲]	4	[人無行]、[優倡]	卷九宵部
436	樂	鑠[銷金]	4	[冶器法]	卷九宵部
436	樂	駘[馬銜脫]	4	[相欺詒]	卷九宵部
437	夭	夭[夭屈/短折不終]	1	[夭屈/短折不終]	卷九宵部
437	夭	夭[夭屈]	2	[急戾]、[高而曲]、[曲木]	卷九宵部
437	夭	夭[短折不終]	2	[地反物/衣服歌畬艸木之怪]	卷九宵部
438	刀	刀[刀兵]	1	[刀兵]	卷九宵部
438	刀	刀[刀兵]	2	[鉊鎌]→[鎌鍥]、[人所帶兵]、[葦華/蒹錐]→[萑之未秀者]→[蒹薕]	卷九宵部
439	鳥	鳥[長尾禽]	1	[長尾禽]	卷九宵部
439	鳥	鳥[長尾禽]	2	[山雉尾長]、[掉搖]、[高飛/曠遠]→[翊飛]→[飛盛貌]	卷九宵部

目次	條目	孳乳義項	層級	字頭義項	卷數
439	烏	翏[高飛]	3	[高風]	卷九宵部
439	烏	翏[曠遠]	3	[空虛]、[遼遠]	卷九宵部
439	烏	翊[翊飛]	3	[翔風]	卷九宵部
440	龟	龟[龟兔]	1	[龟兔]→[狡兔]	卷九宵部
440	龟	龟[龟兔]	2	[超跳]→[跳躍]→[雀行]→[踊跳]→[喪擗踊]→[坴跳]、[訬擾/訬獪]	卷九宵部
440	龟	兔[龟兔]	2	[行超遠]	卷九宵部
440	龟	毚[狡兔]	2	[儳互不齊/儳疾]	卷九宵部
440	龟	超[超跳]	3	[躍迅]、[趯躍]、[進趣]、[趬動]、[趬疾]、[水吏]、[味列]	卷九宵部
440	龟	跳[跳躍]	3	[逃亡]→[免脫]	卷九宵部
440	龟	坴[坴跳]	3	[尣竉]、[夌越]	卷九宵部
440	龟	儳[儳疾]	3	[不久/暫猝]、[敏疾]、[疾言失次]	卷九宵部
440	龟	衄[水吏]	4	[鼻出血]	卷九宵部
440	龟	餿[味列]	4	[藥毒]、[食辛嚛]	卷九宵部
440	龟	暫[不久]	4	[暫見]→[暫視貌]	卷九宵部
440	龟	覘[暫見]	5	[馬出門貌/闚視]、[闚頭門中]、[不媚前卻婁婁]	卷九宵部
441	兆	兆[灼龜坼/坼裂]	1	[灼龜坼/坼裂]	卷九宵部
441	兆	兆[灼龜坼]	2	[卜問]、[視兆問]、[灼灸]→[焳灼]、[龜蛇四游]	卷九宵部
441	兆	兆[坼裂]	2	[始開]、[挑抉]、[撓擾]	卷九宵部
441	兆	占[視兆問]	3	[讖驗]→[籤驗]、[闚視]→[闚頭門中]、[察視]、[私出頭貌]、[軍中反間]	卷九宵部
441	兆	挑[挑抉]	3	[相呼誘]、[啁嘐]	卷九宵部
441	兆	撓[撓擾]	3	[嬈苛/擾戲弄]、[虐殘]、[嬈譊]	卷九宵部
442	了	了[手足拳曲相交]	1	[手足拳曲相交]→[行脛相交]	卷九宵部
442	了	了[手足拳曲相	2	[繚纏]→[繞纏]	卷九宵部

目次	條目	孳乳義項	層級	字頭義項	卷數
		交]			
442	了	繚[繚纏]	3	[弓反]、[周垣]	卷九宵部
442	了	繞[繞纏]	3	[以組帶馬]、[腹中短蟲]	卷九宵部
443	巢	巢[鳥在木上]	1	[鳥在木上]	卷九宵部
443	巢	巢[鳥在木上]	2	[澤中守艸樓]、[兵車高如巢]、[車轂中空]	卷九宵部
444	爪	爪[爪丮]	1	[爪丮]→[把持]	卷九宵部
444	爪	爪[爪丮]	2	[叉取]→[斬取]→[捷獵]→[放獵逐禽]→[獠獵]→[撈取]	卷九宵部
444	爪	獵[放獵逐禽]	3	[臘祭/獵]	卷九宵部
445	勺	勺[挹取]	1	[挹取]→[盛酒行觴]→[斟勺]→[抒臼]→[挹抒]	卷九宵部
445	勺	勺[挹取]	2	[鉤魚]、[水礙衺疾波/半遮]→[激水聲]、[枓柄]、[斛摣]→[銚錢]→[銛臿]→[鍫梠]→[梠臿]	卷九宵部
445	勺	酌[盛酒行觴]	2	[酌而無酬酢]	卷九宵部
445	勺	斛[斛摣]	3	[耕以臿浚出下壚土]	卷九宵部
445	勺	梠[梠臿]	3	[耒耑]	卷九宵部
445	勺	陘[耕以臿浚出下壚土]	4	[塹阬]	卷九宵部
446	爵	爵[飲器/雀形]	1	[飲器]→[琖爵]→[醆爵]→[盞爵]、[雀形]→[依人小鳥]	卷九宵部
446	爵	爵[飲器]	2	[飲酒盡]→[酒盡]	卷九宵部
446	爵	雀[依人小鳥]	2	[帛雀頭色]→[帛青赤色]→[帛如紺色]	卷九宵部
446	爵	釂[飲酒盡]	3	[潐盡]→[消盡]→[微盡]	卷九宵部
446	爵	纔[帛雀頭色]	3	[帛黑色]	卷九宵部
446	爵	消[消盡]	4	[宵夜]	卷九宵部

目次	條目	孳乳義項	層級	字頭義項	卷數
447	小	小[物之微]	1	[物之微]	卷九宵部
447	小	小[物之微]	2	[不多]→[尐少]、[骨肉相似/肖小]、[水小聲]→[水聲]、[小池]、[小車]、[早取穀/小]、[纖細]、[鋭細]、[貶損]、[小目]、[小管]、[禾芒]、[蔈末]、[木標末]→[木杪末]、[束髮少]、[鸙鳥/小雞]、[鰷䱀]	卷九宵部
447	小	肖[肖小]	3	[小小侵]、[出物有漸]、[削析]、[臂細長]→[好手貌]、[不容/哨小]、[陗陖]→[塹礹]、[生絲]、[雨霓]、[大夫稍稍所食邑]、[樹擢]、[蟲蛸]	卷九宵部
447	小	孅[鋭細]	3	[撟捎/捎除]	卷九宵部
447	小	貶[貶損]	3	[惰懯]	卷九宵部
447	小	眇[小目]	3	[瞟察]→[目有察省見]	卷九宵部
447	小	標[木杪末]	3	[刀削末銅/刀鏠]	卷九宵部
447	小	捎[捎除]	4	[飯帚]	卷九宵部
447	小	鏢[刀鏠]	4	[砭刺]→[以石刺病]	卷九宵部
448	棗	棗[羊棗]	1	[羊棗]	卷九宵部
449	皃	皃[頌儀]	1	[頌儀]	卷九宵部
449	皃	皃[頌儀]	2	[細文]→[描畫]	卷九宵部
449	皃	㲻[細文]	3	[藐美]→[妙好]、[髼桼]、[桼垸已復桼之]	卷九宵部
449	皃	藐[藐美]	4	[目裹好]、[尊先祖貌]	卷九宵部
449	皃	髼[髼桼]	4	[髼布]	卷九宵部
450	毛	毛[毛髮]	1	[毛髮]	卷九宵部
450	毛	毛[毛髮]	2	[長髮猋猋]→[髦髮/髮中豪者]、[上衣/顯箸在外]	卷九宵部
450	毛	髟[長髮猋猋]	3	[髮至眉]、[髻髮/蓬頭]、[曼引/長]	卷九宵部
450	毛	髦[髮中豪者]	3	[髮長]、[長髦牛]	卷九宵部
450	毛	表[顯箸在外]	3	[幖識]、[暴晞]、[黼領]、[領連]、[衣内]	卷九宵部
450	毛	曼[曼引]	4	[袤長]、[行遲]、[慢惰]、[侮傷]	卷九宵部

目次	條目	孳乳義項	層級	字頭義項	卷數
450	毛	髾[髮長]	4	[鬗髮]	卷九宵部
450	毛	犛[長髦牛]	4	[犛牛尾]、[彊曲毛]	卷九宵部
450	毛	氂[犛牛尾]	5	[旄幢]	卷九宵部
450	毛	旄[旄幢]	6	[旄絲]	卷九宵部
451	广	广[厂屋/高]	1	[厂屋/高]	卷九談部
451	广	广[厂屋]	2	[产仰/屋梠]→[昂頭]→[檐梍]→[闟槒]	卷九談部
451	广	广[高]	2	[厰崟]→[岑崟]	卷九談部
451	广	儼[昂頭]	3	[臨視]、[闞望]	卷九談部
451	广	厰[厰崟]	3	[巖岸]→[山巖]	卷九談部
451	广	瞻[臨視]	4	[諸侯三年大相聘/覜視]	卷九談部
451	广	巖[巖岸]	4	[阻難]、[壁危]、[坫端]	卷九談部
451	广	險[阻難]	5	[憸詖]→[疾利口]	卷九談部
452	凵	凵[張口]	1	[張口]→[張口气悟]→[欠貌]→[地穿]	卷九談部
452	凵	凵[張口]	2	[坎陷]→[坎坷]→[小阱]→[坎中小坎]→[高下/不足]	卷九談部
452	凵	窞[坎中小坎]	3	[沒水]、[泥淖]→[泥水滔滔]	卷九談部
452	凵	陷[高下]	3	[目陷]→[深目]、[入岓刺穴]→[掐刺]	卷九談部
452	凵	陷[不足]	3	[食不滿]	卷九談部
452	凵	歉[食不滿]	4	[謙敬]	卷九談部
453	炎	炎[火光上/熱/燒/烹煮]	1	[火光上]→[火華]→[火行微燄燄]→[火爓]→[火行]→[炎光]→[火飛]	卷九談部
453	炎	炎[火光上]	2	[暈光]、[爗盛]、[燿照]、[日明]、[熤耀]、[盛光]	卷九談部
453	炎	炎[熱]	2	[火熱]→[火種]、[小熱]	卷九談部
453	炎	炎[燒]	2	[燒爇]、[柴祭天]→[放火]→[積木燎之]、[火煣車輞絕]、[燥乾]→[熙燥]	卷九談部

目次	條目	孳乳義項	層級	字頭義項	卷數
453	炎	炎[烹煮]	2	[内肉及菜湯中薄出之]	卷九談部
453	炎	熇[火熱]	3	[溫器]	卷九談部
453	炎	尞[柴祭天]	3	[熮火]、[炊竈木]	卷九談部
453	炎	燎[放火]	3	[燎炙]	卷九談部
453	炎	鬻[内肉及菜湯中薄出之]	3	[於湯中瀹肉]、[夏祭]	卷九談部
453	炎	燅[於湯中瀹肉]	4	[火熟]	卷九談部
454	马	马[華未發]	1	[華未發]→[艸木𢎘盛]→[木垂華實]→[艸木甹]→[華榮]→[甹榮]→[艸榮而不實/黃英]→[黃甹]→[蟲明黃]→[艸木華甬甬]→[菡萏]→[夫容葉]→[夫渠莖]	卷九談部
454	马	英[黃英]	2	[玉光]	卷九談部
455	函	函[函舌]	1	[函舌]	卷九談部
455	函	函[函舌]	2	[口有所銜]→[含嗛]→[含深]、[慊疑]	卷九談部
455	函	嗛[口有所銜]	3	[馬勒口中]、[鼸齡]、[啗食]→[噍啖]→[小啐]→[鹹醓]→[啑噍]→[噍醓]→[肴啖]	卷九談部
455	函	慊[慊疑]	3	[不平於心/嫌疑]	卷九談部
455	函	啖[噍啖]	4	[餉田]	卷九談部
456	甘	甘[甘美]	1	[甘美]→[磨和]→[甛美]→[長味]→[甛長味]	卷九談部
456	甘	甘[甘美]	2	[酒味淫]、[薄味]、[膏肥]、[肉羹]、[家肉羹]、[藦葛]→[白蓉]、[甘艸]、[食肉不猒]、[酒樂]、[猒飽]→[飽飽]→[燕食/饌猒]→[饒飽]→[宴私飲]→[酒醬]	卷九談部
456	甘	甛[甛美]	2	[恬安]	卷九談部
456	甘	淡[薄味]	3	[憺安]→[倓安]→[憕平]	卷九談部
456	甘	膏[膏肥]	3	[豆汁]、[泔潘]	卷九談部
456	甘	猒[猒飽]	3	[懕安]→[愿快]→[愔安]	卷九談部
457	丙	丙[舌貌]	1	[舌貌]	卷九談部
457	丙	丙[舌貌]	2	[舔歠]、[犬食]、[饕貪]→[飻貪]、[欲物]→[婪貪]	卷九談部

目次	條目	孳乳義項	層級	字頭義項	卷數
				→[惏貪]→[下志貪頑]→[婪婪]	
457	丙	舔[舔歠]	3	[啖聲]	卷九談部
458	冄	冄[毛冄冄/緣飾/耎弱]	1	[毛冄冄/緣飾/耎弱]	卷九談部
458	冄	冄[毛冄冄]	2	[頰須]、[羽獵韋絝]	卷九談部
458	冄	冄[緣飾]	2	[寃毳飾]→[絨布]、[衣緣邊]→[衣蔽前]	卷九談部
458	冄	冄[耎弱]	2	[柔皮]、[弱橈]、[嬵姌]→[弱長貌/㮕姌]	卷九談部
458	冄	衻[衣緣邊]	3	[龜甲邊]、[喪車有翣柳]	卷九談部
458	冄	弱[弱橈]	3	[調弓]	卷九談部
458	冄	姌[㮕姌]	3	[面慙赤]→[慙媿]	卷九談部
458	冄	䑙[調弓]	4	[搦按]	卷九談部
459	夾	夾[盜竊褱物]	1	[盜竊褱物]	卷九談部
459	夾	夾[盜竊褱物]	2	[私利物]→[佻偷]→[叏取]→[巧黠]	卷九談部
459	夾	佻[佻偷]	3	[目不正]→[覘窺]	卷九談部
459	夾	婾[巧黠]	3	[愉薄]	卷九談部
460	叐	叐[㿽蓋]	1	[㿽蓋]	卷九談部
460	叐	叐[㿽蓋]	2	[馬頭飾]→[馬髦飾]	卷九談部
461	耴	耴[耳垂]	1	[耳垂]→[垂耳]→[小垂耳]→[耳曼]→[耳大垂]	卷九盍部
461	耴	耴[耳垂]	2	[車兩輢]、[聑安]、[附耳私語]→[多言]→[讘嗑]→[多語]→[妄語]	卷九盍部
461	耴	聶[附耳私語]	2	[讘詉]、[談語]、[讋讘]、[敀使]	卷九盍部
462	巤	巤[毛巤]	1	[毛巤]→[髮鬣鬣]→[髮長]→[鬑鬋/長貌]	卷九盍部
462	巤	巤[毛巤]	2	[鱗蟲之長]→[龗龍]	卷九盍部
462	巤	鬣[髮長]	2	[長壯儠儠]→[儠好]	卷九盍部
462	巤	龍[鱗蟲	3	[禱旱玉]	卷九盍部

目次	條目	孳乳義項	層級	字頭義項	卷數
		之長]			
463	乏	乏[反正/傾覆/覆土/法]	1	[傾覆]→[覂覆]	卷九盍部
463	乏	乏[傾覆]	2	[甹覆/覆鳥巢]、[仆頓/前覆]→[踣僵]	卷九盍部
463	乏	乏[覆土]	2	[葬下棺]→[葬下土]、[山壞]	卷九盍部
463	乏	乏[法]	2	[法刑]→[笵法]	卷九盍部
463	乏	甹[覆鳥巢]	3	[覆車]	卷九盍部
463	乏	法[法刑]	3	[當罪人]	卷九盍部
463	乏	罬[覆車]	4	[兔罟]	卷九盍部

第三節 《文始》變易與孳乳的層級分類

《文始》一書各條目下同族字的義轉關係，具有顯著的層級分類特點。在《文始》各條目中，由變易與孳乳繫聯類聚的字族，其間的義轉關係並非全部都在一個層面之上，而是依據其孳衍遞生的先後次序分別處於不同的義轉類別和義轉層級。這種由變易孳乳的先後性造成的義轉的層級分類性，是《文始》在義轉關係框架上的最重要特點。

章太炎在《文始》中對同源字族的義轉層級分類有明確的表示。這就是在有的條目中，章氏往往會以“此一族也，此二族也，此三族也……”等詞語來對同條字族的義轉關係作進一步的再分類，以表明同族字之間不同的義轉層級及類別。例如：《文始・卷一・陰聲泰部乙》“夬”字條（分作七族）、《文始・卷二・陰聲脂部乙》“回”字條（分作三族）、《文始・卷二・陰聲脂部乙》“匕”字條（分作七族），《文始・卷二・陽聲諄部丙》“屯”字條（分作三族）、《文始・卷三・陽聲真部乙》“臣”字條（分作七族）、《文始・卷七・陰聲幽部甲》“勹”字條（分作十三族）、《文始・卷八・陰聲之部甲》“不”字條（分作五族）。除此七條以外的其他條目，雖然章氏未有明確標注其間義轉關係的層級及類別，但都可依據此七條字族義轉關係中層級分類的方法原則加以類推。由此看出，變易與孳乳的義轉層級分類是整部《文始》在義轉關係上的普遍特點。

對《文始》義轉關係中的層級分類特點，黄侃最早以《文始·卷一·陰聲歌部甲》“干”字條爲例，將該條下的所有字頭根據其間變易與孳乳的先後關係，爲作圖示如下：①

表之如左（變易横列，孳乳直列）：

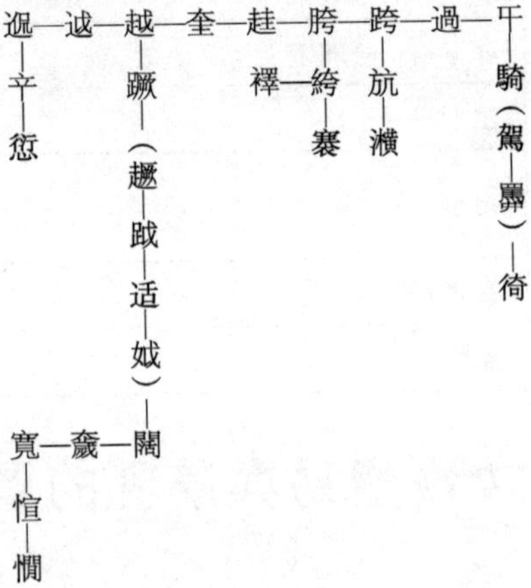

黄侃的圖示，依據章氏的相關論述，將“干”字條變易與孳乳的先後次序及類別層次具體形象地展現出來，從而顯示出《文始》義轉關係中的分級分類特點，合於《文始》本身的義轉關係框架。除黄侃的圖示外，汪啟明和宋永培也曾分別對《文始·卷七·陰聲幽部甲》“勹”字條②及《文始·卷五·陽聲陽部乙》“京”字條③的義轉層級類別作過圖示，所用方法與黄氏基本相同：

① 黄侃：《黄侃論學雜著》，上海古籍出版社1980年版，第172頁。

② 汪啓明：《章太炎的轉注假借理論和他的字源學（下）》，載《楚雄師專學報》1990年第1期。

③ 宋永培：《〈文始〉“京”字條評注》，載《古籍整理研究學刊》1995年Z1期。

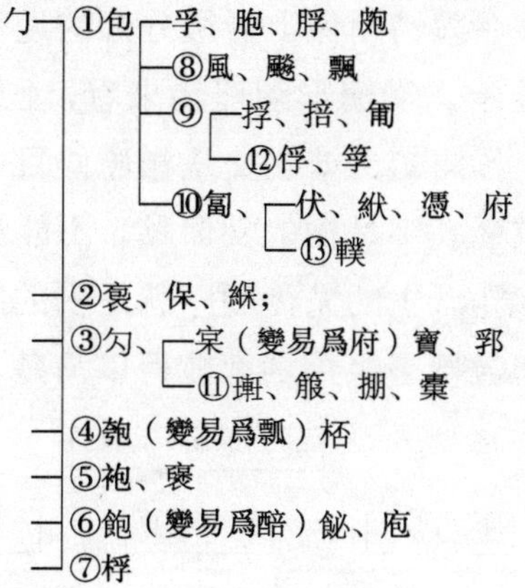

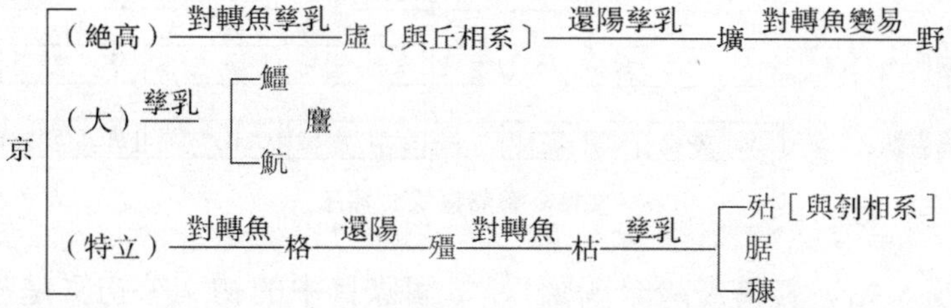

上述三家對《文始》字族義轉關係的舉例性圖示，雖然都正確表現出了《文始》變易與孳乳的層級分類特點，立體形象地體現了《文始》字族義轉關係的多級多類性，但對《文始》同族字中由孳乳義項及孳乳層級而決定的義轉關係框架尚缺乏清晰明白的展現，且都是個別條目的舉例性說明，因而無法從整體上看出《文始》總的義轉關係框架及其規律特點。

要系統全面地展示《文始》總的義轉關係框架及其規律特點，首先需要正確理解《文始》義轉關係框架的構成方式，再根據其義轉關係框架的結構特點，逐一梳理出各條目的義轉層級和義轉類別，並對各條目字頭進行分門別類地歸納排列，如此則整部《文始》變易與孳乳的特點規律便能得以明白清晰的展現。

《文始》義轉關係的結構框架是以各自條目中的初文準初文爲總根基點，形成義轉的第一層級；再由義轉第一層級的初文準初文或其變易字派生出其他的孳乳字，形成義轉的第二層級；再由義轉第二層級中的孳乳或變易字派生出其他的孳乳字，形成義轉的第三層級……如此循環往復，層層統領，從而形成各個漢語同源字族義轉關係的組織結構。

《文始》同源字族在義轉關係上層級分類的遞衍特點，可以用樹形圖的方式來予以形象化展示。從樹形圖理論來看，《文始》中的每一個條目可視作一株獨立的樹，各個初文準初文是相應條目中樹的根節點，能夠派生孳乳出他字的變易或孳乳字是樹的父節點，不能派生出他字的變易或孳乳字是樹的子節點，孳乳派生的先後順序就是樹的結構層次。這樣，整條字族的遞衍先後關係和義轉層級類別都能得以清楚表現：

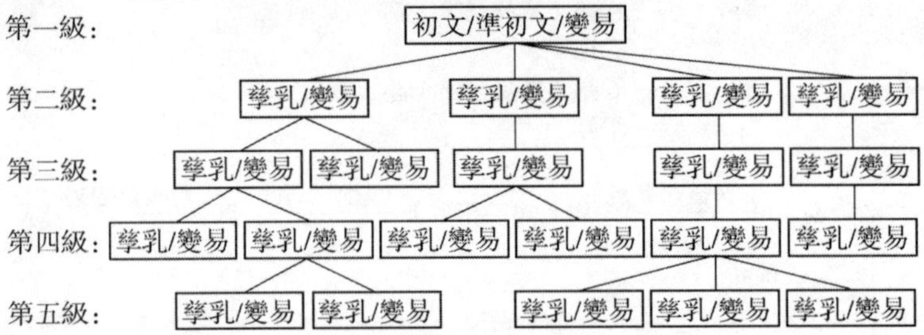

《文始》義轉層級分類圖

據"《文始》義轉層級分類圖"，每個條目中的初文準初文是整個樹的根，由此變易（同一層級）或孳乳（不同層級）而出若干變易孳乳字。由初文準初文變易而出的字，與初文準初文一樣，也屬於第一層級，因爲變易字並不產生新的意義；由初文準初文孳乳而成的字，則屬於第二層級，因爲孳乳以後會產生新的意義。在同一層級中，孳乳字可以有很多，但都直接來自於上一層級的孳乳派生；變易字也可以有很多，但都來自於同一層級的孳乳字。在各層級中，變易字相互之間因字義相同，不產生新的意義，所以處於同一層級；孳乳字因產生新的意義，所以孳乳前後的字一定處於不同的層級。由於孳乳會產生新的意義，因此形成不同的義轉類別；由於孳乳會產生遞衍關係，因此形成不同的義轉層級。

通過以上分析可知，孳乳字在《文始》層級分類的義轉關係框架中具有極其重要的地位。一個條目中孳乳義項的個數和孳乳層級的級數，決定了這個條目義轉關係的廣度和深度：孳乳義項的個數決定了義轉類別的廣度，而孳乳層級的級數決定了義轉層級的深度。因此，理清《文始》每一條目中的孳乳義項數和孳乳層級數，則整部《文始》義轉關係的結構框架及其規律特點也就能得以表現說明。

《文始》各條目的孳乳義項數由同條目中能夠孳乳派生出他字的孳乳字的義項數而定。在《文始》中，孳乳派生并不是以字頭爲單位，而是以字頭所具有的義項爲單位。同一字頭，如若具有若干義項，則可依據其不同的義項，派生孳乳而出各自不同的新義類。因此，對《文始》各條目中義轉類別的統計，必須以孳乳義項而不是孳乳字頭爲基本對象。

據"《文始》變易孳乳一覽表"，以條目爲單位，提取每個條目的孳乳義項數和相應條目數，分別計算各類的數量及比例，則得"《文始》各條目孳乳義項個數表"：

《文始》各條目孳乳義項個數表

孳乳義項	條目數	比例	孳乳義項	條目數	比例	孳乳義項	條目數	比例
0	24	5.18%	8	15	3.24%	16	2	0.43%
1	99	21.38%	9	17	3.67%	17	1	0.22%
2	72	15.55%	10	7	1.51%	18	1	0.22%
3	60	12.96%	11	7	1.51%	19	3	0.65%
4	47	10.15%	12	7	1.51%	21	1	0.22%
5	47	10.15%	13	5	1.08%	22	1	0.22%
6	25	5.40%	14	1	0.22%			
7	17	3.67%	15	4	0.86%			

據"《文始》各條目孳乳義項個數表"，在《文始》的各個條目中，孳乳義項最少可以是 0（沒有孳乳義項），最多則爲 22 項，但主要分佈則在 1 至 5 項之間。合計《文始》孳乳義項爲 1 至 5 項的條目數，共計 325 條，佔《文始》總條目數的 70.19%；6 至 10 項的條目數，共計 81 條，佔《文始》總條目數的 17.49%；10 項以上的條目數，衹有 33 條，佔《文始》總條目數的 7.13%。

《文始》各條目的孳乳層級數由同條目中孳乳義項與初文準初文的相對遠近關係而定。在《文始》中，各條目都以本條的初文準初文爲孳乳層級的第一級，同條目中其他層級都可以據此推定。由於不同的孳乳義項可能處於同一孳乳層級，所以同一條目中的孳乳義項數並不等於該條目的孳乳層級數。因此，對《文始》各條目中義轉層級的統計，必須以孳乳層級爲基本對象而單獨進行。

據“《文始》變易孳乳一覽表”，以條目爲單位，提取每個條目的孳乳層級數和相應條目數，分別計算各類的數量及比例，則得“《文始》各條目孳乳層級級數表”：

《文始》各條目孳乳層級級數表

孳乳層級	條目數	比例	孳乳層級	條目數	比例	孳乳層級	條目數	比例
1	24	5.18%	4	107	23.11%	7	1	0.22%
2	136	29.37%	5	42	9.07%			
3	145	31.32%	6	8	1.73%			

據“《文始》各條目孳乳層級級數表”，在《文始》的各個條目中，孳乳層級最低級的是 1 級（沒有孳乳義項），最高級是 7 級，但主要分佈則在 2 至 4 級之間。合計《文始》孳乳層級爲 2 至 4 級的條目數，共計 388 條，佔《文始》總條目數的 83.80%；5、6 級的條目，共計 50 條，佔《文始》總條目數的 10.80%；7 級的條目，僅有 1 條，佔《文始》總條目數的 0.22%。

《文始》義轉關係中的孳乳義項數和孳乳層級數是每個條目義轉關係框架中最重要的兩個數據，這兩個數據決定了一棵義轉關係樹的父節點數（孳乳義項）和層級級數（孳乳層級），從而也就決定了一個條目的義轉關係範圍和字族繫聯規模。綜合“《文始》各條目孳乳義項個數表”和“《文始》各條目孳乳層級級數表”，可以看出，《文始》的孳乳義項個數和孳乳層級級數與《文始》的條目數在總體趨勢上成反比關係：孳乳義項數和孳乳層級數越多則條目數越少，反之，孳乳義項數和孳乳層級數越少則條目數越多。雖然《文始》的最高孳乳義項數達 22 個，最高孳乳層級數達 7 級，但那衹是個別條目。《文始》三分之二以上的條目，其孳乳義項的數目是在 5 項以內；而《文始》五分之四以上的條目，其孳乳層級的級數是在 4 級以內。《文始》中的大多數條目在孳乳義項數和孳乳層級數上的數量趨勢不是偶然的，它表明了章太炎在總體結構框架上對《文始》義轉的範圍與規模有著明顯的控制與限定。但是，由於文字表述的單綫性和字族繫聯的複雜性，造成了《文始》義轉關係中的層級分類具有一定程度的內隱性；又由於歷來對《文始》疏於全面的系統梳理，以致於這種内隱的義轉關係框架一直未能得到明確的説明。於是，學者們在理解《文始》的義轉關係時往往有失偏頗。

王寧先生《淺論傳統字源學》一文，從詞源研究中“推源”和“繫源”的辨正角度出發，認爲《文始》的研究屬於平面的繫源，而非歷史的推源：“傳統字源學的研究者們，並没有意識到自己的工作僅是平面繫源，反而要用歷史推源的術語來闡述問題。比如，他們往往把初文、準初文稱‘字根’‘語根’。而且硬要主觀地編排×字孳乳×字的先後次序。這樣倒使後來的人對他們的工作難以理解了。”[①]從《文始》層級分類的義轉關係框架上看，各條目中每個能夠孳乳派生出他字的孳乳字形成一個父節點，統領由其孳乳而出的派生字，同條目中不同層級的所有父節點又最後統一於初文準初文這個根節點，則章氏所謂的“×字孳乳×字”可能還不僅是“主觀地編排順序”，而更多的是分類分級的義轉方式和歸納統領字族的繫聯模式，是章氏用自己的層級分類義轉理論構建而出的漢語字族結構框架，其實質應是一個組織方法問題，而不僅是一個時間先後問題。

何九盈先生《中國現代語言學史》一書，以《文始·卷二·陰聲脂部乙》“火”字條爲例，對《文始》的同源字族繫聯方法作了概括總結：“在方法論上，《文始》用的是演繹法。就整體結構來説，是先求出初文體系，然後建立詞族；就個别詞族來説，‘一字遞衍，變爲數名’（《國故論衡·語言緣起説》）。這種‘遞衍’法，往往是變易復變易，孳乳又孳乳，任意馳騁，流連忘返。以‘火’字爲例……初文‘火’經過遞衍把 40 多個字貫串在一起，有的可信，有的不可信。‘權’是黄華木，‘橘’是江南果，衹是因爲‘色赤黄’就斷定與火同源。火气煖人，於是溫、仁、惠、恩、悉也聯繫起來了。”[②]從《文始》層級分類的義轉關係框架上看，“火”字條雖然一共繫聯了 48 個字，但這 48 個字並不是在同一個層面上，而是根據與初文的相對遠近關係分别處於 5 個不同的層級；5 個層級又是由 15 個孳乳義項組成，由此構成“火”字條的義轉關係框架。具體就“火”與“權、橘”的相互關係而言，“火”是初文，處於第一級；由“火”孳乳

① 王寧：《訓詁學原理》，中國國際廣播出版社 1996 年版，第 139 頁。

② 何九盈：《中國現代語言學史》，廣東教育出版社 2000 年版，第 521 頁。

而出“熏”，處於第二級；由“熏”孳乳而出“纁”，處於第三級；由“纁”孳乳而出的“權”和“橘”，處於第四級。“火”與“權、橘”的關係並不密切，而是“火”與“熏”的關係密切，再是“熏”與“纁”的關係密切，最後纔是“纁”與“權、橘”的關係密切。具體就“火”與“溫、仁、惠、恩、忎”的相互關係而言，“火”是初文，處於第一級；由“火”孳乳而出“熏”，處於第二級；由“熏”孳乳而出“溫、仁、惠、恩、忎”，處於第三級。“火”與“溫、仁、惠、恩、忎”的關係並不密切，而是“火”與“熏”的關係密切，“熏”與“仁、惠、恩、忎”的關係密切。在此條中，因爲“熏”有兩個義項（“火煙上出”和“溫仁”），所以同一字頭能向兩個不同的方向孳乳派生，形成不同的下級義類。通過以上分析可以看出，“火”與“權、橘”並非在一個層面之上，而是隔了兩個層級；“火”與“溫、仁、惠、恩、忎”，也不在一個層面之上，而是隔了一級。在《文始》層級分類的義轉關係框架中，同類同級之間相互關係最近，不同類不同級之間相互關係較遠。上述字頭雖然表面上都導源於同條目的初文，但相互之間因處於不同義類不同層級，所以自然不能等同視之，其間關係亦不能一概而論。

從《文始》義轉關係中的層級分類角度出發，不僅《文始》的義轉關係可以得到更爲清楚的說明，基於義轉層級分類的音轉關係也能因此得以凸顯。梅祖麟先生在《有中國特色的漢語歷史音韻學》（2001 年 12 月香港語言學年會報告）一文中，也以《文始》“火”字條爲例，對章氏將“焜”、“燔”、“炭”、“熱”四字繫聯在一起的聲韻基礎提出質疑。實際上，這四個字並不在一個層面之上，而是根據其所從出的孳乳義項分屬於不同的義類和層級。“火”（曉母脂部）爲本條初文，變易出“焜”（曉母脂部）、“爟”（見母寒部）、“㷋”（審母/曉母諄部），處於第一層級；“火”與“焜”聲韻皆同，“火”與“爟”聲紐爲牙喉同類、韻部爲脂寒次對轉，“火”與“㷋”聲紐爲異讀正紐（㷋又吁位反）、韻部爲脂諄正對轉。“爟”孳乳爲“燔”（並母寒部），處於第二層級；“爟”與“燔”，韻部疊韻（章氏謂“疊韻孳乳”），聲紐爲喉音發舒爲脣音。“㷋”孳乳爲“焌”（照母諄部），“焌”又孳乳爲“熱”（泥母泰部），屬於第三層級；“㷋”與“焌”爲旁紐疊韻，“焌”與“熱”聲紐爲舌齒相變，韻部爲諄泰次對轉。“烣”又變易爲“然”（泥母寒部），“然”又孳乳爲“炭”（透母寒部），也屬第三級；“烣”與“然”聲紐爲舌齒相變，韻部爲諄寒旁轉；“然”與“炭”爲旁紐疊韻。從以上分析可知，由於“焜”、“燔”、“炭”、“熱”四字處於不同義類的不同層級之中，因此不能單獨提取出來討論其間的聲韻關係，而要放在《文始》義轉關係的框架之內作全方位分類分層的綜合考察，這樣纔能看出其間的相互關係和章氏據以繫聯的依據所在。

綜上所述，《文始》各條目中的孳乳義項和孳乳層級組成了每個條目的義轉關係框架。這一義轉關係框架，是以初文準初文爲整個條目義轉關係的總根起點，各孳乳義項爲派生節點，分類分級向下孳乳，由此形成一個立體化多層面的義轉系統。忽略了《文始》在義轉關係上的這種非平面特點，而把《文始》各條目的層級分類義轉關係當作一個層面之上的義轉關係，就會對《文始》的義轉基礎和繫聯方式産生誤解。

第四節　《文始》變易與孳乳的方式條例

變易與孳乳是《文始》各條目下同源字族的兩種最基本義轉方式，各有其不同的義轉基礎和義轉條例。變易字的義轉基礎是“音義相讎”，其義轉條例可分爲轉語變易、異體變易、分別變易；孳乳字的義轉基礎是“義自音衍”，其義轉條例可分爲同狀異所、異狀同所、相反成言。在《文始》各條目中，處於層級分類義轉關係框架不同節點的初文準初文及其變易孳乳字，正是依據其相應的義轉基礎和義轉條例發生字義上的相互關聯，從而使得同條目下不同的字頭能夠在字義關係上類聚爲同源的字族。

章太炎在《文始·敍例》中不僅對變易和孳乳的概念作了明確的界定，而且還分別了“同狀異所”和“異狀同所”這兩種不同的孳乳方式，但對變易中的“分別變易”及孳乳中的“相反成言孳乳”則未言及。對於“分別變易”和“相反成言孳乳”，章氏是在《文始》相關條目的具體論述時提及和應用的。

“分別變易”，是指在主要意義或中心意義上相同，衹是在具體應用或具體表現方面有異的變易字。例如，《文始·卷九·陰聲霄部甲》“皀”

字條："踊又分別變易爲趣，喪擗趣也。"[①]《文始·卷九·陽聲談部乙》"马"字條："（𢀜）又分別變易爲英，艸榮而不實者。一曰黃英。萼旁轉支亦分別變易爲蘳，黃萼也。"[②]

"相反成言孳乳"，章氏又作"反言孳乳"、"相反爲言"、"相反爲義"、"相反爲訓"，是依據"美惡不嫌同詞"、"相反亦相成"的"反訓"關係構成的孳乳條例，在《文始》各條目中多有體現。例如，《文始·卷一·陰聲泰部乙》"亅"字條："正其曲則曰栝，㯂也。此以反言孳乳。"[③]《文始·卷二·陰聲隊部乙》"乀"字條："輔弗戾者曰弼，則以相反成言孳乳。"[④]《文始·卷四·陽聲清部乙》"壬"字條："壬爲直，巠則衺流。此又相反爲言也。"[⑤]《文始·卷八·陰聲之部甲》"久"字條："《詩傳》：'疑，定也。'《釋言》：'疑，戾也。'疑訓惑者，相反爲訓，孳乳爲儗，爲譺，騃也。"[⑥]

除在《文始·敘例》和相應條目中對變易孳乳方式的論述以外，章氏還在《國故論衡·轉注假借說》一文中，在討論轉注問題時區分了來自方言殊語的"轉語"轉注字和來自古今異形的"異體"轉注字。這兩種轉注字都與《文始》中的變易字相當。因此，章氏在《國故論衡·轉注假借說》中對轉注字的此種分類正可以視爲其對變易字具體變易方式的分類。

綜合上述章氏在不同著作中對孳乳與變易的說明及分類，可以將《文始》孳乳與變易的具體方式條例總結概括如下表：

《文始》變易孳乳條例表

變易條例	條例說明	孳乳條例	條例說明
轉語變易	同一語詞，不同方言	同狀異所孳乳	形態相同，本質不同
異體變易	同一文字，不同形體	異狀同所孳乳	形態不同，本質相同
分別變易	主要意義相同，具體方面不同	相反成言孳乳	意義相反，但又相成

以上兩類六種變易與孳乳條例，是章氏對《文始》中義轉方式的規律

① 章太炎：《章太炎全集》第七冊，上海人民出版社 1999 年版，第 399 頁。
② 同上書，第 407 頁。
③ 同上書，第 176 頁。
④ 同上書，第 209 頁。
⑤ 同上書，第 272 頁。
⑥ 同上書，第 374 頁。

概括，也是他用以繫聯《說文》同源字族的意義標準。

最早對《文始》中的變易與孳乳作詳細解釋說明的是章氏弟子黄侃。黄氏曾謂："若其書中要例，惟變易、孳乳二條。變易者，形異而聲、義俱通；孳乳者，聲通而形、義小變。試爲取譬，變易，譬之一字重文；孳乳，譬之一聲數字。今字或一字兩體，則變易之例所行也；或一字數音、數義，則孳乳之例所行也。今字一字或數音、數義，假令各製一字，斯成數字矣。古以一聲演成數字者，循轉注之例；今以一字兼數音、數義者，循假借之例。"[①]又謂："古今文字之變，不外二例：一曰變易，一曰孳乳。變易者，聲、義全同而別作一字變易猶之變相。孳乳者，譬之生子，血脈相連，而子不可謂之父。中國字由孳乳而生者，皆可存之字。由變易而生之字，則多可廢，雖《說文》中字亦然如唁从口，言聲。言已从口，更加口，此三代之俗字。若孳乳之字非特不可廢，且須再造也。"[②]以上黄氏對《文始》變易與孳乳的論述，不僅首次對變易與孳乳作了明確詳細的界定，區分了變易與孳乳的不同表現及各自功用，而且還指出了章氏《文始》中的變易與孳乳其實就是《國故論衡·轉注假借說》中的轉注假借理論在繫聯《說文》字族中的具體應用。可以說，後來學界對變易與孳乳概念的解釋說明，基本上都是依據或導源於黄氏的上述論斷。

較早對《文始》變易和孳乳的具體方式條例作分析說明的，是劉曉東先生的《〈文始〉初探》。在該文中，作者根據變易字產生的原因，將《文始》中的變易條例概括爲下圖：[③]

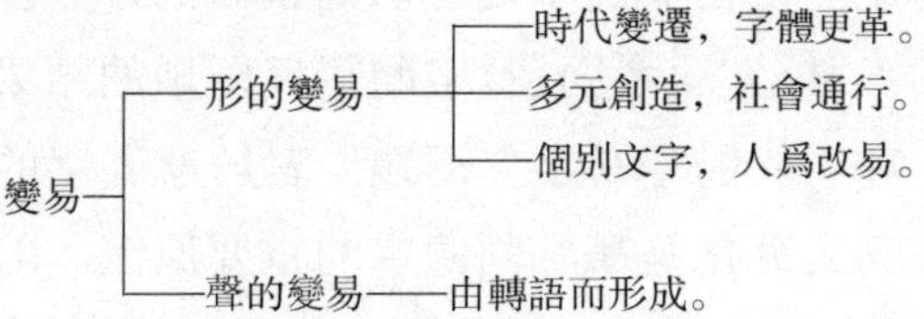

對於孳乳，作者又根據孳乳字的義轉方式，將《文始》中的孳乳條例概括爲下圖：[④]

① 黄侃：《黄侃論學雜著》，上海古籍出版社 1980 年版，第 164 頁。
② 黄侃述，黄焯編：《文字聲韻訓詁筆記》，上海古籍出版社 1983 年版，第 34 頁。
③ 《研究生論文選集·語言文字分冊》，江蘇古籍出版社 1985 年版，第 175 頁。
④ 同上書，第 177 頁。

- 義類孳乳分化式
  - 擴大孳乳
  - 縮小孳乳
  - 轉移孳乳
    - 同狀轉移
    - 同實轉移
    - 同功轉移
    - 物事相因
    - 物物相系
  - 反義孳乳
  - 多原孳乳

比較劉氏所概括的變易孳乳條例和章氏所言的變易孳乳條例，可以看出：就變易而言，劉氏的“形的變易”和“聲的變易”相當於章氏的“異體變易”和“轉語變易”。就孳乳而言，劉氏的“擴大孳乳”、“縮小孳乳”相當於章氏所說的“異狀同所孳乳”；劉氏“轉移孳乳”及其小類則是對章氏“異狀同所孳乳”或“同狀異所孳乳”在具體應用方面的再分類；劉氏的“反義孳乳”和章氏的“相反成言孳乳”相同；至於劉氏的“多原孳乳”實則是一種複合孳乳，指某個孳乳字有兩個或兩個以上的“語根”來源，與章氏所謂的“文字孳乳，或有二原”相同，可以看作是其他幾種孳乳方式的綜合表現。經過以上比較分析，不難看出，劉氏所概括歸納的變易孳乳條例，實則全部涵蓋於章氏已言及的變易孳乳範圍之內。

汪啟明《章太炎的轉注假借理論和他的字源學（下）》一文，也以《文始》中的變易字和孳乳字爲例，分析了變易和孳乳的具體條例。作者認爲，《文始》中的變易字“是由異體字爲主體而構成的，亦即《轉注假借說》中關於轉注起因的：(1)方語不同(2)字體變異兩項的結果”，[①]將變易字分爲“轉語變易字”和“異體變易字”兩類。對於孳乳字的義轉方式，則以爲“詞義的引申和詞的分化是孳乳同源字的重要原因。因此詞義引申的一般規律，也適用於同源字孳乳規律的分析”，將同源字的孳乳規律分作以下五类：[②]

① 汪啓明：《章太炎的轉注假借理論和他的字源學（下）》，載《楚雄師專學報》1990 年第 1 期。

② 同上。原文對孳乳字的規律說明是用文字敍述的方式，此處爲方便比較對照改作圖表形式。

- 同源字孳乳規律
  - （1）共性孳乳
    - a. 泛用孳乳
    - b. 類推孳乳
    - c. 比喻孳乳
    - d. 同狀孳乳
    - e. 同所孳乳
  - （2）相關孳乳
  - （3）對立孳乳
  - （4）因果孳乳
  - （5）詞形分化孳乳
    - ①動—名
    - ②動—形
    - ③形—名
    - ④形—動
    - ⑤名—形
    - ⑥名—動

比較汪氏所概括的變易孳乳條例和章氏所言的變易孳乳條例，可以看出：就變易而言，因汪氏充分梳理了《轉注假借說》中章氏對轉注字的分類，又將其與《文始》中的變易字作了對比，所以汪氏正確地指出了章氏對變易字的分類。就孳乳而言，汪氏所分之“共性孳乳”、“相關孳乳”、“因果孳乳”都可歸結爲章氏之“同狀異所孳乳”或“異狀同所孳乳”；汪氏之“對立孳乳”則與章氏之“相反成言孳乳”相當。至於汪氏的“詞形分化孳乳”，其實是詞性變化在文字上的反映和分化，而其間引申孳乳的基礎依舊不出“同狀異所”或“異狀同所”的範疇。

陸宗達、王寧二先生《訓詁方法論》一書，從“比較互證”的訓詁角度出發，梳理了漢語詞義引申發展的規律。雖然這些規律並非專門針對《文始》而言，但二先生既爲章黄學派的後繼傳人，對章黄之學發明甚多，加之在論證時又常常以《文始》中的內容爲具體材料和分析對象，故亦可援引其所概括的漢語詞義引申規律以與《文始》的孳乳條例作比較對照：①

① 陸宗達、王寧：《訓詁方法論》，中國社會科學出版社 1983 年版，第 146—161 頁。原文對詞義引申規律的說明是用文字敘述的方式，此處爲方便比較對照改作圖表形式。

詞義引申規律
- 一、理性的引申
  - （一）因果的引申
  - （二）時空的引申
  - （三）動静的引申
  - （四）施受的引申
  - （五）反正的引申
  - （六）實虚的引申
- 二、狀所的引申
  - （一）同狀的引申
    - （1）同形
    - （2）同態
    - （3）同用
  - （二）同所的引申
  - （三）同感的引申
- 三、禮俗的引申

比較陸、王概括的漢語詞義引申規律和《文始》中章氏所言的變易孳乳條例，可以看出：首先，因爲陸、王談的是詞義的引申問題，但變易並非是因詞義引申造成，而是由方言轉語和字形變化導致的文字異體，所以此處討論未涉及變易問題。其次，明顯是因受章氏《文始》影響，陸、王將“狀所的引申”專門獨立爲漢語詞義引申規律的一個大類，並就其具體的引申方式作了進一步的分類説明。再次，陸、王所分“理性的引申”一類，其中“施受的引申”和“反正的引申”相當於章氏《文始》中“相反成言孳乳”，而此類中的其他四個小類，如若從“狀所”的關係來看，則都可歸結爲“同狀異所”或“異狀同所”的關係，可視作是對具體“狀所”關係的進一步分類定名。最後，陸、王所分“禮俗的引申”一類，其實也是“狀所”關係在民族文化方面的體現和此種體現在詞義引申規律中的反映。

除上述對漢語詞義引申規律的全面梳理外，陸、王二先生還從詞義系統的角度對本義的特點和其引申的方向作了揭示：“本義是體現在文字字形中的詞的某個義項，它往往與某一具體形象相關聯……我們從詞義運動的規律中可以看出，決定詞義引申方向的往往不是這個詞原始的概括詞義，反而是與某個概括詞義相聯繫的那個具體形象。這個具體形象決定了詞的多個義項的關聯。”[①]此處陸、王二先生指出的這種由本義的具體形象義決定的漢語詞義系統中引申派生的方向性，在《文始》的孳乳方式上體現得非常明顯。據“《文始》變易孳乳一覽表”可以看出，在《文始》中作爲同源字族孳乳變易起點的初文準初文，多數具有若干義項，由此可以向不同的方向孳乳變易，形成不同的引申義類。然而，初文準初文若干義項的由來又往往是與初文準初文本義的具體形象義，而不是其概括抽象義相連相關的。陸、王二先生此處的論斷，正好可以作爲《文始》此種孳乳引申方式的最好說明。

通過比較以上各家對《文始》義轉方式的分析和章氏自己對此問題的說明，不難看出，《文始》中變易與孳乳的方式條例具有高度的概括性和簡明性。這種概括性和簡明性是由於語義系統的開放性和義轉關係的複雜性造成的。與語音系統的封閉性不同，語義系統是開放性的。由於語義系統的開放性，很難甚至是不可能窮盡語義轉變中所有的方式條例，於是一種較爲可行的替換方法就是從義轉關係的大範圍上給出高度簡明概括的主要義轉條例，而基於這些主要義轉條例的具體義轉細類則可根據實際的義轉現象歸納總結而出，《文始》所採取的正是這種方法。如此則可解釋，爲什麼在《文始》中章氏對音轉規律條分縷析卻對義轉規律簡明概括。這是因爲，章氏是根據語音和語義系統的不同特點表現而分別制定相應繫聯規則的。楊潤陸先生在《〈文始〉說略》中曾對《文始》的義轉規律總結道：“(《文始》) 衹有轉注造字的大理論，而缺乏具體闡述的小規程”，[②]既正確指出了《文始》義轉規則的高度簡明概括性，同時也忽略了在複雜的字族繫聯中想全面實現所有義轉條例的明細化，用類似音轉表格那樣的方式窮盡漢語全部的義轉規律，無論就理論還是實踐來說，都是難以甚至是無法實現的。

從章氏自己所界定的變易孳乳條例以及初文準初文的具體形象義決定詞義引申的方向性出發看待《文始》中的義轉關係，則《文始》各條目中字族義轉的依據和章氏繫聯的基礎就能得到更爲合理恰當的解釋。

王力先生在《同源字典》一書的“同源字論”中，認爲《文始》的一

① 陸宗達、王寧：《訓詁方法論》，中國社會科學出版社 1983 年版，第 137 頁。
② 楊潤陸：《〈文始〉說略》，載《北京師範大學學報》1989 年第 4 期。

個主要問題在於“意義相差很遠，勉強加以牽合”，並以《文始·卷一·陽聲寒部丙》“𧮫”字條爲例，說道：“從聲音方面看，‘𧮫、兑、隧、術、達、駾、戾’相通是沒有問題的；從詞義方面看，則大有問題。山間陷泥與胡澤大相逕庭，與隧道更是風馬牛不相及。至於孳乳爲達、爲駾、爲戾（戶），更不知所據何而云然。”[①]本條中，章氏似並未以“𧮫”有“胡澤”義，其所云“《易》兑爲澤，借爲𧮫字，兑從𧮫聲也。其聲蓋亦兼在喉舌”，[②]是說“兑”從“𧮫”得聲，故“𧮫”有舌音，所以說“𧮫”字是“其聲蓋亦兼在喉舌”，即“𧮫”可讀作影、定二紐。從義轉關係來看，“𧮫”與“兑、隧、術”的關係，是由於“䢔（隧）”爲“兩𨸏之間”，“兑”爲“成蹊也”（據《毛傳》），“術”爲“邑中道”，三字皆有“道路”義，而“𧮫”的“山間陷泥地”亦可作“通道”看待，所以“𧮫”能變易爲“䢔（隧）、兑、術”；就義轉方式而言，“𧮫”與“䢔（隧）、兑、術”屬於“轉語變易”。至於“𧮫”與“達、駾、戾”的關係，是因“𧮫”變易爲“兑”，而“兑”有“道路、通達”之義，所以能孳乳爲“達（暢通）、駾（馬行疾）、戾（輜車旁推戶，亦有通義）”；就義轉方式而言，“兑”與“達、駾、戾”屬於“同狀異所孳乳”。這樣，從層級分類的義轉框架和《文始》本身的義轉方式來看，本條字族字頭間的意義關係還是能夠梳理清楚的。

宋永培《〈文始〉“京”字條評注》一文，對《文始·卷五·陽聲陽部乙》“京”字條的音義繫聯依據作了分析論證，認爲在該條所收的 13 個字中，“京”與“虛”，“京”與“鱷、麠、航”音同義通；但“京”與“壙、野”，“京”與“格、殭、枯、殆、腒、穅”，雖在音轉關係上能夠繫聯，但在義轉關係上則並不相通。理由是：“京”的詞義特點是“高大”，而“壙、野”的詞義特點是“廣大”；“格”的詞義特點是“相交”，而“殭、枯、殆、腒”的詞義特點是“乾枯”，“穅”的詞義特點則是“空”；所以相互之間並不同源。[③]從《文始》自身的變易孳乳條例來看，“京”爲“高丘”義，“壙、野”爲“廣大”義，“高”和“大”義類相通，所以“京”能孳乳爲“壙、野”；就義轉方式而言，“京”與“壙、野”的關係屬於“異狀

① 王力：《同源字典》，商務印書館 1982 年版，第 41 頁。
② 章太炎：《章太炎全集》第七册，上海人民出版社 1999 年版，第 197 頁。
③ 宋永培：《〈文始〉“京”字條評注》，載《古籍整理研究學刊》1995 年 Z1 期。

同所孳乳”。再從本義的具體形象義決定詞義引申的方向性看，因“京以丨象高，亦有特立之義”，[①]所以能夠孳乳出同樣有“特立”之義的“格”（《說文》訓木長皃）；就義轉方式而言，“京”與“格”的關係屬於“同狀異所孳乳”。“格”的“特立”義又引申出“立死”義，所以能變易爲“殭”、“枯”（皆爲“枯死”義）；就義轉方式而言，“格”與“殭、枯”屬於“轉語變易”。“枯”又移以言人及物，孳乳爲“殆、腒、穅”（皆有枯乾、枯空義）；就義轉方式而言，“枯”與“殆、腒、穅”屬於“同狀異所孳乳”。本條因“京”有“高丘”、“大”、“特立”三個義項，三個義項既向三個不同的方向引申發展，各自類聚音義相同相通的字，但最後又統一於其所從出的“京”這個準初文之下，由此聚合繫聯爲同條字族。如此看來，從《文始》本身的變易孳乳方式出發，本條所收的 13 個字，其間內在的義轉關係和章氏據以繫聯的義轉基礎也是清楚明晰的。

孟蓬生《上古漢語同源詞語音關係研究》一書，在“前人對同源詞語音關係的研究”一章中，對《文始》的音轉條例作了概要性說明，肯定了《文始》聲韻兼顧的繫聯方法，認爲《文始》繫聯寬泛的弊病主要不是由於音轉過寬，而是由於義轉過濫造成：“《文始》的繫聯結果不能令人滿意的地方很多，許多人都認爲是聲音通轉範圍過寬造成的。我們認爲，《文始》中確實存在著通轉範圍過寬的現象，但這並不是造成繫聯結果的不可信的惟一原因，語義關係把握不嚴也是一個重要因素”，接著作者又舉《文始·卷三·陽聲真部乙》“臣”字條的義轉關係爲例證，並在最後總結道：“臣訓牽、臤訓堅都是相承的聲訓，並沒有堅強的證據。即便臣牽同源，從意義上看，它們也難以跟緊堅臖豎等發生關係。至於掔訓牛不從引，[②]賢訓多才，跟臣、堅等字的意義也不搭界。”[③]關於“臣”、“牽”二字的關係，楊樹達先生在《臣牽解》一文中對此問題論證甚詳，亦以爲“臣”有“牽”義。至於“臤”有“堅強”義，章氏也在論述中給出了訓詁文獻方面的材

① 章太炎：《章太炎全集》第七冊，上海人民出版社 1999 年版，第 307 頁。

② 《說文·牛部》：“掔，牛很不從引也”。作者似據此以爲章氏在此條中將“掔”的《說文》釋義引作“牛 很不從牽也”是誤引，於是出按語曰：“牽當做引——引者”。實則章氏此處並非引用的是大徐《說文》，而是參用了段注《說文》。段注《說文》“掔”字釋義正作“牛很不從牽也”，章氏不誤。

③ 孟蓬生：《上古漢語同源詞語音關係研究》，北京師範大學出版社 2001 年版，第 87 頁。

料證明，表明並非出自臆測。再從本條字族的義轉層級上看，“臣”並非是直接與“緊、堅、礥、鋻”等發生孳乳關係，而是“臣”有“牽”義，“牽”又有“臤持”義，故“臣”能孳乳爲“臤”；就義轉方式而言，“臣”與“牽”屬於“分別變易”，“臣”與“臤”屬於“異狀同所孳乳”。“臤”有“堅固”義，而“緊”爲“纏絲急”、“掔”爲“牛不從牽”、“堅”爲“土剛”、“礥”爲“餘堅”、“鋻”爲“刀劍剛”、“賢”爲“多才”（“多才”則“堅”。古又以“臤”爲“賢”，亦可證二字相通），以上各字雖然具體義類方面不同，但皆有“堅固”之義；就義轉方式而言，“臤”與“緊、掔、堅、礥、鋻、賢”屬於“異狀同所孳乳”。通過以上分析，可以看出，結合《文始》的義轉關係框架和義轉方式條例，細緻梳理變易孳乳的類別層級和繫聯依據，則此條中“臣”與“緊、掔、堅、礥、鋻、賢”的義轉關係和義轉基礎還是能夠“搭界”的，而章氏對其間語義關係的把握也是較爲嚴格的。

綜上所述，《文始》各條目中的義轉關係都是有規律可循的，而變易與孳乳及其方式條例就是《文始》義轉規律的具體體現。《文始》的義轉規律以層級分類的義轉關係框架爲基礎，呈現出高度的簡明性和概括性。在梳理《文始》各條目的意義關係時，必須首先確定義轉的類別與層級，然後再根據《文始》義轉的方式與條例，理清其間的繫聯依據。這樣，《文始》各條目中章氏類聚同源字族的意義條件便能得到合理的解釋與說明。

第五節 《文始》變易與孳乳的書證依據

《文始》各條目中同源字族繫聯的形音義依據雖然主要取自於《說文》，但亦有不少字頭的繫聯依據來自於除《說文》以外的其他書證文獻材料。全面梳理《文始》中的非《說文》書證文獻材料，對於正確理解《文始》中字族的形音義繫聯基礎以及章氏對《說文》的看法態度都具有重要意義。

章太炎極爲推崇許慎《說文》，以爲“研機文字之學，《說文》其總龜也”，[①]

① 金祖同：《甲骨文辨證》上集自跋。

又以爲“文字源流，除《説文》外，不可妄求。”[①]這種看法自然決定了《文始》一書同源字族繫聯的依據基礎主要取自於《説文》的形音義系統：初文準初文主要根據《説文》字形的獨體與準獨體，聲轉韻轉主要根據《説文》字音的諧聲偏旁與讀若讀如，變易孳乳主要根據《説文》字義的訓釋與説解。但是，章氏對《説文》的態度，並非完全的迷信盲從，而是以《説文》中的形音義爲《文始》字族繫聯的主要依據，又在此基礎上旁徵博引了大量的其他書證文獻材料，以補充甚至糾正《説文》的不足和疏失。

《文始》在字族繫聯時用以補充糾正《説文》的書證文獻材料，其種類細目及引用頻次的具體詳細情況，可以從章氏在字族繫聯時所徵引的書目及頻度中看出。

據《文始》全文數據表，提取《文始》“正文”字段中出現過的所有書目（去除《説文》），再對書目進行分類，分別計算各類書目的引用頻次，製成“《文始》引用書目及頻次一覽表”，以全面展現《文始》的書證及引用情況。

《文始》引用書目及頻次一覽表

序號	引用書目	頻次	序號	引用書目	頻次
1	《爾雅》	227	12	《尚書》	42
2	《毛傳》	176	13	《儀禮》	40
3	《周禮》	158	14	《春秋國語》	37
4	《毛詩》	155	15	西漢・司馬遷《史記》	36
5	《春秋左氏傳》	90	16	《莊子》	34
6	《禮記》	83	17	清・段玉裁《説文解字注》	33
7	西漢・揚雄《方言》	82	18	東漢・鄭玄《禮記注》	25
8	東漢・劉熙《釋名》	67	19	《荀子》	24
9	魏・張揖《廣雅》	53	20	《楚辭》	23
10	《周易》	49	21	唐・孫愐《唐韻》	21
11	東漢・班固《漢書》	44	22	《韓詩外傳》	20

① 章太炎著，馬勇編：《章太炎書信集》，河北人民出版社 2003 年版，第 960 頁。

序號	引用書目	頻次	序號	引用書目	頻次
23	《淮南子》	20	51	東漢・張衡《西京賦》	6
24	東漢・鄭玄《周禮注》	20	52	《三體石經》	6
25	南唐・徐鍇《説文解字繫傳》	18	53	北宋・陳彭年等《廣韻》	6
26	東漢・鄭玄《毛詩箋》	17	54	《老子》	5
27	《孟子》	16	55	《逸周書》	5
28	《呂氏春秋》	16	56	《尚書》某氏《傳》	5
29	《墨子》	15	57	東晉・郭璞《爾雅注》	5
30	《管子》	14	58	唐・慧琳《一切經音義》	5
31	《春秋公羊傳》	14	59	唐・孔穎達《五經正義》	5
32	《黃帝内經》	13	60	《世本》	4
33	唐・顔師古《漢書注》	12	61	吳・韋昭《國語注》	4
34	東漢・班固《白虎通義》	11	62	西晉・杜預《春秋左傳注》	4
35	南朝・顧野王《玉篇》	10	63	《春秋》	3
36	《論語》	9	64	《尚書大傳》	3
37	《春秋穀梁傳》	9	65	《小爾雅》	3
38	《大戴禮記》	9	66	《繹山刻石》	3
39	《韓非子》	9	67	《周髀算經》	3
40	東漢・服虔《通俗文》	9	68	東漢・馬融《廣成頌》	3
41	唐・陸德明《經典釋文》	9	69	東漢・王逸《楚辭章句》	3
42	東漢・鄭玄《儀禮注》	8	70	東漢・趙岐《孟子章句》	3
43	《漢郊祀歌》	7	71	西晉・張斐、杜預《晉律注》	3
44	東漢・何休《春秋公羊解詁》	7	72	西晉・左思《三都賦》	3
45	南朝・范曄《後漢書》	7	73	東晉・郭璞《方言注》	3
46	《山海經》	6	74	《孝經》	2
47	《司馬法》	6	75	《六韜》	2
48	秦・李斯《倉頡篇》	6	76	《商君書》	2
49	東漢・高誘《淮南子注》	6	77	西漢・賈誼《賈子》	2
50	東漢・高誘《呂氏春秋注》	6	78	西漢・劉向《列女傳》	2

序號	引用書目	頻次	序號	引用書目	頻次
79	西漢・史游《急就章》	2	107	《孫子算經》	1
80	西漢・王褒《僮約》	2	108	《九章算術》	1
81	西漢・揚雄《甘泉賦》	2	109	《論語讖》	1
82	西漢・揚雄《蜀都賦》	2	110	《尚書緯》	1
83	東漢・班固《西都賦》	2	111	《春秋說題辭》	1
84	東漢・蔡邕《月令章句》	2	112	《春秋元命苞》	1
85	東漢・馬融《周易注》	2	113	《孝經援神契》	1
86	東漢・王充《論衡》	2	114	西漢・董仲舒《春秋繁露》	1
87	東漢・鄭玄《尚書注》	2	115	西漢・劉向《五經通義》	1
88	東漢・鄭玄《孝經注》	2	116	西漢・劉向《新序》	1
89	魏・李登《聲類》	2	117	西漢・枚乘《七發》	1
90	魏・張揖《埤蒼》	2	118	西漢・司馬相如《大人賦》	1
91	吳・薛綜《西京賦注》	2	119	西漢・司馬相如《上林賦》	1
92	西晉・陳壽《三國志》	2	120	西漢・司馬相如《子虛賦》	1
93	西晉・呂忱《字林》	2	121	西漢・揚雄《法言》	1
94	唐・賈公彥《周禮疏》	2	122	西漢・揚雄《太玄》	1
95	唐・李延壽《南史》	2	123	西漢・揚雄《長楊賦》	1
96	唐・司馬貞《史記索隱》	2	124	西漢・揚雄《河東賦》	1
97	唐・王冰《黃帝內經注》	2	125	西漢・揚雄《羽獵賦》	1
98	唐・顏師古《匡謬正俗》	2	126	西漢・揚雄《酒箴》	1
99	清・朱駿聲《說文通訓定聲》	2	127	西漢・揚雄《劇秦美新》	1
100	《石鼓文》	1	128	西漢・揚雄《蜀王本紀》	1
101	《詛楚文》	1	129	東漢・班彪《王命論》	1
102	《會稽刻石》	1	130	東漢・班昭《女誡》	1
103	《魯詩》	1	131	東漢・李尤《鞠城銘》	1
104	《列子》	1	132	東漢・馬融《長笛賦》	1
105	《戰國策》	1	133	東漢・王升《石門頌》	1
106	《孫子兵法》	1	134	東漢・王延壽《魯靈光殿賦》	1

序號	引用書目	頻次	序號	引用書目	頻次
135	東漢·應劭《風俗通義》	1	154	東晉·郭璞《山海經圖讚》	1
136	東漢·張衡《南都賦》	1	155	南朝·劉道薈《晉起居注》	1
137	東漢·張仲景《金匱要略》	1	156	南朝·裴駰《史記集解》	1
138	東漢·趙爽《周髀算經注》	1	157	南朝·阮孝緒《文字集略》	1
139	東漢·趙煒《吳越春秋》	1	158	北朝·酈道元《水經注》	1
140	東漢·鄭玄《駁五經異義》	1	159	北朝·張丘建《張丘建算經》	1
141	東漢·鄭玄《論語注》	1	160	隋·曹憲《博雅音》	1
142	魏·曹丕《典論》	1	161	唐·何超《晉書音義》	1
143	魏·嵇康《琴賦》	1	162	唐·李賢《後漢書注》	1
144	魏·魚豢《魏略》	1	163	唐·孫思邈《千金要方》	1
145	吳·萬震《南州異物志》	1	164	唐·唐玄度《九經字樣》	1
146	西晉·崔豹《古今注》	1	165	唐·魏徵等《羣書治要》	1
147	西晉·皇甫謐《針灸甲乙經》	1	166	唐·魏徵等《隋書》	1
148	西晉·陸機《文賦》	1	167	唐·玄奘《大唐西域記》	1
149	西晉·司馬彪《莊子注》	1	168	唐·顔師古《急就章注》	1
150	西晉·王肅《論語注》	1	169	唐·張參《五經文字》	1
151	西晉·張華《博物志》	1	170	元·黃公紹《古今韻會舉要》	1
152	東晉·崔譔《莊子注》	1	171	清·孫詒讓《墨子閒詁》	1
153	東晉·韓康伯《周易注》	1	172	清·鄒伯奇《格術補》	1

據“《文始》引用書目及頻次一覽表”，可以看出，《文始》中引用的書證材料就其本身的類別而言，有經書類、小學類、史書類、子書類、文學類、緯書類、醫書類、算數類、碑刻類等九大類共 170 餘種，材料廣博、內容豐贍。

《文始》引用的書證文獻材料，其來源出處，需要結合章太炎創作《文始》時的具體環境條件來看。《文始》初創於章氏旅居日本時期，對當時情況章氏後來曾自云“及亡命東瀛，行篋中惟《古經解匯函》、《小學會函》二書。”①依照章氏所言，則可通過比較對照《古經解匯函》中收錄的書目

① 諸祖耿：《記本師章公自述治學之功夫及志向》，載《制言》1936 年第 25 期。

與《文始》中徵引的書目以明瞭《文始》書證文獻的確切由來。

《古經解匯函》爲清人鍾謙鈞所輯，其編纂目的是爲補《十三經注疏》、《通志堂經解》及《皇清經解》所未收者，刊刻於光緒十四年（1888年，上海蜚英館石印本，二十冊），分爲上、下兩函。上函收錄了宋以前漢唐注釋家對儒家經典的訓詁及解釋，計有二十三種：《鄭氏周易注》、《陸氏周易述》、《周易集解》、《周易口訣義》、《易緯》（八種）、《尚書大傳》、《韓詩外傳》、《毛詩草木鳥獸魚虫疏》、《春秋繁露》、《春秋釋例》、《春秋集傳纂例》、《春秋微旨》、《春秋集傳辨疑》、《論語義疏》、《論語筆解》、《鄭志》（並補遺）；下函收《小學匯函》及續附，《小學匯函》收小學類書計有十四種：《方言》、《釋名》、《廣雅》（附曹憲音）、《匡謬正俗》、《急就篇》、《說文解字》、《說文繫傳》、《說文篆韻譜》、《玉篇》、《干祿字書》、《五經文字》、《九經字樣》、《廣韻》（張氏澤存堂本、明內府本）；續附收經學及小學類書，計有十二種：《五經異義疏証》、《古文尚書馬鄭注》、《尚書逸文》、《魯詩故》、《齊詩傳》、《韓詩翼要》、《韓詩故》、《薛君韓詩章句》、《月令問答章句》、《字林考逸》、《倉頡篇》、《原本玉篇》。

比較上述《古經解匯函》收錄的書目和"《文始》引用書目及頻次一覽表"中的書目，不難看出，章氏《文始》所引用的書目基本上都可從《古經解匯函》中找到出處。由此看來，章氏在《文始》中所引用的書證文獻的主要來源就是《古經解匯函》（《小學匯函》及續附）。

《文始》中章氏對非《說文》書證文獻材料的徵引，主要有以下幾個方面的原因：

第一，用訓詁專著中的引申義來對《說文》的本義作補充。章氏在《論語言文字之學》一文中曾說："《說文》所述，重在形體，其訓詁惟是本義，而於引申、假借則在所畧。然古今載籍，用本字、本義者少，而用引申、假借者多。若墨守《說文》，則非特於古籍難通，卽近世常行之學，亦不得其解矣。是故引申、假借之用，不得不求之《爾雅》、《方言》諸書。"[①]正因爲章氏注意到了《說文》與《爾雅》、《方言》等書在字義訓釋上的不同之處，所以在《文始》中章氏往往徵引《爾雅》、《毛傳》、《方言》、《釋

① 章太炎：《國故論衡》，商務印書館2010年版，第209頁。

名》、《廣雅》等訓詁著作中的釋義來對《說文》釋義作補充，從引申義的角度對《說文》本義進行說明，以證明字族繫聯中變易與孳乳的意義關聯。這種用本義和引申義互爲印證的方法，表明章氏是從詞義系統出發來繫聯《說文》字族的。例如，《文始·卷一·陽聲寒部丙》“㒵”字條：“《士冠禮》注：‘弁名出於槃。槃，大也。’此猶㝷之言詡，故又孳乳爲昄，大也。爲伴，大貌。爲媻，奢也。奢亦大也。爲㒼，盈溢也。《廣雅·釋詁》曰：‘㒼，充也。’㒼又孳乳爲懣，煩也。轉諄爲悶，懣也。旁轉諄爲㦤，以囊盛穀大滿而裂也。次對轉隊爲奰，壯大也。奰又孳乳爲㿴，滿也。次對轉脂爲膍，牛百葉也。《釋詁》、《詩傳》皆訓厚，猶腹訓厚矣。爲䏶，人臍也。《詩傳》訓厚，猶膍也。《方言》訓懣，亦厚引伸之義。”[①]此條準初文“㒵”，《說文》訓爲“冕也”，章氏此處據《儀禮》鄭注，以爲“㒵”亦有“大”義，故能孳乳爲“昄、伴、媻、㒼、㦤、奰、膍、䏶”諸字。其中“㒼”之本義爲“盈溢”、“膍”之本義爲“牛百葉”、“䏶”之本義爲“人臍”，似與“大”義不符，故章氏分別據《廣雅》、《釋詁》、《詩傳》、《方言》所載之引申義，以明此三字亦有“厚大”之義，所以都能與“㒵”發生同狀異所的孳乳關係。

第二，用文獻語言用例的具體義來對《說文》訓釋的抽象義作說明。許慎《說文》中所收的字義往往是漢字的概括、抽象義，而變易孳乳的基礎卻是漢字的具體、形象義。因此，在《文始》中章氏時常引用文獻語言用例中的具體形象義來說明《說文》的概括抽象義，以證明《說文》釋義的正確性或表明字義引申孳乳的具體意義基礎。此外，由於同族字之間音近義通，所以在文獻語言用例中一定有相互借用的現象，通過文獻語言中的借用情況也能看出兩字的通用並非偶然的同音假借，而是有其音義上的同源關聯。例如，《文始·卷四·陰聲支部甲》“秝”字條：“《說文》：‘秝，稀疏適歷也。依王、段二家訂正。从二禾。’引伸爲調適義，或以厤爲之，厤訓和從厤，說曰：厤調也。《春秋傳》曰：‘嘉栗旨酒。’栗亦秝也。支、至旁轉若‘栗階’即‘歷階’矣。《七發》：‘勺藥之醬。’《子虛賦》：‘勺藥之和。’《蜀都賦》：‘勺藥之羹。’《南都賦》：‘歸雁鳴鵽，

① 章太炎：《章太炎全集》第七册，上海人民出版社 1999 年版，第 200 頁。

香稻鮮魚，以爲勺藥。'文穎云'勺藥，五味之和。'韋昭云'勺藥，和齊鹹酸美味也。'王引之曰：'勺藥之言適歷也。'然則秝轉爲藥，音本如哀樂之樂。由支轉宵，其聲隔越，亦猶'蠡蛸'之爲'螵蛸'，'戎狄'之爲'戎翟'也。藥本由秝孳乳，《說文》訓治病艸，然上品本以服食，其和齊酸鹹，諸方皆同，薑桂烏梅又調食之品，是調藥與調羹同。"[①]本條中，章氏因"藥"的"治病艸"義較爲概括抽象，所以引用文獻用例以表明其具體形象義爲"五味之和"，有"調和"義；又因"調藥與調羹同"，所以"秝"的"調適"義與"藥"的"調和"義能發生同狀異所的孳乳關係。

第三，用訓詁專著的釋義和文獻語言的用例來糾正《說文》的疏漏。章氏《文始》所據《說文》版本，並非衹依大徐本《說文》，而是以大徐《說文》、段注《說文》和小徐《繫傳》相互補正，又在具體聯繫字族時利用其他文獻材料對《說文》形音義上的疏失進行糾正。其中尤爲特殊的是《文始》中章氏用金文與石刻文字對初文準初文字形的確定，表明他對除《說文》外的古文字材料並非完全排斥。例如，《文始·卷一·陽聲寒部丙》"單"字條初文字形（據《繹山碑》）、《文始·卷二·陰聲脂部乙》"㡀"字條準初文字形（據《周禮》古文）、《文始·卷二·陰聲脂部乙》"非"字條初文字形（據《三體石經》）、《文始·卷五·陰聲魚部甲》"牙"字條初文異體（據《三體石經》）、《文始·卷五·陰聲魚部甲》"白"字條初文字形（據《繹山碑》）、《文始·卷七·陽聲緝部丁》"邑"字條初文字形（據《三體石經》）。《文始》中用文獻語言用例來訂正《說文》釋義的情況，例如《文始·卷三·陰聲至部甲》"乙"字條："《說文》：'乙，象春艸木冤曲而出。'尋乙當爲履之初文。湯自稱'予小子履'，《世本》言湯名天乙。乙、履一也。故古文禮作𠃞。禮，履也。從乙聲卽從履聲也，脂至本近旁轉，履、𠃞皆乙之變易孳乳也。乙象足迹如栔形，乾字從乙，謂履而上出也。亂字當依雅訓正絕流曰亂，從乙𤔔聲，謂履而渡也。尤當爲郵之古文。郵者，竟上行書舍。從乙，謂履而過也。故稽從尤訓留止，謂關吏訶止行人也。"[②]本條初文"乙"的本義，章氏並未從《說文》釋義，而是根據古文"禮"字的異體和訓解以及"乾"、"亂"、"尤"諸字

① 章太炎：《章太炎全集》第七冊，上海人民出版社1999年版，第264頁。
② 同上書，第233頁。

之形旁，再結合《世本》所記商湯别名，以證“乙、履一也”，從而認爲“乙”之本義當爲“履過”。又如《文始·卷四·陽聲清部乙》“丁”字條：“《説文》：‘丁，萬物丁壯成實。象形也。’尋《詩傳》曰：‘丁丁，椓杙聲也。’又曰：‘丁丁，伐木聲也。’然則丁者，擊伐之義，字形作个，與仐相似，仐訓啎，《釋詁》丁亦訓當，局就伐擊之器言之，則午亦爲杵，丁亦爲今之釘，議者或云今言釘者，古祇言鐕，乃聲誤，然《素問•生气通天論》曰：‘高粱之變，足生大丁。’《南史》徐嗣伯治一老姥黶處，拔出寸許，云此名釘疽，卽《素問》之‘大丁’也。然則言丁久矣，魚豢《魏略》言王淩自知罪重，試索棺釘，以觀大傅意，《魏志•王淩傳》注引。則魏時亦己借釘爲丁，其非鐕之音誤甚明。然朱駿聲直以丁爲今之釘字，義猶未備。伐擊之器，不專一釘。鏑爲矢鏠，形亦象丁，亦丁之對轉變易也。彝器作●，雖似釘尾，然於伐木之訓不合。古字固多聲借，●象一注之形，或本古文霝字，聲借爲丁。《大一經》以爲丁象人心，則由丁鬲對轉，猶鼎、鬲對轉。借丁爲鬲，鬲在心下，《釋名》云‘鬲，隔也。隔塞上下使气與穀不相亂也。’彼經説十千固多傅會，然如甲、乙、丙、丁、癸五字，説義皆有所因，非苟爲之。”[①]本條初文“丁”的本義，章氏亦未從《説文》而從《毛傳》，以“丁”當爲“擊伐”之義；其後又引用《黄帝内經·素問》、《南史·徐嗣伯傳》以及《魏志•王淩傳》以證“丁（釘）非鐕之音誤”；同時還駁斥了朱駿聲以“丁”、“釘”爲古今字的看法，認爲古“丁”字所指，其意義範圍遠大於今之“釘”字；最後以彝器之“●”，或是“霝”字之古文，與“丁”實爲聲借關係。除上引條目外，《文始·卷一·陰聲歌部甲》“禾”字條準初文，《文始·卷一•陰聲泰部乙》“孑”字條準初文、“孓”字條準初文、“貴”字條初文，《文始·卷一·陰聲寒部丙》“干”字條準初文、“亘”字條初文、“㗊”字條準初文，《文始·卷二·陰聲隊部甲》“卉”字條準初文、“靁”字條初文，《文始·卷三·陰聲至部甲》“七”字條初文，《文始·卷三·陽聲真部乙》“申”字條準初文，《文始·卷四·陽聲清部乙》“壬”字條準初文，《文始·卷五·陰聲魚部甲》“旅”字條初文，《文始·卷五·陽聲陽部乙》“午”字條“矢”字説解，《文始·卷五·陽

① 章太炎：《章太炎全集》第七册，上海人民出版社1999年版，第272頁。

聲陽部乙》“丙”字條初文，《文始·卷七·陰聲幽部甲》“丣”字條準初文、“𢎘”字條初文，《文始·卷七·陽聲冬部乙》“中”字條初文，《文始·卷七·陰聲侵部丙》“亩”字條初文，章氏說解都與《說文》訓釋不同，亦可證。

通過以上分析可以看出，章氏引用《說文》以外的訓詁文獻材料，目的是爲了彌補《說文》在形音義訓釋說解方面的不足與疏失，爲其繫聯同源字族提供書證文獻上的依據與證明；同時也可看出，章氏《文始》雖然主要取材於《說文》，但絕不是迷信盲從《說文》，而是在多方材料比較互證的基礎上對《說文》有分析的借鑒和繼承。何九盈先生在《中國現代語言學史》中以爲《文始》一書："篤信《說文》，乃至迷信《說文》，以至《文始》的取材全來自《說文》"，[①]此種論斷似與《文始》的實際情況並不相符。

綜上所述，《文始》中的書證材料，類別多樣，內容豐富。但由於章氏崇信《說文》，衹在繫聯字族中補正《說文》訛漏時纔援引他書予以疏釋，所以《文始》雖然引用書目較多（近200餘種），但引用頻次卻不高（2000餘次），從而給人造成“書證較少”或“證據不足”的印象，這實是對《文始》的一種誤解。《說文》對所收漢字解釋的正確性問題，囿於當時各方面的條件，自然有個別不當失據之處，但總體而言則是正確有據的，這也是歷來學界的共識，不應以後世新出的發現去苛責前人已有的研究結果。章氏既以《說文》爲漢語字族的繫聯對象，自然不必對大多數已經被文獻用例所證實的《說文》訓釋再做一遍重新考證。如此來看，《文始》徵引《說文》材料而不加引證之處也就可以理解了。至於章氏爲何不以當時業已發現的甲骨文字去糾正考釋《說文》中存在的偏失訛誤。對此問題，李運富從對待新出材料的審慎態度出發，[②]萬獻初從保持小篆字系的一致性出發，[③]也都給予了合理恰當的解釋。如若再結合《文始》中引用石刻金文材料對初文準初文字形的確定以及引用訓詁文獻材料對《說文》形音義的糾正，即可看出章氏對《說文》並非迷信，對出土文字也絕

① 何九盈：《中國現代語言學史》，廣東教育出版社2000年版，第520頁。
② 李運富：《章太炎黄侃先生的文字學研究》，載《古漢語研究》2004年第2期。
③ 萬獻初：《章太炎在漢字理論上的貢獻》，載《長江學術》2006年第4期。

非一概排斥，不能再簡單地以“迷信《說文》，反對甲金”這種先入爲主的印象式概念來替代對實際問題的具體分析，而應在全面梳理和綜合瞭解的基礎上得出更爲客觀求實的評價與結論。

小　結

綜觀《文始》一書的變易與孳乳，可總結概括如下：

在概念由來上，章氏根據《說文·敍》中許慎“改易殊體”和“孳乳浸多”的敍述，並結合自己所提出的轉注假借理論，將漢字發展演變的過程概括爲“變易”和“孳乳”兩大規律，以此作爲《文始》中漢語同源字族的兩種孳演方式。

在義轉框架上，《文始》各條目中的義轉關係具有明顯的層級分類特性。這種層級分類特性由各條目的孳乳義項和孳乳層級決定。處在此種義轉關係框架中的各個同源字詞，相互之間並不在同一個層面上，而是根據其孳乳的先後關係分屬於各個不同的義類與層級，但又最後統一於初文或準初文之下，從而形成分類多級的同源意義系統。

在義轉關係上，《文始》中的變易與孳乳條例，具有高度的概括性與簡明性，漢語義轉關係的各種方式途徑都可以置於這兩大條例之中。《文始》各條目中同源字族的具體義轉關係，就變易而言，有轉語變易、異體變易、分別變易；就孳乳而言，有異狀同所孳乳、同狀異所孳乳、相反成言孳乳。同一條目中的同族字都以某種變易或孳乳方式與其所從出的初文準初文發生直接或間接的義轉關聯，由此形成同源義類的集合。

在書證依據上，章氏在繫聯《說文》字族時，並不迷信《說文》，而是徵引了大量訓詁文獻材料以補充和糾正《說文》的不足和疏失，用《說文》的本義和訓詁著作的引申義互證，用字典辭書的抽象義和文獻用例的具體義互明的方式來爲其所繫聯的同源字族提供書證材料方面的證明。

在學說體系上，《文始》中的變易孳乳條例與聲轉韻轉規律相互聯繫、緊密結合，從義轉和音轉兩個方面解釋說明了初文準初文遞衍孳生的音義緣由，共同構成了由章氏所創建的具有典型我國傳統語言學特色的漢語字源學說。

第八章 《文始》的成就與影響

在對《文始》各個部分逐一梳理與分析後，便可從系統整體出發全面總結《文始》所具有的價值及意義。《文始》作爲章太炎語言文字研究的代表之作和傳統字源研究的最高水平，其所取得的成就和對後世的影響是多方面的。

第一節 整體設計構思上理論與實踐的緊密結合

對《文始》一書的整體設計構思，胡適以爲是“精心結構而有系統的著作”，[①]許壽裳則稱爲是“體大思精”，[②]都指明了《文始》一書在設計構思上的精巧獨特。這種設計構思上的精巧獨特在於《文始》全書的組織編排方式和這種方式對章氏創作理念的凸顯詮釋：

首先，《文始》對《說文》同源字族的繫聯，是按照層級統領的原則組織編排的。章氏據古韻二十三部的陰陽對轉關係與同類近轉關係將《文始》分作九卷，每卷中各有2至4個韻部，此爲全書的第一層級；每卷各韻部中以古聲二十一紐的五音順序排列全部463個條目，每個條目中各含1至4個初文或準初文，此爲全書的第二層級；每個條目中各初文或準初文以聲轉韻轉和變易孳乳類聚音義同源的漢語字族，每個字族依據本身的特點收字多少不一但都同出一源，此爲全書的第三層級。

其次，《文始》各個層級的統領編排，無不是章氏語言文字研究成果

① 胡適著，中國社會科學院編：《胡適的日記》，中華書局1985年版，第333頁。
② 許壽裳：《紀念先師章太炎先生》，載《制言》1936年第25期。

的具體應用。古韻二十三部與古聲二十一紐分卷排序，是章氏上古漢語音類及音轉理論的體現；初文和準初文分條立目，是章氏語言緣起理論及漢字構形理論的體現；變易和孳乳歸字成族，是章氏轉注假借理論及字義關係理論的體現。

最後，通過逐級的分類統領與各級中的理論應用，《文始》全書所收的6997個字頭都能各按其音義關係分門別類的隸屬編排於514個初文準初文之下，從而證明了章氏自己提出的“字雖轉繁，其語必有所根本。蓋義相引伸者，由其近似之聲，轉成一語，轉造一字，此語言文字自然之則也”，[①]這一貫穿全書的漢語漢字發展流變的總命題。

綜合以上分析可以看出，《文始》在組織編排上的精心設計是爲其撰作目的服務的：整部《文始》結構框架的“以少持多”和“逐級遞衍”就是爲了證明出漢字的“孳乳浸多之理”。這種整體設計構思上的匠心獨運，不要說在當時，即便是後來的漢語字源詞源研究著作中，也是絕無僅有的。

第二節　開創了基於《說文》體系的漢語字源學

傳統的《說文》研究，大多集中在以下幾個方面：《說文》體例研究、《說文》六書研究、《說文》形義系統研究、《說文》聲義系統研究。這些研究，大都是從某個角度出發對《說文》某個問題的專門研究，因而都未能以發生學的角度用形音義相結合的方法，對《說文》進行同源字族的繫聯並以此探究漢語漢字孳生演化的規律與條例。

章太炎的《文始》第一次從發生學的角度出發對《說文》中漢字的形音義體系進行了全面系統的綜合研究。章氏從《說文》字形入手，歸納出初文準初文系統，又結合《說文》諧聲讀若和訓釋說解，整理出相應的音義規律，對《說文》中保存的先秦字料做了全面的繫聯求源，將《說文》重新梳理編排，使隱含其中的漢語字族首次得以顯現，用新的方法開創了

① 章太炎：《自述學術次第》，載《制言》1936年第25期。

《說文》研究的新領域。可以說，章氏的《文始》爲傳統《說文》學提供了一種全新的研究方法和理論視角，從而開創了基於《說文》形音義體系的漢語字源學。

《說文》作爲我國的第一部字典，以形義統一的原則來解釋本字本義，是一部系統保存漢字形音義體系的著作。章氏的字源學說既然基於《說文》，以《說文》爲漢語字族繫聯的對象，這就決定了章氏字源學說是從漢字出發來研究漢語語源問題的。從漢字出發來研究漢語語源，這本是我國傳統字源研究的通行方法。這種方法以漢語漢字的緊密關係爲理論前提，以形音義結合爲具體手段，以書面文獻材料爲主要對象，用形說義、用義證音，用音釋義，從漢字出發研究漢語。因此，章氏的字源學說雖然有外來理論的顯著影響（語根說），但主要還是植根於我國傳統的字源研究方法，根據漢語漢字的特點以漢字字族的研究來探討漢語語源的問題，是對我國傳統字源研究的繼承和發展，具有鮮明的民族特色。

第三節　確立了漢語同源字族構建的理論原則和繫聯的方法模式

《文始》之前的漢語字源（詞源）研究，大都是零散隨意的繫流考源（如“右文說”）、連類而及的排比疏釋（如王念孫的《廣雅疏證》），即便是少有的字源（詞源）專著（如劉熙的《釋名》）或單篇的專門文章（如王念孫的《釋大》、程瑤田的《果蠃轉語記》等），也都缺乏完整明確的理論指導和系統全面的繫聯求源。章太炎的《文始》是我國第一部既有完整明確的理論指導，又有系統全面的字族繫聯的字源學著作，從而爲漢語同源字族的構建確立了明確的音義標準和組織模式。

章氏撰作《文始》，並不是隨意爲之，而是有一個長期的理論準備過程。他首先在《國故論衡·小學篇》中提出了自己的字源學理論：“語言緣起說”、“轉注假借說”、“成均圖及紐表”理論。其後，在《文始·敍例》中，章氏又將自己提出的字源學理論條理化、具體化爲繫聯《說文》

字族的形音義標準原則：從字形出發的同源繫聯起點（初文與準初文）、聲韻兼顧的語音標準（聲轉與韻轉規律）、義同音近或音近義通的語義標準（變易與孳乳條例）。最後，章氏在有著明確理論綱領與具體繫聯原則的指導之下，對《說文》中的漢語同源字族進行了全面繫聯。可以說，《文始》是章太炎對自己的字源學理論精熟思考以後的實際應用與全面貫徹。

《文始》的出現第一次明確確立了漢語同源字族構建的理論原則、繫聯的方法模式、具體的音義標準，並在此基礎之上進行了全面的繫聯實踐。有理論、有條例、有應用，是我國真正意義上的第一部漢語同源字典，爲其後漢語同源字典的編撰和漢語同源字族的構建奠定了基礎，從此開始了系統科學的漢語字源研究。

第四節　提供了大量漢語同源字詞的研究資料

《文始》一書全部 463 個條目，除去 15 條未列同族字外，共繫聯了 448 條，計 6612 字（不計重出字）。與其他漢語同源字典辭書的收字情況相比，如黄侃《說文同文》收 3493 字（不計重出字），[①]王力《同源字典》收 3342 字（不計異體字與分別字），[②]可以看出，《文始》在所收漢語同源字的數量規模上遠遠超出了同類著作。

《文始》繫聯的同源字族，其所收字詞的數量規模，對章氏整體字源學說的構建與驗證具有重要意義。在語言理論的創建過程中，爲了充分驗證理論的可行性或正確性，必須將理論假說用之於具體實踐；而在具體實踐中，用以驗證理論假說的應用對象，其個體數量是一個非常關鍵的因素。任何真正有價值的理論假說，不僅要有明確具體的適用對象，而且適用對象還必須達到一定的數量要求，否則應用結果就不具有代表性，也就不能得出一個合理正確的結論。這是確立一個完備學說的必經階段。章氏的字

① 陳建初：《黄侃先生所批“〈說文〉同文”初探》，載《古漢語研究》1990 年第 2 期。
② 邵文利、杜麗蓉：《〈同源字典〉語音關係標注獻疑》，載《中國語文》2005 年第 2 期。

源學説和《文始》的字族繫聯，既可看作是章氏自己以《説文》爲實證對象，對其所提理論的檢驗與説明。

《文始》既以《説文》爲漢語同源字族的繫聯對象，其所繫聯的字數又佔據《説文》收字的三分之二以上，因此基於此種數量的分析説明就其語料的規模要求而言是合理適當的。《文始》對《説文》字族的聯繫結果不僅肯定了章氏字源學説在系統整體上的正確性，而且還爲基於《説文》的漢語同源字族研究積累了大量豐富的資料，使得後人可以在《文始》已有的基礎上繼續前進。

結　語

綜觀《文始》全書，其初文準初文是以獨體和準獨體的象形字或準象形字爲同源字族的遞衍起點，其聲轉韻轉是以《説文》諧聲系統和讀若讀如及文獻通假異文爲實證的音轉基礎；其變易孳乳是以義同音近及音近義通爲漢字孳衍的規律説明，其整體框架是以層級分類的多層面而不是單層面來繫聯漢語字族，其創作目的是以漢語字源的研究來探索漢語的語源問題。

章氏字源學理論的系統性與《文始》整體結構的緊密性，決定了不可能從局部片面的研究出發看出《文始》的體例特點和價值意義，而必須在全面系統的梳理以後纔能予以清楚的説明展現。然而，“研究《文始》是很吃力的工作……其内容的博大精深決不是淺嘗輒止的人所能洞察的”，①由於這個原因，百年以來，這部巨著的真正價值一直未能得到足夠的認識和客觀的評價。

縱然《文始》一書也存在一些不足之處，比如在音轉中喉牙音通轉規律尚缺乏足夠的材料支持，又比如由於義轉條例的寬泛而導致的部分條目中義類的過濫，但也絶對不是“其中錯誤的東西比正確的東西多得多”。《文始》中的一些具體結論雖然用現在的觀點來看也許有不甚恰當、甚至是錯誤的地方，但是章太炎撰作《文始》的目的、構建字族的模式、確立音義原則的標準以及對《説文》字族的繫聯，其態度是嚴謹認真的，其理論方

① 楊潤陸：《〈文始〉説略》，載《北京師範大學學報》1989 年第 4 期。

法是明確有據的，其繫聯結果也是卓有成效的，不能以個別結論的不當來否定整部著作的成功。黃侃曾對《說文》評說道："《說文》之爲書，蓋無一字、無一解不有所依據，即令與他書違悖，亦必有其故。"[①]我們認爲，黃侃的話也完全適合於章太炎的《文始》。

《文始》作爲我國傳統字源研究的集大成之作，亦作爲章氏語言文字之學的代表性著作，在我國漢語字源及詞源學領域裏其成就是開創性的，其影響也必將是巨大而深遠的。

① 黃侃：《黃侃論學雜著》，上海古籍出版社 1980 年版，第 24 頁。

附錄　《文始》字頭音序索引

1. 本索引收錄《文始》全書的所有字頭（含章氏自注），按字頭現代漢語普通話讀音的漢語拼音字母順序排列。

2. 字頭右邊的第一組數字是其在本書中的《文始》條目目次，第二組數字是其在《章太炎全集七》（上海人民出版社 1999 年版）中的頁碼。

3. 通過本索引，根據字頭的目次，可以對應查詢其在“《文始》條目收字一覽表”、“《文始》初文準初文一覽表”、“《文始》聲類韻類一覽表”、“《文始》變易孳乳一覽表”中的情況，由此可以綜合瞭解相應字頭在《文始》中的整體表現。

主要參考文獻

按作者姓名漢語拼音字母順序排列

一 專著類

畢沅疏證，王先謙補：《釋名疏證補》，中華書局 2008 年版。

陳復華、何九盈：《古韻通曉》，中國社會科學出版社 1987 年版。

段玉裁：《說文解字注》，上海古籍出版社 1988 年版。

傅懋勣等主編：《羅常培紀念論文集》，商務印書館 1984 年版。

高本漢：《漢文典》，潘悟云等譯，上海辭書出版社 1997 年版。

桂馥：《說文解字義證》，中華書局 1987 年版。

胡繼明：《〈廣雅疏證〉同源詞研究》，巴蜀書社 2002 年版。

胡樸安：《中國文字學史》，商務印書館 1937 年版。

胡奇光：《中國小學史》，上海人民出版社 1987 年版。

胡適著，中國社會科學院編：《胡適的日記》，中華書局 1985 年版。

華學誠：《揚雄方言校釋匯證》，中華書局 2006 年版。

黃侃：《黃侃論學雜著》，上海古籍出版社 1980 年版。

黃侃述，黃焯編：《文字聲韻訓詁筆記》，上海古籍出版社 1983 年版。

黃侃著，黃焯編：《說文箋識》，中華書局 2006 年版。

黃孝德：《黃侃小學述評》，武漢大學出版社 2005 年版。

黃易青：《上古漢語同源詞意義系統研究》，商務印書館 2007 年版。

何九盈：《中國現代語言學史》，廣東教育出版社 2000 年版。

李恕豪：《中國古代語言學簡史》，巴蜀書社 2003 年版。

李珍華、周長楫：《漢字古今音表》，中華書局 1999 年版。

劉堅：《二十世紀的中國語言學》，北京大學出版社 1998 年版。
劉志成：《漢語文字學研究述論》，巴蜀書社 2011 年版。
陸宗達：《說文解字通論》，北京出版社 1981 年版。
陸宗達、王寧：《訓詁方法論》，中國社會科學出版社 1983 年版。
陸宗達、王寧：《訓詁與訓詁學》，山西教育出版社 1994 年版。
孟蓬生：《上古漢語同源詞語音關係研究》，北京師範大學出版社 2001 年版。
龐俊、郭誠永：《國故論衡疏證》，中華書局 2008 年版。
齊佩瑢：《訓詁學概論》，中華書局 1984 年版。
權少文：《說文古均二十八部聲系》，甘肅人民出版社 1987 年版。
任繼昉：《漢語語源學》，重慶人民出版社 2004 年版。
任繼昉：《釋名匯校》，齊魯書社 2006 年版。
沈兼士：《沈兼士學術論文集》，中華書局 1986 年版。
孫畢：《章太炎〈新方言〉研究》，華東師範大學出版社 2006 年版。
湯可敬：《說文解字今釋》，岳麓書社 1997 年版。
湯志鈞：《章太炎年譜長編》，中華書局 1979 年版。
王力：《同源字典》，商務印書館 1982 年版。
王力：《漢語語音史》，中國社會科學出版社 1985 年版。
王力：《中國語言學史》，復旦大學出版社 2006 年版。
王力：《王力文集》，第十九卷，山東教育出版社 1990 年版。
王力：《王力文集》，第十二卷，山東教育出版社 1990 年版。
王念孫：《廣雅疏證》，中華書局 2004 年版。
王寧：《訓詁學原理》，中國國際廣播出版社 1996 年版。
王寧：《〈說文解字〉與漢字學》，河南人民出版社 1994 年版。
王筠：《說文釋例》，中華書局 1987 年版。
王筠：《說文句讀》，中華書局 1988 年版。
向熹：《簡明漢語史》，商務印書館 2010 年版。
徐鍇：《說文解字繫傳》，中華書局 1987 年版。
許慎：《說文解字》，中華書局 1963 年版。
嚴修：《二十世紀的古漢語研究》，書海出版社 2001 年版。

楊光榮:《詞源觀念史》，巴蜀書社 2008 年版。

楊潤陸等:《〈文始〉〈說文〉對照索引》，北京師範大學古代漢語教研室印 1984 年版。

殷寄明:《語源學概論》，上海教育出版社 2000 年版。

俞理明:《漢語縮略研究》，巴蜀書社 2005 年版。

余廼永:《新校互註宋本廣韻》，上海辭書出版社 2000 年版。

臧克和、王平、劉志基:《〈說文解字〉全文檢索》，南方日報出版社 2004 年版。

張博:《漢語同族詞的系統性與驗證方法》，商務印書館 2003 年版。

章太炎:《章氏叢書》，浙江圖書館校刊 1919 年版。

章太炎:《章氏叢書》，台北世界書局 1982 年版。

章太炎:《太炎先生自定年譜》，香港龍門書店 1965 年版。

章太炎:《章太炎全集》，第三冊，上海人民出版社 1984 年版。

章太炎:《章太炎全集》，第四冊，上海人民出版社 1985 年版。

章太炎:《章太炎全集》，第七冊，上海人民出版社 1999 年版。

章太炎:《國故論衡》，商務印書館 2010 年版。

章太炎著，馬勇編:《章太炎書信集》，河北人民出版社 2003 年版。

章太炎著，徐復注:《訄書詳注》，上海古籍出版社 2000 年版。

章太炎著，王寧主持整理:《章太炎〈說文解字〉授課筆記》，中華書局 2010 年版。

趙振鐸:《中國語言學史》，河北教育出版社 2000 年版。

趙振鐸:《集韻研究》，語文出版社 2006 年版。

鍾如雄:《漢字轉注學原理》，電子科技大學出版社 2007 年版。

周法高:《論中國語言學》，香港中文大學出版社 1980 年版。

周及徐:《漢語印歐語詞彙比較》，四川人民出版社 2002 年版。

周祖謨:《廣韻校本》，中華書局 1960 年版。

周祖謨:《方言校箋》，中華書局 1993 年版。

朱駿聲:《說文通訓定聲》，中華書局 1984 年版。

《研究生論文選集・語言文字分冊》，江蘇古籍出版社 1985 年版。

二　論文類

陳建初:《黄侃先生所批“〈說文〉同文”初探》,《古漢語研究》1990 年第 2 期。

郭晉稀:《關於〈語原〉的幾條疏證》,《唐都學刊》2003 年第 2 期。

郭晉稀:《讀駱鴻凱先生〈語原〉所想起的》,《甘肅社會科學》2008 年第 5 期。

郭錫良:《歷史音韻學研究中的幾個問題》,《古漢語研究》2002 年第 3 期。

黄娟娟:《章太炎〈文始〉研究》,華中科技大學碩士學位論文,2011 年。

李奇瑞:《中國現代語言學理論的先驅》,《江西師範大學學報》2001 年第 2 期。

李運富:《章太炎黄侃先生的文字學研究》,《古漢語研究》2004 年第 2 期。

李子君:《章炳麟的成均圖及“音轉理論”》,《山西大學學報》2004 年第 3 期。

劉艷梅:《章炳麟〈成均圖〉的重新分析》,《河池學院學報》2008 年第 6 期。

劉又辛:《古漢語複音詞研究法初探》,《西南師範學院學報》1982 年第 2 期。

劉又辛、李茂康:《漢語詞族(字族)研究的沿革》,《古漢語研究》1990 年第 1 期。

劉又辛、李茂康:《章太炎的語言文字學研究》,《西南師範大學學報》1990 年第 3 期。

劉智鋒:《〈文始·一〉同族詞詞源意義系統研究》,湖南師範大學碩士學位論文,2010 年。

陸宗達、王寧:《淺論傳統字源學》,《中國語文》1984 年第 5 期。

邵文利、杜麗蓉:《〈同源字典〉語音關係標注獻疑》,《中國語文》2005 年第 2 期。

宋永培:《〈文始〉“京”字條評注》,《古籍整理研究學刊》1995 年 Z1 期。

宋永培:《論章太炎黄侃學術研究的根本觀念》,《學術研究》2003 年第 10 期。

沈晉華:《章太炎〈成均圖〉對戴震〈轉語〉的繼承和發展》,《蘇州教育學院學報》2002第4期。
田野:《〈文始〉初文考》,北京語言大學碩士學位論文,2006年。
王寧:《論〈說文〉字族研究的意義》,《南京師範大學學報》1986年第1期。
王寧:《論章太炎、黄季剛的〈說文〉學》,《漢字文化》1990年第4期。
汪啟明:《章太炎的轉注假借理論和他的字源學(上)》,《楚雄師專學報》1989年第2期。
汪啟明:《章太炎的轉注假借理論和他的字源學(中)》,《楚雄師專學報》1989年第4期。
汪啟明:《章太炎的轉注假借理論和他的字源學(下)》,《楚雄師專學報》1990年第1期。
汪啟明:《試論章太炎的右文觀》,《楚雄師專學報》1989年第1期。
萬獻初:《論章太炎轉注假借理論的實質》,《咸寧師專學報》1995年第2期。
萬獻初:《章太炎在普通語言學理論上的探索》,《咸寧師專學報》1996年第1期。
萬獻初:《論章太炎語言文字學理論的性質及其形成的背景》,《咸寧師專學報》1998年第1期。
萬獻初:《章太炎的〈說文〉講授筆記及其文化闡釋》,《中國典籍與文化》2001年第1期。
萬獻初:《章太炎在漢字理論上的貢獻》,《長江學術》2006年第4期。
王立軍:《論章黄學派的漢字系統觀念》,《聊城大學學報》2002年第3期。
許壽裳:《紀念先師章太炎先生》,《制言》1936年第25期。
楊劍橋:《同源詞研究和同源詞典》,《辭書研究》1988年第5期。
楊潤陸:《〈文始〉說略》,《北京師範大學學報》1989年第4期。
俞理明:《漢字形體對漢語詞彙的影響》,《四川大學學報》2007年第2期。
俞理明:《詞彙歷史研究中的宏觀認識》,《江蘇大學學報》2008年第3期。
俞敏:《論古韻合怗屑沒曷五部之通轉》,《燕京學報》1948年第34期。
元鴻仁:《“初文”與“準初文”關係初探》,《西北民族學院學報》1983年第1期。

張標：《章黄學派與20世紀的〈說文〉學》，《河北師範大學學報》2002年第6期。

張登岐：《太炎先生“音轉說”札記》，《池州師專學報》2000年4期。

章太炎：《自述學術次第》，《制言》1936年第25期。

鍾敬華：《同源字判定的語音標準問題》，《復旦學報》1989年第1期。

諸祖耿：《記本師章公自述治學之功夫及志向》，《制言》1936年第25期。

後　記

本書是在我博士學位論文的基礎上形成的。進入四川大學文新學院漢語言文字學專業攻讀博士學位伊始，導師俞理明教授就要求我們根據自己的專長和興趣選定一個具體的研究方向。趙振鐸教授在講授中國語言學史時又告誡我們，要學習一門學問，最好的方法就是去研究它。在諸位先生的啟發下，經過反復思量考慮，我决定將熔文字、音韻、訓詁於一爐的漢語詞源學作爲我的研究對象。在論文选題的過程中，我注意到了太炎先生《文始》在我國詞源研究史上的開創性貢獻，但百年以來學界對其評價卻分歧很大。不禁納悶，《文始》的價值究竟如何？在查閱了大量的前人研究資料以後，發現其中矛盾牴牾的地方不少，往往面對同一個問題，卻存在完全不同的解答。於是想何不就以此爲論文選題，嘗試探索爭議背後的真相？徵得導師同意後，便開始了對《文始》一書的專門研究。當我真正開始閱讀《文始》纔發現，太炎先生的文章果然是"古奧艱深"，其行文的"晦澀難明"與結構的"體大思精"，遠遠超出了此前我接觸過的任何一本學術著作。通讀一遍已很困難，更別說對其進行系統研究！然而，存在一個問題，也必定存在其對應的解決辦法。爲了全面系統的梳理《文始》，我開始自學數據庫技術。我以爲，研究方法的革新往往來自於技術手段的突破，只有基於"可實證性"數據之上的量化研究纔是真正意義上的科學研究，而長期以來《文始》研究中所缺乏的或許正是這種"可計量性"說明。有鑒於此，本書主要目的即在於藉助信息技術對《文始》全書進行系統梳理，并在此基礎上結合章氏字源學理論量化分析其中的各項信息，以重新定位《文始》的價值與意義，由此實現學理與技術的結合。書中統計分析所依據的"《文始》-《說文》全文數據庫"正是這種構想的具體實踐。整個數據庫，從架構的設計、創建到數據的錄入、校對，所有工序都是我一人獨立完成。這樣做，不僅讓我深入瞭解了《文始》的內容，保證了錄入數據的前後一致性，而且也讓我的數據庫建庫及編程能力得到了很大提高。創建數據庫需要大量的精力與時間，加上章氏字源學又極難明瞭把握，書稿在材料梳理和具体寫作中經歷的種種艱難困苦已經不是這篇短短的後記所能言明的了。可以说，書稿的完成，不僅僅是我攻讀博士學位其間學習和研究的全面總結，更是對我個人心智與韌性的嚴酷考驗！

回顧整個寫作歷程，從選題到定稿的每一個階段，都得到了俞理明師耐心細緻的指導。如若沒有俞老師一直以來的寬容、鼓勵與肯定，也一定不會有我畢業論文的最終完成，自然更談不上本書的出版了。

感謝論文評審專家王寧、萬獻初、胡安順、黄笑山、殷寄明先生給予的肯定與鼓勵。諸位先生對論文所提的中肯意見，不僅糾正了論文中的一些問題，而且也成爲我今後前進的方向。

感謝我的碩士導師四川師範大學劉志成教授、業師李恕豪教授、周及徐教授的教導與啟迪，是諸位先生的無私教誨讓我步入了音韻學習與研究的殿堂。

感謝西南民族大學鍾如雄教授在我求學和工作中給予我的支持與鼓勵，使我能夠最終完成學業。

感謝西南民族大學文學與新聞傳播學院院長徐希平教授、研究生院院長王啟濤教授的支持與幫助，使本書能獲西南民族大學中國語言文學博士一級學科培育經費資助。

感謝中國社會科學出版社陳肖靜編輯、關桐編輯爲本書排印與出版所付出的辛勤勞動。

囿於本人學力，書中必有諸多疏漏錯訛之處。所有不足，祈望方家批評指正。

許良越

2015 年 1 月 30 日